『학교생활기록부를 디자인하라』 학생용 버전

학생부를 알면 대학이 보인다

[부록] 나만의 학교생활기록부 워크북

이 도서의 국립중앙도서관 출판예정도서목록(CIP)은
서지정보유통지원시스템 홈페이지(http://seoji.nl.go.kr)와
국가자료종합목록 구축시스템(http://kolis-net.nl.go.kr)에서 이용하실 수 있습니다.

CIP제어번호: CIP2020006332

> **"학교생활기록부는
> 학생부종합전형에
> 제출하는 답안지이다."**

"학생부의 세 영역, 대학합격을 결정한다."

학생부종합전형(학종)의 당락을 결정하는 핵심 요소가 뭔지 아세요? 그래요. 학교생활기록부(학생부)이지요. 어느 대학은 학종에서 면접도 보지 않고 학생부 하나만을 평가하여 신입생을 선발하기까지 하니, 더 말할 나위가 있겠어요?

학생부는 총 여덟 개 영역으로 나누어져 있어요. '1. 인적·학적사항, 2. 출결상황, 3. 수상경력, 4. 자격증 및 인증 취득상황, 5. 창의적 체험활동상황, 6. 교과학습발달상황, 7. 독서활동상황, 8. 행동특성 및 종합의견' 등이 그것이지요.

영역		서술형 기재 글자 수
1. 인적·학적사항		
2. 출결상황		
3. 수상경력		
4. 자격증 및 인증 취득상황		
5. 창의적 체험활동	자율활동	학년당 500자
	동아리활동	학년당 500자
	봉사활동	
	진로활동	학년당 700자
6. 교과학습발달상황	과목별 세부능력 및 특기사항	과목당 500자
	개인별 세부능력 및 특기사항	학년당 500자
7. 독서활동상황		
8. 행동특성 및 종합의견		학년당 500자

여기에서 '인적·학적사항'은 학생부종합전형의 평가영역이 아니고, '출결상황'은 학교만 충실하게 다니면 되고, '자격증 및 인증 취득상황'은 2019학년도 1학년부터 대학에 입시활용자료로 제공되지 않으니까, 나머지 다섯 개 영역에 눈이 가지요.

그런데 '수상경력'은 서술형 문장이 아닌 객관적인 수상실적만 입력하고, 대입활용자료로도 2019학년도 1학년부터 학기당 1개씩 3년간 총 6개만 제공하며, 2021학년도 1학년부터는 아예 대입에 반영하지 않아요. 또한 '독서활동상황'도 도서명과 저자만 입력하고 있는데, 그것마저도 2021학년도 1학년부터는 대입에 반영하지 않기로 하였지요.

자연스럽게 '창의적 체험활동상황(특기사항)'과 '교과학습발달상황(세부능력 및 특기사항)'과 '행동특성 및 종합의견' 등 서술형 문장으로 기재되는 영역이 우리의 눈길을 사로잡아요.

"학생부의 그 세 영역, 바로 이들이 작성한다."

여러분의 대학을 결정하는 학교생활기록부의 그 세 영역, 누가 작성하는지 아세요? 그래요. 학생부의 창의적 체험활동상황의 특기사항과 교과학습발달상황의 세부능력 및 특기사항(세특), 그리고 행동특성 및 종합의견(행종)은 바로 이분들이 작성해요.

우선, 과목별 세특은 과목별 담당교사가 작성하고, 동아리활동은 동아리지도교사가 작성하며, 그 나머지는 모두 학급담임교사가 작성해요. 그러니까 담임교사는 개인별 세특과 자율활동·진로활동의 특기사항과 행동특성 및 종합의견을 다 작성하지요.

2019학년도 1학년부터는 '봉사활동'은 해당영역에 특기사항을 기록할 수는 없으나 '필요시 행동특성 및 종합의견란'에 기록할 수 있다(「2022학년도 대학입학제도 개편방안 및 고교교육 혁신방향」, 2018.8.17., 교육부)고 하였어요. 결국 '봉사활동'도 학급담임교사가 입력한다고 보면 돼요.

영역		작성 주체
5. 창의적 체험활동	자율활동	학급담임교사
	동아리활동	동아리지도교사
	봉사활동	
	진로활동	학급담임교사
6. 교과학습발달상황	과목별 세부능력 및 특기사항	과목담당교사
	개인별 세부능력 및 특기사항	학급담임교사
8. 행동특성 및 종합의견		학년당학급담임교사

"학급담임교사, 홍길동이 아니다."

교사가 홍길동처럼 분신술을 부릴 수도 없는데, 보지도 않은 학생의 활동을 어떻게 관찰하여 기록할 수 있을까요? 사실 그래요. '과목별 세부능력 및 특기사항'은 과목별 교사가 직접 관찰할 수 있으니까 평가하고 기록하는 데 문제가 없고, '동아리활동 특기사항'도 동아리지도교사가 직접 관찰한 것을 평가하고 기록하면 되니까 그 영역은 큰 문제가 없어요.

그런데 학급담임교사가 작성하는 일부 영역에서 문제가 발생해요. '자율활동과 봉사활동, 그리고 진로활동의 특기사항'은 학급담임교사가 적어 주어야 하는데 학생들의 활동을 일일이 관찰할 수 없거든요. '개인별 세부능력 및 특기사항'도 마찬가지고요.

그래서 교육부는 '학생이 직접 작성한 자료'도 학생부 기재에 활용하도록 하였어요. 학교생활기록부의 서술형 항목은 '교사가 직접 관찰·평가한 내용'을 근거로 입력하는 게 원칙이지만 교사가 직접 관찰할 수 없는 영역이 엄존하는 상황에서, 학생작성자료를 활용하지 않을 수가 없었겠지요.

규정 학교생활기록 작성 및 관리지침

제4조(처리요령)

다. 학교생활기록부의 서술형 항목은 교사가 직접 관찰·평가한 내용을 근거로 입력하며, 학교교육계획에 따라 실시한 교육활동 중 교사 지도하에 학생이 직접 작성한 자료*는 활용할 수 있다.

　* '학교교육계획에 따라 실시한 교육활동 중에 교사 지도하에 학생이 직접 작성한 자료'로 학생부 기재 시 활용 가능한 자료는 아래 사례로 한정함.

　　① 동료평가서, ② 자기평가서, ③ (수행)평가 결과물, ④ 소감문, ⑤ 독후감

곧 교육부는 '① 학교교육계획에 따라 실시한 교육활동 중 ② 교사 지도하에 ③ 학생이 직접 작성한 자료'는 학생부 기재에 활용할 수 있게 하였어요. 여기에서 '학교교육계획에 따라 실시한 교육활동'이란 교육활동이 반드시 학교교육계획에 포함되어 있어야 한다는 말이고, '교사 지도하'란 교육활동이 반드시 교사의 지도로 진행되어야 한다는 말이며, '학생이 직접 작성한 자료'는 제삼자의 도움 없이 학생이 직접 작성해야 한다는 말이지요. 그러면서 교육부는 학생부를 기재할 때 활용가능한 학생작성자료로 '① 동료평가서, ② 자기평가서, ③ 수행평가 결과물, ④ 소감문, ⑤ 독후감'을 한정하였어요.

결국 학생도 학교생활기록부의 기재에 동참해야 한다는 말이지요. 그래서 생각해 낸 것이 바로 『나만의 학교생활기록부 워크북』이에요. 객관적인 사실을 바탕으로 학생부를 효과 만점으로 적어 주기 위해서는, 교사도 기록하고 기록하고 기록해야 하지만, 학생들도 자신의 학교생활을 기록하고 기록하고 기록하지 않으면 안 돼요. 기록하지 않은 것은 기록되지 않거든요!

이 세상은 둘로 나눌 수 있어요.

『나만의 학교생활기록부』를 활용하는 학교와 활용하지 않는 학교,

『나만의 학교생활기록부』를 활용하는 학생과 활용하지 않는 학생,

당신은 어디에 속해 있나요?

날마다 새로운 날에 　박용성 큰절

* 저자에게 문의할 사항이 있으면, eraedu21@gmail.com으로 연락해 주세요.

여는 말
학교생활기록부는 학생부종합전형에 제출하는 답안지이다 • 003

PART 01

014   학생부종합전형, 학생의 성장을 평가하는 전형

1. 학생부종합전형이란 무엇인가 • 017
   1) 학생부종합전형의 개념 • 017
   2) 학생부종합전형의 역사 • 021

2. 학생부종합전형의 평가요소는 무엇인가 • 025
   1) 학업역량 • 028
   2) 전공적합성 • 034
   3) 인성 • 039
   4) 발전가능성 • 044

3. 학생부종합전형의 전제조건은 무엇인가 • 049
   1) 학교생활기록부 기재의 전제조건 • 049
   2) 학교생활의 혁신방안 • 053

PART 02

056   학교생활기록부, 학생부종합전형의 답안지

1. 학교생활기록부란 무엇인가 • 059

    1) 학교생활기록부의 체계 • 060

    2) 교과학습활동 기재항목 • 062

    3) 비교과학습활동 기재항목 • 071

2. 학교생활기록부 기재의 원칙은 무엇인가 • 075

    1) 학교생활기록부 기재의 주체 • 075

    2) 학교생활기록부 기재의 원칙 • 081

    3) 학교생활기록부 기재의 유의사항 • 087

3. 학교생활기록부의 논리적 구성방식은 무엇인가 • 109

    1) 학생부의 논리적 구성방식 • 109

    2) 학생부의 구체적 전개방식 • 112

    3) 학생부의 자기성장 기재방식 • 116

    4) 학생부의 문단 구성원리 • 118

PART 03

120   학교생활기록부, 학생의 자기성장기록부

1. 수상경력, 어떻게 디자인할 것인가 • 123

    1) 수상경력, 관련규정 파헤치기 • 124

    2) 수상경력, 학교생활 디자인하기 • 128

    3) 수상경력, 학교생활기록부 디자인하기 • 130

2. 창의적 체험활동상황, 어떻게 디자인할 것인가 • 131

    주제-독서-실천-보고의 체계화 • 139

    2-1. 자율활동 • 141

      1) 자율활동, 관련규정 파헤치기 • 143

      2) 자율활동, 학교생활 디자인하기 • 149

      3) 자율활동, 학교생활기록부 디자인하기 • 157

자율활동 특기사항 기재 예시문   • 159

   1. 자치·적응활동: 학생회에서 직책을 맡았을 경우

   2. 자치·적응활동: 학급회에서 직책을 맡았을 경우

   3. 자치·적응활동: 학급회활동에 적극적으로 참여한 경우

   4. 자치·적응활동: 기본생활습관형성활동-예절, 준법, 질서 등

   5. 자치·적응활동: 친목활동-교우활동, 사제동행활동 등

   6. 자치·적응활동: 상담활동-학습·건강·성격·교우관계 등의 또래상담활동

   7. 자치·적응활동: 행사활동

   8. 창의주제활동: 음악·미술활동

   9. 창의주제활동: 연극·영화 활동

   10. 창의주제활동: 체육·놀이 활동

2-2. 동아리활동 • 169

1) 동아리활동, 관련규정 파헤치기 • 169

2) 동아리활동, 학교생활 디자인하기 • 174

3) 동아리활동, 학교생활기록부 디자인하기 • 180

동아리활동 특기사항 기재 예시문　　　　　　　　• 183

1. 일반동아리: 학교업무 관련 동아리활동
2. 일반동아리: 예술·체육 관련 동아리활동
3. 일반동아리: 학술문화 관련 동아리활동
4. 일반동아리: 실습노작 관련 동아리활동
5. 자율동아리

2-3. 봉사활동 • 191

1) 봉사활동, 관련규정 파헤치기 • 191

2) 봉사활동, 학교생활 디자인하기 • 201

3) 봉사활동, 학교생활기록부 디자인하기 • 203

봉사활동기록장 기재 예시문　　　　　　　　　　• 208

1. 교내 봉사활동
2. 지역사회 봉사활동
3. 환경보호활동
4. 캠페인활동

2-4. 진로활동 • 212

1) 진로활동, 관련규정 파헤치기 • 212

2) 진로활동, 학교생활 디자인하기 • 219

3) 진로활동, 학교생활기록부 디자인하기 • 228

진로활동 특기사항 기재 예시문　　　　　　　　　• 232

1. 진로검사
2. 진로프로그램
3. 진로희망사유
4. 상담활동

3. 교과학습발달상황, 어떻게 디자인할 것인가 • 241

3-1. 과목별 세부능력 및 특기사항 • 243

교육과정-수업-평가-기록의 일체화 • 254

1) 학생과 함께 교육과정 재구성하기 • 257

2) 학생과 함께 배움중심수업 설계하기 • 262

3) 학생과 함께 과정중심평가 수행하기 • 271

4) 학생과 함께 자기성장 기록하기 • 281

과목별 세부능력 및 특기사항 기재 예시문   • 293

1. 국어과(국어, 화법과 작문, 언어와 매체, 독서, 문학, 실용국어, 심화국어, 고전읽기)

2. 수학과(수학, 수학Ⅰ, 수학Ⅱ, 미적분, 확률과 통계, 심화수학Ⅰ, 심화수학Ⅱ, 고급수학Ⅰ, 고급수학Ⅱ)

3. 영어과(영어, 영어회화, 영어Ⅰ, 영어Ⅱ, 영어독해와 작문, 심화영어회화, 심화영어회화Ⅱ, 심화영어Ⅰ, 심화영어Ⅱ, 심화영어독해Ⅰ, 심화영어독해Ⅱ, 심화영어작문Ⅰ, 심화영어작문Ⅱ)

4. 사회과(통합사회, 한국지리, 세계지리, 경제, 정치와 법, 사회·문화, 여행지리, 사회문제탐구) [국제 계열](국제정치, 국제경제, 국제법, 지역이해, 한국사회의 이해, 비교문화, 세계문제와 미래사회, 국제관계와 국제기구, 현대세계의 변화, 사회탐구방법, 사회과제연구) [역사](한국사, 동아시아사, 세계사)

5. 도덕과(생활과 윤리, 윤리와 사상, 고전과 윤리)

6. 과학과(통합과학, 과학탐구실험, 물리학Ⅰ, 화학Ⅰ, 생명과학Ⅰ, 지구과학Ⅰ) [과학 계열](고급물리학, 고급화학, 고급생명과학, 고급지구과학, 물리학실험, 화학실험, 생명과학실험, 지구과학실험, 융합과학탐구, 과학과제연구, 생태와 환경)

7. 체육과(체육, 운동과 건강, 스포츠 생활, 체육탐구, 스포츠 개론)

8. 음악과(음악, 음악연주, 음악감상과 비평, 음악이론, 음악사)

9. 미술과(미술, 미술창작, 미술감상과 비평, 미술이론, 미술사)

10. 기술·가정과(기술·가정, 정보, 농업생명과학, 공학일반, 창의경영, 해양문화와 기술, 가정과학, 지식재산일반)

11. 제2외국어과(독일어Ⅰ, 프랑스어Ⅰ, 스페인어Ⅰ, 중국어Ⅰ, 일본어Ⅰ, 러시아어Ⅰ, 아랍어Ⅰ, 베트남어Ⅰ)

12. 한문과(한문Ⅰ, 한문Ⅱ)

13. 교양 교과(철학, 논리학, 심리학, 교육학, 종교학, 논술)

14. 기타 교과(환경, 보건, 진로와 직업)

3-2. 개인별 세부능력 및 특기사항 • 352

    1) 개인별 세부능력 및 특기사항, 관련규정 파헤치기 • 352

    2) 개인별 세부능력 및 특기사항, 학교생활 디자인하기 • 360

    3) 개인별 세부능력 및 특기사항, 학교생활기록부 디자인하기 • 366

        개인별 세부능력 및 특기사항 기재 예시문   • 369

        1. 정규수업 내 자율적 교육활동-학생개인학습
        2. 정규수업 내 자율적 교육활동-학교단체학습

4. 행동특성 및 종합의견, 어떻게 디자인할 것인가 • 371

    1) 행동특성 및 종합의견, 관련규정 파헤치기 • 371

    2) 행동특성 및 종합의견, 학교생활 디자인하기 • 374

    3) 행동특성 및 종합의견, 학교생활기록부 디자인하기 • 377

        행동특성 및 종합의견 기재 예시문   • 379

        1. 학교생활전반
        2. 교과 영역
        3. 비교과 영역
        4. 인성 영역
        5. 종합

이 책을 추천해 주신 분들 • 392

부 록

✦✦✦ 나만의 학교생활기록부 워크북

1부 창의적 체험활동상황 • 005

    1. 자율활동 특기사항 • 012

    2. 동아리활동 특기사항 • 022

    3. 봉사활동 특기사항 • 028

    4. 진로활동 특기사항 • 034

2부 교과학습발달상황 • 045

    1. 과목별 세부능력 및 특기사항 • 052

    2. 개인별 세부능력 및 특기사항 • 128

3부 행동특성 및 종합의견 • 139

학생부를
알면 대학이
보인다

학생부종합전형,
학생의
성장을 평가하는 전형

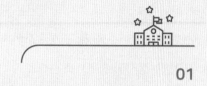

학생부종합전형이란
무엇인가

❶
학생부종합전형의
개념

대학입학전형이 매우 다양하다고 들었는데요?

  그래요. 인물의 됨됨이나 재능을 시험하여 뽑는 일을 전형銓衡이라고 하는데, 대학입학전형은 수십 가지가 넘는다고 할 정도로 정말 다양해요. 그런데 대입전형은 크게 두 가지로 나눌 수 있어요.

  수학능력시험이 끝난 다음이라는 일정한 시기에 뽑는 정시定時와, 일정하게 정해 놓은 때 없이 그때그때 상황에 따라 뽑는 수시隨時가 그것이에요. 정시일정은 수능시험이 끝난 이듬해 1월 한 달에 집중되어 있고, 수시일정은 7월부터 12월까지 여섯 달 동안 분산되어 있지요.

정시와 수시는 전형시기가 다르다는 점밖에 차이가 없나요?

아니에요. 정시와 수시의 차이는 전형시기가 다르다는 점도 있지만, 보다 근본적인 차이는 '전형요소의 단순화'와 '전형요소의 다양화'에 있어요. 정시와 수시에서 실기전형을 제쳐 놓고 보면, 정시의 전형요소는 오로지 '수능'이지만, 수시는 '학생부 교과, 학생부 비교과, 논술' 등 전형요소가 다양하거든요.

구분	전형요소		전형유형	
정시	전형요소의 단순화	수능	수능전형	
			(실기전형)	
수시	전형요소의 다양화	학생부 교과 학생부 비교과 논술	학생부전형	학생부교과전형
				학생부종합전형
			논술전형	
			(실기전형)	

정시는 수능성적으로 학생들을 한 줄로 세워서 선발하는 '수능전형'이 대표적이고, 수시는 학교생활기록부를 보고 선발하는 '학생부전형'이 대표적이에요. 그런데 학생부전형은 다시 '학생부교과전형'과 '학생부종합전형'으로 나뉘는데, 교과학습발달상황에서 숫자로 표기된 석차등급에 의해 학생을 뽑는 게 학생부교과전형이고, 학생부에 문자으로 표기된 내용까지를 종합적으로 평가하여 학생을 선발하는 게 학생부종합전형이에요. 학생부종합전형을 흔히들 '학종'이라고 줄여 부르지요.

학생부교과전형과 학생부종합전형, 그 둘은 뭐가 다른가요?

학생부종합전형은 양을 측정하는 정량평가定量評價, 성적, 점수 따위의 양을 중심으로 업적이나 연구 따위를 평가하는 일/ 숫자로 측정되는 결과중심의 평가에 머물지 않고 질을 측정하는 정성평가定性評價, 내용, 가치, 전문성 따위의 질을 중심으로 업적이나 연구 따위를 평가하는 일/ 숫자로 측정되지 않는 과정중심의 평가에 의해 학생부를 평가한다는 점에서 수능전형이나 학생부교과전형과 근본적으로 달라요.

여기에서 정량定量이란 분량分量을 헤아려 측정測定한다는 의미로, 수치로 측정 가능한 '결과'만 보지, '학습태도, 노력의 정도' 등의 질적 요소는 따지지 않는 방식이에요. 이에 비해 정성定性이란 성분性分을 밝히어 규정規定한다는 의미로, 수치로 측정할 수 없는 '학습태도, 노력의 정도' 등의 질적 요소를 함께 따져 보는 방식이지요.

수능성적만으로 학생을 선발하는 수능전형은 말할 것도 없고, 내신성적으로 학생을 선발하는 학생부교과전형은 원점수와 백분위, 석차등급 등 '숫자'만으로 그 학생을 평가하는 정량평가예요. 이에 비해 학생부종합전형은 내신성적만을 보는 '양적 평가'에 머물지 않고, 학교생활기록부 등의 제출서류를 일일이 살펴 그 문장의 내용을 '질적 평가'하는 정성평가이지요.

이처럼 학생부종합전형은 수치화된 점수로 드러나지 않은 학생의 학업역량, 전공적합성, 인성, 발전가능성 등을 학생부 등의 서류를 토대로 종합적으로 평가하는 방식이에요. 학생부종합전형은 지원한 학생들을 정량화된 수치로 판단하는 것이 아니라 하나의 인격체로 파악하는 거지요. '결과보다는 과정', '스펙보다는 스토리'라는 말이 나오는 까닭이 여기에 있어요.

정성평가? 구체적으로 어떻게 평가하는 거예요?

정성평가의 방법은 다양한데 '행동지표를 통한 정성평가'가 가장 일반적이에요. 예컨대, 학생의 학업역량을 판단할 때에도 단순히 내신성적이 몇 등급인가만 보지 않아요. 교과학습활동에서 지식의 폭을 확장하기 위해서 학생이 어떤 노력을 기울였으며, 그 결과 학생의 성장과 발전정도가 어떠한지를, '행동지표'를 통해 측정하는 거지요.

봉사활동도 단순한 봉사시간만을 보는 게 아니라 봉사를 통해 어떤 성장이 이루어졌는가를 확인하고, 독서활동도 독서권수보다는 독서의 계기나 지적 성장을 살펴보며, 임원도 단순히 무슨 임원을 했느냐보다 학생의 자치활동 전반을 꼼꼼히 보면서 리더십Leadership이나 팔로워십Followership 등의 공동체적 가치를 얼마나 실천하였는가, 그 '행동지표'를 관찰하여 종합적으로 측정하는 거예요.

학생부종합전형은 어떻게 학생들을 선발하나요?

학생부종합전형은 보통 면접유무에 따라 단계별전형, 일괄전형으로 나뉘는데, 일부 상위권 대학에서는 수능최저학력기준을 적용하기도 해요.

	1단계	2단계
단계별전형	● 서류 (○배수 선발)	● 1단계 성적 + 면접 (최종선발)
	● 학생부 교과 + 서류 (○배수 선발)	● 1단계 성적 + 면접 (최종선발)
일괄전형	● '서류' 일괄합산	
	● '학생부 교과 + 서류' 일괄합산	

학생부종합전형에서 가장 많이 사용되는 전형방법은 1단계 서류 100%(○배수 선발), 1단계 성적과 면접으로 최종합격자를 선발하는 단계별전형이에요. 그다음으로 '서류 100%' 일괄전형, '학생부 교과+서류' 일괄전형이 뒤를 잇고 있지요. 단계별전형에서 1단계 선발배수는 2021학년도 수시에서는 3배수가 가장 일반적이며, 일괄전형에서는 서류 100%이므로 면접이 없는 경우가 대부분이에요.

학생부종합전형의 역사

학생부종합전형은 언제 시작되었나요?

학생부종합전형의 뿌리는 입학사정관제예요. 입학사정관제는 대학이 대입전형 전문가인 입학사정관을 통해 대학이나 모집단위별 특성을 살려 자유롭게 학생을 선발하는 제도이지요. 역사적으로는 1922년 미국의 다트머스대학 Dartmouth College 이 처음으로 입학사정관제를 실시하였지요. 현재는 미국뿐만 아니라 유럽 등에서도 널리 활용되는 제도예요.

우리나라에서 입학사정관제는 2007년 8월부터 10개 대학에서 시범사업으로 운영되었는데, 특히 서울대학교가 입학사정관제에 적극적인 입장을 보이면서 2008년 40개 대학으로 확대되었고, 2015년부터는 지금의 학생부종합전형으로 이름이 바뀌어 확대 시행되고 있어요. 흔히들, 학생부종합전형을 '진보교육의 아이콘'으로 생각하는데, 아니에요. 학종 자체는 보수와 진보를 뛰어넘는 '실용교육의 아이콘'이에요.

학생부종합전형이 '실용교육의 아이콘'이라고요?

학생부종합전형을 도입하게 된 배경을 보면 알 수 있어요. 학종은 한마디로 '시대의 요청 때문'에 도입하게 된 전형이거든요.

돌이켜보면 20세기에 우리나라는 미국 따라가기를 통해 경제성장을 이룩하는 데 온 힘을 쏟았어요. 리틀 아메리카Little America를 꿈꾸며 미국의 문물을 좀 더 빨리 받아들이기 위해 애썼고, 그 결과 다른 나라들이 300년 동안 이룬 경제성장을 30년에 압축적으로 이루어 냈지요. 그 시절에 한국공업규격에 맞는 제품에 'Ⓚ' 표시를 붙이고 그것을 대한민국표준Korean Standard이라고 했는데, 이게 미국제품을 따라 한 게 많았어요. 그게 바로 그 시대의 정답이라면 정답이라고 할 수 있었거든요.

그러면서 좀 더 빨리 미국을 따라잡기 위해서 '무한경쟁'이 학교의 교육이념으로 자리 잡게 되었고, '정답'만을 외우는 교육, '문제풀이능력'만을 요구하는 교육, 국가가 나서서 모든 학생을 한 줄로 세우는 입시제도를 당연하게 받아들였지요.

수능의 시대라고 부를 수 있는 이 시기의 교육을 의미 없다고 할 수 없지만, 21세기는 새로운 변화를 요구하고 있어요. 2018년 11월, 유럽브랜드연구소 EBI 는 '글로벌 100대 브랜드'를 선정하였는데 삼성전자가 19위를 차지하였어요. 브랜드 가치가 무려 392억7500만 유로(약 50조4200억 원)라고 하대요. 그런데 우리의 눈길을 끄는 것은 삼성전자가 반도체업계의 최대 경쟁사인 미국의 인텔(21위)을 제쳤다는 점이에요. 우리가 더 이상 미국 따라가기에 머물러 있는 그런 나라가 아니라는 점을 보여 주는 상징적인 사건이지요. 이제는 '메이드 인 코리아'가 자랑스러운 시대가 된 거예요.

시대가 달라졌으니 교육도 달라져야 한다는 말이군요?

그래요. 정말이지 학생부종합전형은 '시대의 요청'에 대한 '교육적 응답'이에요.

기존의 지식을 정확히 암기하여 주어진 문제를 신속하게 풀이하는 능력을 가벼이 여길 수는 없어요. 하지만 세상은 기존의 지식으로 해결할 수 없는 수많은 난제로 가득 차 있거든요. 전혀 새로운 방식, 전혀 새로운 발상이 아니면 접근조차 할 수 없는 문제들이지요.

그러면서 우리 교육 또한 달라질 것을 시대로부터 요청받게 되었어요. 더 이상 정답이 없는 시대, '획일적인 정답'이 아니라 '창의적인 오답'이 오히려 요구되는 시대를 살게 된 거지요. 우리 교육에 단순한 '문제풀이능력'이 아니라 고도의 '문제제기능력'을 요구하게 된 까닭이 여기에 있어요. 프레이리의 말 Paulo Freire, 「Pedagogy of the oppressed」 을 빌려 표현하자면, 은행예금식 교육에서 문제제기식 교육으로 우리 교육이 확 달라져야 한다는 거예요.

끔찍하게도 은행예금식 교육은 학생과 교사 사이를 갈라놓는 분열에 근거하고 있어요. 이러한 관점에서 학교교육을 보면, 학생은 외부세계인 교사로부터 오는 현실의 예탁금을 받아들이도록 피동적으로 개방되어 있는 '텅 빈 정신'에 지나지 않아요. 은행예금식 교육에 따르자면, 교사의 임무는 '참된 지식'이라고 생각하는 정보를 가능하면 빨리 가능하면 많이 학생들에게 주입함으로써 학생들의 텅 빈 머리를 가득가득 채우는 거지요.

그런데 이런 세상이 저물고 있어요. "그러면 그런 줄로 알아."라고 말하는 이들에게 "왜요?"라는 되물을 수 있는 비판적 능력, 다시 말해 '문제의식'을 지닌 사람으로 성장하기를 21세기가 요구하고 있기 때문이에요. 이제 정답은 그 어디에도 존재하지 않은 세상을 살고 있기 때문이지요. 그러면서 21세기는, 무한경쟁을 통해 선발된 '똑똑한 개인'보다는 상호협력을 통해 시너지 효과를 낼 수 있는 '새로운 인재'를 요구하고 있어요.

'경쟁보다는 협력할 줄 아는' 인재를 요구하게 되었다고요?

레오나르도 다 빈치 Leonardo da Vinci 라고 하면, 15~16세기 르네상스를 대표하는 이탈리아의 예술가라는 걸 아실 거예요. 「모나리자」와 「최후의 만찬」 등의 걸작을 남겼으니까요. 그는 회화뿐만 아니라, 건축, 기계, 해부학 등에서 방대한 업적을 남긴, 그야말로 천재였어요. 하지만 21세기는 그런 '르네상스적 인간'이 더 이상 불가능한 시대가 되고 말았어요. 지식의 발전이 빨라지면서 그 양이 폭발적으로 늘어났거든요.

방사성동위원소가 반 토막이 되는 '반감기'를 가지는 것처럼, 우리가 알고 있는 지식도 절반이 사라지는 데 걸리는 '지식의 반감기'를 가지고 있어요. 물리학은 10년, 경제학이나 수학은 9년, 심리학이나 역사학은 고작 7년이래요. 그런데 최근의 첨단기술은 그 기간이 더욱 짧아지고 있어요. 이제는 도저히 한 사람이 어떤 문제를 혼자의 힘만으로 해결하기 힘든 상황이 된 거지요.

더욱이 21세기는 '기계에 요구해도 될 단순능력'을 굳이 인간에게 요구할 필요가 없어졌어요. 2016년에 벌어진 이세돌과 알파고 AlphaGo 의 대결, 기억하시죠? 4 대 1로, 인간 이세돌

패배! 그 결과를 놓고 인간이 인공지능에 졌다고 다들 걱정했지만, 그런 것만은 아니에요. 구글 시이오CEO 에릭 슈밋 Eric Emerson Schmidt 은 대국 전에 이렇게 말했어요. 누가 이기든 '인류의 승리'라고. 그 기계 또한 인간이 만들어 낸 것이라면서요. 여기에서 우리는, 인간이 기계를 제대로 부려 쓰면 이전에 상상하지 못한 여유로운 삶이 가능하다는 사실을 깨닫게 되었어요.

어느 대기업 관계자로부터 직접 들은 말인데, "요즘 기업은 사람이 일하는 게 아니라 팀이 일한다."라고 하대요. 그런데 이 말은 은유이거나 과장이 아니라 그냥 현실이래요. 업무 자체가 도저히 한 사람의 힘으로 감당할 수 없는 경우가 허다하대요. 그래서 기업은 '컴퓨터처럼 뛰어난 암기형 인간'보다는 '더불어 지혜로운 관계 지향적 인간'을 요구하게 되었대요. 그러면서 대학 또한 자본의 요구에 부응하여 '밀실에 앉아서 시키는 공부만 착실히 하는 모범생'이 아니라 '광장에 나가서 더불어 사고思考하며 사고事故 치는 사고뭉치'라는 '새로운 인간'을 요구하게 된 거예요.

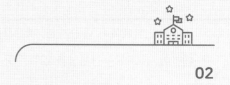

02

학생부종합전형의
평가요소는 무엇인가

아무리 정성평가라고 해도,
학생부종합전형에도 학생을 평가하는 요소가 있을 게 아니에요?

　당연히 있지요. 학생부종합전형은 선발권을 가진 학교에 따라 기준이 다르므로 평가요소를 일괄적으로 정리하기 어려워요. 하지만 '학업역량, 전공적합성, 인성, 발전가능성' 등의 항목을 염두에 두면서 학교생활을 해 나가고, 그러한 학교생활을 학교생활기록부에 세부적으로 기재하면 큰 착오는 없을 거예요.

　"공부는 이만큼 하는데, 전공에 이만큼 적합하고, 인성 또한 빼어난 학생인데, 앞으로의 발전가능성 또한 크다"라고 평가받으면 최상이겠지요.

학생부종합전형에서 평가요소가 대학마다 다르다던데요?

그래요. 학생부종합전형에서 평가요소가 대학마다 달라요. 그래서 학교현장에서는 학종을 준비하는 데 어려움이 많았지요. 학생부종합전형에서 평가요소는 학종이 추구하는 가치이자, 대학이 추구하는 인재상을 함축하고 있기 때문에, 학교생활의 길라잡이라고 할 만큼 매우 중요해요.

이런 상황을 감안하여 연세대, 중앙대, 경희대, 한국외대, 건국대, 서울여대 등 서울의 6개 대학이 공동으로 연구하여 「학생부종합전형 공통 평가요소 및 평가항목」2018 이라는 자료를 내놓았어요. 고마운 일이지요.

> **근거** 학생부종합전형 공통 평가요소 및 평가항목
>
> 2016년 건국대, 경희대, 서울여대, 연세대, 중앙대, 한국외대는 공동으로 대입전형표준화연구를 진행하였다. '학생부종합전형 운영 공통기준과 용어표준화 연구'에서 학생부종합전형의 전형명칭을 '학생부종합전형'으로 표준화하였고, 학생부종합전형 서류평가의 전형요소를 4가지(학업역량, 전공적합성, 인성, 발전가능성)로 통일하고 명칭도 동일하게 사용하기로 하였다. 바탕으로 구체적 활동사실과 학생의 활동태도 및 노력에 의한 행동변화와 성장 등을 기재함.
>
> (건국대·경희대·서울여대·연세대·중앙대·한국외대, 2018)

모든 대학의 평가요소와 평가항목이 이와 일치하는 것은 아니지만, 이 자료에 근거하여 '학업역량, 전공적합성, 인성, 발전가능성' 등 4개 요소에 따라 학종을 준비해도 큰 무리는 없을 거예요.

다른 대학을 갈 때, 정말로 6개 대학의 평가요소에 따라 준비해도 괜찮을까요?

그럼요. 서울대학교와 비교하여 설명해 드릴게요. 서울대학교는 '학업능력'과 '학업태도' 그리고 '학업 외 소양'을 평가요소로 제시하고 있어요.

서울대에서 가장 중요하게 여기는 요소인 '학업능력'은 학교생활기록부의 교과학습발달상황에 나온 '교과성적'뿐만 아니라, 과목별 '세부능력 및 특기사항', 창의적 체험활동상황에 나

	6개 대학교 ←	→ 서울대학교	
평가요소	평가항목	평가항목	평가요소
학업역량	1. 학업성취도 2. 학업태도와 학업의지 3. 탐구활동	1. 교과성적 2. 자기주도적 학습경험 　－지적 호기심 3. 학문에 대한 열정 　－적극성 및 진취성	학업능력 학업태도
전공적합성	1. 전공관련 교과목이수 및 성취도 2. 전공에 대한 관심과 이해 3. 전공관련 활동과 경험		
인성	1. 협업능력 2. 나눔과 배려 3. 도덕성 4. 성실성 5. 소통능력	1. 공동체의식 2. 책임감 3. 성품	학업 외 소양
발전가능성	1. 자기주도성 2. 경험의 다양성 3. 리더십 4. 창의적 문제해결력	1. 자기주도성 2. 열정－적극성 및 진취성 3. 리더십 4. 사회적 기여 가능성	

온 '학업관련 탐구 및 연구활동', 그리고 독서활동상황이나 행동특성 및 종합의견 등을 종합적으로 고려하여 판단해요. 6개 대학의 '학업역량'과 매우 유사하지요.

아울러 학생들의 '자기주도적 학습경험에서 나타나는 지적 호기심, 학업에 대한 열정, 적극성 및 진취성' 등을 고려하여 평가하는 '학업태도'도 6개 대학의 평가요소인 '전공적합성'과 유사한 부분이 많아요. 참고로, '학업태도'는 교과학습뿐 아니라 관심분야에 대한 적극적인 독서활동, 글쓰기, 탐구·연구활동, 실험수업, 교내대회참여 등 다양한 학습경험을 통해서 평가한다고 서울대는 말하고 있지요.

마지막으로 학교생활에 나타난 지원자의 '성품'뿐 아니라 '리더십, 공동체의식, 책임감, 사회구성원으로서의 기여 가능성' 등을 평가하는 '학업 외 소양'도 6개 대학의 '인성', '발전가능성'과 밀접한 관련을 맺고 있어요.

서울대학교일지라도, 6개 대학의 '학업역량, 전공적합성, 인성, 발전가능성' 등 4개 평가요소에 따라 학생부종합전형을 준비해도 큰 무리가 없겠다는 생각이 들지요?

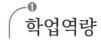 학업역량

'학업역량'은 구체적으로 무엇을 어떻게 평가하는 요소예요?

「학생부종합전형 공통 평가요소 및 평가항목」2018 에서는 '학업역량'을 '학업을 충실히 수행할 수 있는 기초수학능력'으로 정의하고 있어요. 그리고 '학업역량'의 세부평가항목으로 '학업성취도, 학업태도와 학업의지, 탐구능력'을 들고 있지요. 학업역량에서 정량적인 부분은 '학업성취도'에서, 정성적인 부분은 '학업태도와 학업의지, 탐구능력'으로 평가한다는 거예요.

평가 항목	정의	평가 세부 내용
학업 성취도	● 교과목의 석차 등급 또는 원점수(평균/표준 편차)를 활용해 산정한 학업 능력 지표와 교과목 이수 현황, 노력 등을 기반으로 평가한 교과의 성취 수준이나 학업적 발전의 정도	» 전체적인 교과 성적은 다른 지원자들에 비해 어느 정도인가? » 학기별/학년별 성적은 고르게 유지되고 있는가? » 학기별/학년별 성적은 상승/하락하고 있는가? » 대학 수학에 필요한 기본 과목(예: 국어 수학 영어 사회/과학 등) 성적은 어느 정도인가? 그 외 과목 성적은 전반적으로 무난한가? 유난히 소홀 함을 보인 과목은 없는가? » 희망 전공과 관련된 기본 과목은 어느 정도 이수했는가? » 희망 전공과 관련하여 도전적인 과제나 과목을 이수하기 위해 어떤 노력을 하였는가? » 희망 전공과 관련된 과목과 다른 과목의 성적 차이는 어느 정도인가? » 과목별 이수자 수의 규모는 어느 정도인가? » 과목별 등급 외에 원점수(평균/표준 편차 포함)는 적절한가?

평가 항목	정의	평가 세부 내용
학업 태도와 학업 의지	● 학업을 수행하고 학습을 해 나가는 자발적인 의지와 태도 ● 학습자가 스스로 학습 목표를 설정하고 적절한 학습 전략을 선택하여 계획을 수립·실행하는 과정	» 새로운 지식을 획득하기 위해 자기 주도적인 태도로 노력하고 있는가? » 자발적인 성취 동기와 목표 의식을 가지고 넓고 깊게 학습하려는 의지와 열정이 있는가? » 교과 활동을 통해 지식의 폭을 확장하고 새로운 것을 창출하려는 노력을 하고 있는가? » 교과 수업에서 적극적이고 집중력이 있으며 스스로 참여하고 이해하려는 태도와 열정을 보이는가?
탐구 능력	● 어떤 대상에 대해 호기심을 가지고 깊고 폭넓게 탐구할 수 있는 능력	» 교과에서 이루어지고 있는 탐구 활동에 적극적으로 참여하고 있는가? » 각종 교과 탐구 활동을 통해 창의적인 결과물을 산출하고 있는가? » 탐구 활동에서 표출되는 학문에 대한 열의와 지적 관심을 가지고 있는가? » 성공적인 학업 생활을 위해 적극적인 탐구 의지와 호기심을 가지고 있는가?

… 학업역량을 정의하는 데 쓰인 '수학능력'에서 수학은 우리가 학교에서 배우는 수학數學과목이 아니에요. 수학修學은 학문을 닦는다는 의미로, 대학수학능력시험大學修學能力試驗에서 쓰인 '수학'과 같아요. 대학수학능력시험은 대학에서 학문을 닦을 수 있는 능력을 측정하는 시험이라는 의미를 지니고 있잖아요.

그러니까 학업역량이란 학업능력지표(석차등급, 원점수, 표준편차 등)를 통해 '주요교과의 학업성취도 및 성적추이'를 평가한 뒤, 교과학습발달상황의 세부능력 및 특기사항뿐만 아니라 학업관련 수상경력, 창의적 체험활동상황, 독서활동상황, 행동특성 및 종합의견을 두루 살펴 '교과의 성취수준(성적)'이나 학업의 발전정도(성장)'를 평가하는 요소이지요.

··· '학업성취도'는 무엇을 어떻게 평가하는 항목이에요? 핵심만 짚어 주세요.

학업성취도는 '석차등급 또는 원점수(평균/표준편차)'를 활용해 산정한 학업능력지표와, '교과목이수현황' 등을 기반으로 평가한 교과의 성취수준이나 학업발전의 정도를 의미하지요. 여기에서는, 학업성취도에 대한 평가를 '종합적 학업능력', '추세적 발전정도', 그리고 '전공적합성과의 연계'만을 기본으로 하여 설명할게요.

평가항목	평가세부내용(핵심)
1. 학업성취도	● '전체적인 교과성적은 다른 지원자들에 비해 어느 정도인가? ● 학기별/학년별 성적은 상승/하락하고 있는가? ● 희망전공과 관련된 기본과목은 어느 정도 이수했는가?

'종합적 학업성취도'는 3년간의 종합적 학업성취도를 의미해요. 학교에서 학생들이 취득하는 시험성적, 생활태도, 출결상황 따위를 평가하여 종합한 성적의 등급, 간단히 말해 '내신등급'을 가리키지요. 이는 "전체적인 교과성적은 다른 지원자들에 비해 어느 정도인가?"라는 질문에 담겨 있는데, 한마디로 정량적으로 학생의 학업성적을 평가하는 거예요.

또한, '추세적 발전정도'는 학년의 변화에 따른 성적의 변화를 가리키는 것인데, 발전가능성과도 밀접하게 연관되어 있어요. 이는 "학기별/학년별 성적은 상승/하락하고 있는가?"라는 질문에 담겨 있지요.

그리고 '전공적합성과의 연계'는 희망전공과 관련된 기본과목은 어느 정도 이수했으며, 희망전공과 관련하여 도전적인 과제를 수행하기 위해 어떤 노력을 기울였는가를 의미해요. 이는 "희망전공과 관련된 기본과목은 어느 정도 이수했는가?"라는 질문에 담겨 있어요.

경제학을 하겠다는 학생이, 학교가 그 과목이 개설되어 있는데도, 진로선택과목으로 '경제수학'을 안 했다? 의학을 하겠다는 학생이 진로선택과목으로 '생명과학Ⅱ'나 '화학Ⅱ'를 안 했다? 이런 걸 대학에서 살펴보는 거지요.

잠깐, '내신등급'을 어떻게 내는지 좀, 가르쳐 주세요.

'내신등급'을 어떻게 내느냐고요? 천천히 설명해 드릴게요.

고등학교 내신등급은 '과목별 이수단위'로 산출해요. 먼저, 이수단위를 등급과 곱하여 '반영등급'을 만든 뒤, 이를 모두 더하여 '반영등급의 합'을 만들어요. 그러고서 이수단위를 모두 더하여 '이수단위의 합'을 만들지요. 그 후에, '반영등급의 합'을 '이수단위의 합'으로 나누면 '내신등급'이 산출돼요.

예컨대, '{(국어단위×국어석차등급)+(수학단위×수학석차등급)+(영어단위×영어석차등급)+… }을 계산하여, {(4×2)+(4×2)+(5×1)+…}=25'라는 '반영등급의 합'을 얻었다 쳐요. 이것을 다시 1학기 '이수단위의 합'인 18로 나누면, 1학기 석차등급인 1.39등급이 나오지요. 이렇게 구한 1학기와 2학기 석차등급을 더한 후, 2로 나누면 '학년 내신등급'이 산출돼요.

중요한 것은, 지원하는 대학별로 학년별 내신등급의 가중치가 다르다는 점이에요. 따라서 1학년, 2학년, 3학년 성적비중을 4:4:2로 계산하는지, 1:1:1로 계산하는지, 미리 확인하는 것이 필요해요.

학종에서 '내신등급', 신경 쓰지 않아도 된다던데요?

흔히 학생부종합전형을 준비한다면서, '공부는 됐으니 다른 활동이나 열심히 하면 되겠거니' 착각하는 친구들이 많은데, 그건 정말 아니에요. "학종은 내신을 뛰어넘는다."라는 말이 있기는 하지만, 이는 1등급이나 2등급, 2등급이나 3등급의 차이를 크게 눈여겨보지 않는다는 말이지, 7등급이나 8등급이 되어도 비교과만 좋으면 대학이 받아 준다는 말은 아니에요. 여전히 내신성적은 학업역량을 평가하는 중요한 잣대이거든요.

절대적인 것은 아니지만 다음은 일반계 고등학교의 경우에 유지해야 할 등급이니, 잘 기억해 두세요.

기억하기*

내신 1.0 ~ 1.9등급 : 서울 최상위권 대학 & 교육대학

내신 2.0 ~ 2.9등급 : 서울 중상위권 대학 & 지방 거점 국립대학

내신 3.0 ~ 3.9등급 : 서울 중하위권 대학 & 지방 중위권 대학

'학업태도와 학업의지'는 무엇을 어떻게 평가하는 항목이에요?

'학업태도와 학업의지'는 '학습자가 스스로 학습목표를 설정하고 적절한 학습전략을 선택하여 계획을 수립, 실행하는 과정'에서 보여 준 자기주도적 학습태도와 지식의 영역을 확장하여 새로운 것을 창출하려는 노력을 평가하는 항목이에요. 여기에서는, 학업태도와 학업의지에 대한 평가를 '자기주도적 학업태도', '지적 확장을 위한 학업의지'만을 기본으로 하여 설명하고자 해요.

평가항목	평가세부내용(핵심)
2. 학업태도와 학업의지	● 새로운 지식을 획득하기 위해 자기주도적인 태도로 노력하고 있는가? ● 교과활동을 통해 지식의 폭을 확장하고 새로운 것을 창출하려는 노력을 하고 있는가?

학업역량 평가에서는 자기주도적으로 학업을 수행해 가는 자발적인 태도가 가장 중요해요. 이는 "새로운 지식을 획득하기 위해 자기주도적인 태도로 노력하고 있는가?"라는 질문에 담겨 있지요.

나아가, 학업역량 평가에서는 자신이 처한 교육환경 속에서 스스로 배움을 확장해 나가려는 의지를 확인하는 것도 중요해요. 이는 "교과활동을 통해 지식의 폭을 확장하고 새로운 것을 창출하려는 노력을 하고 있는가?"라는 질문에 담겨 있어요.

교과수업뿐만 아니라, 교내에서 열리는 각종대회, 동아리활동이나 자율활동, 진로활동 등에서 보이는 적극적이고 능동적인 자세, 다양한 독서활동을 통해 드러나는 지적인 관심사와

호기심 등에서 자기주도적 학업역량과 지적 영역의 확장을 확인할 수 있지요.

'탐구활동'은 무엇을 어떻게 평가하는 항목이에요?

탐구활동의 사전적 의미는 바로 '학생들이 학습을 위하여 필요한 내용을 스스로 조사하여 찾아내는 활동'이에요. 탐구활동은 '어떤 대상에 대해 지적 호기심을 가지고 깊고 폭넓게 탐구할 수 있는 능력'으로 고차원적인 학업역량을 보여 주는 필수적인 요소이지요.

지식에 관하여 알고자 하여 지적으로 만족하려는 호기심을 흔히 '지적 호기심'이라고 하는데, 우리는 지적 호기심이라는 이 말에 주목할 필요가 있어요. 역사적으로 보면 수많은 사람들이 지적 호기심의 지배를 받아 왔다고 해도 지나친 말이 아니에요. 이 호기심 덕분에 인류 발전이 가능했고, 학문적인 업적 역시 이 호기심 덕분에 이룩한 바 크거든요.

… 탐구역량은 자신의 진로와 관련하여 어떤 수업을 들었고 수업에서 이루어지는 다양한 탐구활동에 자발적으로 참여하였는지, 수업에서 가진 궁금증을 풀어보고 싶거나 자신의 역량을 기르기 위해 학교의 어떤 프로그램으로 관심을 확장해 나갔는지를 종합적으로 판단하는 영역이에요. 이는 "교과에서 이루어지고 있는 탐구활동에 적극적으로 참여하고 있는가?"라는 질문에 담겨 있어요.

아울러 탐구역량은 "각종 교과탐구활동을 통해 창의적인 결과물을 산출하고 있는가?"라는 질문에 의해서 그 최종답변을 얻을 수 있어요. 각종 교과활동을 하면서 창의적인 결과물을 만들어 낸 경험은 탐구활동을 완성하는 증거물이니까요. 물론 탐구역량은 교과탐구활동을 뛰어넘어, 주제탐구와 관련한 각종 활동들을 통해 더욱 명징明徵하게 드러날 수도 있어요.

평가항목	평가세부내용(핵심)
3. 탐구활동	● 교과에서 이루어지고 있는 탐구활동에 적극적으로 참여하고 있는가? ● 각종 교과탐구활동을 통해 창의적인 결과물을 산출하고 있는가?

❷ 전공적합성

평가 항목	정의	평가 세부 내용
전공 관련 교과목 이수 및 성취도	● 고교 교육 과정에서 지원 전공(계열)에 필요한 과목을 수강하고 취득한 학업 성취의 수준	» 지원 전공(계열)과 관련된 과목을 어느 정도 이수하였는가? » 지원 전공(계열)과 관련해 스스로 선택하여 수강한 과목은 얼마나 되는가? » 지원 전공(계열)과 관련된 교과 성적이 우수한가? (이수 단위, 수강자 수, 원점수, 평균, 표준 편차 참고)
전공에 대한 관심과 이해	● 지원 전공(계열)에 대한 궁금증을 해결하기 위해 주의를 기울인 태도와 알고 있는 정도	» 지원 전공에 대한 흥미와 관심을 가지고 있는가? » 지원 전공에 대해 올바르게 이해하고 있는가? » 자신의 경험과 지원 전공의 연관성을 설명할 수 있는가?
전공 관련 활동과 경험	● 지원 전공(계열)에 대한 관심을 충족시키기 위해 노력한 과정과 배운 점	» 지원 전공에 관련된 교과 관련 활동(세부 능력 및 특기 사항, 수상 등)이 있는가? » 지원 전공에 관련된 창의적 체험 활동(자율, 동아리, 봉사, 진로)이 있는가? » 지원 전공에 관련된 독서가 있는가, 적절한 수준인가?

'전공적합성'은 구체적으로 무엇을 어떻게 평가하는 요소예요?

전공적합성을 이루는 평가항목은 지·정·의와 관련이 있어요. 그러니까 '지식과 정서, 그리고 의지'에 대해서 먼저 설명해야겠네요.

'지능'은 인간이 생존하고 생활하는 데 가장 기본이 되는 정신능력이에요. 흔히 말하는 지능지수Intelligence quotient, IQ와 관련이 있지요. 그리고 '정서'는 가슴으로 느끼고 그것을 펼쳐내는 능력으로서, 감성지수Emotional quotient, EQ와 관련이 있어요. 인간이 인간다우려면 정서도 지능 못지않게 중요하다는 것 아시죠? 그리고 '의지'는 사람이 자신의 뜻을 세우고 그것을 행동으로 나타내는 힘으로, 도덕지수Moral quotient, MQ와 관련이 있어요. 인간이 아무리 천재적 지능이나 정서를 지니고 있어도 양심에 바탕을 둔 의지로 실천하지 않으면 아무 소용이 없잖아요.

평가요소	정의	평가항목
전공적합성	지원전공(계열) 관련된 분야에 대한 관심과 이해, 노력과 준비 정도	1. 전공관련 교과목이수 및 성취도
		2. 전공에 대한 관심과 이해
		3. 전공관련 활동과 경험

'전공적합성'은 '지원전공(계열) 관련된 분야에 대한 관심과 이해, 노력과 준비 정도'를 의미해요. 이에는 '전공관련 교과목이수 및 성취도', '전공에 대한 관심과 이해', '전공관련 활동과 경험' 등이 포함되지요. 이를 인간의 심적 체계인 지·정·의 개념에 대입하여 보면, 지성(지식)은 '전공관련 교과목이수 및 성취도'로, 감정(느낌)은 '전공에 대한 관심과 이해'로, 의지(행동)는 '전공관련 활동과 경험'으로 나누어 설명할 수 있어요.

'전공관련 교과목이수 및 성취도'는 무엇을 어떻게 평가하는 항목이에요?

'전공관련 교과목이수 및 성취도'는 지원전공과 관련된 과목을 어느 정도 이수하였으며, 해당교과성적이 우수한가를 평가하는 항목이에요.

평가항목	평가세부내용(핵심)
1. 전공관련 교과목이수 및 성취도	● 지원전공(계열)과 관련된 과목을 어느 정도 이수하였는가? ● 지원전공(계열)과 관련된 교과성적이 우수한가?

'학업역량'에서 살펴본 학업성취도 평가와 다르지 않지요. 이는 "지원전공(계열)과 관련된 과목을 어느 정도 이수하였는가?"와 "지원전공(계열)과 관련된 교과성적이 우수한가?"라는 질문에 담겨 있어요.

잘 아시겠지만, 고교학점제는 학생이 자신의 흥미나 적성, 대학에서 수학할 전공에 따라 교과목을 신청해서 듣는 제도예요. 고교학점제 도입은 대입전형에서 두 가지 의미를 지니고 있어요. 하나는 대학의 해당전공을 수학하는 데 필요한 기초수학역량을 요구하는 측면이 있고, 다른 하나는 학생이 이수한 과목의 조합을 통해 학생의 다양성을 살필 수 있는 측면이 있지요.

2015개정교육과정에 따라 학생선택형 교육과정이 활성화되면 '전공관련 교과목이수 및 성취도'가 학생부종합전형의 서류평가에 중요하게 활용될 것으로 보여요. 학생이 선택한 과학Ⅱ 과목이나, 국제경제, 생명과학실험, 경제수학 등을 대학에서는 세밀하게 보게 될 거라는 말이지요.

'전공에 대한 관심과 이해'는 무엇을 어떻게 평가하는 항목이에요?

공자는 "알기만 하는 사람은 좋아하는 사람만 못하고, 좋아하는 사람은 즐기는 사람만 못하다(知之者不如好之者 好之者不如樂之者)."라고 하였어요. 전공적합성은 어떤 분야에 대한 흥미와 관심으로 시작되지요. 지원전공에 흥미와 관심을 가지고 있는 학생이 대학입학 후 해당전공을 더 열심히 할 가능성이 높거든요. 이는 "지원전공에 대한 흥미와 관심을 가지고 있는가?"와 "지원전공에 대해 올바르게 이해하고 있는가?"라는 질문에 담겨 있어요.

지원전공에 대해 흥미와 관심은 자연스럽게 탐색과정을 통해 해당전공에 대한 이해로 이어지지요. 대학에서는 지원전공에 대한 심화하거나 전문적인 지식을 요구하는 것이 아니지만, 우리는 최소한 해당전공에 대한 올바른 이해는 하고 있어야 해요. 해당학과에 입학하여 졸업 후 진출하기 어려운 분야를 위해 이 학과를 선택했다거나, 해당전공에서 가르치지 않

평가항목	평가세부내용(핵심)
2. 전공에 대한 관심과 이해	● 지원전공에 대한 흥미와 관심을 가지고 있는가? ● 지원전공에 대해 올바르게 이해하고 있는가?

는 분야를 배우기 위해서 지원했다거나, 해당대학에 지원자의 진로희망과 일치하는 다른 전 공이 있음에도 이 학과를 지원했다고 한다든지 등 지원전공에 대한 이해가 부족한 경우가 종 종 있거든요.

'전공관련 활동과 경험'은 무엇을 어떻게 평가하는 항목이에요?

지원학과에 대한 관심은 활동과 경험으로 나타날 수 있어요. 학교생활 중 전공관련활동과 경험에는 교과관련활동과 창의적 체험활동, 독서활동 등이 있지요. 이는 "지원전공에 관련된 교과관련활동이 있는가?"와 "지원전공에 관련된 창의적 체험활동이 있는가?", "지원전공에 관련된 독서가 있는가, 적절한 수준인가?"라는 질문에 담겨 있어요.

평가항목	평가세부내용(핵심)
3. 전공관련 활동과 경험	● 지원전공에 관련된 교과관련활동(세부능력 및 특기사항, 수상 등)이 있는가? ● 지원전공에 관련된 창의적 체험활동(자율, 동아리, 봉사, 진로)이 있는가? ● 지원전공에 관련된 독서가 있는가, 적절한 수준인가?

지원전공과 관련된 활동과 경험으로는 창의적 체험활동이 가장 대표적이에요. 창의적 체 험활동에서 교사가 학생의 적성과 진로에 맞는 자기주도적 체험활동을 안내하면, 학생들은 스스로 자신의 진로희망에 적합한 동아리를 만들기도 하고 진로체험활동을 계획하기도 하는 등 주도적인 역할을 수행하지요.

지원전공과 관련된 활동과 경험으로는 독서활동도 빼놓을 수 없어요. 독서는 간접경험으 로 지원전공과 관련하여 시·공간적 물리적 한계를 뛰어넘을 수 있지요. 학생부종합전형에서 독서를 중요하게 보는 것은 독서와 대학공부가 크게 다르지 않기 때문이에요. 도서명과 저자 명만 기재하더라도 학생부의 다른 영역과 연계하면 관심분야의 깊이나 다방면의 교양을 살 필 수 있지요.

『사랑의 기술』의 저자 에리히 프롬 Erich Fromm 은 이렇게 말했어요. "사랑은 감정이나 느낌이 아니다. 사랑은 의지이고 노력이다."라고. 저는 이 말을 이렇게 패러디해 말하고 싶네요. "전공적합성은 지식도 감정도 아니다. 그것은 의지이고 노력이며 실천이다."라고요. '전공관련 활동과 경험'이 없는 전공적합성은 아무것도 아니라는 말이에요.

'전공적합성'은 꼭 전공과 직접 관련이 있어야 하나요?

아니에요. 경제학과에 가기 위해서는 반드시 경제동아리에서 활동해야 하고, 경제책만 읽어야 하며, 경제관련 봉사활동만을 찾아서 해야 하는 것은 아니에요. 경제학부에 지원한다 할지라도 경제학이라는 용어가 갖는 테두리에 갇히지 않고, 인간과 자연과 사회에 대한 폭넓은 지적 호기심과 함께 창의적 역량을 키워 나간다면 진정한 의미의 전공적합성이 있다고 평가받을 수 있지요.

「서울대학교 학종안내서」2019 에 따르면, "인문학적 소양이 풍부한 과학자! 자연과학적 지식이 풍부한 인문사회학자! 철학과 과학을 아우르는 예술가!"를 '멋진 미래'라고 부르면서, "고등학교과정에서 지식이나 학문을 지나치게 편식하는 것은 지적 균형성을 갖추는 데 도움이 되지 않는다"고 하였어요. 귀 기울여 들어야 할 말이에요.

인성

'인성'은 구체적으로 무엇을 어떻게 평가하는 요소예요?

'학생부종합전형 공통 평가요소 및 평가항목' 2018 에서는 '인성'을 '공동체의 일원으로서 필요한 바람직한 사고와 행동'으로 정의하고, '인성'의 세부평가항목으로 '협업능력, 나눔과 배려, 도덕성, 성실성, 소통능력'을 들고 있어요.

평가 항목	정의	평가 세부 내용
협업 능력	● 공동체의 목표를 달성하기 위하여 상호 신뢰를 바탕으로 함께 돕고 함께 생활할 수 있는 역량	» 자발적인 협력을 통하여 공동의 과제를 완성한 경험이 자주 나타나는가? » 협력이 부족한 상황에서 사람들을 설득하여 협동을 이끌어 낸 경험을 가지고 있는가? » 공동과제나 단체 활동을 즐겨하고, 구성원들로부터 좋은 동료로 인정받고 있는가?
나눔과 배려	● 상대방을 존중하고 이해하여 원만한 관계를 형성하며, 타인을 위하여 기꺼이 나누어 주고자 하는 태도와 행동	» 타인을 위하여 자신의 것을 나누고자 한 구체적 경험이 지속적으로 나타나는가? » 봉사 활동 등을 통하여 나눔을 생활화하고자 하는 경험이 지속적으로 나타나는가? » 나와 다른 생각을 가진 상대방의 입장을 이해하고 존중하는 노력을 기울이고 있는가? » 학교생활에서 타인을 배려한 본보기로 언급되거나 모범이 된 사례가 있는가?
소통 능력	● 상대방의 의견을 경청하고 공감할 수 있으며, 자신의 정보와 생각을 효과적으로 전달할 수 있는 역량	» 공동 과제 수행이나 모둠 활동, 단체 활동 등에서 타인의 의견을 경청하고, 상대방의 관심 사항과 요구를 공감적으로 이해하고 있는가? » 수업이나 교과 외 활동 등에서 자신의 의견을 효과적으로 표현하고 있는가? » 자신의 생각이나 의견을 논리적·체계적으로 기술하는 경험이 나타나는가? » 새로운 지식이나 사고 방식에 대하여 열린 마음으로 적극적으로 받아들이고 있는가?

평가 항목	정의	평가 세부 내용
도덕성	● 공동체의 기본 윤리와 원칙에 따라 행동하고, 부정 또는 부당한 행동을 하지 않는 태도	» 자신이 속한 집단이 정한 규칙과 규정을 준수하고, 자신에게 불리한 경우라 하더라도 이를 지키기 위하여 노력하고 있는가? » 자신이 속한 구성원들에게 인정과 신뢰를 얻고 있으며, 바람직한 행동으로 모범이 되는가? » 규칙이나 규정을 어긴 경우, 자신의 잘못을 인정하고 개선하려는 노력을 기울이는가?
성실성	● 책임감을 바탕으로 꾸준히 노력하여 자신의 의무를 다하는 태도와 행동	» 학업 활동에서 지속적인 노력을 통하여 꾸준함을 보여주고 있는가? » 자신의 관심 분야나 진로와 관련한 활동을 지속적으로 수행한 경험이 있는가? » 어려운 상황이 발생하여도 일관된 모습으로 최선의 노력을 기울이는 경험이 있는가? » 출결 상황이나 단체 활동 참여 등 학생으로서 당연히 해야 하는 의무를 책임감 있게 수행하고 있는가?

2015년 7월에 제정된 「인성교육진흥법」에서는 인성을 '개인의 내면을 바르고 건전하게 가꾸는 데 필요한 인간다운 성품과 역량'(개인적 차원) 및 '타인·공동체·자연과 더불어 살아가는 데 필요한 인간다운 성품과 역량'(타인·공동체·자연과의 관계 차원)을 함께 포함하는 개념으로 규정하고 있지요.

그런데 '학생부종합전형 공통 평가요소 및 평가항목' 2018 에서는 개인적 성품에 해당하는 '도덕성, 성실성' 등과 더불어 미래사회에서 요구되는 핵심 인성역량으로 인식되는 '협업능력, 나눔과 배려, 소통능력'을 포괄하여, '공동체의 일원으로서 필요한 바람직한 사고와 행동'이라고 규정하였어요. '인성'을 개인적인 차원에서 바라보지 않고, 공동체의 차원에서 바라보겠다는 거예요.

'협업능력/나눔과 배려'는 무엇을 어떻게 평가하는 항목이에요?

'협업능력/나눔과 배려'는 학교공동체 안에서 이루어지는 다양한 협력과 나눔과 배려를 하나로 묶은 항목이지요.

평가항목	평가세부내용(핵심)
1. 협업능력 2. 나눔과 배려	● 자발적인 협력을 통하여 공동의 과제를 완성한 경험이 자주 나타나는가? ● 봉사활동 등을 통하여 나눔을 생활화하고자 하는 경험이 지속적으로 나타나는가? ● 학교생활에서 타인을 배려한 본보기로 언급되거나 모범이 된 사례가 있는가?

협업능력은 '공동체의 목표를 달성하기 위하여 상호신뢰를 바탕으로 함께 돕고 함께 생활할 수 있는 역량'으로, 공동학습과 단체활동 등에서 얼마나 적극적으로 돕고 함께 행동하는지를 평가하는 항목이에요. 이는 "자발적인 협력을 통하여 공동의 과제를 완성한 경험이 자주 나타나는가?"라는 질문에 담겨 있어요. 자발적인 협업의 빈도, 협업과정에서 일어나는 문제의 해결능력, 동료로부터의 신뢰나 인정 등이 여기에 포함되지요. 그러니까 협업능력이란 "같이 일할 줄 아십니까?" 하는 물음에 대한 답변이라고 보면 돼요.

또한, '나눔과 배려'는 '상대방을 존중하고 이해하여 원만한 관계를 형성하며, 타인을 위하여 기꺼이 나누어 주고자 하는 태도와 행동'으로 정의할 수 있어요. 나눔의 생활화, 봉사활동의 지속성, 상대의 입장에 대한 이해와 존중, 타인배려의 경험 등이 이에 포함되지요. 이는 "봉사활동 등을 통하여 나눔을 생활화하고자 하는 경험이 지속적으로 나타나는가?"와 "학교생활에서 타인을 배려한 본보기로 언급되거나 모범이 된 사례가 있는가?"라는 질문에 담겨 있어요.

'도덕성/성실성'은 무엇을 어떻게 평가하는 항목이에요?

'도덕성/성실성'은 공동체의 기본윤리의식의 함양 정도를 표현하며 이는 건전한 시민의식과 공동체의식의 토대가 된다는 점에서 매우 중요한 평가항목이에요.

평가항목	평가세부내용(핵심)
3. 도덕성 4. 성실성	● 자신이 속한 집단이 정한 규칙과 규정을 준수하고, 자신에게 불리한 경우라 하더라도 이를 지키기 위하여 노력하고 있는가? ● 출결상황이나 단체활동참여 등 학생으로서 당연히 해야 하는 의무를 책임감 있게 수행하고 있는가?

도덕성은 '공동체의 기본윤리와 원칙에 따라 행동하고, 부정 또는 부당한 행동을 하지 않는 태도'예요. 이는 "자신이 속한 집단이 정한 규칙과 규정을 준수하고, 자신에게 불리한 경우라 하더라도 이를 지키기 위하여 노력하고 있는가?"라는 질문에 담겨 있어요. 오히려 규칙을 준수했을 때 자신에게 손해가 생기거나 불리한 상황이 되더라도 이를 지키고자 노력하는 행동이나 경험이 나타나는지, 수동적인 규칙의 준수에서 나아가 행동의 모범을 보임으로써 교사나 동료로부터 인정과 신뢰를 얻고 있는지 등이 변별의 근거가 될 수 있겠지요.

성실성도 마찬가지예요. 성실하다는 것은 '책임감을 바탕으로 꾸준히 노력하여 자신의 의무를 다하는 태도와 행동'이에요. 이는 "출결상황이나 단체활동참여 등 학생으로서 당연히 해야 하는 의무를 책임감 있게 수행하고 있는가?"라는 질문에 담겨 있어요. 성실성을 지속하기 힘든 어려운 상황에서 이를 어떻게 이겨냈는가가 성실성을 변별하는 핵심근거가 되기도 하겠지요.

… 독일의 유대인 철학자 한나 아렌트 Hannah Arendt 는 '악의 평범성'이라는 유명한 말을 했어요. 나치장교 아돌프 아이히만 Adolf Eichmann 이 유대인 학살죄로 붙잡혀서 재판을 받았는데, 겉보기에 그는 이웃집 사람처럼 아주 선량하게 보였대요. 그는 법정에서 자신은 아무 생각 없이 상관이 시킨 대로만 했기 때문에 죄가 없다고 주장했어요.

한나 아렌트는 이 재판을 보면서 개인적으로는 매우 친절하고 선량한 사람이 집단에 들어가면 어떻게 저렇게 끔찍한 악을 행할 수 있는지 큰 충격을 받았대요. 그래서 나온 말이 '악의 평범성Banality of evil'이에요. 개인적으로는 양심적인 사람도 집단에 들어가면 양심이 마비되어서 끔찍한 악을 행하더라는 거예요. 이 이야기는 집단이 얼마나 무섭고 이기적인지를 잘 보여 주지만, 동시에 '도덕성과 성실성' 등의 인성의 평가요소를 '개인적 차원'에 묶어 두지 말아야 하겠다는 생각을 하게 하지요.

'소통능력'은 무엇을 어떻게 평가하는 항목이에요?

소통능력은 '상대방의 의견을 경청하고 공감할 수 있으며, 자신의 정보와 생각을 효과적으로 전달할 수 있는 역량'이에요. 공동체 활동에서 타인의 의견을 공감적으로 경청하고, 자신의 의견을 글이나 언어로 효과적으로 표현하며, 새로운 지식이나 사고방식 등에 열린 마음으로 적극적으로 받아들일 수 있는 태도가 이에 포함되지요. 이는 "수업이나 교과 외 활동 등에서 자신의 의견을 효과적으로 표현하고 있는가?"와 "자신의 생각이나 의견을 논리적·체계적으로 기술하는 경험이 나타나는가?"라는 질문에 담겨 있어요.

평가항목	평가세부내용(핵심)
5. 소통능력	● 수업이나 교과 외 활동 등에서 자신의 의견을 효과적으로 표현하고 있는가? ● 자신의 생각이나 의견을 논리적·체계적으로 기술하는 경험이 나타나는가?

원래 소통능력Drainage ability은 하천이 홍수에 대응할 만큼 안전하게 물을 흘려보낼 수 있는지에 대한 능력을 의미해요. 오늘날, 직접적인 소통 외에 네이버, 다음, 네이트와 같은 포털 사이트나, 페이스북, 트위터, 인스타그램 등의 소셜네트워크서비스Social Network Service, SNS로 불특정 다수와 의사소통을 하는 경우가 많아요. 한마디로 의사소통의 홍수라 할 만한 시대를

살고 있죠. 이러한 현대사회에서 소통능력의 부재로 말미암아 빚어진 비극이 얼마나 많아요? 소통능력은 이제 인간이 사회생활을 하기 위해서 필수적인 능력이 되었어요.

이러한 소통능력을 함양하기 위하여 학교에서는 수업이나 교내활동에서 학생들로 하여금 의사표현기회를 많이 가지도록 토론과 발표를 장려하고, 다른 학생들의 의견을 경청하는 교육을 적극적으로 할 필요가 있어요. 소통능력은 학교수업에서 이루어지는 다양한 모둠활동이나 단체활동을 활성화할 수 있는 평가항목이에요.

❹ 발전가능성

'발전가능성'은 구체적으로 무엇을 어떻게 평가하는 요소예요?

'발전가능성'은 '현재의 상황이나 수준보다 질적으로 더 높은 단계로 향상될 가능성'이라는 의미를 지니지요. '자기주도성, 경험의 다양성, 리더십, 창의적 문제해결력' 등이 이에 포함돼요.

발전가능성의 세부평가항목은 어떤 주어진 상황에서 나타날 수 있는 개인행동의 성향을 나타내는데, 개인행동의 성향에 대한 평가를 통해 향후에 한 단계 발전할 수 있는지를 판단하는 거예요. 이는 학업과 학업 외적인 것을 모두 포함하는 학교생활전반을 통해 관찰할 수 있는 성향과 태도이지요.

정리하자면, 발전가능성은 '실적보다는 열정'이고 '성적보다는 노력'이며 '오늘보다는 내일'이에요. "번데기에 숨어 있는 나비를 보여 주는 것이 발전가능성"이라는 말을 꼭 기억해 두세요.

평가 항목	정의	평가 세부 내용
자기 주도성	● 스스로 목표를 설정하고 적절한 전략을 선택하여 계획을 수립하고 실행하는 성향	» 교내의 다양한 활동에서 주도적, 적극적으로 활동을 수행하는가? » 새로운 과제를 주도적으로 만들고 성과를 내었는가? » 기존에 경험한 내용을 바탕으로 스스로 외연을 확장하려고 노력하였는가?
경험의 다양성	● 학교 교육의 다양한 영역에서 직접 겪거나 활동하면서 얻은 성장 과정 및 결과	» 자율, 동아리, 봉사, 진로 활동 등 체험 활동을 통해 다양한 경험을 쌓았는가? » 독서 활동을 통해 다양한 영역에서 지식과 문화적 소양을 쌓았는가? » 예체능 영역에서 적극적이고 성실하게 참여하였는가? » 자신의 목표를 위해 도전한 경험을 통해 성취한 적이 있는가?
리더십	● 공동체의 목표 달성을 위해 구성원의 화합과 단결을 이끌어 가는 역량	» 학생회, 동아리 등 학생 주도 활동에서 역할을 수행한 경험이 있는가? » 구성원의 화합과 단결을 이끌어 가기 위한 구체적인 행동 경험이 있는가? » 공동체의 목표를 달성하기 위해 계획하고 실행을 주도한 경험이 있는가?
창의적 문제 해결력	● 창조적이고 논리적인 사고로 문제를 해결하는 능력	» 교내 활동 과정에서 창의적인 발상을 통해 일을 진행한 경험이 있는가? » 교내 활동 과정에서 나타나는 문제점을 적극적으로 해결하기 위해 노력하였는가? » 주어진 교육 환경을 극복하거나 충분히 활용한 경험이 있는가?

'자기주도성/리더십'은 무엇을 어떻게 평가하는 항목이에요?

　　자기주도성은 '스스로 목표를 설정하고 적절한 전략을 선택하여 계획을 수립하고 실행하는 성향'이에요. 이는 "교내의 다양한 활동에서 주도적, 적극적으로 활동을 수행하는가?"라는 질문에 담겨 있지요. 자기주도성은 통상적으로 주로 비교과활동에서 관찰되는 영역이지만, 교과활동에서도 충분히 드러낼 수 있지요.

리더십은 '공동체의 목표달성을 위해 구성원의 화합과 단결을 이끌어가는 역량'이에요. 이는 "학생회, 동아리 등 학생주도활동에서 역할을 수행한 경험이 있는가?"라는 질문에 담겨 있어요.

평가항목	평가세부내용(핵심)
1. 자기주도성 2. 리더십	● 교내의 다양한 활동에서 주도적, 적극적으로 활동을 수행하는가? ● 학생회, 동아리 등 학생주도활동에서 역할을 수행한 경험이 있는가?

그런데 학교생활에서 보여 주는 리더십은 과연 어떤 모습이어야 할까요? '힘의 논리'로 대상을 억누르는 게 바람직한 리더십일까요? 물론 아니죠. 그래서 어떤 사람은 '서번트 리더십'을 학교교육에서 지향해야 할 모습이라고 하던데, 그래요. 리더Leader를 다른 사람에게 봉사하는 하인Servant으로 생각하고, 구성원을 섬김의 대상으로 보는 것! 명령과 통제로 일관하는 자기중심적 리더가 아닌, 신뢰와 믿음을 바탕으로 개방적인 가치관을 지닌 리더로 거듭나는 것! 이게 진짜 리더가 아닐까 싶네요.

그런데 '자기주도성'을 리더십이라고 하는 사람도 있어요. '자기주도성'도 개인이 스스로를 이끄는 '셀프리더십'이라고 할 수 있다면서요. 자신을 먼저 꾸준히 되돌아보며 자기주도적으로 성장한다면 이후 다른 사람들도 보다 수월하게 이끌 수 있기에, 자기주도성을 중요한 리더십의 한 요소로 여기게 된 거지요.

'창의적 문제해결력'은 무엇을 어떻게 평가하는 항목이에요?

　창의적 문제해결력은 '창의적이고 논리적인 사고로 문제를 해결하는 능력'이에요. 이는 '창의성'과 '문제해결력'을 합친 개념으로, 한 측면에서는 교과활동과정에 드러나는 창의적인 발상을 평가하고, 다른 측면에서는 교내 다양한 활동과정에서 드러난 문제점을 해결하기 위한 적극적인 노력과 성과를 평가하는 항목이지요. 이는 "교내활동과정에서 창의적인 발상을 통해 일을 진행한 경험이 있는가?"와 "교내활동과정에서 나타나는 문제점을 적극적으로 해결하기 위해 노력하였는가?"라는 질문에 담겨 있어요.

평가항목	평가세부내용(핵심)
3. 창의적 문제해결력	● 교내활동과정에서 창의적인 발상을 통해 일을 진행한 경험이 있는가? ● 교내활동과정에서 나타나는 문제점을 적극적으로 해결하기 위해 노력하였는가?

　학교현장에서 창의적인 발상을 꽃피우기 위해서는 수업방법의 전환, 수행평가를 비롯한 평가방식의 변화가 필요하며, 자유로운 토론과 의견개진이 일상화된 학교문화를 만들 필요가 있어요. 이러한 학교혁신을 통하여 교과학습활동뿐만 아니라 다양한 창의적 체험활동에서 부딪힌 문제점을 학생들 스스로 슬기롭게 해결해 나가는 경험을 쌓게 할 때, 문제해결력 또한 높이 평가받을 수 있겠지요.

'경험의 다양성'은 무엇을 어떻게 평가하는 항목이에요?

　경험의 다양성은 '학교교육의 다양한 영역에서 직접 겪거나 활동하면서 얻는 성장과정 및 결과'라고 정의하지요. 이는 "자율, 동아리, 봉사, 진로활동 등 체험활동을 통해 다양한 경험을 쌓았는가?"와 "독서활동을 통해 다양한 영역에서 지식과 문화적 소양을 쌓았는가?"라는 질문에 담겨 있어요.

평가항목	평가세부내용(핵심)
4. 경험의 다양성	● 자율, 동아리, 봉사, 진로활동 등 체험활동을 통해 다양한 경험을 쌓았는가? ● 독서활동을 통해 다양한 영역에서 지식과 문화적 소양을 쌓았는가?

'경험의 다양성'은 생물종 다양성이 중요한 것과 비슷한 것 같아요. 생물종 다양성이 보장되어야 지구기온의 변화와 같은 환경의 급격한 변화 속에서도 생물종들이 살아남을 수 있는 확률이 높아질 수 있듯이, '경험의 다양성'도 같은 맥락에서 이해할 수 있지요.

우리는 학교에서 공부 잘하던 학생들이 정작 사회에 나가서는 그다지 성공하지 못하는 경우를 자주 봐요. 자신이 교육받은 방식 내에서는 우수한 성과를 보이지만, 그러한 방식이 바뀌고 창의성이 요구되는 분야에 가면 당황하고 어쩔 줄 몰라 하는 학생들이 의외로 많거든요. 그런 점에서 학교교육과정에서 한 다양한 경험은 참으로 소중하며 장기적으로 유용한 자산이 될 거예요.

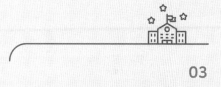

학생부종합전형의
전제조건은 무엇인가

❶
학교생활기록부 기재의
전제조건

학생부종합전형에서 학교생활기록부가 그렇게 중요한가요?

학생부종합전형은 학교생활에 충실한 학생을 선발하기 위해 입학사정관이나 해당학과교수가 학교생활기록부의 교과활동과 비교과활동을 중심으로 자기소개서, 면접 등을 종합적으로 평가하여 학생을 선발하는 전형이에요.

학종에서는 자기소개서나 면접 등도 영향을 미치지만, 가장 결정적인 전형요소는 학교생활기록부이지요. 그래서들 학교생활기록부를 '학생부종합전형에서 해당학과교수에게 제출하는 시험문제 답안지'라고도 해요.

학교생활기록부의 중요성

서류 **+** 면접 **=** 학생부종합전형

학교생활기록부
(자기소개서)

서류기반면접
제시문활용면접

자기소개서도 학교생활기록부에 근거해야 좋은 평가를 받을 수 있다면서요?

바로 그 점이에요. 자기소개서도 학생부에 근거해야 해요. 이 점을 생각하면 학생부의 중요도는 더욱 높아지지요. 우선 자기소개서의 공통문항은 '교과(학업경험)', '비교과(교내활동)', '인성(학생의 개별특성)'에 초점이 맞추어져 있고, 학교별문항도 '독서'나 '진로' 등 학생부에 기재된 내용을 바탕으로 기술할 것을 요구하고 있어요. 이런 사실을 놓고 보면, 학교생활기록부의 중요성을 더욱 실감할 수 있을 거예요.

자기소개서, 곧 없어진다고 하던데요?

그래요. 교육부는 자기소개서를 단계적으로 폐지하기로 하였어요. 2019학년도 1학년부터는 '4개 문항 5,000자'에서 '3개 문항 3,100자'로 문항 및 글자수를 축소하였는데, 2021학년도 1학년부터는 자기소개서를 아예 폐지하기로 하였지요. 2019학년도 1학년부터 교사추천서가 폐지되었으니까, 2021학년도 1학년부터는 자기소개서 작성부담까지 완전히 사라시게 된 셈이네요.

면접에서도 학교생활기록부가 중요한가요?

그럼요. 일반적으로 대학교에서 시행하는 면접은 '제출서류를 기반으로 진행하는 면접'과 '제시문을 활용하여 물음에 구두로 답하는 면접' 등, 두 가지의 방식이 있는데, 서류기반면접에서는 학생부가 매우 중요해요.

　예를 들어 서울대의 경우에도, 수시모집 지역균형선발전형(지균)에서는 제출서류를 기반으로 한 면접을 치르고, 수시모집 일반전형에서는 제시문을 활용한 문항으로 면접을 치르지요. 이 중에 지균의 서류기반면접은, 지원자가 제출한 학교생활기록부 등 지원자의 서류내용 중 확인이 필요한 사항을 질문하고 지원자가 이에 대답하는 방식으로 진행돼요. 제출서류를 기반으로 한 면접을 통해서 서류내용과 기본적인 학업소양 등을 종합적으로 확인하는 거지요.

이렇게 중요한 학교생활기록부를 잘 쓰려면 어떻게 해야 할까요?

　학생부를 잘 쓰려면 어떻게 해야 하느냐고요? 그래요. 이것은 대한민국의 중고등학교에서 근무하는 모든 교사에게 풀기 힘든 숙제예요. 교육부에서 펴낸 『학교생활기록부기재요령』을 읽어도 답이 안 나오고, 학생기록부 기재를 위한 직무연수에 참가해도 속 시원한 답이 나오지 않거든요.

　그러다가 어렵게 문제의 원인을 찾았어요. 학생부종합전형이 대학입시의 핵심전형방법으로 떠오르고 있는데 학교는 여전히 학력고사시절과 크게 다르지 않다는 사실에, 그 원인이 도사리고 있었지요. 교사중심의 교실수업에서 학생들은 의자에 가만히 앉아 있는 것 말고는 할 일이 별로 없고, 지시중심의 학교생활에서 학생들은 시키는 대로 하는 것 말고는 딱히 움직일 일이 없으니까요. 그래 놓고 학교생활기록부에 학생의 성장과 발전을 종합적으로 기재하라고 하니, 답답할 수밖에요.

　기재할 만한 그 '무엇을'이 없는데 '어떻게'만을 고민하는 것으로는 안 되겠다는 결론에 이르게 된 까닭이 여기에 있어요. 쓸 만한 게 없는데 잘 쓰는 '요령'만을 이야기하는 것은, 마른 수건을 쥐어짜는 것과 다름없었지요. 아무리 힘을 써도 물 한 방울 나오지 않으니, 학생부를 둘러싸고 '셀프학생부'니 '조작학생부'니 하는 험한 말들도 쏟아져 나왔고요.

마른수건 짜기?!

그런데 '어떻게'가 아니라 '무엇을'을 고민하고 나니 문제의 답은 의외로 쉽게 찾아졌어요. 그렇게 했더니 학생부를 더 이상 소설 쓰듯 하지 않아도 되고, 하지도 않은 활동을 그럴듯하게 꾸며 집어넣을 필요가 없어지게 되었지요. 오히려 수많은 체험활동 중 어느 것이 더 의미 있는가를 놓고 선택해야 하는, 행복한 고민에 빠지게 되더라고요.

이제는 발상의 전환이 필요한 때예요. '쓸거리'를 풍성하게 만들고 나서, 그다음에 고민해야 하는 것이 '쓰는 방법'이어야 한다는 말이지요. '학교생활'을 제대로 디자인하고 나서, 그다음에 고민해야 하는 것이 '학교생활기록부' 디자인이에요. 학교생활을 멋지게 디자인하고 나면 학교생활기록부는 더욱 멋진 디자인으로 탄생하니까요. 바늘 가는 데 실 가듯이 말이죠.

학교생활기록부에 적을 그 '무엇을'을 만들려면 어떻게 해야 하나요?

학교생활기록부에 적을 수 있는 '무엇을'을 만들기 위해 요청되는 것이 바로 학교생활 디자인이에요. 그런데 '학교생활 디자인'에는 두 가지가 있어요. '교과활동의 디자인'과 '비교과활동의 디자인'이 바로 그것이지요. 여기에서 '교과활동의 디자인'은 '교실수업 혁신'으로 부를 수 있고, '비교과활동의 디자인'은 '학생자치 혁신'으로 바꾸어 부를 수 있어요. 교사중심의 교실수업을 학생중심의 교실수업으로 혁신하고, 지시위주의 교육활동을 학생자율의 교육활동으로 혁신하는 것이, 학교생활 디자인이니까요.

… 혁신! 먼저, 교실수업을 혁신하는 거예요. '교사는 서서 가르치고 학생은 앉아서 배우는 교실'을 '학생도 교사와 함께 배우며 가르치는 교실'로 바꾸면, 쓸거리가 정말 많아져요. 수행평가도 결과중심에서 과정중심으로 그 방식을 바꾸고 그것을 수업과 연계하면, 쓸거리가 풍성해지지요. 학생중심수업과 과정중심의 수행평가에 학생부종합전형의 성패가 달렸다고 해도 지나친 말이 아니에요. 이렇게 되면 교육부에서 강조하는 '교육과정-수업-평가-기록의 일체화'도 자연스럽게 이루어질 거예요.

나아가, 학생자치를 혁신하는 거예요. 학생들에게 입을 열게 하여 그들의 자유로운 발언을 귀담아듣고 그들의 자율적인 행동을 눈여겨보면, 학생부에 쓸거리가 넘치게 돼요. 어느 학교에서나 문제가 되는 두발단속이나 화장단속 등도, 매년 학생들에게 개선방안을 마련하는 제도개선위원회를 만들어 스스로 결정하도록 해 보세요. 맡겨 보면 알게 돼요, 우리 학생들이 얼마나 지혜로운가를. 학생부종합전형에 '학교혁신의 열쇠'가 들어 있다는 말이 이래서 나오는가 보다 하는 감탄과 함께요.

❷ 학교생활의 혁신방안

학생부종합전형에 학교혁신의 열쇠가 들어 있다고요? 그런데 혁신이 뭐예요?

혁신이란 무슨 뜻일까요? 사전을 찾아보면, 혁신革新이란 낡은 것을 바꾸거나 고쳐서 아주 새롭게 한다는 의미네요. 날가죽에서 털과 기름을 빼서 부드럽게 하는 것을 '무두질'이라고

하는데, 혁신이란 바로 날가죽[피皮]을 무두질한 가죽[혁革]으로 아주 새롭게 하는 거지요. 그러니까 혁신은 더하기가 아니라 빼기이고, 곱하기가 아니라 나누기라는 말이네요.

혁신교육도 마찬가지예요. 학생들의 짐을 덜어 주는 것이 혁신의 출발이고, 그래도 학생들이 힘겨워하면 그 짐을 어른들이 나누어 지는 것이 혁신의 완성이에요. 스토리텔링 수학이 나왔을 때 어느 선생님이 그러데요. "스토리텔링? 좋지요. 하지만 그 좋은 것을 좋게 하려면 현재 교과서를 3분의 1로 확 줄여야 해요. 교과서는 교과서대로 그대로 두고서, 스토리텔링하자는 것은 아이들 죽이자는 거예요."

정말로 우리 교육현실은 어떤가요? 누가 그러데요. 우리나라 교육은 우리나라 아이들을 다양한 방식으로 괴롭힌다고. 맞아요. 불고기를 먹어 이미 충분히 배가 부른 아이들에게 몸에 좋은 음식이라며 다시 현미밥을 먹으라고 재촉하고, 앉아서 천천히 먹는 것이 체질인 아이들에게 뛰면서 재빨리 먹는 것이 제대로 된 식사법이라고 다그치는 것, 이게 우리나라 교육이에요. 앞엣것을 학자들은 '교육내용'이라고 하고 뒤엣것을 '교육방법'이라고 하는데, 이 둘을 묶어 '교육과정[커리큘럼,Curriculum]'이라고 부른대요.

학부모들도 혁신학교에 대해 곱지 않은 시선을 보이던데요?

아픈 질문이네요. 그래요. 혁신기술, 혁신경영, 혁신도시 등 '혁신'이라는 이름이 붙으면 우리 사회에서 크게 환영받는 현상이 일반적인 데 비해, 혁신학교, 혁신교육 등은 환영은커녕 오히려 배척당하고 있는 현실이에요. 실용과 결합하지 않은 진보가 허상이듯이, 학부모들의 이해와 요구를 담지 못하는 혁신교육이 허상이지 않을까 하는 합리적 의심은 여기에서 출발하지요.

　무한경쟁으로 치닫는 입시교육이 학교교육의 본래적 의미를 무너뜨리는 상황에서, 혁신학교가 진보적 교육정책의 일환으로 추진된 것은 평가받을 만한 일이에요. 전국의 학생을 한 줄로 세우는 수능전형이 대학입시의 주종을 이룰 때는 비인간적인 무한경쟁이 지배하는 교육현실을 좌시할 수만은 없었지요. 그런데 학생부종합전형이 대학입학전형의 주요방법으로 떠오르면서도 여전히 '입시교육에서 탈피하는 것'이 혁신교육이라고 말하는 것은 학종에 대한 이해부족에서 온 소치所致예요.

　학종이 요구하는 평가요소에 도달하는 것과 혁신교육의 교육적 목표로 내세운 것의 차이가 없어진 현실에서, 이제 우리의 학교교육은 입시지도와 자연스럽게 결합할 수 있어야만 해요. 이러한 상황에서 학교교육의 내용은 새롭게 마련되어야 하고, 학생의 성장을 담보해 내는 자율적이고 창의적인 학교교육의 방법 또한 새롭게 제시되어야 하지요.

　교실혁신을 통한 '입시교육의 새길 열기'의 교육적 필요성은 바로 여기에서 출발해요. 학생부종합전형 준비를 통해 '자율적이며 전인적인 인간을 양성해 내는 혁신교육'과 '인간의 얼굴을 한 입시지도'가 동시에 가능하거든요. 그런데도 지식중심의 '기존 학력'과 협업능력과 소통능력, 창의력 등이 함께 요구되는 '새로운 학력'이라는 개념을 이분법적으로 사고하는 것은 사려 깊은 모습이 아니에요. '새로운 학력'으로 나아가되 '기존 학력'을 껴안는 것이 '현재 상황'에서는 올바른 길이거든요.

학생부를
알면 대학이
보인다

학교생활기록부,
학생부종합전형의
답안지

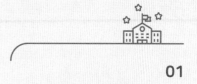

01

학교생활기록부란
무엇인가

학교생활 세부 사항 기록부(학교생활기록부Ⅱ)

졸업 대장 번호				
학년 \ 구분	학과	반	번호	담임 성명
1				
2				
3				

사 진

3.5 × 4.5㎝

❶ 학교생활기록부의 체계

**'학교생활기록부'를 가리켜 학생부종합전형에 제출하는 답안지라고 하셨는데,
학교생활기록부가 도대체 뭐예요?**

「초·중등교육법」 제25조 1항에는 "학교의 장은 학생의 학업성취도와 인성 등을 종합적으로 관찰·평가하여 학생지도 및 상급학교의 학생선발에 활용할 수 있는 다음 각 호의 자료를 교육부령으로 정하는 기준에 따라 작성·관리하여야 한다."라고 규정하고 있어요. 그러니까 학교생활기록부는 '학생의 학업성취도와 인성 등' 학교생활을 대상으로, 학생의 학교생활을 '종합적으로 관찰·평가'하는 방법을 통해, '학생지도 및 상급학교의 학생선발에 활용'하려는 목적으로 관리되는 법정 장부예요. 학교생활기록부는 학생부종합전형에 제출하는 서류이기도 하지만, 학기초에 상급학교 진학지도와 관련하여 학생면담을 할 때 전년도 학생부처럼 활용하기 좋은 상담자료는 또 없어요.

학교생활기록부는 「초·중등교육법」에 의거하여 작성하는 '법정장부'로, 민원이 있을 경우 학생과 학부모에게 제공되는데, 50년 이상 준영구 보존해야 해요.

「초·중등교육법」이 「학교생활기록 작성 및 관리지침」의 근거가 되고, 이에 의거하여 『학교생활기록부기재요령』교육부이 제작되어 학교현장에 매년 배부되고 있어요.

학교생활기록부에는 학교생활의 무엇이 기재되나요?

학생들은 학교에서 어떤 생활을 하지요? 그래요. 국영수사과음미체로 채워진 수업시간표에 따라 교과학습활동을 하고, 자율활동, 동아리활동, 봉사활동, 진로활동 등의 창의적 체험활동과 독서활동 등의 비교과학습활동을 해요.

그런데 학교생활기록부 기재항목 중에 '수상경력'과 '행동특성 및 종합의견'은 '교과와 비교과'를 포괄하고 있으니, 학교생활기록부에는 학교에서 이루어지는 교과학습활동(교과목의 성적과 활동내역)과 그와 관련된 비교과학습활동(교과 이외의 활동내역)이 기재된다고 할 수 있지요.

학생부 기재항목을 세부적으로 정리해 보면 다음과 같아요.

학생부 기재항목	**학생 기본사항**	● 인적·학적사항 ● 출결상황 ● 자격증 및 인증 취득상황	
	교과	● 교과학습발달상황	• 원점수 과목평균(표준편차) 성취도 석차등급 • 세부능력 및 특기사항
	비교과	● 창의적 체험활동상황 • 자율활동 • 동아리활동 • 봉사활동 • 진로활동 ● 독서활동상황	• 시간&특기사항 • 시간&특기사항 • 시간 • 시간&특기사항 • 도서명&저자
	교과 & 비교과	● 수상경력 ● 행동특성 및 종합의견	• 수시로 관찰하여 기록한 학생의 행동특성 • 총체적으로 학생을 이해할 수 있는 종합의견

❷ 교과학습활동
기재항목

학기	교과	과목	단위 수	원점수/과목평균 (표준편차)	성취도 (수강자수)	석차등급	비 고
1							
2							
이수 단위 합계							

과 목	세부능력 및 특기사항

진로선택과목

학기	교과	과목	단위 수	원점수/과목평균 (표준편차)	성취도 (수강자수)	성취도별 분포비율	비 고
1							
2							
이수 단위 합계							

과 목	세부능력 및 특기사항

체육·예술

학기	교과	과목	단위 수	성취도	비 고
1					
2					
이수 단위 합계					

과 목	세부능력 및 특기사항

교과학습발달상황, 내신성적을 기재하는 항목이지요?

맞아요. 상급학교 진학에 반영하기 위하여 학생의 학교생활내용을 기재하는 것을 내신 內申이라고 하는데, 교과학습발달상황은 그중에서 내신성적을 기재하는 항목이에요. 하지만 교과학습발달상황에는 '눈에 보이는 학업성적'만이 아니라, '눈에 보이지 않은 학업역량'도 함께 기재하지요.

규정 학교생활기록 작성 및 관리지침

제15조 (교과학습발달상황)

④ 고등학교는 제1항의 규정에 의하여 시행한 평가에 따라 '교과', '과목', '단위수', '원점수/과목평균(표준편차)', '성취도(수강자수)', '석차등급'을 각 학기말에 입력한다.

⑬ 교과학습발달상황의 '세부능력 및 특기사항'은 교과담당교사가 입력한다.

교과학습활동이 기재되는 '교과학습발달상황'란은 둘로 나뉘어요. 하나는 '성적기재'란이고, 하나는 '세부능력 및 특기사항'란이에요. 앞엣것은 눈에 보이는 성적을 정량적인 '숫자'로 기재하는 난이고, 뒤엣것은 눈에 보이지 않은 성취수준이나 세부능력을 정성적인 '문장'으로 기재하는 난이지요.

'성적기재'란은 학교에서 학습한 지식·기능·태도 등의 평가결과인 과목별 성적을 기재하기 때문에 학교생활기록부에서 가장 중요하게 여기는 난이에요. '세부능력 및 특기사항'란도 학생부종합전형에서 '세부능력 및 특기사항'란의 기재내용에 의해 학생의 학업역량(성장)을 종합적으로 평가하기 때문에 그 중요성이 크게 강조되는 난이지요.

'성적기재'란의 교과와 과목, 어떻게 달라요?

교과와 과목? 사전을 찾아보니 이렇게 설명되어 있네요. 교과敎科는 학교에서 교육목적에 따라 가르쳐야 할 내용을 계통적으로 짜 놓은 분야이고, 과목科目은 교과를 다시 세분하여 계통적으로 짜 놓은 영역이라고요.

예컨대, 교과에는 '국어', '수학', '사회', '과학' 등이 있어요. 그런데 '국어' 교과를 다시 세분하면 1학년 때 배우는 '국어'라는 공통과목, 2, 3학년 때 배우는 '화법과 작문, 독서, 언어와 매체, 문학' 등의 일반선택과목, '실용국어, 심화국어, 고전읽기' 등의 진로선택과목 등이 있어요. 그러니까 교과를 더 나누어 놓은 것을 과목이라고 이해하면 돼요.

교과에는 보통교과와 전문교과가 있지요?

그래요. 2015개정교육과정에 따르면 고등학교의 교육과정은 다음과 같이 편제되어 있어요.

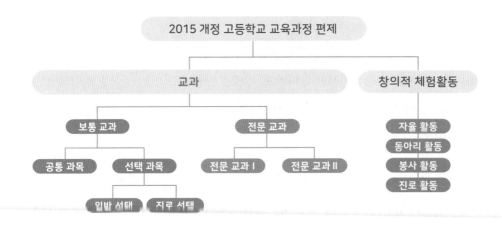

우선, 교과는 '보통교과'와 '전문교과'로 나눌 수 있지요. 보통교과는 고등학교 교육과정에서 필수로 배워야 하는 '공통과목'과 선택해서 배울 수 있는 '선택과목'이 있어요. 그리고 전문교과는 '전문교과Ⅰ'과 '전문교과Ⅱ'가 있는데, 전문교과Ⅰ은 과학, 체육, 예술, 외국어, 국제 계열 고등학교에서 배우는 과목이고, 전문교과Ⅱ는 특성화고등학교와 산업수요맞춤형고등학교에서 배우는 과목이에요.

과학, 체육, 예술, 외국어, 국제 계열 고등학교란 과학고등학교, 예술고등학교, 외국어고등학교, 국제고등학교 등을 가리키고, 특성화고등학교란 예전의 실업계고등학교가 전문계고등학교로 이름이 달라졌다가 다시 달라진 명칭으로, 만화, 애니메이션, 요리, 영상 제작, 관광, 통역, 금은보석 세공, 인터넷, 멀티미디어, 원예, 골프, 공예, 디자인, 도예, 승마 등의 교육을 실시하는 학교를 가리켜요. 그리고 산업수요맞춤형고등학교란 산업계의 수요에 직접 연계된 맞춤형 교육과정을 운영하는 마이스터고등학교를 가리키지요.

일반계 고등학교에서는 보통교과만 배우네요?

그래요. 일반계 고등학교에서는 보통교과만 가르치지요. 그런데 보통교과는 '공통과목'과 '선택과목'으로 나누어져요.

공통과목은 모든 고등학생이 배워야 할 필수적인 내용으로 구성하여 기초소양을 함양하고 기초학력을 보장할 수 있는 과목으로, '국어, 수학, 영어, 한국사, 통합사회, 통합과학, 과학탐구실험 등' 등 7개 과목이 해당돼요.

선택과목은 다시 '일반선택'과 '진로선택'으로 나누어져요. 일반선택과목은 공통과목을 배운 학생들이 자연스럽게 내용의 폭과 깊이를 확장할 수 있도록 하는 과목이며, 진로선택과목은 학생들의 진로와의 연계성을 높여가도록 교과융합학습, 진로안내학습, 교과별 심화학습 및 실생활 체험학습 등을 학습하는 과목이에요. 선택과목의 기본 단위수는 5단위이며, 일반선택과목은 2단위, 진로선택과목은 3단위 범위 안에서 증감하여 편성·운영할 수 있지요.

대학수학능력시험에서는 '공통과목'과 '일반선택과목' 위주로 출제돼요. 하지만 '기하'와 '물리학II, 화학II, 생명과학II, 지구과학II' 등의 진로선택과목이 수능에 출제되는 바람에, 현실이 반드시 그렇지만은 않아요.

교과영역	교과(군)	공통 과목	선택 과목			
			일반 선택		진로 선택	
기초 교과	국어	국어	화법과 작문 독서	언어와 매체 문학	실용 국어 심화 국어	고전 읽기
	수학	수학	수학 I 수학 II	미적분 확률과 통계	실용 수학 기하	경제 수학 수학 과제 탐구
	영어	영어	영어 회화 영어 I	영어 독해와 작문 영어 II	실용 영어 영어권 문화	진로 영어 영미 문학 읽기
	한국사	한국사				
탐구 교과	사회 (역사/도덕 포함)	통합 사회	한국 지리 세계 지리 세계사 동아시아사 경제	정치와 법 사회·문화 생활과 윤리 윤리와 사상	여행 지리 사회 문제 탐구 고전과 윤리	
	과학	통합 과학 과학 탐구 실험	물리학 I 화학 I 생명 과학 I 지구 과학 I		물리학 II 화학 II 생명 과학 II 지구 과학 II	과학사 생활과 과학 융합 과학
체육·예술 교과	체육		체육	운동과 건강	스포츠 생활	체육 탐구
	예술		음악 미술	연극	음악 연주 음악 감상과 비평	미술 창작 미술 감상과 비평
생활·교양 교과	기술·가정		기술·가정 정보		농업 생명 과학 공업 일반 창의 경영	해양 문화와 기술 가정 과학 지식 재산 일반
	제2외국어		독일어 I 프랑스어 I 스페인어 I 중국어 I	일본어 I 러시아어 I 아랍어 I 베트남어 I	독일어 II 프랑스어 II 스페인어 II 중국어 II	일본어 II 러시아어 II 아랍어 II 베트남어 II
	한문		한문 I		한문 II	
	교양		철학 논리학 심리학 교육학 종교학	진로와 직업 보건 환경 실용경제 논술		

단위수는 뭐예요?

고등학교에서 1단위는 50분 수업을 할 경우, 17회를 이수하는 수업량이지요. 이처럼 중학교와 달리 고등학교에는 '단위수'라는 개념이 있어요. 일주일에 그 과목을 수업한 횟수를 단위수라고 해요. 그러니까 1주일에 2시간을 수업하면 2단위, 3시간을 수업하면 3단위가 되는 셈이죠. 단위수가 높을수록 그 과목이 중요하다는 사실을 꼭 기억해 두세요.

'원점수'와 '과목평균', '표준편차'는 뭐예요?

'원점수'는 원래 받은 점수로, 지필평가와 수행평가의 반영비율을 환산하여 낸 점수의 합계를 소수小數, 1보다 작은 실수첫째자리에서 반올림하여 정수整數, 자연수로 기재하지요.

'과목평균'은 해당과목의 전체점수를 합산하여 응시자수로 나눈 중간값이에요. 과목평균은 원점수를 사용하여 소수둘째자리에서 반올림하여 소수첫째자리까지 기재하지요.

'표준편차'는 중심(평균)에서 얼마나 떨어져 분포해 있는가를 나타내는 수치예요. 표준편차의 값이 0이면 관측값 전체가 동일하다는 것을 의미하고, 표준편차가 클수록 평균에서 떨어진 값이 많이 존재한다는 것을 의미하지요. 표준편차를 통해 학생수준이나 시험난이도를 가늠할 수 있는데, 성적우수자가 몰려 있는 특목고는 표준편차가 상대적으로 작아요. 표준편차는 100을 기준으로 10~30 사이의 값을 갖는 경우가 많은데, 학교에서는 평균점수 70~80점 정도에 표준편차 15~20 정도를 최상으로 여기고 출제하는 경우가 많지요. 표준편차는 원점수를 사용하여 소수둘째자리에서 반올림하여 소수첫째자리까지 기재해요. (참고로, 「학교생활기록 작성 및 관리지침」이 개정되면서 중학교 성적정보에서는 표준편차가 삭제되었어요.)

'성취도'는 뭐예요?

목적한 바를 이루어 낸 정도를 성취도라고 해요. 학생부에 성적을 기재할 때에, 성취도를 표기하는 방법이 달라요. '국어, 영어, 수학, 한국사, 통합사회, 통합과학, 과학탐구실험' 등의 공통과목과 '문학, 수학 I, 영어 I, 사회·문화, 물리학 I' 등의 일반선택과목, '심화국어, 경제수학, 실용영어, 여행지리, 물리학 II' 등의 진로선택과목(전문교과 포함)의 성취도는 'A-B-C-D-E'로 표기하고, '체육, 음악, 미술' 등의 교과의 성취도는 'A-B-C'로만 표기하지요. 옛날에는 '수-우-미-양-가'로 표기했는데, 크게 달라진 거예요.

대학입시에서 '석차등급'은 매우 중요하다고 들었는데요?

그래요. 석차등급은 성적등수에 따라 등급을 나눈 것이에요. 1~9등급까지 성적을 나눌 때 전교학생수를 바탕으로 각 인원별 %로 나눈 등급이 석차등급이지요. 1등급이 가장 높은 등급이며, 9등급이 가장 낮은 등급이에요.

'성적기재'란에 공통과목과 일반선택과목은 성취도(A~E)와 석차등급(1~9등급)으로 표기하는데, 이 중에서 석차등급이 특히 중요해요. 이와 달리, 진로선택과목(전문교과 포함)은 성취도(A~E)와 성취도별 분포비율로 표기하고, '체육, 음악, 미술' 등의 교과는 성취도(A~C)로만 표기해요. 석차등급을 산출하는 과목은 공통과목과 일반선택과목뿐이라는 말이지요.

'석차등급'은 어떻게 계산하나요?

석차등급은 다음과 같이 계산해요.

석차등급 계산법 ▶ ▶

① '석차/전체인원×100 = 누적등급비율'로 계산
② 반올림하여 등급 산정
　　예) 149명 중 6등: '6÷149×100=4.026845(%)' 반올림 4 ∴ 1등급
　　　　7등: '7÷149×100=4.697986(%)' 반올림 5 ∴ 2등급

과목별 석차등급은 지필평가 및 수행평가의 반영비율 환산점수의 합계에 의한 석차 순에 따라 다음과 같이 평정해요. 단, 등급별 누적학생수는 수강자수와 누적등급비율을 곱한 값을 반올림하여 계산하지요.

석차등급	등급비율	누적등급비율	수강자수 149명	
			반올림 전	누적학생수
1등급	4%	~ 4% 이하	149×0.04=5.96	1~6등
2등급	7%	4% 초과 ~ 11% 이하	149×0.11=16.39	7~16등
3등급	12%	11% 초과 ~ 23% 이하	149×0.23=34.27	17~34등
4등급	17%	23% 초과 ~ 40% 이하	149×0.40=59.6	35~60등
5등급	20%	40% 초과 ~ 60% 이하	149×0.60=89.4	61~89등
6등급	17%	60% 초과 ~ 77% 이하	149×0.77=114.73	90~115등
7등급	12%	77% 초과 ~ 89% 이하	149×0.89=132.61	116~133등
8등급	7%	89% 초과 ~ 96% 이하	149×0.96=143.04	134~143등
9등급	4%	96% 초과 ~ 100% 이하	149×1.00=149	144~149등

'석차/전체인원×100 = 누적등급비율' 공식에 맞추어 계산하면 돼요. 예를 들어 볼까요. 149명 중에서 6등이라면 '6÷149×100=4.026845(%)'가 되니까 반올림하면 4%가 되므로 1등급이고, 7등이라면 '7÷149×100=4.697986(%)'가 되니까 반올림하넌 5%가 되므로 2등급이 되는 거죠.

동석차가 있는 경우에는 석차등급이 달라진다던데요?

그래요. 동석차가 있는 경우에는 '중간석차 백분율'을 적용하게 되어 등급이 달라져요.

교과	과목별 세부 능력 및 특기 사항 + 개인별 세부 능력 및 특기 사항	(500자×10과목×2학기)+(500자×1년)	10,500자
비교과	창의적 체험 활동 + 행동 특성 및 종합 의견	1,700자+500자	2,200자
합계			12,700자

149명 중에서 5등(예를 들어 92점)을 했다 쳐요. 동석차가 없다면 6등까지 1등급이므로 5등도 당연히 1등급이겠지요. 그런데 5등을 한 학생이 모두 6명(6명이 모두 92점)이 나왔다면 이야기가 달라지지요. '[석차+(동석차수−1)/2]=중간석차'에 넣어 계산해 보면, 중간석차는 '5+(6−1)/2=7.5(등)'이 되지요.

이는 다시 '중간석차 백분율'을 적용해야 하므로, '중간석차/전체인원×100=중간석차 백분율'에 넣어 계산해 보면, 중간석차 백분율은 '(7.5/149)×100=5.03(%)'이므로 모두 '2등급'이 되고 말아요. 동석차가 나오는 바람에 '5등'과 '6등', 1등급이 두 개나 날아간 셈이죠.

❸ 비교과학습활동 기재항목

비교과학습활동에서 눈여겨보아야 할 영역은 뭐예요?

학생부에 기재되는 내용은 모두 여덟 개 영역이에요. '1. 인적·학적사항, 2. 출결상황, 3. 수상경력, 4. 자격증 및 인증 취득상황, 5. 창의적 체험활동상황, 6. 교과학습발달상황, 7. 독서활동상황, 8. 행동특성 및 종합의견' 등이 그것이지요.

구분	영역			글자 수
교과 학습 발달 상황	과목별 세부 능력 및 특기 사항			과목당 500자
	개인별 세부 능력 및 특기 사항			학년당 500자
비교과 학습 발달 상황	창의적 체험 활동	자율 활동	자치·적응 활동	학년당 500자
			창의 주제 활동	
		동아리 활동		학년당 500자
		봉사 활동		미기재
		진로 활동		학년당 700자
	독서 활동			미기재
	행동 특성 및 종합 의견			학년당 500자

여기에서 '인적·학적사항'은 학생부종합전형의 평가영역이 아니고, '출결상황'은 학교만 충실하게 다니면 되고, '자격증 및 인증 취득상황'은 2019학년도 1학년부터 대학에 입시활용자료로 제공되지 않으니까, 나머지 다섯 개 영역에 눈이 가지요.

그런데 '독서활동상황'은 도서명과 저자만 입력하며, '수상경력'은 문장이 아닌 객관적인 수상실적만 입력하고, 대입활용자료로도 2019학년도 1학년부터 학기당 1개씩 3년간 총 6개만 제공하고, 2021학년도 1학년부터는 아예 대입에 반영하지 않으므로, 자연스럽게 '교과학습발달상황(세부능력 및 특기사항)'과 '창의적 체험활동상황(특기사항)'과 '행동특성 및 종합의견' 등 서술형 문장으로 기재되는 영역이 우리의 눈길을 사로잡네요. 여기에서 '행동특성 및 종합의견'은 '교과학습발달상황'과 '창의적 체험활동상황'을 바탕으로 작성하므로, 비교과학습 활동의 핵심은 '창의적 체험활동상황'이라고 할 수 있겠어요.

비교과학습활동에 입력하는 글자수가 많이 줄었다면서요?

그래요. 교육부는 교과학습활동을 포함하여 비교과학습활동의 각 영역의 글자수를 제한하였어요. 너무 많이 쓰면 담당교사들이 기재하는 데에도 문제가 있고, 대학에서 그 많은 분량을 읽고 평가하는 데에도 문제가 있어서, 2019학년도부터 확 줄였지요.

교과	과목별 세부 능력 및 특기 사항 + 개인별 세부 능력 및 특기 사항	(500자×10과목×2학기)+(500자×1년)	10,500자
비교과	창의적 체험 활동 + 행동 특성 및 종합 의견	1,700자+500자	2,200자
합계			12,700자

학교에서 학기당 10과목을 수업한다면, 2019학년도 1학년부터 학교생활기록부에 기재하는 학년당 글자수는 얼마나 될까요? 학생부에 기재하는 학년당 글자수가 12,700자 정도가 되는데, 그중에 10,500자를 차지하는 게 교과학습발달상황의 세부능력 및 특기사항이에요. 분량으로 따질 때 전체에서 80%를 넘게 차지하는 것을 보면, 과목별/개인별 세특이 얼마나 중요한지 알겠지요?

더욱이 교육부 발표 자료「대입제도공정성 강화방안」, 2019.11.28.에서도, "특히 교과세특은 3년간 총 40여명의 교과담당교사가 해당학생의 수업참여도와 성취도를 관찰·평가한 '360도 다면평가 결과'이므로 전형자료로 충분히 의미 있게 활용될 수 있을 것"이라면서, 교과세특의 중요성을 크게 강조하고 있어요.

그렇다고 창의적 체험활동을 소홀히 할 수 있을까요? 아니에요. 화룡점정畵龍點睛이란 무슨 뜻인지 아시죠. 그래요. 무슨 일을 하는 데 가장 중요한 부분을 완성하는 것을 비유적으로 이르는 말이에요. 양나라 때의 화가 장승유가 용龍을 그린 뒤 마지막으로 눈동자[정睛]를 그려 넣었더니 그 용이 홀연히 구름을 타고 하늘로 올라갔다는 고사에서 나온 말이지요. 여기에서 '용'을 그리는 것이 '과목별/개인별 세특'이라면, '눈'을 그리는 것이 '창체 특기사항'이라고 보면 돼요.

나이스에는 '글자수'가 아니라 '바이트'를 기준으로 입력한다던데요?

학생부는 교육정보시스템NEIS에서 글자로 입력하는데, 입력 글자의 단위가 바이트byte예요. 한글 한 자는 3바이트이고, 알파벳·숫자·공백 등은 1바이트, 엔터enter는 2바이트이지요. 그러니까 1,500바이트이면 한글로는 500자가 채 안 되는 분량이에요. 인터넷에 '글자수 세기 프로그램'이 있으니, 반드시 확인하세요.

학교생활기록부 기재의
원칙은 무엇인가

❶ 학교생활기록부
기재의 주체

학교생활기록부는 누가 입력하나요?

「학교생활기록 작성 및 관리지침」 제4조(처리요령) 1항에 의하면 "학교생활기록의 자료입력 및 정정 업무는 당해업무를 담당하는 사용자가 수행함을 원칙으로 한다."라고 명시하고 있어요. 여기에서 '사용자'란 교육정보시스템을 이용하여 관련업무를 직접 처리하는 자로 학급담임교사, 과목담당교사, 동아리지도교사 등 학교생활기록부의 작성주체를 가리키지요.

우선, 과목별 세특과 과목별 독서활동은 과목별 교사가 작성하고, 동아리활동은 동아리지도교사가 작성하고, 그 나머지는 모두 학급담임교사가 작성해요. 그러니까 담임교사는 개인별 세특과 공통 독서활동, 자율활동·진로활동의 특기사항과 행동특성 및 종합의견을 다 작성하지요.

항목		작성 주체
출결 상황	특기 사항	학급담임교사
교과 학습 발달 상황	과목별 세부 능력 및 특기 사항	과목 담당 교사
	개인별 세부 능력 및 특기 사항	학급담임교사
창의적 체험 활동 상황	자율 활동·봉사 활동·진로 활동	학급담임교사
	동아리 활동	동아리 지도 교사
독서 활동 상황	과목별 독서 활동	과목 담당 교사
	공통 독서 활동	학급담임교사
행동 특성 및 종합 의견		학급담임교사

2019학년도 1학년부터는 '봉사활동'은 해당영역에 특기사항을 기록할 수는 없으나 '필요 시 행동특성 및 종합의견란'에 기록할 수 있다 「2022학년도 대학입학제도 개편방안 및 고교교육 혁신방향」, 2018.8.17., 교육부, '학교생활기록부 기재 개선 비교표' 고 했으니, '봉사활동'도 담임교사가 입력한다고 보면 돼요.

규정 학교생활기록부 기재요령

◇ 교과학습발달상황: '세부능력 및 특기사항'란은 학생중심수업 및 수업과 연계된 수행평가 등에서 관찰한 내용을 입력함.

◇ 창의적 체험활동: 학생의 영역별 활동에 대해 교사가 상시 관찰 및 평가한 누가기록을 바탕으로 구체적 활동사실과 학생의 활동태도 및 노력에 의한 행동변화와 성장 등을 기재함.

그래서일까요? 학생들이 그런대요. 담임교사 잘 만나면 "3대가 덕을 쌓았나 보다"고요. 이렇게 말하는 까닭, 아시겠지요?

학교생활기록부는 '교사'가 기록하네요?

그래요. 학교생활기록부는 교사가 기록의 주체예요.

『학교생활기록부기재요령』교육부에 의하면, "교과학습발달상황에서 '세부능력 및 특기사항' 란은 학생중심수업 및 수업과 연계된 수행평가 등에서 관찰한 내용을 입력"한다고 되어 있어요. 또한, 창의적 체험활동에서도 "학생의 영역별 활동에 대해 교사가 상시 관찰 및 평가한 누가기록을 바탕으로 구체적 활동사실과 학생의 활동태도 및 노력에 의한 행동변화와 성장 등을 기재"한다고 명시되어 있지요. 한마디로 학교생활기록부는 교사가 관찰觀察, 사물의 현상이나 동태 따위를 주의하여 잘 살펴봄하고 교사가 기록記錄, 주로 후일에 남길 목적으로 어떤 사실을 글이나 기호로 적음한다는 말이에요.

학교생활기록부에 '나'라는 말을 쓰면 왜 안 되나요?

학교생활기록부는 학생이 쓰는 자기소개서가 아니에요. 학생이 스스로를 소개하는 자기소개서와는 달리, 학교생활기록부는 담당교사가 기록의 주체이기 때문에, 학생부에 '나, 내'라는 1인칭대명사를 사용하거나, 학생의 입장에서 교사를 가리키는 '선생님께서' 등의 높임표현을 사용하면 안 돼요. 학생부는 '교사의 시선'으로 본 것을 '교사의 언어'로 적는 것이므로, '나, 내'라는 말이 나오거나 '선생님께서' 등의 표현이 나오면, 이는 교사가 '학생의 기록'을 그냥 '옮겨 붙이기' 했다는 표시밖에 안 되지요.

따라서 '나, 내' 등의 표현은 절대 사용해서는 안 돼요. 글을 쓸 때, 주어가 누구인지를 뻔히 알 경우에 주어를 생략하잖아요. 일기장에 '나'라는 주어를 생략하듯이요. 그렇듯 '학생'에 대한 기록이 학교생활기록부이므로 '그'라고 바꿔 적을 필요도 없이 학생부에서 주어는 통째로 생략하면 돼요. 아울러, '선생님' 등의 높임표현도 '학급담임교사', '과목담당교사', '동아리지도교사' 등의 객관적 언어로 바로잡아 주어야 하고요.

학교생활기록부는 담당교사가 '작가관찰자시점'으로 기록하는 것 같아요.

그래요. 국어시간에 배웠지요? 시점Point of view이란 소설 속의 인물이나 사건을 바라보는 서술자의 위치(서술자가 작품 안에 있느냐 없느냐, 곧, 등장인물이냐 아니냐에 따라 결정)와 태도(서술자가 등장인물의 내면까지 들여다보느냐, 아니면 바깥에서 관찰만 하고 있느냐에 따라 결정)를 말해요.

이런 관점으로 보면, 학교생활기록부는 작가관찰자시점으로 써야 해요. 작품 밖의 서술자인 교사가 관찰자의 입장에서 객관적인 태도로 학생들의 활동만을 관찰하는데요, 이때 학생이 어떠한 생각을 하고 있는지가 서술되어서는 안 되지요. 눈에 보이는 객관적 사실만을 객관적인 태도로 관찰하여 객관적인 언어로 기술해야 하는 거예요. 이게 학생부 기재의 핵심이지요.

그런데 학교생활기록부를 전지적 작가시점으로 기술하는 교사가 있어요. 서술자인 교사가 학생들의 모든 것을 알고 있다는 듯이 학생들의 생각과 느낌까지 기술하는데, 이는 '학생들을 관찰한 것'이 아니라 '학생들이 적어낸 것'을 그대로 옮겨 적었다는 강력한 증거로 작용할 수 있어요.

따라서 서술어도 '전지전능한 신의 언어'가 아니라 '객관적 관찰자인 인간의 언어'로 선택되어야 한다는 점을 명심하세요. 예컨대, '~을 깨달음', '~에 대해 깊이 생각함' 등의 종결표현이 아니라, '~을 발표함', '~을 보여 줌' 등의 종결표현이어야 한다는 사실, 잊지 마세요.

학교생활기록부 서술형 항목을 학생이 작성하여 제출하면 안 되나요?

안 돼요. 학교생활기록부의 신뢰도를 높이고 공정성을 강화하기 위하여 엄격하게 금지하는 것이니까, 준수해야 해요.

『학교생활기록부기재요령』교육부 에도, "학생평가 및 평가결과에 근거한 학교생활기록부 기재는 교사의 고유권한으로 학생이나 학부모 등으로부터 기재할 내용을 제공받아 그대로 입력하는 등 부적절한 방법으로 기재가 이루어져서는 아니 된다."라고 명시하고 있어요.

규정 학교생활기록부 작성 시 유의사항

◇ 학교생활기록부에 '항목과 관련이 없거나 기록해서는 안 되는 내용의 기재', '단순사실을 과장하거나 부풀려서 기재', '사실과 다른 내용을 허위로 기재'하는 등 학교생활기록부의 신뢰도를 저하시키는 사례가 발생하지 않도록 특히 유의하여야 함.

– 특히, 학교생활기록부 서술형 항목에 기재될 내용을 학생에게 작성하여
  제출하도록 하는 행위 금지.

더욱이 새로이 개정된 「학교생활기록 작성 및 관리지침」 제4조 제2항에는 학생부 대필 금지 원칙이 명시되어 있어요. "① 학교생활기록의 자료입력 및 정정 업무는 당해업무를 담당하는 사용자가 수행함을 원칙으로 한다."고 전제하고서, "② 사용자는 직접 관찰·평가한 내용을 근거로 자료를 입력해야 한다."고 못을 박고 있네요.

규정 학교생활기록 작성 및 관리지침

제4조(처리요령)

① 학교생활기록의 자료입력 및 정정 업무는 당해업무를 담당하는 사용자가 수행함을
  원칙으로 한다.

② 사용자는 직접 관찰·평가한 내용을 근거로 자료를 입력해야 한다.

그래요. 학생을 관찰·평가하고 그 결과에 근거하여 학교생활기록부를 기재하는 것은 교사의 고유권한이에요. 따라서 학생이나 학부모로부터 기재내용을 제공받아 그대로 입력하는 것은 '허위사실기재'에 해당하지요. 이러한 학생부 허위사실기재는 '학생성적 관련비위'로 해당교사는 징계를 받게 되는데, 징계양정기준을 엄격하게 적용하고 징계의 감경減輕, 본디 정해진 형벌보다 가벼운 형벌에 처함에서도 제외된대요.

다만, 학교생활기록부 기재를 위해 해당교사와 상담을 할 때 자료를 제출할 수는 있어요. 그러므로 사실을 있는 그대로 알려 준다는 차원에서 학생이 '상담자료'를 충실하게 준비하여 해당교사에게 제공하는 것은 괜찮아요. 이에 대해서는 나중에 자세히 설명할게요.

학교생활기록부도 정정할 수 있나요?

당해 학년도 이전의 학교생활기록부 입력자료에 대한 정정은 원칙적으로 금지되어 있어요. 하지만 봉사활동실적누락 등 '객관적인 증빙자료'가 있는 경우 담임교사가 증빙자료를 첨부하여 학업성적관리위원회의 심의(제7조의 인적·학적사항 '학생정보'는 제외)를 거쳐 입력자료를 정정할 수 있지요.

정정의 원칙적 금지	정정의 허용
학년 종료(2월 말일) 이후 정정, 원칙적 금지	'객관적인 증빙자료'가 있는 경우 학년 종료 이후에도 정정 가능 (1학기에 기재된 내용을 2학기에 수정하는 것은 가능 →'정정' 아님)

여기에서 '당해 학년도'라고 함은 3월 1일부터 다음해 2월 말일을 의미하므로, 1학기에 기재된 학생부 자료를 2학기 때 수정하는 것은 가능해요. 이는 '학생기록부 정정'에 해당하지 않으므로, 당해업무를 담당하는 교사에게 찾아가 '수정'을 요청할 수 있어요.

학교생활기록부
기재의 원칙

학생부에는 '재학 중 학생의 학교교육활동결과'를

'객관적 사실에 근거하여 구체적으로 입력'한다고 하셨지요?

그래요. 『학교생활기록부기재요령』_{교육부} 에 의하면, "학교생활기록부의 전 영역은 재학 중 학생의 학교교육활동결과를 객관적 사실에 근거하여 구체적으로 입력하되, 학생 개인의 특성이 잘 나타나도록 하여야 한다."라고 명시하고 있어요. 이게 바로 학생부 기재의 대원칙이에요.

> **규정** 학교생활기록부 기재요령
>
> ◇ 학교생활기록부의 전 영역은 재학 중 학생의 학교교육활동결과를 객관적 사실에 근거하여 구체적으로 입력하되, 학생 개인의 특성이 잘 나타나도록 하여야 한다.

이를 풀어 설명하면, 학교생활기록부의 모든 영역은 '재학 중 학생의 학교교육활동결과' 그러니까 고등학교에 진학을 하고 나서 활동한 과정(활동 전→활동→활동 후)을 기록하되, 허위사실이 아니라 교사가 관찰할 수 있는 '객관적 사실에 근거'하여 사실을 있는 그대로, 육하원칙에 따라 '구체적으로 입력'하는 거예요.

'학생 개인의 특성'이 드러나도록 한다는 것은 또 무슨 말이에요?

학생부는 '학생의 기록'이지 '학교의 기록'이 아니란 말이에요. 학생부는 학생의 학교생활을 기록하는 것이지, 학교의 이런저런 행사를 기록하는 게 아니란 거지요. 따라서 학생부를 학교행사 위주로 기록하는 것은 학생에게 전혀 도움이 되지 않아요. 대학에서는 '학교행사'가 궁금한 게 아니라 '학생의 성장과정'을 궁금해하거든요.

따라서 학교의 행사Action만 잔뜩 적혀 있고 학생의 활동Reaction이 없는 학생부 기록은 흔히 하는 말로 '팥소 없는 찐빵'이에요. 노벨상수상자가 와서 한 강연을 앉아서 들었다는 내용보다, 동네이장이 와서 한 강연에 이런저런 반응을 보였다는 내용이 훨씬 의미 있다는 말이 그래서 나오는 거예요. 학교의 모든 행사가 학생주도적으로 바뀌어야 하는 현실적 이유가 바로 여기에 있지요.

이런 맥락에서 학생부는 '개인의 특성이 드러나는 핵심사항'을 기재해 주어야 해요. 여기에서 우리는 '특성'이라는 말에 주목할 필요가 있어요. 사전을 찾아보면 특성特性은 '특별한 성질'로 풀이되어 있지요. 그런데 학생부를 보면 특별하지 않고 평범한 '보통'을 마치 '개별적인 특성'인 양 적어 놓은 경우가 많아요. 수업태도가 바르다든가, 수업준비물을 빠뜨리지 않고 챙겨 온다든가, 졸지 않고 수업을 경청한다든가 하는 점은 특별하다고까지 할 수 없잖아요. 그런 건 '개인의 특성'이 아니라 '모범생의 일반적 성향'이지요.

학교생활기록부를 '객관적 사실'에 근거하여 기록하려면 어떻게 해야 할까요?

누가기록을 해야죠. "학교생활기록부는 학생의 성장과 학습과정을 상시 관찰·평가한 누가기록 중심의 종합기록이어야 한다."라는 말, 들어 보셨지요?

> **규정** 학교생활기록부 작성 시 유의사항
>
> ◇ 학교생활기록부는 학생의 성장과 학습 과정을 상시 관찰·평가한 누가기록 중심의 종합기록이어야 함.

그래서 교육부는 교육정보시스템NEIS을 이용한 누가기록을 권해 왔어요.

교사가 홍길동처럼 분신술을 부릴 수도 없는데,
보지도 않은 학생의 활동을 어떻게 관찰하여 기록할 수 있나요?

그래요. '과목별 세부능력 및 특기사항'은 과목별 교사가 직접 관찰할 수 있으니까 평가하고 기록하는 데 문제가 없고, '동아리활동 특기사항'도 동아리지도교사가 직접 관찰한 것을 평가하고 기록하면 되니까 이 영역 또한 문제가 없지요.

그런데 담임교사가 작성하는 일부 영역에서 문제가 발생해요. '자율활동과 봉사활동, 그리고 진로활동의 특기사항'은 학급담임교사가 적어 주어야 하는데 일일이 관찰할 수 없거든요. '개인별 세부능력 및 특기사항'도 마찬가지고요.

그래서 교육부는 '학생이 직접 작성한 자료'도 학생부 기재에 활용하도록 하였어요.

학생부 기재에 활용할 수 있는 '학생작성자료'에는 무엇이 있나요??

> **규정** 학교생활기록 작성 및 관리지침
>
> 제4조(처리 요령)
>
> 다. 학교생활기록부의 서술형 항목은 교사가 직접 관찰·평가한 내용을 근거로 입력하며, 학교교육계획에 따라 실시한 교육활동 중 교사 지도하에 학생이 직접 작성한 자료*는 활용할 수 있다.
>
> > * '학교교육계획에 따라 실시한 교육활동 중에 교사 지도하에 학생이 직접 작성한 자료'로 학생부 기재 시 활용가능한 자료는 아래 사례로 한정함
> >
> > > ① 동료평가서, ② 자기평가서, ③ (수행)평가 결과물, ④ 소감문, ⑤ 독후감
> >
> > - 사용자는 학생부 내 서술형 항목 입력을 위해 학생·학부모 등에게 상기 ①~⑤의 자료에 해당하지 않는 일체의 자료를 요구하거나 제공받아서는 안 됨.

학교생활기록부의 서술형 항목은 '교사가 직접 관찰·평가한 내용'을 근거로 입력하는 게 원칙이에요. 하지만 학급담임교사가 직접 관찰할 수 없는 영역이 엄존하는 상황에서, 학생작성자료를 활용하지 않을 수가 없지요.

그래서 교육부는 '학교교육계획에 따라 실시한 교육활동 중 교사 지도하에 학생이 직접 작성한 자료'는 학생부 기재에 활용할 수 있게 하였어요. '학교교육계획에 따라 실시한 교육활동'이란 교육활동이 반드시 학교교육계획에 포함되어 있어야 한다는 말이고, '교사 지도하'란 교육활동이 반드시 교사의 지도로 진행되어야 한다는 말이며, '학생이 직접 작성한 자료'는 제삼자의 도움 없이 학생이 직접 작성해야 한다는 거지요. 그러면서 교육부는 학생부를 기재할 때 활용가능한 학생작성자료로 '① 동료평가서, ② 자기평가서, ③ (수행)평가 결과물, ④ 소감문, ⑤ 독후감'으로 한정하였어요.

한편, 교사는 학생부 내 서술형 항목 입력을 위해 학생·학부모 등에게 ①~⑤의 자료에 해당하지 않는 일체의 자료를 요구하거나 제공받아서는 안 된다는 것도 명시하였지요.

학생도 학교생활기록부의 기재에 동참해야 하겠는데요?

그렇지요. 그래서 생각해 낸 것이 「나만의 학교생활기록부」를 학생들로 하여금 작성하게 하여, 교사가 이를 "학생의 구체적 활동내용이 포함된" 상담자료로 활용하자는 거예요. 글자로 된 기록물로 남기라고 하면 학생들에게 부담이 되니까, 사진이나 영상물로 찍어 두고, 그것을 근거로 하여 「나만의 학교생활기록부」라는 상담자료에 정리해 놓으라고 하면 이게 그만이에요.

흔히 학생부는 패턴를 임팩트 있게 써 주어야 한다고 하는데, 그래요, 이 말에 '학교생활기록부 기재요령'의 핵심이 담겨 있어요. 객관적인 사실을 바탕으로 효과만점으로 적어 주기 위해서는, 교사도 기록하고 기록하고 기록해야 하지만, 학생들도 자신의 학교생활을 기록하고 기록하고 기록하지 않으면 안 돼요. 기록하지 않은 것은 기록되지 않거든요!

학생부에는 있는 사실을 바탕으로 있는 그대로 기재해야겠네요?

그럼요. 학생부는 '사실'을 있는 그대로 '객관적'으로 기록해야 해요. 공식문서이니까요.

다른 학생의 활동을 복사하여 기재한 것이 '학생부유사도검색'에 적발되면 해당학생뿐만 아니라 해당교사의 다른 기록물까지 불신을 받게 되고, 해당교사는 '학생성적관련비위'로 간주되어 징계까지 받는다는 사실을 기억하세요.

'사실과 다른 내용을 허위로 기재'하는 것도 금지사항이지만 '단순한 사실을 과장하거나 부풀려서 기재'하는 것도 안 돼요. 지나친 미사여구나 칭찬일색의 내용은 전혀 도움이 되지 않으므로, 실제 내용을 있는 그대로 기재하세요. 그러기 위해서는 적극적으로 학생의 교육활동자료를 확보할 필요가 있어요.

온라인 수업이 일상화되면서 학생부에 적을 게 없게 되었는데, 어떡하죠?

그래요. 코로나19에 따른 온라인 수업으로 학생을 관찰하는 기회 자체가 부족해지면서, 학교현장에서 학교생활기록부 서술형 항목을 기재하는 데 어려움이 커졌지요. 그래서 교육부는 온라인 수업으로 '교사의 직접 관찰'이 불가능해지면, 다음과 같이 '최소한의 객관적인 사실'만을 기재하도록 지침을 제시하였어요.

그러면서도 교육부는 원격수업을 하더라도 실시간 쌍방향수업 등을 통해 가능한 학생관찰기회를 확보하여, 교과학습발달상황의 세부능력 및 특기사항이 내실 있게 기재될 수 있도록 하라고 권면하고 있지요.

항목	원격수업			등교수업	기재 방안
	유형	참여여부	수행관찰		
교과학습 발달상황	실시간 쌍방향 (1시간 이상)	참여	가능	등교	관찰내용 기재
		참여	가능	미등교	관찰내용 기재
	콘텐츠 활용 · 과제 수행	참여	가능 (예체능 동영상)	등교	관찰내용 기재
		참여	불가능	미등교	"코로나19로 원격수업에 참여함. 출석인정 결석으로 인한 등교수업 미참여로 특이사항 없음"

• '등교'는 해당 교과목 기준 1시간 이상 수강을 의미하고,
  '미등교'는 학기 전체 미등교를 의미함.

항목	
창의적 체험활동 상황	● '정량적 기록'이 가능한 부분은 원격수업과 등교수업의 내용을 모두 포함하여 기재 (교사의 관찰 여부와 무관) 　– 원격수업에서 참여한 입학식 등 자율활동 시간과 등교수업에서 실시한 자율활동 　시간을 누가기록 ● 교사의 관찰·평가를 통한 '정성적 기록'은 원격수업과 등교수업 기간 중 교사가 직접 관찰·확인한 내용에 한하여 기재

❸ 학교생활기록부 기재의 유의사항

학교생활기록부 기재에는 '대원칙'이 있지요?

'학교생활기록부 기재의 대원칙'이라고 할 것까진 없지만, 매우 강조되는 원칙이 하나 있어요. 『학교생활기록부기재요령』에는 학교생활기록부를 작성할 때 유의사항이 명시되어 있거든요.

규정 학교생활기록부 작성 시 유의사항

◇ 학교생활기록부에는 학교교육계획이나 학교교육과정에 의거하여 학교에서 실시한 각종 교육활동의 이수상황(활동내용에 따른 개별적 특성이 드러나는 사항 중심)을 기재하는 것이 원칙임.

교과학습발달상황이든 창의적 체험활동상황이든 간에, '학교생활기록부에는 학교교육계획이나 학교교육과정에 의거하여 학교에서 실시한 각종 교육활동의 이수상황(활동내용에 따른 개별적 특성이 드러나는 사항 중심)을 기재하는 것이 원칙'이라는 거예요. 이를 강조한다는 의미에서 되풀이해 볼까요.

첫째, 학교교육계획이나 학교교육과정에 의거한 사항만을 기재하라.

둘째, 학교에서 실시한 사항만을 기재하라.

셋째, 활동내용에 따른 개별적 특성이 드러나는 사항만을 기재하라.

학교생활기록부 기재의 3원칙이 있다던데요?

그래요. 학생부를 기록할 때에 정규수업시간에 관찰하여 기록하는 '과목별 세부능력 및 특기사항'은 크게 문제가 되지 않아요. 하지만 '창의적 체험활동 특기사항'은 논란에 휩싸이는 경우가 많지요.

그래서 교육부는 학생부 기재의 대원칙에 근거하여, 창의적 체험활동을 기록하는 데 세 가지 유의사항을 별도로 규정하고 있어요. 매우 중요한 내용이니까, 꼭 기억해 두세요.

규정 학교생활기록부 기재요령

◇ 창의적 체험활동상황의 영역별 체험활동 특기사항은 다음 하나에 해당하는 경우에 한하여 입력한다(봉사활동 제외).

1) 학교교육계획에 의해 학교가 주최하고 주관하여 실시한 국내체험활동을 입력한다.

2) 학교장이 승인하여 동일학교급 타 학교에서 주최하고 주관하여 실시한 국내체험활동을 입력한다.

3) 학교장이 승인한 교육관련기관에서 주최하고 주관하여 실시한 국내체험활동을 입력한다.

※ 복수의 기관이 공동으로 주최하고 주관하는 체험활동은 모든 기관이 위 1), 2), 3) 조건을 갖추었을 때만 기재 가능함.

학교생활기록부에는 학생의 출신 학교를 알 수 있는 내용을 기재할 수 없게 했다면서요?

규정 학교생활기록부 작성 시 유의사항

◇ 고등학교 학교생활기록부에는 학생이 재학(또는 졸업 예정)한 고등학교를 알 수 있는 내용을 '학적사항', 수상경력의 '수여기관', 봉사활동 실적의 '장소 또는 주관기관명'을 제외한 어떠한 항목에도 기재할 수 없음.(2020학년도부터 전 학년 대상 적용)

맞아요. 고등학교 학교생활기록부에는 학생이 재학(또는 졸업예정)한 고등학교를 알 수 있는 내용을 '학적사항', 수상경력의 '수여기관', 봉사활동 실적의 '장소 또는 주관기관명'을 제외한 어떠한 항목에도 기재할 수 없게 했어요. 「대입제도 공정성 강화방안」(2019.11.28.)에 따라 고등학교 학교생활기록부 내에 모든 학교정보를 블라인드 처리하기로 한 거지요.

학교명뿐만 아니라, 학교명의 일부를 활용한 별칭, 학교명을 익명화하는 특수문자 등 모든 것이 금지되었어요. 또한, 학생 본인이 재학한 학교명뿐만 아니라 다른 학교명도 기재할 수 없도록 하였지요.

학교생활기록부에 기재할 수 있는 것과 없는 것, 정말 헷갈려요.

교육부에서 발간되는 『학교생활기록부기재요령』이 달라지다 보니 그런 말이 나올 법도 해요. 그래서 일반적인 유의사항을 명쾌하게 표로 정리해 보았어요.

내용	기재 유의사항
전 항목	**허용** ● 학교생활기록부에는 다음에 해당하는 각종 교육활동의 이수상황(활동내용에 따른 개별적 특성이 드러나는 사항 중심)을 기재하는 것이 원칙임 　• 정규교육과정이나 학교교육계획에 의해 학교에서 주최하고 주관하여 실시한 교육활동 　• 학교장이 승인하여 교육관련기관에서 주최하고 주관하여 실시한 국내체험활동 　• 학교장이 승인하여 동일학교급 타 학교에서 주최하고 주관한 국내체험활동 **금지** ● 다음에 해당하는 각종 교육활동은 학교생활기록부의 어떠한 항목에도 기재할 수 없음 　• 각종 공인어학시험(관련 교내수상실적 포함), 교외경시대회, 교내·외 인증시험 등의 참여사실이나 성적(모의고사·전국연합학력평가 성적 또는 관련 교내수상실적 포함), 교외상, 논문(학회지) 등재사실, 도서출간 관련내용, 발명특허 관련내용, 해외활동실적, 부모(친인척 포함)의 사회경제적 지위 암시내용, 장학생·장학금 관련내용, 구체적인 특정 대학명, 기관명, 상호명, 강사명 등

내용	기재 유의사항
영역별	● 학교생활기록부 영역별 내용은 해당영역에만 입력함. 　• 입력 글자수 초과를 이유로 특정영역의 내용을 타 영역에 입력하지 않음.
기타	● 학교생활기록부 자료입력 시 교육정보시스템(NEIS)에 직접 입력함. 　• 다른 프로그램을 이용하여 내용을 복사하여 입력한 경우 글자가 정상적으로 　　출력되지 않을 수 있으므로 등록된 내용을 반드시 출력하여 확인함.

**"정규교육과정이나 학교교육계획에 의거"한 교육활동만 기재할 수 있다고 하셨는데,
정규교육과정이 뭐고 학교교육계획이 뭐예요?**

　'정규교육과정'이란 교육부가 학교교육의 목표를 달성하기 위해 다양한 교육활동의 기준을 체계적으로 선정하고 조직한 문서로서, 전국의 모든 고등학교가 반드시 이에 따라야 해요. 쉽게 말해서 정규교육과정은 전국의 모든 학교에서 시간표에 따라 이루어지는 모든 활동을 의미하지요.

　이와 달리 '학교교육계획'은 학교조직의 목표를 달성하기 위해서 학교에서 구성원의 의견을 수렴하여 작성한 문서인데, 학교마다 특색교육활동이 조금씩 달라요. '학교교육계획'은 학년초 작성하고 결재를 받은 『학교교육계획서』라는 책자에 포함되는 모든 내용을 의미하지요.

**학교생활기록부는 "학교에서 주최하고 주관하여 실시한 각종 교육활동"만 기재할 수 있다고 하셨는데,
설명 좀 해 주세요.**

　"학교에서 주최하고 주관하여 실시한 각종 교육활동"만을 기록할 수 있다는 것은, 학교생활기록부에는 '학교교육계획(정규교육과정 포함)에 의해 학교가 주최하고 주관하여 실시한 국내 체험활동'만 기재할 수 있다는 뜻이에요.

1. 학교교육계획(정규교육과정 포함) 입력조건

학교교육계획 ✚ 학교에서 주최 주관 ✚ 국내체험활동

그러니까 '학교교육계획 입력조건'인 '① 학교교육계획 ② 학교에서 주최 주관 ③ 국내체험활동'이 모두 충족되어야 학생부에 기재할 수 있어요. 학교교육계획에 따라 학교가 주최하고 주관한 국내체험활동만 입력할 수 있다는 말이지요. 장소가 교외인 체험활동에 참가한 경우에도 '국내'라면 당연히 입력할 수 있어요.

> **주의하세요**
>
> ● 정규교육과정 내 학교교육계획에 의한 해외자율활동(자치·적응활동, 창의주제활동):
>   활동시수 기재, 특기사항 미기재
> ● 정규교육과정 외 학교교육계획에 의한 해외자율활동: 활동시수와 특기사항 모두 미기재

다만, '정규교육과정 내 학교교육계획에 의해 해외에서 실시한 자율활동'은 활동시수만 기재하고 특기사항은 기재할 수 없어요. 하지만 '정규교육과정 외 학교교육계획에 의한 해외자율활동'은 학생부에 시수와 특기사항을 모두 기재할 수 없지요. 그러니까 '특기사항'에는 그 어떤 경우에도 '해외활동'을 적을 수 없다는 말이에요.

학교에서 주관하고 주최하지만 다른 기관의 도움을 받아 행사를 치르기도 하던데요?

그래요. 학교교육계획에 따라 학교가 어떤 대학이나 기관, 또는 개인 등과 연계하여 행사를 진행하기도 해요. 전문직업인을 초청하여 '진로체험의 날'을 갖는다든가, 저명인사를 초청하여 '인문학강좌'를 개최한다든가 하는 경우가 많거든요.

하지만 그렇게 행사를 진행했다 하더라도, 특정 대학명, 기관명, 상호명, 강사명 등은 '행동 특성 및 종합의견'란을 포함하여 학교생활기록부의 어떠한 항목에도 기재할 수 없어요. 학교가 주최하고 주관한 교육활동 중에서 다른 기관과 연계하여 프로그램을 진행하였을 경우에는 '○○대학, ○○기관, ○○○강사' 등 빈칸으로 표기해야 해요.

여기서 잠깐, 영호남교류활동이나 도시·농촌교류활동 등 지역 간 교류행사를 갖는 경우가 있는데, 이때 지역명을 쓸 수 있는가를 놓고 논란이 벌어지는데, 아니에요. 특정 대학명, 기관명, 상호명, 강사명 등은 쓸 수 없지만 지역명은 금지규정에 없어요. 당연히 쓸 수 있지요.

'주최하고 주관한'이란 말이 무엇을 의미하는지 정확히 설명해 주세요.

주최主催는 어떤 행사를 기획하고 결정하여 여는 것을 뜻하고, 주관主管은 어떤 행사를 실무적으로 담당하여 집행하는 것을 뜻해요. 주관은 주최가 마련한 계획대로 집행하여 나가는데, 행사 자체에 대한 최종책임은 주최가 지지요. 대개 상위기관에서 주최하고 하위기관에서 주관하는데, 전라남도교육청이 주최하고 여수교육지원청이 주관하여 행사를 진행하는 경우가 그 예가 되겠네요.

'학교에서 주최하고 주관한'이란 말이 무엇을 의미하는지 설명해 주세요.

'학교에서 주최하고 주관한다'라는 것은, '학교교육계획에 의거할 경우, 학교에서 주최한다'고 말하고, '특정부서에서 실무를 맡아 진행할 경우, 해당부서에서 주관한다'고 말하는 경우가 많아요.

'학교'란 '학교라는 교육기관'이라는 뜻이고, '주최하고 주관한'이란 '학교교육계획에 의해 학교가 주최하고 주관하여 실시한'이란 뜻이에요. 학교에서 주최하고 주관하여 실시한 국내 체험활동만을 학교생활기록부에 입력할 수 있다는 말이지요.

따라서 학교장이 승인했다 하더라도 '외부기관'에서 주최하고 주관한 체험활동은 학생부 기재금지사항이에요. 대학에서 이수한 체험활동이나 특정과정 이수실적은 물론, 각종 공인 어학시험이나 인증시험의 참여사실, 성적, 교내외 수상실적은 학생부의 그 어떤 항목에도 기재할 수 없으며, 수학경시대회나 과학경시대회, 외국어경시대회 등 각종 교외경시대회나, 전국모의고사나 전국연합학력평가 등 학교 밖에서 출제한 시험도 성적뿐만 아니라 관련 교내외 수상실적도 기재할 수 없지요.

'공인어학시험'이나 '교외경시대회'에 대해 더 자세히 설명해 주세요.

지난번에 말씀드렸는데, 다시 한번 정리해 볼까요.

공인 어학 시험 관련 대회
영어(TOEIC, TOEFL, TEPS), 중국어(HSK), 일본어(JPT, JLPT), 프랑스어(DELF, DALF), 독일어(ZD, TESTDAF, DSH, DSD), 러시아어(TORFL), 스페인어(DELE), 상공 회의소 한자 시험, 한자 능력 검정, 실용 한자, 한자 급수 자격 검정, YBM 상무 한검, 한자 급수 인증 시험, 한자 자격 검정 등 유사한 명칭의 대회

수학·과학(물리·화학·생명 과학·지구 과학·천문)·외국어(영어 등) 교과명 명시 대회	
수학	수학 경시 대회, 한국 수학 올림피아드(KMO), 한국 수학 인증 시험(KMC), 온라인 창의 수학 경시 대회, 도시 대항 국제 수학 토너먼트, 국제 수학 올림피아드 등 유사한 명칭의 대회
과학	과학(물리·화학·생명 과학·지구 과학·천문)경시 대회, 한국 물리 올림피아드(KPHO), 한국 화학 올림피아드(KCHO), 한국 생물 올림피아드(KBO), 한국 천문 올림피아드(KAO), 한국 지구 과학 올림피아드(KESO), 한국 뇌과학 올림피아드, 전국 정보 과학 올림피아드, 국제 물리 올림피아드, 국제 지구 과학 올림피아드, 국제 생물 올림피아드, 국제 천문 올림피아드, 한국 중등 과학 올림피아드 등 유사한 명칭의 대회
외국어	외국어(영어·중국어·일본어·프랑스어·독일어·러시아어·스페인어) 경시 대회, IET 국제 영어 대회, IEWC 국제 영어 글쓰기 대회, 글로벌 리더십 영어 경연 대회, SIFEC 전국 영어 말하기 대회, 국제 영어 논술 대회 등 유사한 명칭의 대회

각종 공인어학시험이나 교외경시대회 등은 그 어떠한 내용도 학교생활기록부에 적을 수가 없어요. 공인어학시험에는 '상공회의소한자시험, 한자능력검정, 실용한자, 한자급수자격검정, YBM상무한검, 한자급수인증시험, 한자자격검정' 등 한자도 포함된다는 것을 잊지 마세요.

아울러 공인어학시험이나 교외경시대회는 학교생활기록부에 절대금지사항이면서, 동시에 자기소개서에서도 기재하면 바로 0점 처리하여 불합격되는 절대금지사항임을 명심하세요. 한편, '경제한마당'은 학교장의 승인을 받고 출전하였을 경우에 자기소개서에 수상실적이나 출전사실을 기재할 수는 있어요. 경제한마당은 KDI에서 주최하는 전국고교생경제경시대회이기 때문에, 학교생활기록부에는 기재할 수 없으나 '수학·과학·외국어' 교과명 명시대회가 아니라 자기소개서에는 기재할 수 있지요.

교내·외 인증시험 등의 참여사실이나 성적도 기재할 수 없지요?

그럼요. 교외 인증시험은 물론 교내 인증시험도 기재할 수 없어요. 교내대회를 교내 인증시험으로 변형하여 운영하는 등 '교내 수상실적 대입제공 제한(학기당 1개) 방안'에 위배되는 사례가 발생하면서, 교외 인증시험뿐만 아니라 교내 인증시험도 참여사실이나 성적 등 그 어떠한 것도 학생부에 기재할 수 없게 못을 박았지요.

교육청에서 실시한 교육활동도 학생부에 기재할 수 있나요?

학교생활기록부는 "정규교육과정이나 학교교육계획에 의거"한 교육활동만 기재할 수 있지만, 예외적으로 "학교장이 승인하여 교육관련기관에서 주최하고 주관하여 실시한 국내 체험활동"도 기재할 수 있도록 허용하였어요.

2. '교육관련기관' 입력조건

학교장 승인 ┼ **교육관련기관 주최 주관** ┼ **국내체험활동**

그러니까 정규교육과정이나 학교교육계획 이외의 체험활동은, '교육관련기관'에서 주최하고 주관하여 국내에서 실시한 체험활동 중 학교장이 승인한 경우에 한해서 학생부에 기재할 수 있다는 말이에요.

여기에서 '교육관련기관'이라 함은 '교육부 및 소속기관, 시·도교육청 및 직속기관, 교육지원청 및 소속기관'을 가리키고, '학교장이 승인한 경우'라 함은 교외활동 1주일 전 학교에 계획서를 제출하여 학교장으로부터 대회참가를 허락받은 경우를 가리켜요.

교육 관련 기관
- 교육 관련 기관: 교육부 및 소속 기관, 시·도 교육청 및 직속 기관, 교육 지원청 및 소속 기관.
- 교육부 소속 기관: 대한민국 학술원, 국사 편찬 위원회, 국립 국제 교육원, 국립 특수 교육원, 교원 소청 심사 위원회, 중앙 교육 연수원(총 6개 기관)
- 시·도 교육청 및 직속 기관, 교육 지원청 및 소속 기관: 시도 교육청별로 다르니 담당 교사에게 반드시 문의할 것

'교육관련기관'을 구체적으로 알고 싶으면, 『학교생활기록부기재요령』_{교육부} 을 반드시 참조하세요. '교육과학연구원, 교육연수원, 학생교육원, 평생교육관, 학생교육문화회관, 교육정보원, 유아교육진흥원, 해양수련원' 등등 매우 많거든요.

정리하자면, 교육관련기관 입력조건인 '① 학교장 승인 ② 교육관련기관 주최 주관 ③ 국내체험활동'이 모두 충족되어야 학생부에 기재할 수 있어요. 따라서 '교육청에서 실시한 교육활동 중 국내에서 이루어진 체험활동'은 당연히 학생부에 기재할 수 있지요.

교육청에서 실시한 해외문화탐방을 다녀왔는데, 학생부에 기재할 수 있나요?

기재할 수 없어요. 학교장의 승인을 닫고 교육청에서 실시한 교육활동이라고 하더라도 해외활동이면 학생부의 특기사항에 한 줄도 적을 수가 없어요. 학생들과 함께 시베리아를 횡단하며 '독서토론열차학교'를 운영하는 지역교육청도 있는데, 이것도 학생부에 적을 수 없어요. 그런데 일선에서 이 사실을 가볍게 여기다가 학생들에게 피해를 주는 경우가 있지요.

학생부에 적을 수 없다고 하더라도 교육적으로 꼭 필요한 활동이라면, 그 활동을 추진할 수는 있어요. 하지만 사전에 학생들에게 "이 활동은 학교생활기록부의 어떤 항목에도 기재할 수 없음"이라고 공문에 명시해 주어야 해요. 이 자그마한 배려가 한 학생의 미래를 전혀 다르게 이끌 수도 있으니까요.

**창의적 체험활동의 특기사항을 입력할 때
교육청과 신문사가 공동으로 주최하고 주관한 체험활동은 입력할 수 있나요?**

입력할 수 없어요. 창의적 체험활동 특기사항의 입력 가능 조건에 '교육청'은 교육관련기관에 해당하지만 '신문사'는 해당하지 않으므로, 공동으로 주최하고 주관할지라도 입력할 수 없어요.

대학에서 실시한 교육활동은요?

학교장이 승인했다 하더라도 '외부기관'에서 주최하고 주관한 체험활동은 학교생활기록부의 어떠한 항목에도 기재할 수 없어요.

학생이 학교장의 승인을 받아 방학 동안이나 방과후에 개별 또는 그룹단위로 대학에서 주최한 체험활동이나 특정과정에 참여했다 하더라도, 대학에서 이수한 체험활동이나 특정과정 이수실적 등은 절대로 기재할 수 없어요.

설령, 대학 등 주최기관이 학교생활기록부에 기재하도록 공문으로 요청한다고 하더라도 이는 학교생활기록부의 어떠한 항목에도 입력할 수 없지요. 대학은 앞서 말한 '교육기관'도 아니고 '교육관련기관'에도 해당하지 않기 때문이에요. 대학캠프를 꼭 기재하고 싶으면, 자기소개서에 쓰면 돼요.

다른 학교에서 실시한 교육활동은 학생부에 기재할 수 있나요?

학교생활기록부는 "정규교육과정이나 학교교육계획에 의거"한 교육활동만 기재할 수 있지만, 예외적으로 "학교장이 승인하여 교육관련기관에서 주최하고 주관하여 실시한 국내체험활동"도 기재할 수 있도록 허용하였다고 하였지요. 그런데 예외적 허용규정이 하나 더 있어요. "학교장이 승인하여 동일학교급 타 학교에서 주최하고 주관하여 실시한 국내체험활동"도 학생부에 기재할 수 있거든요. 그러니까 학교장의 사전승인을 받고 동일학교급 타 학교에서 주최하고 주관하여 국내에서 실시한 체험활동이라면 학생부에 입력할 수 있다는 말이지요.

3. '동일학교급 타 학교' 입력조건

학교장 승인   +   동일학교급 타 학교 주최 주관   +   국내체험활동

정리하자면, 타 학교 입력조건인 '① 학교장 승인 ② 동일학교급 타 학교 주최 주관 ③ 국내체험활동'이 모두 충족되면 학생부에 기재할 수 있어요. 예컨대, ㄱ중학교 학생이 ㄴ고등학교에서 주최하고 주관한 체험활동에 참가한 경우는 '동일학교급'이 아니므로 활동내용을 특기사항에 입력할 수 없어요. 하지만 ㄷ고등학교 학생이 ㄴ고등학교에서 주최하고 주관한 체험활동에 참가한 경우는 '동일학교급'이므로 학생부에 입력할 수 있지요.

다른 고등학교에서 하는 교육활동에 참여해도 되겠네요?

그렇지요. 요즘은 고교학점제와 관련하여 '고교공동교육과정'이 운영되는 경우가 많아요. 심리학도 개설하고 경제학도 개설하고 요리반도 개설하는 등 참으로 다양한 모습을 보이더라고요.

또 어느 지역에서는 교과중점학교의 사회(경제)학급 학생들을 대상으로 '모의주식투자', '모의자산관리', '4차산업혁명', '기본소득', '지속가능한 발전'을 주제로 하여 강의와 체험, 토론을 하며 경제와 관련된 다양한 활동을 하기도 하대요. 학교에서 깊이 있게 다루기 어려운 내용을 직접 탐구하며 여러 학교의 학생들이 함께 어울려 토론하며 자신의 진로에 대해 탐색하는 모습이 참 보기 좋았어요.

학교생활기록부에 유의사항을 어기면 어떻게 되는가요?

금지사항은 학생부에 기재할 수 없는 사항이므로, 해당내용을 작성한 학교 또는 교원은 별도감사 등에 따른 조치를 받을 수는 있어요. 하지만 교사의 잘못을 학생에게 직접 물을 수 없다고 하여, 학생에 대한 '0점 처리' 등 직접적인 불이익 조치는 없어요. 그래서 금지사항을 학생부에 기재했을 경우에는, 미반영 처리를 하는 대학이 많지요. '0점 처리'는 바로 불합격시키지만, '미반영 처리'는 해당내용을 '*********'로 지운 뒤 평가에 반영하지 않는다는 말이에요.

그렇다고 학생들에게 불이익이 없을까요? 그렇잖아도 글자수가 줄어든 학생부에서 '유의사항위반'으로 다시 분량이 줄어든다면 학생에게는 치명적일 수밖에 없어요. 어느 대학의 입학담당교수가 제게 해 준 말이에요. "용서할 필요가 없는 학생부와 용서할 필요가 있는 학생부 중에서, 선생님은 어느 것을 뽑겠어요?"

조금 다른 이야기인데, 학생부에 기재되었다 해서, 자기소개서에 금지사항을 옮겨 적으면 '0점 처리' 등 불이익을 받으니까 정말 주의해야 해요. 자기소개서에 "토익에 응시하여 945점을 받았습니다.", "한자능력검정시험에서 2등급을 획득했습니다.", "한국수학올림피아드에서 금상을 받았습니다.", "국제물리올림피아드에서 수상했습니다." 등의 내용을 기재하는 순간, 모든 것이 물거품이 된다는 거지요.

'사소한 잘못'인데 '0점 처리'될 수도 있다니, 너무한 게 아니에요?

'사소'하다고요? ⋯'독극물'이 뭔지 아세요. 독성이 들어 있는 물질인 독물毒物과 적은 분량으로도 생명에 위협을 줄 수 있을 정도의 독성을 지니고 있는 물질인 극물劇物을 함께 일컫는 말이에요. 이게 워낙 위험해서 정부에서는 「독물 및 극물 단속법」을 만들어 독물 및 극물을 취급하고 관리하는 것을 엄격히 규제하고 있지요. 그런데 이 독극물은 독성 물질이 100%일까요? 아니에요. 독성 물질이 0.1%만 들어 있어도 사람에게 치명적인 독극물이 많아요.

'미반영 처리'는 과실치상過失致傷, 과실로 인해 사람의 신체를 상하게 함이라 그나마 나아요. '0점 처리'는 과실치사過失致死, 과실로 인하여 사람을 죽게 함예요. 그냥 모든 것을 물거품으로 만들어 버리지요. 하지만 과실치상이나 과실치사는 '오십보백보五十步百步'예요. 둘 다 '사소한 잘못'이 결코 아니란 말이에요.

과실치사로 가는 대표적인 게 '소논문'이라고 들었는데요.

그래요. 소논문은 흔히 석사나 박사 과정에서 졸업요건인 논문을 학생들이 할 수 있는 범위로 축소한 작은 논문이라고 생각하면 돼요. 보통 '연구 제목-연구의 필요성-이론적 배경-연구 방법-연구 결과-결론 및 논의-참고문헌'의 형식으로 이루어져 있지요.

이러한 소논문 활동 등 자율탐구활동은 고교생 수준에서 지나치게 어렵고 기준이 모호해, 사교육을 유발하는 요인이 된다고 줄곧 비판받아 왔어요. 그래서 2019학년도 1학년부터, '동아리활동으로 이루어지는 소논문'은 아예 기재금지 조항에 포함하였지요.

내용	학생부 기재금지사항
전 항목	● 다음 교육활동은 학교생활기록부의 어떠한 항목에도 기재할 수 없음 • **사교육을 유발할 수 있는 교육활동** 　－ 논문을 학회지 등에 투고 또는 등재하거나 학회 등에서 발표한 사실 　－ 도서출간 관련내용 　－ 지식재산권(특허, 실용신안, 상표, 디자인) 출원 또는 등록 사실 　－ 방과후학교활동

기존에는 "자율탐구활동은 정규교육과정 이수과정에서 사교육의 개입 없이 학교 내에서 학생주도로 수행된 연구주제 및 참여인원, 소요시간만을 기재"하도록 하였지요.

정규교육과정 이수과정에서 수행한 소논문은 기재할 수 있다던데요?

그래요. 정규교육과정의 과목별 성취기준에 따라 수업중 연구보고서 작성이 가능한 과목에 한해서는, 특기할 만한 사항(성취수준의 특성, 실기능력, 교과적성, 학습활동참여도 및 태도 등)이 있는 학생에 대하여 세부능력 및 특기사항을 기재할 수 있도록 허용하였어요. 이때에도 '① 정규교육과정 이수과정에서 ② 사교육 개입 없이 ③ 학교 내에서 ④ 학생 주도로 수행한 자율탐구활동'에 한해서만 기재하도록 엄격하게 규제하고 있지요.

그렇다면 '소논문은 기재할 수 있는 정규교육과정'은 어떤 과목일까요? 2015개정교육과정에서 '소논분은 학생부에 기재할 수 있는 정규교육과정'은 '수학과제탐구, 융합과학탐구, 과학과제연구, 사회문제탐구, 사회과제연구' 등 5과목이에요.

그 외의 자율탐구활동으로 작성한 소논문은 관련사항을 일절 기재할 수 없으며, 탐구보고서나 연구보고서 등의 편법적 기재도 금지하고 있으니 주의해야 해요. 이런 상황인데도 일부 학교에서는 '소논문동아리'를 정규교육과정의 동아리시간에 편성하여 운영하는 경우가 있는데, 그러면 절대로 안 돼요. 5과목을 제외한 소논문은 그 어떤 경우에도 학생부에 기재할 수 없으니, 소논문동아리는 아예 결성하지 않도록 사전에 차단하는 게 최선이에요.

**교과내용과 관련하여 학생이 자율적으로 활동하고 작성하여 제출한 '보고서'는
그 내용을 교과 세특에 기재할 수 있나요?**

아니요. 교과내용과 관련하여 학생이 자율적으로 활동하고 작성하여 제출한 '보고서'는 교과 세특에 기재할 수 없어요.

다만, '보고서'라 하더라도 아래의 조건을 모두 충족하는 경우 기재할 수 있어요. '① 정규교육과정 이수과정 내에서 이루어진 활동(「공교육정상화촉진 및 선행교육규제에 관한 특별법」에 저촉되지 않는 학교 교육과정 활동), ② 학교 내에서 사교육 개입 없이 이루어진 활동(수업 중 교사가 관찰가능한 활동)'인 경우만 기재할 수 있지요.

도서출판이나 발명특허는요?

'도서출판'이나 '발명특허내용'은 학생부의 그 어떤 항목에도 기재할 수 없어요. 고등학생이 책을 내거나 발명특허를 받는다면 마땅히 칭찬해 줄 만한 일이지만, 사교육업체의 결합으로 파행을 거듭한 게 바로 이 영역이에요. 그래서 아예 기재금지 쪽으로 선회한 거지요.

방과후학교활동은 학교에서 실시하는데, 왜 금지하고 있나요?

2019학년도 1학년부터 정규교육과정이 아닌 방과후학교활동도 학생부 기재 자체를 금지하고 있어요. '방과후학교'가 일부학교에서 선행학습으로 악용되고, 사교육업체의 위탁운영 등이 문제로 떠오르면서 학생부 기재를 아예 금지하는 쪽으로 가닥을 잡은 거예요.

부모님의 직업을 학생부에 적을 수 없다면서요?

그럼요.

내용	학생부 기재금지사항
전 항목	● 다음 교육활동은 학교생활기록부의 어떠한 항목에도 기재할 수 없음 • 부모(친인척 포함)의 사회경제적 지위를 암시하는 내용 – 친인척이나 부모의 구체적인 직장명이나 직위, 소득수준 – 골프나 승마 따위의 고비용 취미활동 – 해외활동실적(해외여행, 해외어학연수 등) – 장학생·장학금 관련내용 – 해외활동실적

　　부모(친인척)의 사회경제적 지위를 암시하는 내용은 학생부의 어떤 항목에도 기재할 수 없어요. 골프나 승마 등 고비용 취미활동 등도 학생부 기재금지사항이지요. 장학생이나 장학금 관련내용도 부모의 사회경제적 지위를 암시하기 때문에 기재를 금지하였어요.

　　해외어학연수는 물론 해외봉사활동도 같은 맥락에서 그 어떤 경우에도 학생부에 기재할 수 없는 '절대금지항목'이라는 사실, 명심해 두세요. 설령, 교육청에서 실시한 해외활동이라고 하더라도 학생부에 적으면 큰일 나요. 교육부에서도 "해외활동은 학생부에 적을 수 없음"을 학생 및 학부모에게 반드시 안내해야 한다고 거듭 강조하고 있지요.

학생부를 기재할 때 항목별 이동도 가능한가요?

　　절대 안 돼요.

내용	학생부 기재금지사항
영역별	● 학교생활기록부 영역별 내용은 해당영역에만 입력함. • 입력 글자수 초과를 이유로 특정영역의 내용을 타 영역에 입력하지 않음.

입력 글자수 초과를 이유로 특정영역의 내용을 관련이 없는 다른 영역에 입력하는 것은 금지사항이에요. 『학교생활기록부기재요령』교육부 에 따르면, "학교생활기록부 영역별 내용은 해당영역에만 입력한다. 입력 글자수 초과를 이유로 특정영역의 내용을 타 영역에 입력하지 않는다."고 못을 박고 있거든요.

과목별 세특에 나와야 대입에 유리할 것이라는 판단에서 창의적 체험활동을 과목별 세특에 입력하는 경우가 있는데, 이는 당연히 금지사항이지요.

'수상경력'란에 적는 '대회' 관련내용은 다른 영역에 적을 수도 없겠는데요?

그래요.

내용	학생부 기재금지사항

영역별	● '수상경력'란에 적는 '대회' 관련내용
	  – '교내대회'는 '수상경력'란에 수상실적만 기록
	  – 학생부의 그 어떤 영역에도 다시 기재할 수 없음
	  – 대회명칭을 '단순행사'나 '교육활동'으로 바꾸어 다른 영역에 입력하는 행위도 금지
	  – '체육대회'는 자율활동의 '자치·적응활동'에 기재할 수 있음.

'교외대회'는 학생부의 어떤 영역에도 아예 적을 수가 없고, '교내대회'는 '수상경력'란에 수상실적만 기록할 수 있어요. 교내대회도 '대회'에 관련하여 '수상했을 경우'에 '수상경력'란에 적을 수 있을 뿐, 학생부의 그 어떤 영역에도 다시 기재할 수 없어요.

또한, '대회'와 관련하여 상을 받지 못한 경우에도 마찬가지예요. 대회의 명칭을 '단순행사'로 변경하거나 '교육활동'으로 바꾸어 다른 영역에 입력하는 행위도 절대금지사항이니, 꼭 지키기 바라요.

예전에는 대회참가사실을 학생부에 기록하고 싶으면, '대회'라는 성격을 지운 채 '순수한 교육활동'으로 기록하면 된다고 허용했는데, 2018학년도부터는 이마저 철저하게 금지하고 있어요. 대회에 참가해서 수상하지 못하면 그냥 끝이에요.

체육대회도 '대회'이니까 학생부에 기록할 수 없나요?

'대회'라는 용어를 학교생활기록부 수상경력 이외의 항목에 입력하지 말라고 하는 까닭은 교내·외 대회의 남발과 대회참가사실이나 준비과정의 무분별한 기재를 방지하고자 함이에요. '대회'라는 용어가 들어가 있다 하더라도, 학교교육계획에 따라 이루어진 자율활동이라면 활동내용을 그대로 입력할 수 있어요.

그러므로 체육대회는 당연히 기재금지대상이 아니지요. 체육대회에서 '학생의 개별적 특징'을 보여 주는 사례가 있다면, 자율활동의 '자치·적응활동'에 기재할 수 있어요.

**체육대회는 기록에 제한을 받지 않는 학교행사이므로 서술형으로 기록할 수 있다고 했는데,
체육대회에서 반별로 시상을 한 내역이 있어서 학생부에 기재할 수 없다는 의견도 있어요.
단체시상이 있는데도 '체육대회에 대한 자율활동 특기사항 기록'이 가능할까요?**

결론부터 말씀드리자면, 체육대회는 학생부 기록에 제한을 받지 않는 학교행사이므로 서술형으로 기록할 수 있어요. 각 반별로 시상을 한 내역이 있다고 하더라도 학교생활기록부 자율활동 영역에 기록하는 데에 전혀 문제가 없지요.

다음은 '선행교육 및 선행학습 유발행위 금지 등'을 규정한 「공교육정상화촉진 및 선행교육규제에 관한 특별법」 제8조예요.

> **규정** 공교육정상화촉진 및 선행교육규제에 관한 특별법
>
> 제8조(선행교육 및 선행학습 유발행위 금지 등)
>
> ① 학교는 국가교육과정 및 시·도교육과정에 따라 학교교육과정을 편성하여야 하며, 편성된 학교교육과정을 앞서는 교육과정을 운영하여서는 아니 된다.
>
> ③ 학교에서는 다음 각 호의 행위를 하여서는 아니 된다.
>
>   1. 지필평가, 수행평가 등 학교시험에서 학생이 배운 학교교육과정의 범위와 수준을 벗어난 내용을 출제하여 평가하는 행위
>
>   2. 각종 교내대회에서 학생이 배운 학교교육과정의 범위와 수준을 벗어난 내용을 출제하여 평가하는 행위

체육대회는 「공교육정상화촉진 및 선행교육규제에 관한 특별법」에 저촉되지 않는 학교교육과정 활동이기 때문에 학생부 기록에 전혀 제약이 없어요. 특별법의 규정처럼 "학생이 배운 학교교육과정의 범위와 수준을 벗어난 내용"이 아니거든요. 다시 말해 체육대회는 정규교육과정 이수과정 내에서 정상적으로 이루어진 활동이기 때문에 당연히 학교생활기록부 자율활동 영역에 "마음 놓고" 기재할 수 있어요.

교육부에서 '대회'라는 용어를 학교생활기록부 수상경력 이외의 항목에 기재하지 말도록 한 것은, 교내·외 대회의 남발과 대회참가사실이나 준비과정의 무분별한 기재를 방지하고자 함이에요. 여기서 말하는 '대회'는 "선행교육 및 선행학습 유발행위"와 관계있는 대회로, 당연히 체육대회는 여기에 포함되지 않아요. 체육대회가 '선행교육 및 선행학습 유발행위'와는 아무런 상관이 없거든요. 교육부에서 학교에서의 예체능활동이 부족하다고 늘 걱정해 왔지, 체육대회가 많다고 걱정해 온 적이 있나요?

**시상계획이 있는 각종 교내대회와 행사의 준비과정 및 참가사실은
학교생활기록부 어떠한 항목에도 입력하지 않아야 한다고 했는데, 혹시 여기에 저촉되지는 않을까요?**

기우杞憂, 옛날 기(杞)나라 사람이 하늘이 무너질까 걱정했다는 고사에서 나온 말로, '쓸데없는 걱정을 함. 또는 그 걱정.'을 이름예요. 걱정하시 마세요. 전혀 저촉되지 않아요.

수상경력에는 개인수상만 기록할 수 있기에, 학급단위의 단체수상(교내체육대회의 종합우승상, 종목우승상, 응원상 등 학급단위 수상)은 학교생활기록부의 개인별 수상경력에 기재할 수 없지만, 해당영역의 특기사항에는 '활동내용'으로 기재할 수 있어요.

『학교생활기록부기재요령』교육부 에 명시되어 있듯이, 특정 동아리 소속 학생 전체에게 주는 단체상을 받았을 경우에도, 동아리 특기사항에 '수상실적'으로가 아니라 '활동내용'으로 기록할 수 있어요. 마찬가지로, 학급 전체 학생에게 주는 단체상도 특기사항에 '수상실적'으로가 아니라 '활동내용'으로 기재할 수 있어요. "학급체육부장으로서 학급종합우승을 거두는 데 큰 도움을 줌. 대회 전부터 급우들의 인화단결과 경기력 향상을 위해 꾸준하게 노력한 점이 돋보임"이라는 '활동내용'처럼 그 학생의 개별적인 면모를 잘 보여주는 표현이 또 있겠어요?

학생부에 기록하는 문장을 '-다'로 끝내서는 안 된다면서요?

그래요. 특기사항 등에 입력하는 서술형 문장은 명사형 어미 '-(으)ㅁ'으로 종결하는 게 원칙이에요. 국어문법에서 '-(으)ㅁ'은 '-다,-까,-아라/어라,-자' 등의 종결어미에 속하지 않고 비종결어미인 전성어미에 속하는데, 학생부에서는 문장을 끝맺게 하는 어미로 사용하고 있네요.

여기에서 '-음'과 '-ㅁ'은 잘 구별해야 해요.

우선 '-ㅁ'은 '(꾸- + -ㅁ →)꿈, (하- + -ㅁ →)함' 등과 같이, 모음으로 끝나는 용언의 어간 뒤에 붙지요. 그리고 '-음'은 '(묶- + -음 →)묶음, (믿- + -음 →)믿음, (죽- + -음 →)죽음, (엮- + -음 →)엮음, (웃- + -음 →)웃음' 등과 같이, 자음으로 끝나는 용언의 어간 뒤에 붙어요. 다만, 'ㄹ'로 끝나는 용언의 어간 뒤에서는 '(들- + -ㅁ→)듦, (만들- + -ㅁ →)만듦'과 같

이 '-ㅁ'이 붙지요.

그런데 '깨달음'은 왜 '*깨닮'이 아닐까요? '만듦'은 '만들다'가 기본형인 데 비해, '깨달음'은 기본형이 '*깨달다'가 아니라 '깨닫다'예요. '깨달음'은 기본형인 '깨닫다'가 활용되면서 'ㄷ'이 'ㄹ'로 바뀌기 때문에 '(깨닫- + -음 →)깨달음'이 된 거지요. 기본형인 '듣다'에서 활용된 '들음'이 '(듣- + -음 →)들음'이 된 것도 마찬가지고요.

'있음'과 '있슴'도 헷갈려요.

'있음'과 '*있슴', '없음'과 '*없슴'도 잘 구별해야 해요. '있다'의 명사형 표기는 '있음', '없다'의 명사형 표기는 '없음'이 맞아요. '-(으)ㅁ' 명사형 어미의 표기는 자음 뒤에서는 '-음', 모음 뒤에서는 '-ㅁ'으로 적어야 하기 때문이지요. 그런데 '-읍니다', '-습니다'를 '-습니다'로 통일한 「표준어규정」 제17항의 규정을 잘못 유추하여 명사형을 '*있슴', '*없슴'으로 표기하는데, 이는 잘못이에요.

학생부에 한글이 아니라 알파벳을 입력해도 되나요?

학교생활기록부의 문자는 한글로 입력하되, 부득이한 경우 알파벳을 사용할 수 있어요.

> **규정** 학교생활기록 작성 및 관리지침
>
> 제4조(처리 요령)
>
> ② 문자는 한글로(부득이한 경우 영문으로), 숫자는 아라비아 숫자로 입력한다.

예컨대 '외국인 성명', '외국 학교명', '도서명과 저자명' '도로명주소에 포함된 영문' 등 고유명사와, 'CEO, PD, UCC, IT, POP, CF, TV, PAPS, SNS, PPT' 등 일반화된 명사는 알파벳으로 입력하는 것이 허용되지요. 그렇다고 '에세이 → essay, 질의응답 → Q&A'

처럼 우리말로 충분히 쓸 수 있는데도 특정단어를 알파벳으로 표기하는 것은 지양해야 해요.

숫자는 아리비아숫자로 입력한다고요?

숫자표기법에는 여러 가지가 있어요. 그중에 '1, 2, 3, 4, 5…'의 형태인 아라비아숫자 표기법과 'Ⅰ, Ⅱ, Ⅲ, Ⅳ, Ⅴ…'의 형태인 로마자숫자 표기법이 대표적이지요. 학교생활기록부에서는 아리비아숫자 표기법을 사용하라는 거예요.

특수문자도 기재금지라면서요?

그래요. 특수문자나 문단구분기호(번호) 등도 기재금지예요. 가독성을 위해 문단의 첫머리에 이런저런 특수문자나 기호(※, ▶, -, 1·2·3) 등을 사용하는 경우가 있는데, 이렇게 하면 안 돼요. 만약 문단을 나눌 필요가 있으면, 컴퓨터 글자판의 엔터Enter를 쳐서 줄 바꿈을 한 뒤 들여쓰기를 하면 읽기도 쉬우니, 그렇게 하세요.

특기사항을 적을 때 문단으로 나누어야 한다는 말이네요?

당연하죠. 글에서 하나로 묶을 수 있는 짤막한 단위를 문단이라고 해요. 문단은 문장이 죽 이어지다가 내용이 달라질 때 구분하는 것이죠. 문단을 구분하기 위해서 줄을 바꾼 다음에 한 칸 들여쓰기를 하는 게 일반적이에요.

'문단나누기'는 글을 쓸 때 필수예요. 그런데 학생부의 서술형 글을 보면 문단을 전혀 나누지 않은 채, 죽 이어 쓴 경우가 종종 보여요. 이것은 가독성을 떨어뜨릴 뿐만 아니라, 글 자체가 허접하게 보이므로 지양해야 해요. 『학교생활기록부기재요령』교육부에서도 "문단(내용) 단위로 줄 바꿈을 하여 입력할 수 있음"이라고 명시하고 있거든요.

학교생활기록부의
논리적 구성방식은 무엇인가

❶ 학생부의 논리적 구성방식

학교생활기록부 전체를 한 편의 논리적인 글이라고 볼 수도 있다던데요?

　아주 좋은 질문이에요. 흔히 글은 논리적인 글과 감성적인 글로 나누지요. '논리적인 글'은 사람의 이성에 호소하는 글인데, 이는 다시 설득하는 글과 설명하는 글로 나누고, '감성적인 글'은 사람의 감정에 호소하는 글인데 이는 다시 시나 소설, 수필 등으로 나누어요.

　객관적인 활동근거를 내세워 해당학과의 해당교수를 설득한다는 점에서 학교생활기록부도 논리적인 글이라고 할 수 있어요.

학교생활기록부가 논리적인 글이라면, 두괄식이 좋아요? 미괄식이 좋아요?

논리적으로 글을 쓸 때는 '일반적 진술'을 바탕으로 이를 '구체적 사례'에 적용하는 방법두
괄식, 글의 첫머리에 중심 내용이 오는 산문구성방식도 있고, '구체적 사례'를 일반화하여 '일반적 원리'를
이끌어 내는 방법미괄식, 글의 끄트머리에 중심 내용이 오는 산문구성방식도 있어요.

학생부를 쓸 때에는 '일반적 진술'에서 '구체적 사례'로 이어지는 것이 '구체적 사례'를 일
반화하여 '일반적 원리'를 이끌어 내는 것보다 더 큰 설득력을 가져요. 일반적 진술을 먼저 하
고 구체적 사례를 나중에 제시하면, 설령 구체적 사례가 일반적 진술과 직접적으로 연결되지
않더라도, 미리 제시된 일반적 진술의 영향으로 구체적 사례가 일반적 진술과 관련이 있는
것처럼 사람의 머리는 사고하게 된대요. 사람들이 두괄식을 선호하는 까닭이 여기에 있어요.

일반에서 구체로 가는 게 좋다고요? 자세히 설명해 주세요.

'일반 → 구체'로 가는 방법 중에 대표적인 것이, 주제·한정·예시 모형이에요. 주제에 해당
하는 내용을 먼저 제시한 후, 그 내용이나 범주를 한정하고, 그 내용의 예를 들어 보여 주는
구성방식인데, 흔히들 TRI 유형Topic-Restrict-Illustration이라고 하지요.

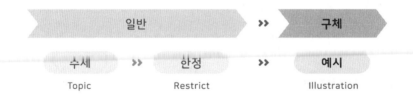

다음 쪽의 예문을 살펴보면 눈에 확 들어올 거예요.

이 글은 먼저 "일은 우리 삶에 편리와 기쁨을 가져다주는 행복의 원천이다."라고 글 전체의
중심생각인 '주제'를 제시하지요. 일은 우리 삶에 편리를 가져다주고, 우리 삶에 기쁨을 가져
다주기 때문에 행복의 원천이라는 게 이 글의 주장이에요.

> **(주제)** 일은 우리 삶에 편리와 기쁨을 가져다주는 행복의 원천이다. **(한정)** 사람은 일을 함으로써 자신의 물질적 생활 수단을 확보할 뿐만 아니라, 사람으로서 자신의 본질을 실현한다. **(예시)** 예컨대, 농부는 벼를 심고 가꾸고 거두는 활동을 통하여 먹고살 쌀을 얻을 뿐 아니라, 대자연의 섭리를 느끼고 자신이 흘린 땀방울의 의미를 확인하며 보람을 느낀다. 목수는 나무를 자르고 못을 박고 집을 짓는 노동을 통하여 자신의 생계 문제를 해결할 뿐만 아니라, 자신의 창조적 열정을 구현한 한 채의 집을 보면서 삶의 보람을 느낀다.

그러고 나면 사람들이 궁금해져요. 도대체 '편리'와 '기쁨'이 무엇인데 그것들이 사람들에게 행복을 가져다주는지 의문이 생길 테니까요. 글쓴이는 기다렸다는 듯이 그 궁금증을 풀어 주네요. '일을 함으로써 자신의 물질적 생활수단을 확보'하는 게 '편리'이고, '일을 함으로써 사람으로서 자신의 본질을 실현'하는 게 '기쁨'이라고요. 이처럼 '한정'이란 '어떤 개념이나 범위를 명확히 하거나 범위를 확실히 하는 것'으로 '개념의 외연을 좁히고 내포를 넓히는 일'을 일컫지요.

그러고서 "예컨대"라는 말로 시작하여 "농부는 벼를 심고 가꾸고 거두는 활동을 통하여 먹고살 쌀을 얻을 뿐 아니라, 대자연의 섭리를 느끼고 자신이 흘린 땀방울의 의미를 확인하며 보람을 느낀다."라는 사례를 들고 있네요. 예를 들어 보이는 '예시'지요.

예시가 왜 필요하냐고요? 한정만으로 사람들의 궁금증은 다 가시지 않아서 예시가 필요한 거예요. 사람들은 '물질적 생활수단'을 확보한다는 게 뭐고 '자신의 본질'을 실현한다는 게 뭔지 확실히 알고 싶을 테니까요. 글쓴이는 그래서 구체적인 예를 들고 있어요. 농부가 '벼를 심고 가꾸고 거두는 활동'을 통하여 '먹고 살 쌀'을 얻는데, 이게 바로 물질적 생활수단을 확보하는 것이고, '벼를 심고 가꾸고 거두는 활동'을 통하여 '대자연의 섭리를 느끼고 자신이 흘린 땀방울의 의미를 확인'하는데, 이게 바로 자신의 본질을 실현하는 것이라고요.

❷ 학생부의
구체적 전개방식

글은 구체적으로 쓰라고 하셨는데, 도움이 되는 원칙은 없나요?

당연히 있지요. 글을 구체적으로 쓴다는 것은, 문장을 쓸 때에 지켜야 하는 기본원칙인 육하원칙六何原則에 바탕을 두고 자세히 기록함을 의미해요. 육하원칙에 속하는 6가지 요소는 누가Who, 언제When, 어디서Where, 무엇을What, 어떻게How, 왜Why인데, 각각의 알파벳 앞 글자를 따서 '5W1H'라고도 부르지요. 육하원칙은 기사문이나 보도문과 같이 신뢰성을 바탕으로 하는 글에는 반드시 포함되어야 하는 요소인데, 학생부를 기록할 때에도 이를 지키면 좋은 평가를 받을 수 있어요.

육하원칙		학교생활기록부 기재 요령
누가	Who	어떤 역할로
언제	When	언제
어디서	Where	어디서
무엇을	What	어떤 활동을
어떻게	How	어떻게 수행해서
왜	Why	그 결과가 어떠했는지

『학교생활기록부기재요령』교육부 에서도 "학교생활기록부는 언제, 어떤 역할로, 어떤 활동을, 어떻게 수행해서, 그 결과가 어떠하였는지를 가급적 구체적으로 입력한다."라고 되어 있는데, 이를 육하원칙에 적용해 보면 다음과 같아요. 곧, 누가(어떤 역할로), 언제(언제), 어디서, 무엇을(어떤 활동을), 어떻게(어떻게 수행해서), 왜(그 결과가 어떠하였는지) 하였는지 기록하는 거예요.

학교생활기록부에 적는 예를 하나 들어 주세요.

그래요. 다음 예문을 살펴보면 눈에 확 들어올 거예요. 이 글은 문학과목의 세부능력 및 특기사항인데, 과목별 세특을 어떻게 쓰는지를 잘 보여 주고 있어요.

그런데 여기에서 잠깐! 『학교생활기록부기재요령』교육부 에 보면 이런 말이 들어 있어요. 『학교생활기록부기재요령』에 들어 있는 '기재방법'은 준수하되, '기재예시'는 참고자료이기 때문에 의미의 변동이 없는 범위에서 다르게 기재할 수 있다고요. 이 책에 나와 있는 모든 예시자료도 마찬가지예요.

> **일반** 작품을 공감적·창의적으로 깊이 있게 수용하고, 타당한 근거를 들어 작품에 대하여 타인과 소통하며 자신의 수용 결과를 발전시킴.

> **구체** 학생들이 직접 진행하는 '우리가 하는 문학 수업'에서 윤동주의 '쉽게 씌어진 시'를 제재로 수업함(2016.05.07.). 하덕규의 '가시나무'라는 노래로 학습 동기를 유발하고, 윤동주를 '블라인드 커튼'으로 가린 채 시를 내재적인 관점에서 설명한 뒤, 시적 화자의 고뇌를 '황우석 박사 연구소의 연구원의 갈등'으로 접맥하여 해석한 것이 매우 신선했음. 작품을 현대적 상황과 연결하여 분석하는 창의적인 접근 방법을 보고 "20세기의 윤동주를 21세기에 생생한 모습으로 복원해 냈다. 그 어떤 문학 평론가가 윤동주를 이렇게 참신하게 해석한 적이 있는가."라는 담당교사의 칭찬을 받음.

먼저 '일반'에 해당하는 첫 문장부터 보지요.

"작품을 공감적·창의적으로 깊이 있게 수용하고, 타당한 근거를 들어 작품에 대하여 타인과 소통하며 자신의 수용결과를 발전시킴."이라는 문장에서 '일반적인 진술'을 먼저 하고 있네요. 그러니까 두괄식이지요.

이 진술은 문학과목의 성취기준인 '[12문학02-04] 작품을 공감적, 비판적, 창의적으로 수용하고 그 결과를 바탕으로 상호 소통한다.'에 대한 성취수준 '상'에 해당하는 '작품을 공감적, 비판적, 창의적으로 깊이 있게 수용하고, 타당한 근거를 들어 작품에 대하여 타인과 소통하며 자신의 수용 결과를 발전시킬 수 있다.'를 학생의 개인적 특성에 맞게 변용한 거예요.

다음으로 '구체'에 해당하는 문장들을 볼까요?

〈누가, 언제, 무엇을〉

"학생들이 직접 진행하는 '우리가 하는 문학수업'에서 윤동주의 '쉽게 씌어진 시'를 제재로 수업함(2016.05.07.)."이라는 문장에서는 '누가'와 '무엇을'을 밝히면서 '언제'를 함께 명시하고 있네요.

〈어떻게〉

"하덕규의 '가시나무'라는 노래로 학습동기를 유발하고, 윤동주를 '블라인드커튼'으로 가린 채 시를 내재적인 관점에서 설명한 뒤, 시적화자의 고뇌를 '황우석 박사 연구소의 연구원의 갈등'으로 접맥하여 해석한 것이 매우 신선했음."이라는 문장에서는 수업을 '어떻게' 했는가를 '처음-중간-끝'으로 나누어 제시하고 있지요. 이처럼 '어떻게'는 '무엇을'이라는 뼈대에 붙이는 살점으로 '무엇을'을 살아 있게 만드는 요소가 돼요.

특히 이 수업에서는 "내 속엔 내가 너무도 많아 당신의 쉴 곳 없네/ 내 속엔 헛된 바람들도 당신의 편할 곳 없네"(하덕규, '가시나무')라는 노래가사가 절묘했어요. 더욱이 "대학 노트를 끼고/ 늙은 교수의 강의 들으러 간다.// 생각해 보면 어린 때 동무를/ 하나, 둘, 죄다 잃어버리고// 나는 무얼 바라/ 나는 다만, 홀로 침전沈澱하는 것일까?"를 '황우석 논문 조작 사건'을 폭로한 연구원의 고뇌로 읽은 것은 참으로 대단했지요.

〈왜〉

"작품을 현대적 상황과 연결하여 분석하는 창의적인 접근방법을 보고 "20세기의 윤동주를 21세기에 생생한 모습으로 복원해 냈다. 그 어떤 문학평론가가 윤동주를 이렇게 참신하게 해석한 적이 있는가."라는 담당교사의 칭찬을 받음."이라는 문장이 '왜'에 해당돼요. 이처럼 '왜'

에 해당하는 부분은 과목별 세특의 '세부능력'에 대한 진술로 활용하면 좋지요.

'담당교사의 반응이나 평가'에 해당하는 문장을 왜 '왜'라고 하는지 모르겠어요.

　그래요. '담당교사의 반응이나 평가'에 해당하는 문장을 왜 '왜'라고 하는지 고개를 갸웃거리는 사람도 있을 거예요.

　'~하기 위해서'라는 발상發想, 어떤 생각을 해냄과 '~한 효과를 거두었다'라는 효과效果, 보람이 있는 좋은 결과는 사실은 같은 내용의 다른 표현이에요.

　예를 들어, "눈물이 홍수처럼 쏟아진다."라는 문장을 놓고 우리는 '강조하기 위하여 과장법을 사용했다.'(발상과 표현)라고 할 수도 있고, '과장법을 사용하니 강조의 효과가 나타났다.'(표현과 효과)라고 할 수도 있잖아요.

　"교사의 칭찬을 듣기 위해서 수업을 했다."라는 말이나 "수업을 하고 나서 교사의 칭찬을 들었다."라는 말은 서로 통하는 측면이 있어요. '담당교사의 반응이나 평가'에 해당하는 문장을 '왜'라고 하는 까닭이 바로 여기에 있지요.

❸ 학생부의
자기성장 기재방식

다음 그림을 보세요. 성형외과의 광고 '성형 전 → 성형 후'의 그 'before → after'가 생각나지 않아요?

그럴 수도 있겠네요.

… 황혼녘 들판에 한 남자가 외롭게 앉아 있어요. 그런데 그 쓸쓸한 풍경에 개 한 마리가 더해졌을 뿐인데 풍경이 전혀 달라 보이지요. 그 풍경에는 더 이상 외로움이나 쓸쓸함이나 적막함 등은 찾아볼 수 없고, 왠지 포근함과 함께 안락함마저 느껴지네요. 이게 바로 이른 바 '전과 후'의 대비가 주는 묘미에요.

전과 후의 대비를 통해서 보는 이의 공감을 불러일으키는 이러한 방법은, 학생부 작성에도 그대로 적용할 수 있어요. 이랬던 학생(전)이 이런 활동(본)을 통하여 이렇게 달라졌다(후)고 할 수 있으니까요. '활동 전 → 활동 → 활동 후' 형태로 말이죠.

어느 대학 입학관계자로부터 "학생부를 보면 우리나라 고등학생들은 예수 아니면 부처다."라는 뼈아픈 말을 들은 적이 있어요. 학생부에는 객관적인 사실에 근거하여 학생의 장점과 단점을 기재하는데, 단점인 경우 그 단점을 어떻게 극복해 나갔는가를 함께 기재하는

게 올바른 기재요령이에요. '활동 전'에 부족한 점을 적는 것이 학생부를 훨씬 설득력 있게
만든다는 점, 잊지 마세요.

'before→after'라? 그래도 감이 안 잡히는데요?

　다음 예문을 보면 고개가 끄덕여질 거예요.

　일반 작가, 사회·문화적 배경 등 다양한 맥락을 종합적으로 활용하여 작품을 깊이 있게
이해하고 감상함.

　구체 남구만의 시조와 정학유의 '농가월령가'를 발표 수업(2019.04.00.)하면서 어눌하
지만 진지한 발문을 통해 학생들의 참여를 이끌어 내는 모습을 보여 줌. 남구만의 시조에
비해 정약용의 둘째아들인 정학유의 작품에 농민에 대한 짙은 애정이 묻어 있다는 점을 역
사적 사실을 곁들여 설명한 부분이 인상적이었음. 두 번째 발표 수업(2019.06.00.)에서는
신계영의 '전원사시가'를 제재로, 일정하게 순환하는 자연의 이치가 시에서 어떻게 표현되
어 있는지를 알기 쉽게 설명함. (활동 전) 국어 교사에 대한 꿈을 품고 있으면서도 남들 앞에
서면 얼굴이 붉어지는 등 문제점을 안고 있었는데, (활동) '우리가 하는 문학 수업'을 적극 참
여하면서, (활동 후) 발표하는 것을 즐길 정도로 언어 전달력이 좋아짐.

　이 기록은 문학과목의 세부능력 및 특기사항인데, 1문단에서는 '일반'에 해당하는 부분
으로 성취수준에 대한 진술이 먼저 나와 있네요. 2문단 전반부는 1문단에서 언급한 성취
수준에 대한 '구체적 활동'을 보여 주고 있어요. 그러고서 2문단 후반부에서는 '활동 전 →
활동 → 활동 후'로 학생의 변화를 실감 나게 보여 주고 있으며, 전반부에서 언급한 '구체

적 활동'에 대한 세부능력을 교사의 평가라는 방식을 빌려, 보여 주고 있지요. 매우 설득력
있는 내용전개이네요.

❹ 학생부의
문단 구성원리

논리적인 글을 쓰듯이 학생부를 적어야 한다면, 문단도 정교해야겠네요?

그럼요. 문단은 주제를 살리기 위한 하나의 단위이므로, 문단을 어떻게 쓰는가는 학생부
에서도 매우 중요해요. 문단을 짜임새 있게 전개하기 위해서는 통일성과 응집성이 필요한
데, 학생부에서도 마찬가지예요.

문단의 구성원리

통일성	← 상호보완적 관계 →	응집성
글의 내용이 하나의 주제를 중심으로 통일적으로 연결되는 관계		글의 형식이 주제가 잘 드러날 수 있도록 유기적으로 연결되는 관계

통일성은 문단에서 문장들이 하나의 주제로 긴밀히 연결되는 것으로 '내용'과 관련돼요.
뒷받침문장이 중심문장에 들어 있는 주제의 범위를 벗어나지 않을 때 그 문단은 통일성이
있다고 하지요.

응집성은 문단을 이루는 여러 문장이 긴밀한 결합력을 가지는 것으로 '형식'과 관련돼요. 접속어나 지시어, 어구반복 등을 통하여 문장들 사이의 결합력이 긴밀할 때 그 문단은 응집성이 있다고 하지요.

학생부에서도 문단을 쓸 때 통일성과 응집성을 고려하여, 문장들이 하나의 주제와 연관되어 있는지, 문장들 사이에 긴밀한 관련이 있는지 잘 살펴보아야 해요. 학생부 기록에서는 '통일성'이 특히 중요하지요.

예를 들어 보여 주세요.

그래요. 이 글을 보세요. 문단의 내용은 하나의 주제로 중심으로 통일적으로 연결되어야 하는데, 잘못된 문장(②)이 하나 들어 있네요. 통일성을 살리기 위해서 먼저 이 문장을 없애야겠지요.

① 사람은 희망을 가져야 한다. ② 희망이 없어도 사람은 살 수 있다. ③ 어려운 일이 닥쳐도 희망을 가지고 있는 사람은 이겨 낼 수 있다. ④ 희망을 잃어버린 사람은 어려운 일을 이겨 낼 수 없다. ⑤ 희망은 용기의 원천이다.

① 사람은 희망을 가져야 한다. ③ 어려운 일이 닥쳐도 희망을 가지고 있는 사람은 <u>이것을</u> 이겨 낼 수 있다. ④ <u>그러나</u> 희망을 잃어버린 사람은 어려운 일을 이겨 낼 수 없다. ⑤ <u>그러므로</u> 희망은 용기의 원천이다.

하지만 문제는 여전히 남아요. 한 문장에서 다음 문장으로 매끄럽게 넘어가지 못하고, 문장 하나하나가 똑똑 끊어져 있다는 느낌을 주거든요. 글의 형식이 주제가 잘 드러날 수 있도록 유기적으로 연결되도록 고쳐야겠네요. 접속어(그러나, 그러므로)나 지시어(이것을) 등을 사용하여 응집성이 있도록 고쳐 보니 훨씬 글다워졌지요?

학생부를
알면 대학이
보인다

03

학교생활기록부, 학생의 자기성장기록부

01

수상경력,
어떻게 디자인할 것인가

학년 (학기)		수상명	등급(위)	수상 연월일	수여 기관	참가 대상(참가 인원)
1	1					
	2					
2	1					
	2					
3	1					
	2					

❶ 수상경력,
관련규정 파헤치기

학교생활기록부의 '수상경력' 활용방식이 크게 바뀌었다고 하던데요?

맞아요. 2019학년도 1학년부터, 학생 간의 과도한 경쟁이나 사교육을 유발하는 요소나 항목을 정비한다는 차원에서, 학생부의 '수상경력 활용방식'을 바꾸었어요. 다시 말해, '수상경력'란에 수상실적은 예전처럼 기재하되, 상급학교 진학에 제공하는 수상경력의 개수를 제한한 거예요. 그러니까 수상경력 개수를 학기당 1개 이내로 제한하여 3년 동안 총 6개까지 제공하도록 하였지요.

그런데 2021학년도 1학년부터는, 수상경력을 학교생활기록부에 기재할 수는 있으나 대입에는 미반영하기로 하였어요.

학교생활기록부에는 '교내상'만을 입력한다고요?

그래요. 학교생활기록부의 공신력을 높이고, 사교육을 유발하는 입학전형요소를 배제하기 위하여 2011학년도부터 '수상경력'란에 교내상만 기재하고 교외상은 일절 기재할 수 없도록 하였어요. 교외기관(장)이나 교외단체(장) 등에게 수상한 교외상(표창장, 감사장, 공로상 등)은 학생부에 기재할 수 없고, 학교장의 참가 허락을 받아 참여한 각종 교외대회에서의 수상실적도 물론 기재할 수 없지요

> **규정** 학교생활기록부 작성 및 관리지침 해설
>
> **제9조(수상경력)**
>
> 가. 학교생활기록부의 공신력을 높이고, 사교육을 유발하는 입학전형요소 배제의 일환(고등학교 선진화를 위한 입학제도 및 체제 개편방안 등)으로 2011학년도부터 초 · 중 · 고등학교 모두 '수상경력'란에 교내상만 입력하고 교외상은 입력하지 않는다.
>
> 나. 모든 교외상은 학교생활기록부 어떠한 항목에도 입력하지 않는다(창의적 체험활동상황, 교과학습발달상황의 '세부능력 및 특기사항', 행동특성 및 종합의견 등).

여기에서 교내상이라고 함은 '학교장상'만을 가리켜요. 교내에서 받은 상이라도 학교장상 이외에는 그 어떤 상도 기재할 수 없지요. 학교운영위원장상, 재단이사장상, 동문회장상, 학부모회장상 등도 기재할 수 없고, 영재교육기관(영재학교, 영재학급, 영재교육원)의 기관장에게서 받은 상도 물론 기재할 수 없어요.

다만, 공동교육과정 수강학생이나, 위탁기관이나 교환학교에서 위탁학생이나 교환학생이 받은 상은 교내상으로 입력할 수 있어요. 이때는 [학생생활] – [수상경력] – [학급별수상관리]에서 등록하며, '수여기관'에는 공동교육과정기관장이나 위탁기관장·교환학교장을 입력하면 돼요.

모의고사(전국연합학력평가 포함) 수상은 '교내상'으로 기재할 수 있나요?

아니에요. 모의고사(전국연합학력평가 포함)나 야간자율학습과 관련된 내용으로는 학교에서 시상 자체를 할 수 없어요. 그러니 당연히 학생부에 기재할 수도 없지요.

학교장상을 받았을 경우에 수상실적을 다른 영역에 입력할 수 있나요?

아니요. 학교장상을 받았을 경우에 그 수상실적은 학교생활기록부 '수상경력'란에만 기록하고, 창의적 체험활동상황, 교과학습발달상황의 세부능력 및 특기사항, 행동특성 및 종합의견 등 '수상경력'란 이외의 어떠한 항목에도 기록할 수 없어요.

또한, 시상계획이 있는 각종 교내대회와 행사의 준비과정 및 참가사실은 학교생활기록부 어떠한 항목에도 입력하지 않아요. 그뿐만 아니라 시상계획이 없는 대회라도 '대회'라는 명칭이 포함된 기록은 수상경력을 제외한 학교생활기록부 어떠한 항목에도 입력하지 않지요. 교내대회 참가사실을 쓰고 싶다면, 자기소개서에 쓰면 돼요. (체육대회 등의 학교행사는 이에 포함되지 않으니, 오해하지 마세요. '대회'라는 말이 들어갔지만, 체육대회는 기록에 제한을 받지 않은 학교행사이므로 서술형으로 기록할 수 있어요.)

교내상이라도 '단체상'은 입력할 수 없다면서요?

그래요. 수상경력에는 개인수상만 기록할 수 있기에, 학년단위나 학급단위의 단체수상(교내체육대회의 응원상, 환경미화상, 합창대회 등 학급단위 대회 등)은 수상경력에 기재할 수 없어요. 단체상은, 학교에서 학급단위로 시상하기 위해 학교수상대장에는 기재할 수 있으나, 개인별 학교생활기록부의 수상경력에는 기재할 수 없지요.

'단체수상'을 할 경우, 그 활동내용을 학교생활기록부에 아예 기재할 수 없나요?

아니에요. 단체상은 개인별 학교생활기록부의 수상경력에는 기재할 수 없지만, 해당영역의 특기사항에 활동 내용을 서술할 수 있어요. 예를 들어, 특정 동아리 소속 학생 전체에게 주는 단체상(보고서상, 발표상 등)을 받았을 경우 동아리 특기사항에 '수상실적'으로가 아니라 '활동내용'으로 기록할 수 있다는 말이지요.

독서토론대회에 2인 1조로 나가서 받은 상도 수상경력에 기재할 수 없는 '단체상'인가요?

아주 좋은 질문이에요. 학년이나 학급단위의 단체수상은 수상실적을 개개인의 학생부에 기재할 수 없으나, 2인 이상이 1팀을 이루어 대회에 참가한 공동수상은 학생부의 수상경력에 기재할 수 있어요. 동급의 상을 여러 명이 수상한 경우라도 각자의 실적물로 수상한 경우에는 개인별 수상에 해당되니까요.

단체수상에서 '단체'라 함은 학급단위나 학년단위를 가리키고, 공동수상에서 '공동'이라 함은 둘 이상의 개인을 가리키지요.

그래도 '단체'와 '개인'이 헷갈려요.

예를 들어 볼까요. 체육대회에서 4명이 참가하는 400미터계주에 나가기로 한 학생이 부상을 당하면 학급의 다른 학생으로 선수를 교체할 수 있어요. 선수들은 개인자격이 아니라 학급대표라는 단체자격이 주어지니까요. 이에 비해 2명이 1팀을 이루어 참가하는 독서토론대회에서 한 학생이 어떤 사정으로 대회를 참여할 수 없게 되면 학급과는 관계없이 다른 학생으로 결원이 된 참가자를 교체할 수 있어요. 개인자격이니까요. 이제 알겠어요?

교외상은 학교생활기록부의 어떠한 영역에도 입력할 수 없나요?

그래요. 외부에서 주최·주관한 대회에 따른 교외상은 학생부에 절대로 기재할 수 없지요. '공인어학시험 관련대회'와 '수학·과학(물리·화학·생명과학·지구과·천문)·외국어(영어 등) 교과명 명시대회' 등은 교내대회라 하더라도, 학생부의 어떠한 영역에도 기재할 수 없어요. 이런 대회는 교내대회로 치르는 게 원천적으로 금지되어 있거든요. '공인어학시험'과 '교외경시대회'는 자기소개서에도 절대기재금지예요.

② 수상경력, 학교생활 디자인하기

학생부종합전형에서 수상경력이 그렇게 중요한가요?

그럼요. 수상경력은 학생의 학업능력, 학교생활참여도, 학생의 인성, 전공적합성 등을 보여 줄 수 있는 좋은 항목이에요. 수상경력은 정시전형이나 수시논술전형에서는 아무 쓸모가 없고, 학생부교과전형에서도 영향력이 별로 없는데, 학생부종합전형에서는 매우 중요하지요.

수상경력을 보면 그 학생의 교과와 비교과를 미루어 짐작할 수 있어요. 학업우수상이 있으면 '학업능력'이 뛰어날 것이고, 각종대회에서 수상하였다면 '학교생활참여도'가 높을 것이며, 선행상이나 모범상을 수상했다면 '인성' 또한 빼어날 것이니까요.

'전공적합성'을 측정하는 데서도 마찬가지예요. 가령 자연계열학생이 수학이나 과학 관련대회의 수상기록이 있으면 전공에 적합하다고 판단할 것이고, 인문계열학생도 국어, 사회, 외국어 관련대회나 글쓰기대회나 토론대회 등에서 수상기록이 있으면 전공적합성이 높은 학생이라고 평가받을 것이기 때문이지요.

이제 학생들은 학습계획을 짜듯이 대회참가계획을 세워야 할 것 같네요.

그럼요. 따라서 학종시대에 사는 학생이라면, 교과학습계획을 짜듯이 수상을 위한 대회참가계획을 수립하는 것이 꼭 필요해요. 대입제공 수상경력 개수를 학기당 1개 이내로 3년 동안 총 6개까지 제공하도록 바꾼 것은, 대회참가계획을 수립할 때 전공적합성을 보여 주기 위한 수상에 도전하는 것이 좋겠다는 점을 시사해 주지요.

예컨대, 경제학과에 진학하려고 하는 학생이라면 학업과 관련하여 수학탐구대회나 사회탐구대회를 충실히 준비해야 하고, 쓰기와 말하기 영역과 관련하여 논술대회와 토론대회도 준비해야 하며, 창의적 체험활동 관련해서도 자신의 특장을 보일 수 있는 영역 하나쯤 준비하는 게 좋을 거예요. 아울러, 인성 관련하여 남들의 칭찬을 받을 수 있는 '무엇인가'를 준비하여 선행상이나 봉사상 등을 수상하는 주도면밀함도 잊지 말아야 하죠.

수상과 관련지어 학교가 시급히 나서야 할 일이 뭐예요?

우선, 수상계획이 적절한지부터 따져 보아야 해요. 학교현장을 보면, 각종대회에서 시상이 남발된다는 느낌이 들거든요. 이미 대학에서는 교내시상이 '정상적인 학교'와 '100개도 넘게 퍼 주는 비정상적인 학교'를 똑같이 취급할 수 없음을 알고, 「공통고교정보-교내시상내역」을 보며 수상운영현황을 면밀히 파악하고 있어요. 시상이 남발되면 상의 가치가 뚝 떨어질 터인데, 수상경력개수를 학기당 1개 이내로 제한받는 학생들에게 얼마나 타격이 크겠어요?

예전에는 대회참가사실을 학생부에 기록하고 싶으면, '대회'라는 성격을 지운 채 '순수한 교육활동'으로 기록하면 된다고 허용했는데, 2018학년도부터는 이마저 철저하게 금지하고 있어요. 대회에 참가해서 수상受賞, 상을 받음하지 못하면 그냥 끝이에요.

그래서 말인데, 학교에서 행사를 기획할 때 굳이 시상施賞, 상을 줌을 해야 하는지 깊이 고민해 봐야 해요. '시상'이 없으면 프로그램이 진행되는 과정을 자유롭게 학생부에 적어 줄 수 있는데, 특정학생에 대한 '시상'이 이루어지는 순간 그 과정은 아무에게도 적어 줄 수 없고 단지 수상자에게만 수상실적을 짧게 적어 줄 수 있을 뿐이니까요.

**'장애인의 날'을 맞이하여 소감문쓰기대회를 실시했을 경우 그 내용을
자율활동 특기사항에 기재할 수 있나요?**

시상계획이 있는 교내대회는, 행사의 준비과정 및 참가사실을 학교생활기록부 어떠한 항목에도 기재할 수 없어요. 창의적 체험활동상황, 교과별 세부능력 및 특기사항, 행동특성 및 종합의견 등 어디에도 기재하면 안 돼요.

❸ 수상경력,
학교생활기록부 디자인하기

'수상경력'란에도 디자인이 필요하나요?

  수상경력의 디자인은 참 간단해요. 교육부의 허용규정과 금지규정에 맞게 수상실적이 기록되었는지 확인만 하면 되니까요. 학교장상을 받았을 경우에 그 수상실적은 학생부 '수상경력'란에만 기록하고, 창의적 체험활동상황, 교과학습발달상황의 세부능력 및 특기사항, 행동특성 및 종합의견 등 학생부 그 어디에도 기록할 수 없다는 것, 다시 한번 명심하시고요.

창의적 체험활동상황,
어떻게 디자인할 것인가

학년	창의적 체험 활동 상황			
	영역	시간	특기 사항	
1	자율 활동			
	동아리 활동		(자율동아리)	
	진로 활동		희망분야	※ 상급학교 미제공
2	자율 활동			
	동아리 활동		(자율동아리)	
	진로 활동		희망분야	※ 상급학교 미제공
3	자율 활동			
	동아리 활동		(자율동아리)	
	진로 활동		희망분야	※ 상급학교 미제공

학년	봉사 활동 실적				
	일자 또는 기간	장소 또는 주관 기관명	활동 내용	시간	누계 시간
1					
2					
3					

학교생활기록부의 꽃,
자·동·봉·진

창의적 체험활동을 가리켜 '학교생활기록부의 꽃'이라고 하던데요?

창의적 체험활동은 국가수준의 교육과정에서 교과 이외의 활동을 말해요. 교과수업 이외의 시간에 자율활동, 동아리활동, 봉사활동, 진로활동 등을 통해 다양하고 창의적인 경험을 쌓는 교육활동인데, 흔히들 '자동봉진'이라고 하지요.

규정 학교생활기록 작성 및 관리지침

제13조 (창의적 체험활동상황)

① 창의적 체험활동의 4개 영역(자율활동, 동아리활동, 봉사활동, 진로활동)별 활동내용, 평가방법 및 기준은 교육과정을 근거로 학교별로 정하며, 자율활동, 동아리활동, 진로활동의 영역별 이수시간 및 특기사항(개별적 특성이 드러나는 사항 등)과, 봉사활동 실적을 입력한다.

학교공동체구성원으로서 자치능력형성을 목표로 하는 자율활동과, 자율적으로 모여 관심사와 재능을 창의적으로 표출하는 집단활동인 동아리활동, 자기의지로 타인을 돕거나 국가나 사회에 이바지하는 봉사활동, 그리고 자신이 적성과 능력을 이해하고 진로를 탐색하고 설계하는 진로활동 등이 그것이에요. 창의적 체험활동은 '학교생활기록부의 꽃'이라고 부르기도 할 만큼 학생부종합전형에서 매우 중요한 영역이지요.

자율활동, 동아리활동, 진로활동은 학교생활기록부에 영역별 이수시간뿐만 아니라 특기사항까지 입력하고, 봉사활동은 실적만 입력해요.

창의적 체험활동의 이수시간은 어떻게 입력하나요?

창의적 체험활동의 영역별 이수시간은 정규교육과정 내에서 실시한 학년·학급단위의 활동시간을 기준으로, '본인이 실제로 참여하여 이수한 시간'을 입력하지요. 어떠한 사유(경조사 또는 천재지변 등으로 인한 '출석인정·질병·미인정·기타결석, 조퇴' 등을 구분하지 않음)로든 참여하지 않은 시간은 제외해요.

다만, 현장체험학습(수련활동 등) 기간에 미참여 학생을 대상으로 별도의 창의적 체험활동 계획을 수립하여 실시한 경우에는, 해당 활동의 누가기록, 이수시간 및 특기사항을 입력할 수 있지요.

창의적 체험활동의 특기사항에는 무엇을 기재하나요?

창의적 체험활동은 자율활동·동아리활동·진로활동에만 특기사항을 기재하지요. 창체활동의 특기사항에는 ① 활동실적, ② 진보의 정도, ③ 행동의 변화 등의 활동내용을 종합하여 '학생의 개별적 특성'이 드러나도록 기재하면 돼요.

> **규정** 학교생활기록 작성 및 관리지침 해설
>
> 제13조(창의적 체험활동상황)
>
> 나. 자율·동아리·진로활동의 이수시간은 영역별로 입력히고 특기사힝은 모든 학생을 대상으로 영역별로 활동내용이 우수한 사항(참여도, 활동의욕, 진보의 정도, 태도변화 등)을 중심으로 개별적인 특성이 드러나도록 실제적인 역할과 활동위주로 입력한다.

'활동실적'의 단순한 나열식 기재는 개별적 특성이 드러나지 않으므로 지양해야 해요. "학급회의(2019.03.04., 2019.04.15., 2019.05.13., 2019.06.17., 2019.07.08.)에 적극적으로 참여함"으로 기재하는 것은 학생의 개별적 특성과는 무관하거든요.

'개별적 특성이 드러나는 사항'을 입력해야 한다고요. 그게 무슨 말이에요?

'개별적 특성'을 입력하라는 말은 학교단위의 일괄입력을 삼가라는 의미로도 읽혀요. 창의적 체험활동의 특기사항에는 '활동결과'에 대한 평가보다는 '활동과정'에서 드러나는 '학생의 개별적인 행동특성'을 평가하여 구체적으로 기재해야 하거든요.

따라서 학생 개개인의 개별적 활동이 구체적으로 들어가지 않은 채 학교단위의 행사를 똑같이 입력하는 것은 감점요인이 될 수 있어요. 여느 영역도 마찬가지인데, 학생들의 활동 Reaction이 없는 학교만의 행사Action는 별로 의미가 없지요.

과목별 세부능력 및 특기사항과는 달리 창의적 체험활동의 특기사항은 모두 다 적어 주어야 한다던데, 활동내용이 없어도 적어 주어야 하나요?

그래요. 과목별 세부능력 및 특기사항과는 달리 창의적 체험활동의 특기사항은 모든 학생을 대상으로 다 기재해 주어야 해요. 창의적 체험활동의 모든 영역(자율활동, 동아리활동, 진로활동)은 활동내용이 전혀 없어서 시수가 0시간인 경우에도 그 사유를 특기사항을 입력해야 하지요.

예를 들어, 장기결석생인 경우에는 "장기결석으로 인해 활동내용이 없음", 위탁학생의 경우에는 "위탁학생으로 활동내용이 없음" 등으로 기재해 주어야 해요. 다만, 위탁교육기관, 병원학교·원격수업기관의 활동내용이 있는 경우에는 해당기관의 자료를 그대로 입력해 주면 되시요.

창의적 체험활동의 특기사항에 숫자로 기재하는 것도 있던데요?

그래요. 창의적 체험활동의 특기사항에는 정량적인 기록이 가능한 부분은 횟수와 숫자 등을 함께 기재해요. 예컨대, "월 1회, 6회, 2019.03.09.-2019.06.10./8회, 4시간" 등으로 기재하지요. 학급회·학생회 임원활동기간도 반드시 기재해 주어야 하고요.

학교생활기록부의 일자표기는 교육정보시스템NEIS에 사용하는 방식대로 해야 해요. '연월일'을 표기할 때에 '3월'은 '03'으로, '9일'은 '09'로 표기해 주어야 하고, 연월일 다음에 '마침표(.)'를 찍어 주어야 하지요. '기간'을 나타내는 경우에 일반적으로는 '물결표(~)'를 사용하나, 학교생활기록부에서는 '붙임표(-)'를 사용하니 주의하세요.

임원의 활동기간을 기재하는 것도 학년별로 다르던데요?

그래요. 하나씩 설명해 드릴게요. 우선, 자치활동 관련내용을 특기사항에 기재할 때에는 "전교학생회부회장(2018.03.01.-2018.08.19.)"처럼 구체적인 임원의 종류를 알 수 있도록 '전교', '학년', '학급' 등을 기재하고 활동기간을 (   ) 안에 병기하는 게 좋아요.

그리고 임원의 활동기간은 1학년은 "학급반장(2019.03.04.-2020.02.29.)"처럼 입학일부터 학년말까지로 기재하고, 2학년은 "학급반장(2019.03.01.-2020.02.29.)"처럼 3월 1일부터 학년말까지로 기재하며, 3학년은 "학급반장(2019.03.01.-2020.02.06.)"처럼 3월 1일부터 졸업일까지로 기재해요. 1학년 2학기 및 2학년 1학기와 같이 학기단위로 임명하는 경우의 임원의 활동기간은 "전교학생회부회장(2019.03.01.-2019.08.11.)/ 전교학생회부회장(2019.08.12.-2020.02.29.)"처럼 학기 시작일부터 학기 종료일까지로 나누어 기재하면 되지요.

학교에 따라 임원의 활동기간이 학기 또는 학년단위가 아닌 월단위 등으로 임명하는 경우에는 실제임명기간을 활동기간으로 기재하면 돼요. 만약 임원이 임기도중에 그만두는 경우에는 종료일까지를 임명기간으로 기재하면 되지요.

창의적 체험활동의 특기사항에 기재할 수 있는 내용도 엄격히 규제되어 있지요?

그럼요. 창의적 체험활동의 특기사항에 적을 수 있는 내용도 엄격하게 규제되어 있어요. 정규교육과정으로 편성된 교육활동만 기재하고, 교사의 상시 관찰이 어려운, 외부기관이 주최·주관한 활동은 원칙적으로 기재가 금지되어 있지요. 이 규정을 어기게 되면 "다 된 밥에 코 빠뜨리는 격"이 될 수도 있으니, 규정을 정확하게 준수해야 해요.

자율활동의 특기사항을 기재할 때에 허용규정이 있지요?

그럼요. 앞에서 언급했는데, 다시 한번 살펴볼까요.

규정 **학교생활기록부 기재요령**

◇ 창의적 체험활동상황의 영역별 체험활동 특기사항은 다음 하나에 해당하는 경우에
한하여 입력한다(봉사활동 제외).

1) 학교교육계획(정규교육과정 포함)에 의해 학교가 주최하고 주관하여 실시한 국내
체험활동을 입력한다.

2) 학교장이 승인한 교육관련기관에서 주최하고 주관하여 실시한 국내체험활동을
입력한다.

3) 학교장이 승인하여 동일학교급 타 학교에서 주최하고 주관하여 실시한 국내체험
활동을 입력한다.

자율활동은 학교교육계획(정규교육과정 포함)에 의해 학교에서 주최하고 주관한 활동에 대해
서만 특기사항에 기재할 수 있어요. 학교교육계획에 의해 실시한 학생상담활동, 자치법정 등
은 자율활동 특기사항에 기재할 수 있지요.

한편, 학교교육계획에 의해 실시한 활동이 아니지만 '학교장이 승인하여 교육관련기관에
서 주최하고 주관하여 실시한 국내체험활동'이나 '학교장이 승인하여 동일학교급 타 학교에
서 주최하고 주관한 국내체험활동'은 예외적으로 학생부 기재가 허용되고 있어요. 교육청에
서 주최하고 주관하여 실시한 '리더십캠프'나, 다른 고등학교에서 주최하고 주관하여 실시한
'민주시민캠프' 등도 기재할 수 있지요.

자율활동의 특기사항을 기재할 때에도 금지규정이 있나요?

그럼요. '정규교육과정에 의해 해외에서 실시한 자율활동'은 활동시수만 기재하고 특기사항은 미기재하며, '정규교육과정 외 학교교육계획에 의한 해외자율활동'은 시수와 특기사항을 모두 기재할 수 없어요. 그러니까 해외에서 이루어진 자율활동은 특기사항에 한 줄도 적을 수 없다는 거지요.

동아리활동의 특기사항을 기재할 때에도 허용·금지규정이 있지요?

그럼요. 동아리활동은 '정규교육과정 내 동아리활동'(정규교육과정 내 청소년단체활동 포함, 정규교육과정 내 학교스포츠클럽활동 포함)에 대해서만 특기사항에 기재할 수 있어요. 학교마다 특정요일에 동아리시간이 배치되어 있는데, 그 수업시간에 활동한 것만을 동아리활동의 특기사항에 기재할 수 있지요.

예컨대, 정규교육과정 내 동아리활동은 "(영어회화반)(34시간) 영어에 관심이 많고~"로 기재할 수 있고, 정규교육과정 내 청소년단체활동은 "(RCY)(34시간) 사랑과 봉사의 적십자 정신을 배우고 실천하여~"로 기재할 수 있으며, 정규교육과정 내 학교스포츠클럽활동(중학교만 해당)은 "(발야구반 : 학교스포츠클럽)(34시간) 역할을 정확히 숙지하고 있으며~"로 기재할 수 있어요.

정규교육과정 외 동아리활동에 대해 설명해 주세요.

2019학년도 1학년부터 '정규교육과정 외 학교교육계획에 따른 자율동아리활동'은 가입제한은 두지 않되 기재가능 동아리 개수를 학년당 1개로 제한하고, 특기사항에도 객관적으로 확인이 가능한 사항(동아리명, 동아리소개)만 한글 30자 이내(띄어쓰기 포함)로 기재하도록 하였어요. 예컨대, "(위드유 : 자율동아리) 소외계층을 위한 봉사동아리"의 형태로 말이죠.

한편, 정규교육과정 외 학교교육계획에 의한 청소년단체활동은 "(○○단 : 청소년단체)"로 단체명만 기재하고 특기사항은 미기재하며, 정규교육과정 외 학교교육계획에 의한 학교스포츠클럽활동은 "(축구발리킥클럽 : 방과후학교스포츠클럽)(34시간)" 등으로 클럽명과 시수만 기재하고 특기사항은 미기재해요. 그런데 2021학년도 1학년부터, 청소년단체활동은 학교생활기록부에 아예 기재할 수 없도록 '미기재'라고 못을 박아 버렸어요.

당연히, '학교 밖' 청소년단체활동은 아무것도 기재할 수 없어요. 다시 말해, 학교교육계획 외 청소년단체활동은 어떠한 내용도 기재하지 않는다는 거지요.

한편, 교육청 또는 교육부에서 주최하고 주관하는 교외 학교스포츠클럽관련 대회에 한해 대회명칭과 참가내용은 입력할 수 있으나, 수상실적은 '특기사항'란에 입력할 수 없어요.

진로활동의 특기사항을 기재할 때에도 허용·금지규정이 있나요?

그럼요. 다른 창의적 체험활동과 마찬가지예요. 진로활동도 '정규교육과정 내 학교교육계획에 의해 이루어진 진로활동과 관련된 사항'을 입력하는 것이 원칙이에요. 하지만 '학교장이 승인하여 교육관련기관에서 주최하고 주관하여 실시한 국내체험활동'이나 '학교장이 승인하여 동일학교급 타 학교에서 주최하고 주관한 국내체험활동'은 학생부에 기재할 수 있어요.

그런데 진로활동은 여느 창의적 체험활동과 달리 '진로희망분야'와 '진로지도와 관련된 상담 및 권고내용'을 기재할 수 있다는 점이 특이하지요. 하지만 2019학년도 1학년부터는 '진로희망분야'는 대입에 미반영하기로 한 점, 유의하세요.

주제-독서-실천-보고의 체계화

창의적 체험활동을
이름 그대로 '창의적'으로 '체험'하는 좋은 방안이 없을까요?

있지요. 교과학습활동에서 '교육과정-수업-평가-기록의 일체화'가 필요하듯이, 창의적 체험활동도 '주제-독서-실천-보고의 체계화'를 통해 접근하면 돼요. 다음 도표를 살펴보며 논의를 이어가 보죠.

주제-독서-실천-보고의 체계화

주제설정	독서활동	실천활동	보고서 제출
창의적인 주제설정	실천을 위한 독서활동	성장을 위한 실천활동	기록을 위한 보고서 제출

'주제-독서-실천-보고의 체계화'는 현장 밀착형 '주제설정'으로 창의적인 토대를 마련한 다음, '독서활동'이 '실천활동'으로 이어지게 하여 체험활동을 더욱 의미 있게 수행하며, 학교생활기록부 기록을 위한 보고서를 제출함으로써 활동전체를 마무리하는 일련의 체계적 과정을 가리키는 말이에요.

예를 들어 주세요.

의학을 전공하고 싶은 아이들이 있었어요. 그들은 이것저것을 찾아보면서, 미래의학은 의사가 아닌 로봇이 수술하는 시대라는 사실을 알게 되었지요. 그래서 미래의 의학은 공학과 만나야 한다면서 '메디메카닉'이라는 진로탐색반을 친구들끼리 만들더라고요.

주제-독서-실천-보고의 체계화 사례

주제설정	독서활동	실천활동	보고서 제출
로봇공학의 의학적 활용 가능성을 탐구한다.	'아두이노 시작하기' (나상법)	로봇팔 제작 로봇팔의 의학적 활용 가능성 탐구	학교생활기록부 기록을 위한 영상보고서 작성

주제설정 아이들은 아두이노를 잘 아는 교사의 도움을 받아, '로봇공학의 의학적 활용 가능성'을 탐구해 보는 주제를 설정하였어요.

독서활동 그러고서 '아두이노 시작하기'(나상법)를 읽으며 피지컬컴퓨팅하드웨어를 다루기 위한 기초적인 컴퓨터언어를 공부하였지요.

실천활동 그러면서 반도체칩과 전자부품이 인체의 두뇌, 감각 및 운동기관과 어떤 공통점이 있는지를 조사하더라고요. 그리고 한발 더 나아가, 로봇팔을 제작해 보며 인체의 신호전달체계와 명령체계를 이해하고 로봇팔의 의학적 활용 가능성을 탐구하였지요.

보고서 제출 이 과정의 순간순간을 휴대전화에 동영상으로 담는 것은 말할 나위도 없고요. 학생부 기록을 위한 영상보고서는 이렇게 만들어지더라고요. 실제 사례예요.

02-1

자율활동

'자율'이란 말에는 깊은 의미가 담겨 있을 것 같은데요?

　자율自律이라는 말이 갖는 역사적 무게감은, 윤리 시간에 배웠을 거예요. 자율이라고 하면, '남의 지배나 구속을 당하지 않고 자기가 세운 원칙에 따라서 스스로 규제하는 일'이라는 사전적 의미를 넘어서서 '자신의 욕망이나 남의 명령에 의존하지 않고 실천적 이성에 의하여 스스로 세운 객관적인 도덕법칙을 따르는 일'이라는 철학적 의미를 지니고 있지요.

　… 중세 암흑시대가 끝나고 근대의 여명이 밝아 오면서 문제가 생겼어요. 중세 때야 왕이 말하면 그게 법이고 교황이 그렇다면 그게 법이었는데, 정치 권력과 종교 권력이 무너져 버린 근대에 들어서면서 '법이 사라져 버린 사회'가 혼란으로 이어진 거예요. '자유'는 인간을 인간이게 하는 유일한 근거였기에 '권력의 말'을 다시 법으로 만들어 인간을 '노예'로 만들 수도 없고, 그렇다고 사회적 혼란을 가만히 보고 있을 수만도 없고.

　그때 나타난 이가 바로 칸트 Immanuel Kant 였어요. 스스로 명령하고 스스로 복종하면 자기 행위의 주인이 된다는 점을 간파한 칸트는, 남이 시켜서가 아니라 실천적 이성에 의하여 스스로 세운 법을 스스로 따른다면, 그러한 자율성은 인간 존엄성—인간이 존엄하다는 말은 그가 신의 속성을 지니고 있다는 증거래요—의 근거라고 갈파한 거예요. 드디어 사상적으로 사람들은 길을 찾은 거지요. 와, 이게 바로 자율이에요. 그래서 칸트는 '자율적 인간'을 근대적 개인이라고 부르기도 했어요.

자율이 그렇게 멋진 말이라면, '자율활동'도 아주 멋진 활동이겠는데요?

그럼요. 자율활동은 학교공동체 구성원으로서 자치능력형성을 목표로 하는 활동으로, 교과 이외의 영역에 참여하여 벌이는 다양한 교내외활동을 가리키지요. 자율활동은 말 그대로 '학급이나 학교구성원의 자율적인 참여를 중시하는 활동'을 의미해요. 자율활동을 통해 우리는, 스스로 원칙을 세워 스스로를 지배하는 '실천하는 자유인'이 되는 거예요.

물론 학교가 학교교육계획에 자율활동을 설계해 놓기는 해요. 하지만 학생들이 학교에서 세워 놓은 교육활동을 자신들의 눈높이에 맞추어 다시 계획하고 실천하지요. 그러면서 자신감과 유대감, 그리고 창의성을 키워나갈 때, 그게 진정한 의미의 자율활동이 되는 거예요.

자율활동의 활동 구분이 달라졌다고 하던데요?

그래요. 자율활동은 '자치활동, 적응활동, 행사활동, 창의적 특색활동'으로 나누었는데, 2018학년도 1학년부터 '자치·적응활동, 창의주제활동'으로 활동 구분이 달라졌어요.

자율활동은 자치·적응활동, 창의주제활동은 따로따로 기재해야 하나요?

아니에요. 자율활동의 특기사항은 자치·적응활동, 창의주제활동으로 나누어 접근하되, 학생의 자율역량이 한눈에 들어오도록 통합적으로 기재하는 게 좋아요. 단순한 사실의 단편적 나열보다는 하나의 주제를 향해 달려가는 완결된 진술이 되도록 말이지요.

자율활동에 허용된 글자 수는 학년당 500자이니, 잘 안배해야 해요.

➊ 자율활동,
관련규정 파헤치기

'자치·적응활동'이 뭐예요?

자치·적응활동은 자치활동과 적응활동을 아우르는 말이에요.

영역	활동	활동내용
자율활동	자치·적응 활동	● 협의활동 – 학급회, 학생회, 모의의회, 자치법정, 토론회 등 ● 역할분담활동 – 1인 1역(1일담임) 등
		● 기본생활습관형성활동 – 예절(양성평등교육, 장애이해교육), 준법(학교폭력예방교육, 금연교육), 질서 등 ● 친목활동 – 교우활동(마니토활동, 멘토링), 사제동행활동 등 ● 상담활동 – 학습·건강·성격·교우관계 등의 또래상담활동 등

우선, 자치활동이란 무엇일까요? 자치自治의 법률적 의미는 '지방자치단체가 국가로부터 위임받은 행정업무를 수행하는 일'이지요. 자치활동에서 '자치'도 이와 비슷해요. 학생들이 학교장이나 담임교사로부터 위임받은 업무를 수행하기 위하여 자주적이고 집단적으로 학교생활을 조직하고 운영하는 활동이 바로 '자치활동'이거든요.

자치활동은 학급회 및 학급부서활동(1인 1역), 학생회 및 학생회부서활동 등이 중심이고, 모의의회, 자치법정, 토론회 등의 활동도 이에 속해요. 자치활동을 통해 학생들은 개인적인 삶의 문제나 공적인 관심사에 대하여 자율적으로 토론하고 합의하고 실천하면서, 인성을 계발하고 리더십을 키워나가지요.

그렇다면 적응활동이란 무엇일까요? 적응適應이란 일정한 조건이나 환경에 맞추어 잘 어울린다는 뜻으로, '적응활동'은 학생들이 학교생활에 적응하도록 돕는 학교의 모든 교육활동을 가리키지요. 적응활동에는 예절·준법·질서 등의 기본생활습관형성활동, 교우활동(마니토활동, 멘토링), 사제동행활동 등의 친목활동, 학업·건강·성격·교우관계 등의 또래상담활동 등이 있어요. 모든 학교에서 의무적으로 이루어지는 학교폭력예방교육, 양성평등교육, 장애이해교육, 금연교육 등도 적응활동의 기본생활습관형성활동에 포함되지요.

적응활동은 학생들이 학교나 학급에서 원만한 인간관계를 형성하고 여러 가지 상황에 올바르게 대처할 수 있는 능력을 기르는 데 그 목적이 있어요. 약한 친구는 배려하고 도움이 필요한 친구에게는 나눔을 실천하면서 서로 협력하는 학급공동체를 만들고, 선생님이나 선배들에게는 공손하게 대하고 후배들에게는 친절하게 대하면서 서로 화합하는 학교공동체를 만들어 나가는 활동이 적응활동이라는 말이지요. 한마디로 '남과 잘 어울리는, 사람다운 사람'으로 성장하는 과정을 보여 주는 활동이 적응활동이에요.

예전에는 '행사활동'도 자율활동에 포함되어 있었는데요?

그랬지요. 그런데 달라졌어요. 2015개정교육과정에 따르면, 학교에서 주최하고 주관하여 시행하는 '행사활동'은 특정영역이나 활동으로 국한되는 것이 아니라 영역 및 영역별 활동을 편성 운영하는 방법 중의 하나임을 감안하여, 행사의 목적과 성격을 고려해 적절한 영역이나 활동에 포함하여 실시하고 기재하도록 하고 있거든요.

그러니까 행사활동도 자치·적응활동에 포함하여 자율활동의 일환으로 기재할 수 있어요. 체육대회나 학교축제 등의 행사활동도 체육대회학생준비위원회, 학교축제학생준비위원회 등을 통해 자율활동의 한 영역으로 의미 있게 추진할 수 있으니까요.

그런데 행사활동이 뭐예요?

행사行事란 계획과 일정에 따라 많은 사람이 모이거나 참여하여 치르는 일을 가리키지요. '행사활동'은 학교에서 교과 이외에 교육목적으로 실시하는 자율활동 중에 행사를 위주로 하는 활동이에요. 학교행사는 지역이나 학교에 따라 다양하게 실시할 수 있으므로 그 종류는 곳에 따라 달라요. 하지만 다음과 같이 크게 다섯 가지로 묶을 수 있어요.

우선 '의식행사'는 입학식, 졸업식, 시업식, 종업식 등과 같이 특정한 일을 기념하는 의식을 갖는 활동이고, '학예행사'는 전시회, 발표회, 학예회, 학교축제 등 학술이나 예능의 과정이나 결과를 종합해 발표하거나 감상하는 활동이며, '보건체육행사'는 학생건강체력평가PAPS, 체육대회 등 몸과 마음을 건강하게 발달시키고 협동심과 연대의식을 높이기 위한 활동이지요. 그리고 '수련활동'은 수련회, 현장학습, 수학여행 등 몸과 마음의 조화롭고 진취적인 발달을 위한 활동이고, '교류활동'은 자매결연활동, 도시·농촌교류활동 등 지역 간의 교류를 통해 다양한 문화의 가치를 이해하고 수용할 수 있도록 하는 활동이에요.

'창의주제활동'이 뭐예요? 낯설어요.

창의주제활동은 2015개정교육과정에 따라, 2018학년도 1학년부터 창의적 체험활동의 하위영역인 자율활동의 한 영역으로 편성되었어요. 그래서인지 아직 학교현장에서 뿌리내리지는 못하고 있는 것 같아요.

창의주제활동이 체험을 바탕으로 하여 질 높은 창의력을 계발하도록 하는 활동임에도 불구하고, 음악이나 미술, 연극·영화, 체육, 놀이 등의 놀이활동을 활성화하기에 우리의 학교교육은 시간적으로나 재정적으로 여유가 부족하지 싶어요. 하지만 창의주제활동도 자신의 꿈과 끼를 계발하기 위한 노력을 구체적으로 나타낼 수 있는 영역이니 소홀히 여겨서는 안 돼요.

영역	활동	활동내용

자율활동	창의주제
	활동
		● 음악활동 – 성악, 뮤지컬, 오페라, 오케스트라, 국악,
		  사물놀이, 밴드, 난타 등
		● 미술활동 – 현대미술, 전통미술, 회화, 조각, 사진,
		  애니메이션, 공예, 만화, 벽화, 디자인, 미술관 탐방 등
		● 연극·영화활동 – 연극, 영화평론, 영화 제작, 방송 등
		● 체육활동 – 씨름, 태권도, 택견, 전통 무술, 구기운동, 수영,
		  요가, 하이킹, 등산, 자전거, 댄스 등
		● 놀이활동 – 보드게임, 공동체놀이, 마술, 민속놀이 등

창의주제활동? 노는 것 아니에요? 학생부에 왜 '노는 것'을 적어요?

그래요. 학교에서 왜 '노는 것'에 다 신경을 쓸까 궁금하기도 할 거예요.

아리스토텔레스 Aristoteles 에 따르면, 인간은 행복하기 위해 사는데, 행복하기 위해서는 잘 살아야 한다고 해요. 그런데 인간이 잘 살기 위해서는 자신의 모든 능력과 가능성을 가장 잘 발휘해야 하지요. 마치 체리나무를 보살피는 특정한 방식들이 체리나무를 체리나무로 자라게 하고, 체리꽃을 피우고, 체리열매를 맺게 하듯이, 인간의 본성이 한 떨기 꽃처럼 탐스럽게 피어나는 삶의 방식이 잘 사는 것이래요.

그렇다면 사람은 어떻게 해야 잘 산다고 할 수 있을까요? 그 비밀은 인간의 이름에 들어 있어요. 인간의 이름에는 인간의 본성이 잘 드러나 있거든요. 시대가 달라지면서 인간의 이름을 호모 사피엔스Homo sapiens, 이성적 동물라고 하기도 하고, 호모 라보란스Homo laborans, 노동하는 동물라고 하기도 하고, 호모 루덴스Homo ludens, 유희적 동물라고 하기도 했어요. 잘 생각해야 잘 살 수 있고, 잘 일해야 잘 살 수 있고, 잘 놀아야 잘 살 수 있다면서 붙인 이름이지요. 산에 오르는 길도 여러 갈래가 있듯이, 잘 사는 길도 여러 갈래가 있다는 거예요.

그런데 1938년 네덜란드의 문화사학자 호이징가 Johan Huizinga 는 놀이하는 동물Homo ludens이라는 길을 따라 행복이라는 산의 정상에 올라가려고 했어요. 이렇게 한 데에는 가슴 아픈 사연이 숨어 있어요.

호모 사피엔스Homo sapiens가 중세의 어둠을 뚫고 근대적 여명을 밝혔다면, 호모 라보란스 Homo laborans는 우리에게 풍요로운 물질문명을 누릴 수 있게 만들었어요. 하지만 1차 세계대전과 2차 세계대전을 겪으면서 사람들의 생각이 크게 달라졌어요. 호모 라보란스가 인류에게 행복을 가져다주기는커녕 오히려 인간과 세계를 무너뜨렸고, 기계와 상품은 급기야 인간을 소외시키는 부조리한 상황을 가져왔거든요. 호모 라보란스의 비극을 아프게 확인한 거예요.

그러한 까닭에 "21세기 인간상은 호모 루덴스Homo ludens여야 한다"라는 주장이 요한 호이징가에 의해 제기된 거예요. 호이징가는, 놀이가 노동을 위한 휴식이나 재충전의 보조물이 아니라 그 자체로 인간의 원초적인 속성이라고 하였어요. 놀이는 수단이 아니라 목적이라고 하면서요. 한마디로, 놀 줄 모르면 인간은 행복해질 수 없다는 거죠. 일에 치여 살던 사람들에게 그의 발언은 신선한 충격이었어요.

창의주제활동? 그 깊은 의미를 이제, 알겠어요.

그래요. 이제까지 학교에서는 '음악, 미술, 연극·영화, 체육, 놀이'는 '공부하지 않고 노는 것'이라고 규정해 왔어요. 그래서 '중심'이 아니라 '주변'으로 취급해 왔지요. 그러던 학교가 왜 공식문서인 학교생활기록부에 '놀이활동'을 기재하라고 요구하는 걸까요?

문화적 현상으로서 놀이는 인간만이 향유할 수 있는 창조적 능력이에요. 문화적 존재로서 인간은 자유로운 상태에서 더 큰 능력을 발휘하거든요. 요한 호이징가에 의하면, 인간은 정해진 일을 할 때보다 자유롭고 자발적으로 활동할 때 더 큰 영감을 얻을 수 있다고 해요. 모차르트 Wolfgang Amadeus Mozart 는 당구를 치면서 아름다운 선율을 떠올렸고, 안데르센 Hans Christian Andersen 은 어린이들과 어울려 놀며 동화의 실마리를 얻었다고 하니까요.

놀이가 비생산적이어서 현실에 영향을 주지 못하므로 쓸모없다고 주장하는 이들은 이 점을 놓치고 있어요. 의식주가 우리의 몸을 유지해 주듯이, 놀이는 또 다른 차원에서 우리의 정신을 만족시켜 삶을 행복으로 이끌어 주지요. 바로 이 점이 창의주제활동이 추구하는 교육적 목표예요.

흔히 개인의 건강과 예술적 향유능력은 청소년기의 학교교육을 통하여 다져진다고 하지요. 학창시절, 한창 감수성이 커가는 시기에 예술적 체험은 평생을 두고 지속하는 자산이에요. 공부는 못해도 행복하게 사는 사람이 많은데, 놀지 모르면서 행복하게 사는 사람은 드물잖아요.

누가 묻더라고요? 인간답게 사는 게 뭐냐고요. 그럴 때마다 저는 이렇게 대답해요. '쓸모없음의 쓸모 있음'에 대해 생각하며 사는 인간답게 사는 것이라고요. 세상은 온통 '쓸모 있는 것'을 추구하느라 정신이 없지요. 그러면서 '쓸모없는 것' 다시 말해 '돈이 안 되는 것'은 과감히 버리라고 이야기하죠. 그런데 그게 인간다운 삶일까요? 그래서 행복해지던가요? 이런 질문을 던지며 노는 것이 바로 '창의주제활동'이에요.

자율활동,
학교생활 디자인하기

자율활동을 활성화하기 위해서 학교는 어떻게 달라져야 할까요?

자율활동을 활성화하기 위해서는 무엇보다도, 학교가 학생들을 '교복 입은 시민'으로 대하는 발상의 전환부터 이루어야 해요. 시민이 뭐예요? 더 이상 신민臣民으로 살지 않겠다며, 중세의 어둠을 뚫고 나타난 이들이 스스로를 규정한 말이잖아요. 그들은 스스로 만든 '도시'에서 자유롭게 살아가면서 "도시의 공기는 자유를 준다."라고 자신들의 삶을 규정하였잖아요. 그러면서 그들은 스스로 시민市民이 되었잖아요.

요즘 학교상황이 꼭 중세 말기인 것 같아요. 학교생활을 살펴보면 마치 중세에서 근대로 넘어가는 것 같거든요. 시키면 시키는 대로 하고, 주면 주는 대로 받고, 그렇다면 그런 줄로 알고 사는 삶을, 더 이상 받아들일 수 없다는 몸부림이 학교의 도처에서 목격되고 있잖아요. 그러다 보니 많은 불협화음들이 들리기도 하고요. 정말이지 학생들이 입을 열고 움직이기 시작하면 학교입장에서 보면 성가신 일들이 많아져요. 하지만 그것은 공교육에 대한 시대의 요청이기 때문에, 모든 학교구성원들이 기꺼이 받아들여야 하지 않을까 싶어요.

나아가, 학생들이 자기들을 대하는 교사의 태도에서 진심을 느낄 수 있도록, 학교는 세심하게 배려하고 섬세하게 노력해야 해요. 인간은 영혼을 지닌 존재이기 때문에, 마음에서 마음으로 이어지는 깊은 울림이 없으면 참다운 소통이 결코 이루어지지 않아요. '학교가 정말로 달라졌구나', '학생을 대하는 교사의 태도가 정말로 달라졌구나' 하는 생각을 할 때, 학생들은 비로소 '경계하는 눈빛'을 거두고 천천히 움직이기 시작할 거예요.

'성숙한 사랑을 꿈꾸는 인류를 위한 현대의 고전'이라고 일컬어지는 에리히 프롬 Erich Fromm 의 『사랑의 기술 The Art of Loving』이라는 책, 아시죠? 사랑에도 기술이 필요하다는 내용이에요. 그런데 이 책에서 '기술'을 테크닉Technique이 아니라 아트Art로 이름 붙인 게 의미심

장해요. 사랑이 단순한 기술을 뛰어넘어 영혼을 움직이는 예술이듯, 학생들을 대하는 교사의 사랑 또한 단순한 기술에서 마음을 움직이는 예술로 승화되어야 하지 않을까요?

자율활동, 무엇부터 시작해야 하나요?

　학교를 학생자율의 공동체로 만들기 위해서는, 우선, 학생회장을 중심으로 '학생회'부터 활성화해야 해요. 학생회의 부서를 실질적인 활동중심으로 정비하고, 각부 부장은 학급회의 각부 부장과 협력적 관계를 유지할 수 있도록 계열화하면서, 임무 또한 매우 구체적이고 실천적인 것으로 부여하는 작업부터 하는 거예요.

　이렇게 기본이 다져진 학생회를 더욱 활성화하기 위해서는, 학생회의 집행력을 뒷받침해 주는 '학급반장으로 구성된 학년회'가 필수적이에요. 학생회가 아무리 활발히 움직여도 학급반장들이 움직여 주지 않으면 학생자치활동은 헛돌기 십상이거든요. 따라서 학년마다 '학년장'이 선출되어 학생회의 근간이 될 수 있도록 학교규정을 시급히 손볼 필요가 있어요.

　아울러 학교생활의 입법과 사법의 축으로 모의의회와 자치법정을 활성화할 필요가 있어요. 학생회라는 행정기관이 모의의회라는 입법기관의 견제를 받고, 문제가 생겼을 경우에는 자치법정이라는 사법기관의 판단에 따르는 '삼권분립의 민주사회'를 학교에서 경험하게 하자는 거지요. 그럴 때, 중세의 부르주아들이 "도시의 공기는 자유를 준다."라고 말한 것처럼, 학생들도 비로소 "학교의 공기는 자유를 준다."라고 말할 수 있을 거예요.

… 학생회의 부서를 실질적인 활동중심으로 정비하자고 하셨는데요?

　그래요. 학생회 부서를 학생부종합전형 지원체계로 강화했으면 해요. 학교수업을 포함하여 학교의 모든 교육활동이 새로운 입시에 따라 바뀌고 있으므로, 이에 맞추어 학생회도 당연히 바뀌어야 하지 않겠어요? 학생부종합전형에서 요구하는 교과·비교과활동을 구체적이고 체계적으로 수행하고 보조하는 부서로 말이에요. 실용과 결합하지 않은 진보는, 정말이지 허상이거든요.

먼저 '수업혁신부'는 교과별 세부능력 및 특기사항에 도움을 주는 부서로, 학생중심수업 중 뛰어난 것은 학교홈페이지에 탑재하기도 하고, 과중한 수행평가에 대한 학생들의 의견을 수렴하여 건의하기도 하면서 활동영역을 넓혀 나가는 거예요. 그리고 학생자치활동을 주관하는 '자치생활부', 학교의 각종행사를 주관하는 '행사기획부', 동아리활동, 봉사활동, 진로활동 등을 지원하는 '체험활동부' 등을 새로 정비하면서 학교를 근본적으로 혁신하는 거지요.

그러려면 학생회장부터 제대로 뽑아야 할 것 같은데요?

그래요. 이를 위해서 우선 선거규정이 새롭게 정비되어야 해요. '선거공영제'를 통해 모든 선거비용을 학교에서 공식적으로 지원하는 것도 검토해 보고요. 최근 정부의 선거관리가 '돈은 묶고 말은 푸는 방향으로' 달라지는 것처럼, 학교 안에서도 '풍성한 말의 잔치'가 벌어질 수 있도록 민주적 질서의 토대를 구축하는 거지요. 한편, 학생회의 책임 있는 활동을 위해 '학생회 정부회장 러닝메이트 제도'도 긍정적으로 검토하는 것이 좋겠어요.

나아가, 학생회장의 선거운동을 확 바꾸어야 해요. 허술한 공약과 인기위주의 선심성 발언, 그리고 이상한 춤 등으로 친구들의 눈을 홀려 당선된 뒤, '내가 언제 그랬느냐'는 듯이 모든 것을 흐지부지해 버리는 모습이 더 이상 반복되어서는 안 되니까요. 그래서인데 학생회장 선거에 앞서 매니페스토Manifesto, 정당이나 후보자가 선거공약의 구체적인 로드맵을 문서화하여 공표하는 정책서약서 도입을 했으면 해요. 그러면서 정책토론회를 통해 각각의 공약이, '얼마나 구체적인가?', '과연 실현될 수 있는가?', '우리 학교현실과 맞는가?' 등의 기준에 의해 평가하면서 학생대표를 선출한다면, 학생회는 크게 달라질 거예요.

학급자치활동도 달라져야 하지요?

그럼요. 학급이야말로 학생들의 자율적 참여를 기반으로 민주적으로 합의하고 실천할 수 있는 '풀뿌리 민주주의의 학습장'이에요. 그런데도 많은 학교에서는 반장, 부반장을 별생각 없이 선출한 뒤 이름도 낯선 부서에 책임자 한 명씩을 지명한 뒤 끝내고 말지요. '학급회 조직 표'를 학교에 제출하기 위한 요식행위인 경우가 많았지요. 학종으로 대학을 가기 위해서라도, 이제 이런 타성, 이런 문화는 접을 때가 되었어요.

그러기 위해서는 무엇보다 먼저 담임교사의 교육철학이 반영되고 학생들의 의사가 존중되는 학급헌법이 만들어져야 해요. (하지만 여기에서 꼭 기억해야 할 점이 있어요. 학생들이 '우리 학급, 우리 헌법'으로 받아들이는 과정을 생략하고 뚝딱 만든 학급헌법은 그냥 사문화된 종이쪽지에 지나지 않는다는 사실! 천천히 정말 천천히 학생들의 목소리를 담아내려는 노력을 아끼지 마세요.) … 그러면서 학급 내 역할과 활동이 모든 구성원들에게 주어져서, 그 학급만의 독특한 개성이 드러날 수 있도록 변화를 주는 거예요. 학급회 자치활동 부서가 학생회 부서와 연계되어 움직인다는 전제 아래, 학급마다 독특한 색깔을 드러내는 자치활동 부서가 추가되었으면 더욱 좋겠지요. 물론, 학급 반장선거도 선거답게 치러야 한다는 점은 두말할 나위도 없지만요.

월요일 1교시에 하는 학급회의도 달라져야 하겠네요?

그래요. 학급회의부터 확 바꾸어야 해요. 학급운영과 연관된 주제를 학교에서 일괄 선정해주면, 이에 따라 학급에서 자치회의가 이루어지는데, 그마저도 유야무야되는 경우가 많지요.

그래서 하는 말이데 '학교'가 아닌 '학생회 차원'에서 제시한 안건을 중심으로 학급단위로 토론하고 토의하며 실천할 수 있도록 하는 학급회의를 한 달에 두 번 정도 배치(자치활동)하고, 나머지 두 번은 학급단위의 진로발표대회로 배치(진로활동)하며, 다시 나머지 한 번은 그달에 태어난 친구들의 생일잔치를 축하하는 장기자랑대회 등을 배치(친목활동)하는 거예요. 바꾸어 보면 재미있어요.

특히 한 달에 두 번 배치되는 '진로발표대회'는 진로활동을 학급단위에서 추진하는 매우 의미 있는 시간이 될 수 있어요. "내가 나를 말한다"라는 제목으로 이루어지는 자기이해활동,

"내가 나를 뽑는다"라는 제목으로 이루어지는 진로탐색활동, "나는 나를 산다"라는 제목으로 이루어지는 진로설계활동 등은, '꿈이 없는 아이들'에게 스스로 '꿈'을 찾게 하는 '진로교육의 보금자리'로 기능할 수 있거든요.

학급을 학생자치정부로 만드는, 보다 획기적인 방법은 없을까요?

학급의 근본적 변화를 원한다면, '1일 담임제'를 실천해 볼 것을 권하고 싶네요. 1주일에 이틀이나 사흘쯤 학생들이 돌아가면서 담임역할을 하게 하는 거예요. 조례와 종례뿐만 아니라, 청소지도, 근태상황파악 등 담임이 하는 일을 학생들로 하여금 하게 하는 거지요. 학급담임의 고유권한인 선행상 수상자 선정도 1일 담임들이 쌓는 '선행탑'에 의해 결정하게 하면 의미 있는 변화가 많이 나타나요. 물론, 담임교사의 업무 중에 어떤 것을 위임할 것인가에 대한 토론이 먼저 진지하게 이루어져야 하겠지만요.

그러면서 훈화도 맡기는 거예요. 그러면 '학생들이 그렇게 지겨워하던 담임훈화'가 '기다려지는 친구들의 1분 훈화'로 달라지거든요. 고정관념에서 벗어나는 것이 디자인이라면, 학교생활 디자인 또한 낡은 생각에서 벗어나는 것에서 출발해야 하지 않을까 싶어요.

물론, '1일 담임제'는 래포Rapport, 교사와 학생 사이의 신뢰감가 형성되어야 성공할 수 있어요. 그러기 위해서 교사는 학생이 마음문을 열 수 있도록 먼저 마음문을 열어야 하고, 친밀한 관계 형성을 위해 먼저 노력해야 해요. 사랑의 눈으로 어떤 사람을 바라보면 눈빛만으로도 그 마음이 전달된다잖아요. 이런 과정을 거치지 않고 바로 하게 되면 '1일 담임제'가 우습게 되기도 해요.

여기서 잠깐! '1일 담임의 역할'은 '다스림'에 있지 않고 '섬김'에 있다는 사실을 늘 환기해 주세요. '우리들의 일그러진 영웅'이 되어서는 안 된다는 말이지요. 요즘에는 리더십Leadership과 함께 팔로워십Followership도 매우 중요하게 여기는 추세라고 말하면서요.

리더십은 학생회나 학년회, 학급회에서만 보여 줄 수 있는 건, 아니죠?

그럼요. 학생회나 학년회, 학급회의 임원으로 활동하는 과정에서 자기에게 주어진 역할을 주도적이고 책임 있게 수행해 나가는 모습이야말로 리더십의 전형이지요. 자치활동에는 리더십을 보여 주기에 좋게 각종 활동이 배치되어 있으니까요. 하지만!

'나만의 리더십'은 학교생활전반에서 보여 줄 수 있어요. 수업 중 모둠활동을 통해서도 보여 줄 수 있고, 동아리활동을 통해서도 보여 줄 수 있으며, 봉사활동을 통해서도 보여 줄 수 있지요.

심지어는 기숙사 사생활동을 통해서도 '나만의 리더십'을 보여 줄 수 있어요. 기숙사생활을 하면서 불편한 문제가 생기면, 기숙사생들의 의견을 두루 모아서 학교당국에 건의하면서 하나씩 개선해 가잖아요. 이 과정에서도 리더십은 얼마든지 발휘될 수 있는 거예요.

소풍 등의 행사활동도 자율활동, 맞죠?

그럼요. 행사활동은 민주시민의 자질과 전인적인 인간을 육성하기 위한 교육활동이에요. 행사활동은 이러한 교육목표를 달성하기 위해서, 활동계획수립, 준비, 시행, 반성 등에 학생들이 자발적으로 참여하도록 하지요. 테마학습이라고 부르는 소풍만 해도, 장소를 정하는 일부터 일정을 계획하는 일을 학생들이 직접 하도록 하면 의미 있는 자율활동이 될 거예요.

어느 학교에서는 "전문가와 함께 지역공동체에 눈뜨다: 우리 지역의 어제와 오늘"이라는 주제로 테마학습을 다녀오더라고요. 오전에는 사전에 준비한 친구의 문화해설을 들으며 유적지를 답사하고, 오후에는 전통시장에서 경제체험활동을 하던데, 얼마나 신선해요? 학교에서 움직이지 않으면 학생들이 먼저 기획팀을 꾸려 건의하기도 하면서 주체적으로 만들어 가는 것, 이게 행사활동을 멋지게 디자인하는 올바른 자세예요.

체육대회만 해도 그래요. 종목결정에서 경기운영까지 체육대회의 모든 과정을 학생들이 스스로 알아서 하게 하면, 학생들은 체육활동 그 너머를 경험하게 돼요. 심판도 학생들에게 맡기면 교사가 직접 할 때보다 더 깔끔하게 운영하니까요. 그러면 교사들은 무엇을 하느냐고 요? 그럴 일은 거의 없지만, 경기 중에 학생들 차원에서 해결되지 않은 분쟁이 생겼을 때 교 사는 분쟁조정위원으로 나서기만 하면 돼요.

창의주제활동이 '노는 것'이라고 했는데, 어떻게 하면 학생들이 잘 놀 수 있을까요?

문화정책의 근본이 뭔지 아세요? 지원은 하되 간섭은 하지 않는다는 거예요. 정부가 예술을 지원하는 목적은 예술 자체를 위한 것이어야지 다른 것을 해결하기 위한 수단으로 여겨서는 안 된다는 거지요. '예술은 삶을 예술보다 더 흥미롭게 만드는 존재'라고 여기면서, 그러한 '삶의 중심'에 우리가 서 있을 때 우리 모두는 행복해질 수 있으니까요. 학교도 꼭 이렇게 창의주제활동을 바라보아야 해요.

학생들은 자기들끼리 미술실을 미술놀이공간으로 개조하고, 음악실을 음악놀이공간으로 개조하고, 시청각실을 영화놀이공간으로 개조하고, 체육관을 체육놀이공간으로 개조하는 거예요. 학생들의 합의만 전제된다면 무엇을 하며 놀아도 괜찮다고, 학교는 과감히 문을 열어 주는 거지요. 그렇게 하면서 학생들은 스스로 '노는 아이', '놀 줄 아는 사람'이 되어 가는 거예요.

그리하여 삭막한 학교가 아름다운 벽화로 하나씩 채워지고, 정적만이 흐르는 교정에서 작은 음악회가 열리며, 행사용 시설로 용도 변경된 시청각실에서 찰리 채플린 Charlie Chaplin 회고전이 열리게 하는 거예요. 지원은 하되 간섭은 하지 않으면, 학생들은 '빛나는 아지트'를 구축하여 어느 날 교사들을 멋진 자리에 초청할지도 모르니까요.

… 학교에서 이런저런 지원을 해 주면 고맙지만, 안 되면 학생들끼리 해 나가야 해요. 점심시간이면 선정적인 아이돌을 틀어놓고 멍하게 보는 교실풍경을 스스로 바꾸는 거예요. 1반은 '영화감상실'로 만들고, 2반은 '고전음악실'로 만들고, 3반은 '미술감상실'로 만들고, 4반은 '마술연습실'로 만들고, 또 5반은 '댄스연습실'로 만드는 등 공간부터 확보하고 친구들을 불러 모으는 거지요. 이렇게 학교를 놀이터로 만들며 같이 노는 거예요.

혹시 '놀이동아리' 만들자는 거예요?

아니에요. 창의주제활동은 동아리처럼 결속이나 연대를 꾀하지도 말고, 번개처럼 만났다 바람처럼 사라지는 자유로운 공간을 꾸려 가는 거예요. 물론 이러한 공간을 마련하기 위해서는 '영화지기', '음악지기', '미술지기' 등의 일꾼은 있어야 하겠지요. 하지만 딱 거기에서 멈추고, 더 이상 사람들을 옥죄는 틀은 만들지 않는 게 좋아요.

그러면서 친구 몇몇은 그룹사운드를 결성하여 연주도 하고, 피카소 흉내 내며 그림도 실컷 그려 보고, 소품영화도 만들어 보는 거예요. 예술적 체험과 미적 체험, 건강한 신체의 성숙을 가져올 수 있는 자발적 동기에 의한 놀이학습은 이렇게 이루어지는 법이거든요.

창의주제활동은 자유예요. '자유 그 자체'라는 말이지요. 정말이지, 창의주제활동은 아름다움에 관한 문제이고 삶의 품격에 관한 문제예요. 고등학교를 졸업하면서 악기 하나는 다룰 줄 알고, 운동 하나는 능숙하게 즐길 줄 알고, 남들 앞에 나서서 개인기 하나는 뽐낼 수 있게 그렇게 멋지게 성장하도록, 우리 스스로 판을 새로이 짜는 거예요. 그리고서 그 결과를 학생부에 기록만 하면 돼요. 창의주제활동에서는 그런 것조차 신경 쓰지 않으면 좋겠지만요.

❸ 자율활동,
학교생활기록부 디자인하기

자율활동의 특기사항에는 무엇을 기재하는가요?

　자율활동의 특기사항은 '활동결과'를 단순하게 평가하여 기록하는 게 아니에요. 자율활동의 특기사항에는 '활동과정에서 드러나는 개별적인 행동특성', '참여도', '협력도', '활동실적' 등을 평가하고 나서, 상담기록 등의 관련자료를 참고하여 실제적인 역할과 활동위주로 입력하는 거지요.

> **규정** 학교생활기록부 기재요령
>
> ◇ 자율활동의 특기사항은 활동결과에 대한 평가보다는 활동과정에서 드러나는 개별적인 행동특성, 참여도, 협력도, 활동실적 등을 평가하고 상담기록 등의 관련자료를 참고하여 실제적인 역할과 활동위주로 입력한다.

자율활동의 특기사항, 어떻게 디자인해야 하나요?

　교과학습활동도 그렇지만, 창의적 체험활동도 독서활동에 기반을 둔 프로젝트학습처럼 운영하는 것이 좋아요. 이 프로젝트학습은 자기주도적 학습과 협동학습을 두 축으로 하고 있는데, 창의적 체험활동도 바로 '자기주도적'이며 '협력적'인 행동지표를 통해 '개별적인 행동특성'을 보여 주면 되죠.

　자율활동은 여기에다 '자율활동이 추구하는 바'를 한 가지만 더하면 돼요. 그랬잖아요? 자율활동은 학교공동체 구성원으로서 자치능력형성을 목표로 하는 활동이라고. 그래요. '자율활동의 특기사항'을 디자인할 때, 바로 이 점을 더해 주면 돼요. 자기주도적이고 협력적인 태도로 창의적인 체험을 하면서 '자치능력'을 보여 주면, 그게 바로 '개별적 행동특성'이 되는 거예요. 이런 생각을 안고 자율활동을 디자인하며, 점검하세요!

개별적 행동특성이 드러났는가?

자율활동의 요구   자치역량을 보여 주었는가?

창체의 요구   창의적인가? 의미 있는 체험이 있는가?

학종의 요구   자기주도적인가? 협력적인 태도를 보이는가?

자율활동의 특기사항, 어떤 틀을 잡아 쓰면 좋은지를 알기 쉽게 설명해 주세요.

학교생활기록부의 서술형 기재내용은 '일반적인 내용'을 먼저 진술한 다음, 그것을 '구체화하는 사례'로 써야 설득력 있다고 그랬지요? 『학교생활기록부기재요령』교육부 에서는 그 방법으로 '누가(어떤 역할로), 언제(언제), 어디서, 무엇을(어떤 활동을), 어떻게(어떻게 수행해서) 하였는지'에서 '무엇을'과 '어떻게'에 초점을 맞추어 기록하면서, 그 결과(평가)가 어떠했는가 ― 이것이 '왜'와 상통함 ― 를 병기해 주면 돼요.

이를 간단하게 도식화하면 다음과 같아요.

자율 활동		
일반	어떤 역할로 어떤 평가를 받았는가?	
구체	어떤 활동을 어떻게 수행했는가?	

자율활동 전체가 500자이니, 자치·적응활동과 창의주제활동을 적절히 안배하면 되지요.

자율활동 특기사항

기재 예시문

자치·적응활동 학생회에서 직책을 맡았을 경우

자율활동	
어떤 역할로 어떤 평가를 받았는가?	전교학생회회장(2019.03.01.-2020.02.29.)으로, 각종 학교행사를 기획하고 진행하면서 민주적이고 창의적인 지도력을 보여 줌.
어떤 활동을 어떻게 수행했는가?	선거공약대로 모의의회와 자치법정을 도입하여 삼권분립의 가치를 구현하는 데 애를 쓰고, 교칙개정공청회를 개최하여 학생의견을 수렴하는 데 앞장서는 등 소통하는 지도력을 보여 줌. '축제준비위원회'를 구성하여 '텔레비전에서 벗어난 우리 축제'라는 구호를 내걸고 학교축제를 창의적으로 바꿈. 한편, 자신과 경선했던 친구를 학생회행사부장에 발탁하여 같이 일하는 모습을 보여 주어 학우들로부터 호평을 받음.

ⓐ 전교학생회회장 후보로 출마하여 낙선하였으나 당선자의 제안을 받고 학생회행사부장(2019.03.01.-2020.02.29.)으로 참여하여 '패배도 아름다울 수 있다'는 점을 보여 줌. ⓑ 출마 당시 공약으로 내세웠던 '등교시간 늦추기, 매점가격 낮추기' 등 학생들의 지지를 받은 내용을 학생회를 통해 꾸준히 제기한 결과, 학교전체의 등교시간을 30분 늦추는 데 기여함.

ⓐ 전교학생회총무부장(2019.03.01.-2020.02.29.)로 학교폭력예방을 위한 캠페인과 친구사랑캠페인, 흡연예방캠페인에 주도적으로 참여함. ⓑ 단순한 구호를 외치는 기존의 캠페인 문화에 문제를 제기하면서, 좀 더 시야를 넓혀야 함을 역설함. 사단법인 ○○기구와 연대하여 '아프리카 어린이를 위한 영어도서 모으기 캠페인'을 전개하기도 함.

ⓐ 전교학생회행사기획부장(2019.03.01.-2020.02.29.)로 교내축제를 기획하고 추진하는 능력을 보여 줌. ⓑ 동아리부와 연계하여 동아리활동발표대회의 성격을 가미한 축제를 선보여 호평을 받음. 자존심이 강하여 가끔 학생회장과 부딪히는 경우도 있었으나, 주장할 것은 주장하고 양보할 것은 양보하면서 '일하는 학생회'를 만드는 데 기여함.

자치·적응활동 학급회에서 직책을 맡았을 경우

자율활동	
어떤 역할로 어떤 평가를 받았는가?	학급반장(2019.03.01.-2020.02.29.)으로, '학급헌법 만들기'와 '공약실천을 위한 부서조직 정비'를 통해 자치학급 건설에 앞장섬.
어떤 활동을 어떻게 수행했는가?	학급에서 벌어지는 사소한 일들에 대한 '상벌규정'을 헌법에 담음. '벌'보다는 '상'에 초점을 맞추어 따뜻한 학급분위기를 조성함. '선행탑쌓기'를 통해 서로 돕고 배려하는 학급을 만들어 가는 모습이 인상적임. 학급부서를 공약실천을 위한 집행기구로서 '인권생활부, 교실혁신부, 비교과활동부' 등을 추가하여 재편하고, 경선자의 공약까지 포함하여 실천하는 역량을 보여 줌. 특히, '미니정원 가꾸기', '여성용품 대여제' 등의 공약은 급우들의 호응이 높았음.

ⓐ 학급부반장(2019. 03. 01. -2020. 02. 29.)으로 성실하고 책임감 있는 자세를 보여 줌. ⓑ 선거공약인 '공부하는 학급 만들기, 소통하는 학급 만들기'를 지키기 위해 '자율학습도우미제'를 만들어 정착시켰고, '도움반 친구와 친해지기 프로젝트'를 기획하여 장애인과 비장애인이 어울리는 학급공동체형성을 위하여 노력함. 실장의 빈자리를 아무 불평도 없이 채워 나가면서도 한 번도 생색을 내지 않아, "30년 동안 내가 만난 부반장 중에 으뜸"이라는 담임교사의 칭찬을 받음.

ⓐ 학급학습부장(2019. 03. 01. -2020. 02. 29.)이자 공부일촌 '수학시그마'의 촌장을 맡아 진정성 있는 모습을 보여 줌. ⓑ 수학시간에 학습한 핵심내용을 추출하여 학습게시판에 올리면서, 눈높이를 친구들에게 맞추어 급우들의 호평을 받음. 2학기에 들어서 '확률과 통계'를 가르치는 교사로부터 "덕분에 수업분위기가 몰라보게 좋아졌다."라는 칭찬을 공개적으로 듣기도 함.

ⓐ 학급급식부장(2019. 03. 01. -2020. 02. 29.)을 스스로 선택하여 우유배식도우미로 성실한 자세를 보여 줌. ⓑ 매일 1교시 시작 전에 우유를 나누어 주고, 결석 등으로 남은 우유는 교무실 냉장고에 보관하여 다음날 챙겨 주는 등 따뜻한 마음씨를 보임. 친구들로부터 '학급에서 없어서는 안 될 다섯 사람' 중의 한 사람으로 선정됨.

자치·적응활동 학급회활동에 적극적으로 참여한 경우

자율활동	
어떤 역할로 어떤 평가를 받았는가?	학급회의(2019.03.18.)에서 충무공 정신을 본받자며 학교 층별 이름을 새로 붙이자고 제안함. 이후 학생회의 논의를 거쳐 건의사항을 학교에서 채택하게 되는 등, 이순신의 삶을 현재화하는 데 앞장섬.
어떤 활동을 어떻게 수행했는가?	이순신 장군의 성장과정을 알려 주는 호칭에 맞추어, 자(字)는 1학년에, 호(號)는 2학년에, 시호(諡號)는 3학년에 붙이자는 의견을 제안함. 학생회(2019.04.10.)와 공청회(2019.04.24.)를 거치면서 1학년 층은 '여해마당', 2학년 층은 '덕암마을', 3학년 층은 '충무공누리'로 명명함. 이후, '시청각실'은 '여해시청각실', '컨벤션홀'은 '덕암홀', '정독실'은 '충무공부방'으로 바꾸어지는 등 학교변화에 기여함.

ⓐ 전체학생회의(2019. 11. 04.)의 결정에 따라, 대학수학능력시험일에 학교전통으로 이어지고 있는 '3학년 선배 응원의 새벽'에 자발적으로 참여함. ⓑ 좋은 응원자리를 차지하기 위하여 밤을 새어 다른 학교 앞에 가서 노숙하며 교문을 지키고, 추운 새벽부터 시험장에 들어가는 3학년 선배들을 위해 힘찬 응원을 하는 모습이 인상적이었음.

ⓐ 모의의회(2019. 05. 07.)에 참여하여 18세 선거권을 설득력 있게 제시하는 의정연설이 큰 호응을 얻음. ⓑ 선거권을 찬성하는 이유로, OECD 국가 중 선거권이 만 19세인 곳은 우리나라밖에 없다면서, 18세는 병역, 납세, 운전면허, 혼인, 공무원시험 등 많은 것을 할 수 있다는 근거를 구체적으로 들면서 박수를 유도하는 모습이 인상적이었음.

ⓐ 자치법정(2019. 09. 09.)에 변호인으로 참여하여 회복적 정의를 통해 학교폭력을 해결해야 한다는 자세를 견지함. ⓑ "나도 한 대 맞았으니까 너도 한 대 맞아."라는 응보적 정의보다 "내가 한 대 맞았지만, 네가 왜 이런 짓을 저지르게 됐을까? 이런 일이 일어나지 않게 할 수는 없을까?"라는 회복적 정의를 자신의 과거 사례를 들어가며 실감 나게 주장함.

자치·적응활동 기본생활습관형성활동 - 예절, 준법, 질서 등

자율활동	
어떤 역할로 어떤 평가를 받았는가?	학교폭력예방교육(2019.04.15., ○○경찰서)의 행사도우미로 참가하여, 사이버폭력에 대한 인식과 태도가 달라져야 함을 알리는 홍보활동을 꾸준히 함.
어떤 활동을 어떻게 수행했는가?	학급 단톡방에서 주고받은 내용 때문에 급우간의 갈등이 심각해진 지난해 상황을 예로 들면서, 사이버 언어폭력에 대한 문제를 제기하는 "언어폭력이 학교폭력의 시작이다"는 글을 학교신문에 기고함 (2019.09.09.). 학급게시판에 "말 한마디로 사람 살리기" 코너를 만들어 '사람 살리는 말', '사람 죽이는 말'의 사례를 구체적으로 제시하고 스스로 '예쁜 말 전도사'로 활동하는 모습이 인상적임.

ⓐ 흡연예방교육(2019.05.07., 보건실)을 통해 청소년흡연의 폐해가 매우 크다는 점을 알게됨. ⓑ 금연실천을 위한 '행동전략 4D' 곧 'Delay(흡연충동 늦추기), Deep Breathe(심호흡하기), Drink(물을 천천히 마시기), Do something else(흡연으로부터 마음이 떠나도록 무언가하기)'에 깊이 공감하고 흡연 중이던 친구를 설득하여 잠시나마 금연하게 만듦.

ⓐ 성폭력예방교육(2019.06.07., 보건실)을 받고 성적모욕의 본질이 무엇인지를 알게 됨. ⓑ 가벼운 농담이라도 상대방의 동의가 없고 당하는 사람의 심정이 용서할 수 없을 정도로 모욕감을 느끼면 성희롱으로 본다는 점을 알게 되었다고 발표함. '김치녀, 된장녀 등 여성에게 모욕적이고 폭력적인 언어 사용하기 않기' 등을 다짐하고 스스로 실천함.

ⓐ 가정폭력예방교육(2019.12.07.)을 들으며 "폭력은 전염병과 같이 전염된다"는 말에 충격을 받음. ⓑ 가정폭력은 감기와 달리 참고 견디면 낫는 질병이 아니라 초기부터 적극적으로 개입해야 확산을 막을 수 있다는 내용의 활동보고서를 작성하여 학교홈페이지에 탑재함. '가정폭력에 대한 대처방법'에 대해 다양한 사례를 실어 많은 조회 수를 기록함.

자치·적응활동 친목활동- 교우활동, 사제동행활동 등

자율활동	
어떤 역할로 어떤 평가를 받았는가?	장애이해교육(2016.04.08., 특수교육실)을 받고 나서, 일일담임으로 활동하며 '3분훈화'를 통해 도움반 친구가 학급에서 잘 적응하도록 하는 방안을 제시하고 실천함.
어떤 활동을 어떻게 수행했는가?	"도움반 친구들이 이해되지 않은 행동을 할지라도, 그것은 우리가 화장실을 가는 행위처럼 그들이 살아가는 데 꼭 필요한 것"이라는 특수교사의 말을 친구들에게 다시 들려줌. '00와 친구 되기 프로젝트'를 제안하여 도움반 친구의 이름을 먼저 불러 주고 항상 다정하게 인사하는 등의 노력을 기울이는 모습이 참으로 대견해 보임.

ⓐ 스승의 날을 맞이하여 사제동행봉화산등반(2019. 05. 15.)을 통해 서먹했던 교사와 소통하는 계기가 됨. ⓑ 등반을 통해 자연공간에서 땀 흘리며 사제 간에 하나 되는 의미 있는 시간을 가졌다며 뿌듯해함. 이후, 교사와 학생이 함께하는 '사제동행 난타교실'과 '사제동행 작은 음악회'에도 적극적인 관심을 보임.

ⓐ 테마학습(2019. 05. 07.)을 통해 좋은 친구를 만났다고 뿌듯해함. ⓑ 이충무공 자당 기거지를 친구와 사전답사하고, 관련문헌을 찾아가며 철저하게 준비하여 재미있게 설명함. 부모의 상을 당하면 나랏일을 그만두고 낙향했던 당시의 사대부들과 달리, 어머니의 상을 당하고서도 눈물을 흘리면 전장에 나선 인간 이순신의 면모를 감동적으로 설명함. 이후 친구와 함께 이순신 유적지를 주말마다 답사하는 등, 의미 있는 교우관계로 발전시킴.

자치·적응활동 상담활동- 학습·건강·성격·교우관계 등의 또래상담활동

자율활동	
어떤 역할로 어떤 평가를 받았는가?	함께하면 완전 득이 된다는 학급의 또래상담반 '완득이'의 리더로 활동하며 급우들에게 큰 신망을 받아 '학급을 이끄는 독수리 5인방'에 선정됨.
어떤 활동을 어떻게 수행했는가?	세계자살예방의 날(2019.09.10.)을 맞이하여 '우울할 때에 힘을 줄 수 있는 긍정적인 문구 20개'를 만들어 학급게시판에 붙여 놓음. 마음이 우울해지면 규칙적인 운동과 일광욕을 하고, 친구들과 수다를 떠는 것이 정신건강에 도움이 된다고 게시함. 중학교 때 자신이 우울증에서 벗어난 사례를 말하며, "청소년 고민상담 1순위가 친구"라면서 "언제든지 자기를 불러 달라"고 말하는 모습에서 진정성이 느껴짐.

자치·적응활동 행사활동

자율활동	
어떤 역할로 어떤 평가를 받았는가?	테마학습(2018.05.04.)에서 문화해설사를 맡아, 지역의 문화유적에 대한 자긍심을 갖고 지속적인 활동을 펼침.
어떤 활동을 어떻게 수행했는가?	거북선 제작과 관련 있는 선소에 대하여 설명한 뒤, 굴강을 비롯하여 대장간, 세검정, 군기창고 등도 알기 쉽게 설명함. 문화유적해설을 계기로 지역에 있는 이순신 관련 유적지를 주말마다 찾아 답사자료를 학급에 게시하는 등, '이순신 알리미'로서 지속적으로 활동함. 특히, "역사를 뛰어넘은 삶, 이순신들에게 길을 묻다"는 기획물 중 〈'이순신-돌산로'를 순례하며 의(義)를 만나다.〉는 기사를 지역신문에 게재(2018.09.14.)하여 큰 칭찬을 받음.

ⓐ 교내체육대회(2016.05.07.–05.07.)에서 농구경기, 축구경기, 400미터계주에 선수로 참여하여 당당한 모습을 보여 줌. ⓑ 농구에서는 팀 내 최다득점을 거두었고 준결승까지 올라갔으나 아쉽게 결승에서 패함. 축구에서도 첫 경기에서 멋진 드리블로 상대 선수를 제치고 패스해 팀이 승리하는 데 기여함. 400미터계주에서는 트랙을 돌다 넘어지는 불상사를 겪었으나 포기하지 않고 끝까지 뛰어 학생들의 박수를 받음.

ⓐ 수련활동(2019.05.17.–05.19., ○○수련원)을 통해 학교에서는 경험하지 못했던 여러 활동에 참여하면서 공동체의식을 함양함. ⓑ 조별구호를 짜는 프로그램에서 번뜩이는 아이디어로 팀의 구호를 만들어 냈고, 그 과정에서 친구들과 함께 대화하는 것이 혼자 생각하는 것보다 더 좋은 결과를 도출할 수 있음을 깨달았다고 발표함. 식사시간에 배식도우미를 맡아 질서 있는 식사가 이루어지도록 봉사함.

ⓐ 교내축제(2019.12.07.)에 축제준비위원으로 활동하며 학교축제의 성격을 바꾸는 데 깊이 관여함. ⓑ 기존의 축제가 춤과 노래위주로 꾸며져 많은 학생의 참여가 부족했다는 문제를 제기하고, 축제 프로그램을 시화전 연극제 학술제 등으로 다양화하여 학생참여를 높임. 스스로 사물놀이에 참가하여 역동적인 꽹과리 연주로 객석의 흥을 돋우는 등 재능을 보여 줌. 학급에서도 학급체험부스인 '친구들과 함께 즐기는 게임천국'을 열어 짭짤한 수익을 거두었을 뿐만 아니라 학급의 인화단결에도 크게 이바지함.

창의주제활동 음악·미술활동

자율활동	
어떤 역할로 어떤 평가를 받았는가?	세계미술온라인백과사전(WikiArt.org)을 활용하여 세계의 여러 미술 작품을 감상한 뒤, 친구들에게 '좋은 작품'을 소개하는 코너를 운영하면서 미술에 대한 조예가 깊어짐.
어떤 활동을 어떻게 수행했는가?	2십5만여 점의 작품을 전시하는 위키아트를 통해 고대부터 현대까지의 시각 예술작품을 감상하면서, 매주 화요일 점심시간에는 미술실에서 '나를 사로잡은 작품'을 돌아가며 소개하는 활동에 푹 빠짐. 학급 컴퓨터에, 여성미술가 작품만 따로 모아 볼 수 있는 코너를 소개하며 "남성 미술가들이 주류를 이루는 미술사에 대한 의문을 제기한다"고 언급한 부분에서 문제의식이 느껴짐.

ⓐ '봄은 교정의 자목련을 열고 온다'는 사진모임을 만들어 학교의 사계절을 담아 학교홈페이지에 탑재함. ⓑ 처음에는 학생들의 활기찬 모습을 사진에 담았으나 초상권 문제가 제기되면서 학교에 있는 각종 꽃나무를 관찰하며 꽃망울이 머물고 피고 지는 모습을 사진에 담음. 사진이 왜 예술인가에 대한 질문에 스스로 대답하게 되었다고 좋아함.

창의주제활동 연극·영화 활동

자율활동	
어떤 역할로 어떤 평가를 받았는가?	시청각실을 '내가 좋아하는 고전영화 상영관'으로 만들어 매주 수요일 영화를 감상하고, '나도 감독이다'라는 활동에도 열심히 참여함.
어떤 활동을 어떻게 수행했는가?	친구들과 함께 레미제라블(톰 후퍼), 러브 액츄얼리(리차드 커티스), 덤 앤 더머(피터 패럴리, 바비 패럴리), 옥자(봉준호), 죽은 시인의 사회(피터 위어) 등의 작품을 보고 서로 의견을 나눔. 스스로는 굿바이 마이 프랜드(피터 호튼)를 '감동적인 작품'으로 추천하면서 "수혈받다가 에이즈에 감염된 이웃집 아이를 응원하는 따뜻한 마음에 공감했다"고 평함. '동주'(이준익)라는 영화를 모방하여 '시인 육사'를 영화반 친구들과 함께 제작하여 학교홈페이지에 올림.

창의주제활동 체육·놀이 활동

자율활동	
어떤 역할로 어떤 평가를 받았는가?	중학교 때부터 수련해 온 요가를 친구들에게 알려주기 위해 점심시간마다 학급에서 '요가요기' 교실을 운영함.
어떤 활동을 어떻게 수행했는가?	학교에서 마련해 준 요가매트를 활용하여 요가의 기본자세부터 친구들에게 단계적으로 가르침. "요가는 특정한 시간을 정해서 하는 것이 아니라면서, 몸을 고치고 마음을 다스리는 수련은 일상생활 속에서 자연스럽게 실천되어야 한다"는 취지의 글과 함께, "모든 학급에 요가매트를 준비해 달라"고 학교에 건의하기도 함.

ⓐ 점심시간마다 전통놀이를 배우고 익히는 '여해마당'에 참여하여 다양한 활동을 통하여 자신의 꿈과 끼를 마음껏 보여 줌. ⓑ 처음에는 전통놀이를 신나게 즐기는 활동에 머물러 있었으나, 차츰 친구들의 활기찬 모습을 사진에 담기도 하고, 놀이과정을 동영상에 담기도 하면서, 이를 학교홈페이지에 탑재하여 전통놀이보급에 앞장섬. 몸으로 익힌 전통놀이 16종을 친구들 앞에서 알기 쉽게 설명하며 시연하는 모습에서 '우리 것에 대한 깊은 애정'과 당당함이 느껴짐.

ⓐ '큐브사랑'을 만들어 세계기록 13초에 도전하는 놀이를 친구들과 함께 즐김. ⓑ 정육면체의 각 면을 같은 빛깔로 맞추는 큐브는 특정한 공식으로 맞추는 놀이인데, $3 \times 3 \times 3$의 형태가 아닌 $5 \times 5 \times 5$ 형태의 복잡한 큐브가 나오고 있으며, 4차원 큐브 등 복잡하고 기발한 큐브가 개발되는 것을 보고 신기해함. 큐브가 수학의 한 분야인 조합(combination)까지 그 영역이 확장되는 것을 보고 경탄함.

02-2

동아리활동

❶ 동아리활동, 관련규정 파헤치기

'동아리활동'이 뭐예요?

　목적이 같은 사람이 한패를 이룬 무리를 '동아리'라고 하는데, 그래요, 동아리활동은 여럿이서 무리 지어 하는 활동이에요. 『학교생활기록부기재요령』교육부 에도, "동아리활동은 공통의 관심사와 동일한 취미, 특기, 재능 등을 지닌 학생들이 함께 모여서 자발적인 참여와 운영으로 자신들의 능력을 창의적으로 표출해 내는 것을 위주로 하는 집단활동이다."라고 명시되어 있어요.

> **규정** 학교생활기록부 기재요령
>
> ◇ 동아리활동은 공통의 관심사와 동일한 취미, 특기, 재능 등을 지닌 학생들이 함께 모여서 자발적인 참여와 운영으로 자신들의 능력을 창의적으로 표출해 내는 것을 위주로 하는 집단활동이다.

동아리의 활동영역부터 설명해 주세요.

동아리의 활동영역은 예술·체육활동, 학술문화활동, 실습노작활동, 청소년단체활동 등
네 가지로 분류할 수 있어요.

영역	활동	활동내용
동아리 활동	예술·체육 활동	● 예술활동 – 조각, 서예, 전통예술, 현대예술, 성악, 기악, 　뮤지컬, 오페라, 연극, 영화, 방송 등 ● 체육활동 – 구기, 육상, 수영, 체조, 배드민턴, 　인라인스케이트, 하이킹, 야영, 민속놀이, 씨름, 태권도, 　택견, 무술 등
	학술문화 활동	● 인문소양활동 – 문예창작, 독서, 토론, 우리말탐구, 　외국어회화, 인문학연구 등 ● 사회과학탐구활동 – 답사, 역사탐구, 지리문화탐구, 　다문화탐구, 인권탐구 등 ● 자연과학탐구활동 – 발명, 지속가능발전연구, 적정기술탐구, 　농어촌발전연구, 생태환경탐구 등 ● 정보활동 – 컴퓨터, 인터넷, 소프트웨어, 신문활용 등
	실습노작 활동	● 가사활동 – 요리, 수예, 재봉, 꽃꽂이, 제과·제빵 등 ● 생산활동 – 재배, 원예, 조경, 반려동물키우기, 사육 등 ● 노작활동 – 목공, 공작, 설계, 제도, 로봇제작, 조립, 　모형제작, 인테리어, 미용 등 ● 창업활동 – 창업연구 등
	청소년단체 활동	● 국가공인청소년단체활동 – 대한적십자사청소년적십자, 　대한청소년충효단연맹, 흥사단, 한국스카우트연맹, 　한국걸스카우트연맹, 한국청소년연맹, 　한국청소년봉사단연맹, 한국청소년발명영재단, 　한국과학우주청소년단, 한국항공소년단, 　한국해양소년단연맹, 한국119소년단연맹, 한국4-H본부, 　한국YMCA전국연맹, 한국YWCA연합회, 기독교청소년협회, 　성산청소년효재단, 숲사랑소년단, 한국로터리청소년연합, 　세계도덕재무장한국본부, 세계화교육문화재단, 　파라미타청소년연합회 등

첫째, 예술·체육활동에는 '예술활동', '체육활동' 등이 있는데, 자신의 삶을 폭넓고 아름답게 가꿀 수 있는 심미적 감성역량을 함양하고, 건전한 정신과 튼튼한 신체를 기르는 것을 목적으로 하지요.

둘째, 학술문화활동에는 '인문소양활동', '사회과학탐구활동', '자연과학탐구활동', '정보활동' 등이 있는데, 다양한 학술분야와 문화에 대해 관심을 가지고 체험위주의 활동을 통하여 지적 탐구력과 문화적 소양을 기르는 것을 목적으로 하지요.

셋째, 실습노작활동에는 '가사활동', '생산활동', '노작활동', '창업활동' 등이 있는데, 일의 소중함과 즐거움을 깨닫고 필요한 기본기능을 익혀 일상생활에 적용하는 것을 목적으로 하지요.

넷째, 청소년단체활동은 신체를 단련하고 사회구성원 및 지도자로서의 소양을 함양하는 것을 목적으로 하는 활동이에요.

자율동아리에도 관심을 기울여야 할 것 같은데요?

그래요. 자율동아리는 정규교육과정 안에 있는 일반동아리와는 달리 학생들의 의지에 따라 학교장의 허락을 받아 자유롭게 구성할 수 있으므로 그 자율성이 일반동아리와는 비교가 안 되지요. 그래서 대학에서도 매우 의미 있게 바라보는 활동이에요.

그런데 2019학년도 1학년부터 자율동아리의 학생부 기재 동아리 개수를 학년당 1개로 제한하고, 객관적으로 확인 가능한 '동아리명 및 간단한 동아리소개'만 한글 30자 이내(띄어쓰기 포함)로 기재하도록 규제하였어요. 더욱이 2021학년도 1학년부터는, 대입전형에 반영하지 않기로 했지요. 이런 상황에서 자율동아리활동에 너무 매달리는 것은 문제가 있어요.

따라서 전공적합성을 보여 줄 수 있는 자율동아리 한 개에 집중하는 자기절제가 필요하지 않을까 싶네요. 활동내용은 자기소개서에 충실하게 담으면 되니까요. 자기소개서에서 보여 주고 싶을 만큼 알찬 성장을 이룩하는 게 자율동아리 활동의 핵심이라는 말이지요.

자율동아리는 어떻게 구성하나요?

『학교생활기록부기재요령』에 의하면 "자율동아리는 학교교육계획에 따라 학기 초에 구성할 수 있으며, 학기 중에 구성된 자율동아리활동은 입력하지 않는다."라고 밝히고 있어요. 이처럼 자율동아리는 학교교육계획에 따라 '학기초'에는 구성할 수 있어요. 그런데 여기에서 '학기초'라는 말은 '1학기초', '2학기초'를 다 포괄해요. 1학기초에만 자율동아리를 구성할 수 있는 게 아니라, 2학기초에도 구성할 수 있다는 말이지요. 1학기에 결성을 차분히 준비하였다가 2학기초에 구성해도 돼요.

학교교육계획에 의한 자율동아리 구성절차는 다음과 같아요.

담당부서	학생	담당부서	담당부서	학생/지도교사
학교 교육 계획에 자율 동아리 운영 계획 수립	동아리 구성,지도 교사 섭외, 동아리 운영 계획서 작성 및 제출	동아리 지도 교사 취합 및 결재	학교장 승인, 교육 정보 시스템에 자율 동아리 부서명 등록	동아리 활동 전개, 학교생활기록부 기재

자율동아리 운영계획서는 '학교의 양식'에 따라 활동계획, 동아리 구성인원, 지도교사 등의 내용을 학생이 직접 작성하여 지도교사의 허락을 받은 뒤 담당교사에게 제출하여 학교장의 승인을 받으면 돼요.

동아리는 몇 개까지 할 수 있나요?

학생은 연간 1개 이상의 정규교육과정 내 동아리활동에 참여할 수 있어요. 몇 개까지 할 수 있다고 따로 규제하고 있지는 않아요. 부득이한 사유로 동아리를 변경한 경우, 학생이 활동한 내용을 동아리별로 모두 기록해야 하지요. 정규교육과정 내 동아리는 학년(학기)초에 구성하여 학년(학기)말까지 활동을 하는 것을 원칙으로 해요.

'동아리활동'란에는 어떤 내용을 어떻게 기재하나요?

동아리활동 영역은 자기평가, 학생상호평가, 교사관찰 등의 방법으로 평가하여 참여도, 협력도, 열성도, 특별한 활동실적 등을 참고하여 '실제적인 활동과 역할위주'로 입력해요.

'동아리활동'란에는 다음 5가지 항목을 예시와 같이 입력하면 돼요.

활동	입력 예시
정규교육과정 내 동아리활동 (청소년단체활동 포함)	(영어회화반)(34시간) 영어에 관심이 많고 ~
	(○○단)(34시간) 우리 전통문화에 관심을 갖고 ~
정규교육과청 내 학교스포츠클럽활동 (중학교만 해당)	(발야구반 : 학교스포츠클럽)(34시간) 역할을 정확히 숙지하고 ~
정규교육과정 외 학교교육계획에 의한 자율동아리활동	(위드유: 자율동아리) 소외계층을 위한 봉사동아리
정규교육과정 외 학교교육계획에 의한 청소년단체활동	(○○단: 청소년단체)
정규교육과정 외 학교교육계획에 의한 학교스포츠클럽활동	(축구발리킥클럽 : 학교스포츠클럽)(34시간)

'정규교육과정 내 동아리활동(청소년단체활동, 학교스포츠클럽활동)'에 참여한 모든 학생을 대상으로 특기사항을 입력하지요. 청소년단체가 '정규교육과정 내 동아리'로 편성된 경우에는 '일반동아리'에 준해서 특기사항을 입력하고, 학교스포츠클럽이 '정규교육과정 내 학교스포츠클럽'으로 편성된 경우(중학교만 해당)에는 활동내용을 개별적 특성이 드러나도록 "간략하게" 입력하면 돼요.

그런데 '정규교육과정 외 학교교육계획에 의한 자율동아리활동(청소년단체활동, 학교스포츠클럽활동)'은 달라요. 학교교육계획에 의한 '자율동아리활동'은 자율동아리명과 함께 동아리소개를 30자 이내(동아리명과 공백 포함)로 입력하고, 학교교육계획에 의한 '청소년단체활동'은 청소년단체명만 입력하고 특기사항은 입력할 수 없으며, 학교교육계획에 의한 '학교스포츠클럽활동'은 클럽명과 활동시간만 입력하고 특기사항은 입력할 수 없어요. (활동시간은 평일 2시간, 토요일 및 공휴일 4시간 이내로 인정하지요.)

ᆫ

한편, '정규교육과정 내 학교교육계획에 의해 동아리로 편성된 청소년단체활동'으로 학교 밖에서 활동이 이루어진 경우에는 다음과 같은 절차를 밟아서 특기사항을 입력하면 돼요.

한국청소년단체협의회	학교	담당교사
활동에 참가한 학생이 소속된 학교에 활동결과를 공문으로 통보	학교장의 사전승인을 받은 청소년단체활동인지 확인	특기사항이 있을 경우 동아리활동의 '특기사항'란에 입력

❷ 동아리활동, 학교생활 디자인하기

동아리활동을 활성화하기 위해서 무엇부터 달라져야 할까요?

동아리활동을 활성화하기 위해서는 무엇보다도, 학생들이 원하는 동아리를 만드는 일이 급선무예요. 이를 위해서 학교는 지역사회와 학교의 특색에 맞는 동아리를 만들기 위한 태스크포스TF부터 가동해야 해요. 지도교사가 바뀌어도 그 성격과 내용을 계승하면서 더욱 발전적으로 활동할 수 있는 동아리를 만드는 거지요.

"저는 어느 학교 무슨 동아리 몇 기입니다."라며 자랑스럽게 자기를 소개할 수 있을 정도로 동아리의 전통이 수립될 수 있도록, 그런 동아리가 학교현장에 뿌리를 내릴 수 있도록, 교사들의 교육적인 노력이 더욱 요청되는 시점이 '바로 지금'이에요. 그러기 위해서는, 매주 동아리활동시간에 학생들은 자습하고 교사들은 체육관에 모여 친목회를 하는 풍경이 먼저 사라져야 하겠지요.

나아가, 학생들도 동아리활동의 의미를 정확히 알고 행동했으면 좋겠어요. 동아리에는 발명반이나 마술반, 댄스반이나 만화반 등 학생들의 관심분야 동아리도 있고, 공학반이나 경영반, 언론반이나 컴퓨터반, 교사반이나 의약반 등 학생들의 진로탐색이 녹아 있는 동아리도 있지요.

이처럼 동아리활동은 '관심'과 '진로'에 초점을 맞추는 게 당연한데, 여기서 잠깐! 우리 학생들이 동아리활동을 할 때 '관심'보다는 '진로'에 초점을 맞추었으면 해요. 학생부종합전형의 평가요소인 전공적합성을 보여 주기에 동아리활동만큼 좋은 게 없거든요. '관심' 분야의 활동을 친구들과 하고 싶으면 '자율활동'에 속한 '창의주제활동'의 차원에서도 얼마든지 할 수 있으니까요.

동아리, 제대로 활동하는 게 정말 힘들어요.

맞아요. 그래서 드리는 말씀인데, 동아리활동을 할 때 동아리활동이 '창의적 체험활동'의 한 영역이라는 사실을 한시도 잊어서는 안 돼요. 여기에서 '창의적'은 '새로운 것을 생각해 낸다'는 의미이며, '체험'이란 '자기가 몸소 겪음'이란 의미이므로, 동아리활동도 이러한 근본에서 벗어나지 말아야 제대로 된 평가를 받을 수 있어요. 전국에 수천 개의 고등학교가 있는데, '누구나 하는 방식'으로 활동하는 것이 평가자의 눈에 띌 수 있겠어요? "뭔가 다르게 창의적으로 체험하라." 이게 동아리를 살리는 키워드예요.

예컨대, 경제동아리 하면 대부분 모의주식투자를 하고 경제신문을 읽고 독서토론을 하는 식으로 하죠. 그게 나쁘다는 게 아니에요. 그것만으로는 모자란다는 말이지요. 전통시장이나 농수산물시장 등 경제활동의 현장을 찾아 생생한 체험으로 동아리활동을 채운다면 금상첨화錦上添花, 비단 위에 꽃을 보탠다는 뜻으로, 좋은 일에 또 좋은 일이 더함의 비유라는 거예요.

다른 예를 들어 볼까요? 기업마다 희망하는 인재상이 어떻게 다른데, 그것은 그 기업의 문화와 어떠한 관련을 맺고 있는지 분석해 낸 경제동아리 보고서를 보고, 크게 칭찬해 준 기억이 나네요. 조금이라도 다르게 창의적으로, 그렇게 동아리활동의 내용과 방식을 바꿔 보세요. 이게 바로 동아리에 독특한 색깔을 입히는 길이에요.

동아리에 독특한 색깔을 입히는 일, 재밌겠는데요?

그래요. 학교에 있는 동아리를 큰 틀에서 한번 살펴볼까요. 어느 학교나 '교지편집부, 신문부, 방송부, 도서부'는 있어요. 교지발간과 학교신문, 교내방송, 그리고 도서대출이라는 학교의 필수적인 일상업무에 도우미로서 봉사할 학생이 필요하니까요. 하지만 이런 동아리조차도 학생들을 단순도우미로서 머물게 하지 않을 방안을 구체적으로 마련해야 해요.

먼저 교지편집부부터 생각해 볼까요. 10년 전의 교지나 다름없는 그만그만한 교지는 이제 끝내야 하겠다는 '발상의 전환'부터 해야 돼요. 우선, '옛날 교지 분석하고 교지 방향 새로 잡기'에서 교지편집부의 환골탈태換骨奪胎, 뼈대를 바꾸고 태를 바꾸어 쓴다는 뜻으로, 낡은 제도나 관습 따위를 고쳐 모습이나 상태가 새롭게 바뀐 것을 비유적으로 이르는 말가 시작된다고 말하고 싶어요. 이를 위해서는, 예전의 교지를 비판적으로 분석하고 앞으로 교지를 어떤 방향으로 꾸밀지 심도 있게 토의해야 해요. 그리하여 교지전체를 관통하는 주제 하나를 선정하고 그 주제를 구체화할 수 있는 세부사항을 결정한 다음, 거기에 따라 인력을 새로이 배치하는 거예요.

예컨대 '산 넘어 그 너머로 간다'는 의미로 '넘어너머'라는 주제를 정했다 쳐요. 우선 '지금 넘어야 할 산'은 무엇이고 '그 너머'에는 과연 어떤 신세계가 펼쳐질지 찾아보아야 하겠지요. '넘어야 할 산'을 개인적인 차원에서 바라본다면 개인적인 역경극복이나 좌절 이후의 소회를 담은 글이나 만화 등을 모을 수 있겠지요. 나아가 '넘어야 할 산'을 사회적인 차원으로 바라본다면 남성중심주의의 거대한 산을 넘는 미투운동을 논의할 수도 있겠고, '넘어야 할 산'을 국가적인 차원에서 바라본다면 "냉전에서 냉면으로"라는 재기 넘치는 주제를 소화해 내, 남북의 평화모색을 학생들의 입장에서 정리해 낼 수도 있겠지요.

학교신문부도 그래요. 학교홈페이지에 들어가 보면 홈피가 '침묵의 바다'인 경우가 정말 많아요. 학교에서 인터넷실명제를 도입하기까지 우여곡절迂餘曲折, 뒤얽혀 복잡한 사정이 많은 것은 알고 있지만, 그래도 그래서는 안 돼요. 우리 학생들을 '깨어 있는 시민'으로 자라게 하기 위해서는 의견을 제시할 줄도 알고, 제시된 의견에 자기 의견을 보탤 줄도 알아야 해요. 이런 '공론의 장'이 없이 민주시민을 양성한다는 것은 연목구어緣木求魚, 나무에 올라가 물고기를 구하는 것와 다를 바 없지요.

신문이라고 하니까 어렵게 생각할 필요가 없어요. "모든 시민은 기자다"라는 어떤 온라인 매체의 기치처럼 "모든 학생은 기자다"라는 구호가 실감 나게 활동하는 거예요. 책임 있는 글쓰기를 위해서 올라온 기사에 대한 탑재여부를 결정하는 편집팀은 당연히 가동되어야 하겠지요. 이런 전체적인 틀을 갖춘 뒤 학급통신원, 학년통신원, 학교통신원 등을 통해 자잘한 소식을 꾸준히 싣는 것은 물론이려니와, 교육부, 사회부, 문화부 등의 부서조직을 통해 기획기사를 준비하는 것도 재미있을 거예요. 그리하여 빼어난 내용은 온라인매체를 통해 지역사회에 널리 알리기도 하면서요.

방송부는 따로 움직일 게 아니라 신문부와 연계하여 활동하는 게 바람직해요. 방송의 뉴스는 신문기자의 목소리로 취재된 소식을 알리는 게 효율적이니까요. 다만, 방송부의 독자적 역량에 따라 기획하는 음악방송이나 특집방송 등은 독립성을 살리는 게 좋겠지요. 일부 학교에서는 학교방송시설을 점검하고 가동하는 일을 하는 행정실 직원처럼 방송부원들을 부리기도 하는데, 이렇게 해서는 절대로 안 된다는 점도 명심하면서요.

도서부만 해도 그래요. 도서를 대출하고 반납하는 업무를 돕는 일은 꼭 필요해요. 하지만 거기에 머물러서는 안 돼요. 학교도서실은 대부분이 '교사추천도서' 위주로 구입이 이루어지고, 학생들의 희망도서는 크게 반영되지 않는 경우가 많아요. 학생들에게 막상 도서를 추천하라고 해도 반응이 시원찮아서 그리들 하지요. 그래서 드리는 말씀인데, 학생이 스스로 쓴 추천사와 함께 '학생추천도서'를 해마다 누적하여 나가는 거예요. 몇 학년도 몇 학년 누가 추천한 도서라고 학교도서실에 실명으로 공지를 하면서요. 이 일을 도서부가 앞장서서 해 나가면 상당히 의미 있는 동아리활동이 될 수 있을 거예요.

학교마다 동아리활동이 비슷한데, 창의적으로 활동할 수 있는 어떤 틀이 없을까요?

있지요. 아까 창의적 체험활동을 할 때 '주제-독서-실천-보고'의 단계에 활동하면 된다고 하였지요. 동아리활동도 마찬가지예요. '주제-독서-실천-보고'의 단계로 동아리활동을 해 보세요. 썩 괜찮은 결과가 나와요.

동아리활동 활성화, 실천방안

주제설정	독서활동	실천활동	보고서 제출
창의적인 주제설정	실천을 위한 독서활동	성장을 위한 실천활동	기록을 위한 보고서 제출

먼저 동아리활동에 맞는 주제를 찾고, 이 주제에 맞는 독서를 하며 내실을 다진 뒤, 이를 현장에서 실천하면서 영상보고서를 만들면, 정말로 풍성한 특기사항을 작성할 수 있으니까요.

'독서'가 없는 '체험'은 너무 얕고, '체험'이 없는 '독서'는 너무 공허하니, 이 둘을 하나로 엮어 내는 데 동아리활동의 핵심이 들어 있어요. 특히, 전공 관련 동아리인 경우 해당 진로영역에 대학 폭넓은 독서는 '나만의 학교생활기록부'을 작성하는 데 빼놓을 수 없지요.

예를 하나 들어 주세요.

성생박을 선생하고 싶은 아이들이 동아리를 만들었어요. 서음에는 성세성생이에턱인성시험매경TEST을 준비하겠다고 하는 아이들에게 "동네시장 한번 다녀와서 결정해."라는 말을 던졌어요. 지역에 있는 전통시장 중 80년이 넘었는데 하나는 문을 닫고, 또 하나는 파리만 날리고 있었거든요. 그렇게 해서 아이들이 결정한 주제가 참 멋져요. "동네시장을 어떻게 하면 살려낼 수 있을까?"

그래서 아이들이 읽은 책이 두 권. 신승철의 『마트가 우리에게서 빼앗은 것들』을 읽고, 아이들은 눈이 번쩍 뜨였어요. 세계적으로 경기침체가 심해져 시장과 동네슈퍼, 자영업가게 등이 쇠퇴일로에 있는데도, 대형마트는 연간 매출이 50조에 달하는 등 꾸준히 성장세를 보이고 있다는 사실에 놀랐거든요. 그러면서 이 책에서 그들은 마트중심의 소비에서 벗어나는 길을 찾았어요. 마트가 무너뜨린 공동체의 관계를 회복하는 것에서 그 해결책을 발견했거든요. "생활협동조합이나 동네에 있는 골목가게, 전통시장, 사회적 경제 등을 재발견"해야 한다는 발상은 신선하기까지 했어요.

이어 읽은 책이 한국일보정보자료부에서 만든 『서울을 걷다, 전통시장-2030세대를 위한 서울전통시장 가이드북』이었어요. 젊은 2030세대의 눈으로 전통과 풍물이 살아 있는 시장의 면모를 담은 이 책에서 아이들은, 웅장하고 세련된 대형마트에서 느낄 수 없는 멋과 맛을, 동네시장에서 젊은 세대도 느낄 수 있음을 발견하였어요. 가이드북에는 아기자기한 일러스트로 그려진 시장지도가 있었는데, 여기에서 영감을 얻어 〈동네시장사용설명서 – 여수 서시장 편〉을 만들기로 하였지요.

'서울전통시장 가이드북'에서 지도는 대표적인 특징만을 간략하게 소개해서 시장 구석구석을 구체적으로 알기 어려웠어요. 그래서 상가 이름들을 일일이 적어서 아주 세밀한 지도가 담겨 있는 앱을 개발하기로 한 거예요. 모든 젊은이가 휴대전화에 자유롭게 내려받아 사용하는 그런 꿈을 꾸면서요.

❸ 동아리활동, 학교생활기록부 디자인하기

동아리활동의 특기사항에는 어떤 내용을 위주로 기재하는가요?

　자율활동의 특기사항은 '활동결과'를 단순하게 평가하여 기록하는 게 아니에요. 자율활동의 특기사항에는 '활동과정에서 드러나는 개별적인 행동특성', '참여도', '협력도', '활동실적' 등을 평가하고 나서, 상담기록 등의 관련자료를 참고하여 실제적인 역할과 활동위주로 입력하는 거지요.

> **규정** 학교생활기록부 기재요령
>
> ◇ 동아리활동 영역은 자기평가, 학생상호평가, 교사관찰 등의 방법으로 평가하여 참여도, 협력도, 열성도, 특별한 활동실적 등을 참고하여 실제적인 활동과 역할위주로 입력한다.

동아리활동의 특기사항, 어떻게 디자인해야 하나요?

　창의적 체험활동은 독서활동에 기반을 둔 프로젝트학습처럼 운영하는 게 좋아요. 프로젝트학습은 자기주도적 학습과 협동학습을 두 축으로 하고 있는데, 창의적 체험활동도 바로 '자기주도적'이며 '협력적'인 행동지표를 통해 '개별적인 행동특성'을 보여 주면 돼요.

　동아리활동은 여기에다 '동아리활동이 추구하는 바'를 한 가지만 추가하면 돼요. 동아리활동은 자율적으로 모여 관심과 재능을 창의적으로 표출하는 집단활동이니까, 동아리활동의 특기사항을 디자인할 때, 바로 이 점을 더하면 되지요. 자기주도적이고 협력적인 태도로 창의적인 체험을 하며 '관심/재능'을 보여 주면, 그게 바로 '개별적 행동특성'이 되니까요. 이런 생각을 하며 동아리활동을 섬세하게 디자인하며, 점검하세요!

개별적 행동특성이 드러났는가?

동아리활동의 요구 관심/재능을 보여 주었는가?
창체의 요구 창의적인가? 의미 있는 체험이 있는가?
학종의 요구 자기주도적인가? 협력적인 태도를 보이는가?

학생부에 동아리활동을 입력할 때 주의할 점이 있다면서요?

동아리활동의 유형을 구분하는 ': 청소년단체', ': 학교스포츠클럽', ': 자율동아리' 등은 자동으로 표기되니 따로 입력할 필요는 없어요. 그리고 그것이 '500자 이내', '30자 이내'라는 글자수 제한규정에도 포함되지 않고요.

또한, 정규교육과정 내 학교스포츠클럽활동 명과 정규교육과정 이외의 학교스포츠클럽활동 명은 실질적인 클럽 명으로 입력해야 한다는 점도 명심하세요. "발야구반(○), 축구발리킥클럽(○), 걷기반(○), 농구반(○), 줄넘기반(○)" 등으로 정해야지, "스포츠클럽대항전(×), 축구대항전(×)" 등으로 정해서는 안 된다는 거예요.

동아리활동의 특기사항, 어떤 틀을 잡아 쓰면 좋은지를 알기 쉽게 설명해 주세요.

학교생활기록부의 서술형 기재내용은 '일반적인 내용'을 먼저 진술한 다음, 그것을 '구체화하는 사례'로 써야 설득력 있어요. 『학교생활기록부기재요령』교육부 에서는 그 방법으로 '누가(어떤 역할로), 언제(언제), 어디서, 무엇을(어떤 활동을), 어떻게(어떻게 수행해서) 하였는지'에서 '무엇을'과 '어떻게'에 초점을 맞추어 기록하면서, 그 결과(평가)가 어떠했는가 ― 이것이 '왜'와 상통함 ― 를 병기해 주면 돼요.

이를 간단하게 도식화하면 다음과 같지요.

동아리활동		
일반	어떤 역할로 어떤 평가를 받았는가?	
구체	어떤 활동을 어떻게 수행했는가?	

동아리활동의 특기사항은 학년당 500자 이내(띄어쓰기 포함)로 적으면 돼요.

자율동아리는 어떻게 입력하나요?

자율동아리활동의 특기사항은 동아리 하나에 대하여 객관적으로 확인 가능한 '동아리명 및 간단한 동아리소개'만 학년당 30자 이내(띄어쓰기 포함)로 입력해야 해요. 따라서 동아리명에 동아리의 성격이 드러날 수 있도록 하되 너무 길지 않게 이름을 정해야 하고, 동아리소개도 '무엇을, 어떻게'가 선명하게 드러날 수 있도록 간략하게 이루어져야 하겠지요.

자율동아리활동		
동아리명	동아리 명칭은 무엇인가?	
동아리 설명	무슨 활동을 어떻게 하는 동아리인가?	

일반동아리활동의 특기사항은 학년당 500자 이내(띄어쓰기 포함)로 적는 데 비해, 자율동아리의 특기사항은 동아리 1개에 대하여 학년당 30자 이내(띄어쓰기 포함)로 적으니 글자수가 넘치지 않게 잘 조정하세요.

동아리활동 특기사항

기재 예시문

일반동아리 학교업무 관련 동아리활동

동아리활동	
동아리명	교지편집반
어떤 역할로 어떤 평가를 받았는가?	교지편집반의 기획팀장(2019.03.01.-2020.02.28.)을 맡아 '주제가 있는 교지'를 기획하여 교지의 면모를 일신하였다는 평가를 받음.
어떤 활동을 어떻게 수행했는가?	기획팀논의와 학생의견수렴, 설문지조사 등을 통해 '넘어너머'라는 대주제를 정함. '산을 넘어, 그 너머에 펼쳐질 세상'을 편집방향으로 정하고, '개인적 차원'에서는 학생들의 역경극복을 다양하게 묶어 내고, '사회적 차원'에서는 여성들을 가로막고 있는 유리벽과 그 벽을 뚫고 앞으로 나가는 사람들을 인터뷰를 통해 담아 냄. 아울러 '민족적 차원'에서 분단의 벽을 넘어 평화의 세상으로 나아가는 정세를 각종 신문의 만평모음으로 재미있게 보여 줌.

(방송반)(34시간) ⓐ 방송반의 방송반장(2019. 03. 01. -2020. 02. 29.)을 맡아 자유롭고 허용적인 동아리 분위기를 조성하여 반원들이 창의적인 아이디어를 끌어냄. ⓑ 동아리의 구체적인 활동방향을 정하지 못하고 있을 때, 반원들을 '방송작가, 방송제작, 아나운서' 등으로 나누어 각자의 능력에 맞는 역할을 맡을 수 있도록 함. 아울러, 점심시간 교내방송에 대한 1년 계획을 계절별로 수립하고, 특히 '깜짝인터뷰' 코너를 마련하여 학내에서 이슈가 되는 인물을 소개함으로써 학교방송에 대한 학우들의 관심도를 높임. 동아리발표회(2019. 11. 04.)에서는 방송사 로고를 활용한 퀴즈, 인기 어플리케이션을 모방한 포토존을 기획하는 등 인기 있는 동아리체험부스를 운영하여 칭찬을 받음.

(도서반)(34시간) ⓐ 도서부의 사서도우미(2019. 03. 01. -2020. 02. 29.)를 맡아 사서교사의 대출업무를 돕고 정기적으로 반납도서를 정리하는 등 도서관업무에 성실하게 임함. ⓑ 다양한 '독후활동'으로 독서의 효과를 크게 높이는 방안으로 '주제에 맞게 책표지 다시 그리기', '책을 소개하는 추천사 써 보기' 등을 제안함. 그중에 '추천사 써 보기'는 도서부회의에서 도서관사업으로 채택됨. 감동적인 책을 추천사와 함께 제출하면 의미 있는 내용은 학교홈페이지에 수록하여 후배들에게 계속 전해지는 체계를 갖춘 '도서추천학생실명제'가 정착됨. 도서부원들과 클리프턴 파디만의 '일생의 독서계획'을 읽고 '나를 위한 3년의 독서계획'을 세우면서, 스스로도 좋은 책을 깊이 읽는 자세를 갖춤.

일반동아리 **예술·체육 관련 동아리활동**

동아리활동	
동아리명	클래식감상반
어떤 역할로 어떤 평가를 받았는가?	클래식음악에 흠뻑 빠져 사는 마니아로서 동아리반장(2019.03.01.- 2020.02.28.)을 맡으면서 방송반과 연대활동을 통해 클래식음악의 대 중화에 앞장섬.
어떤 활동을 어떻게 수행했는가?	"교정을 클래식의 향기로"를 슬로건으로 정하고, 방송반과 협의하여 초등학교 교과서에 실려 있는 '사계, 봄의 소리, 동물의 사육제, 호두 까기인형, 페르귄트, 윌리엄텔 서곡' 등을 '교과서음악회'라는 이름으 로 점심시간에 방송함. 작곡가 브리튼의 '청소년을 위한 관현악 입문' 을 들려주며 오케스트라에서 악기의 음색을 구분하며 감상하는 법을 안내한 것에 대해서는 음악교사의 칭찬이 이어졌는데, 이를 통해 음 악평론가의 길을 꿈꾸게 됨.

(미술로 생각하기반)(34시간) ⓐ 디자이너가 되기 위해 오랫동안 실기연습을 해 오다가 미술
로 생각하기반이라는 동아리 이름이 마음에 들어 참여함. ⓑ 처음에는 미술은 단지 '보고 그리
기'라는 생각이었는데, '난생처음 한번 공부하는 미술이야기(1-4)'(양정무)를 읽으면서 생각
이 달라짐. '원시, 이집트, 메소포타미아 문명과 미술'을 주제로 미술이 처음부터 지금까지 인
류의 생존에 필요한 기술이었음을 말해 주는 1권을 읽고 상당한 충격을 받았는데, '중세문명과
예술'을 주제로 흔히 암흑기로 알려진 유럽의 중세가 사실은 찬란한 빛의 미술을 꽃피운 시대
였음을 이야기하는 4권까지 읽고 나서, 스스로 대견해함. 미술을 한다는 것은 그것을 낳은 시
대를 마주하는 동시에 미래를 이끌어 갈 통찰력을 얻을 수 있다는 점을 알게 되었다면서, 미술
은 '과거를 보여 주는 창'이며 '미래를 이끄는 해답'이 담겨 있다고 말함.

(배구반)(34시간) ⓐ 배구반에서 활동하면서 동료들과 협력하는 재미를 알게 되었고, 승수를
쌓아 가는 과정에서 운동 자체에 매력을 느낌. ⓑ 유연성과 순발력이 좋아 어려운 공격을 잘 받
아 내어 '철벽수비'라는 별명으로 불림. 특히, '홀딩, 드리블, 오버타임, 오버네트, 네트터치'
등의 경기규칙에 정통하여 반칙여부를 판정하는 데 능력을 발휘하여 '국제심판'이라고 불리기
도 함. ○○지역 고등학교배구대회에 학교대표로 출전하였는데, 높은 점프력으로 블로킹타이
밍을 잘 맞추어 팀의 승리에 이바지함. "승부의 세계가 냉정한 것만은 아니다."라면서 스포츠
맨십을 강조하는 평소 모습에서 체육인의 당찬 모습이 느껴짐.

일반동아리 학술문화 관련 동아리활동

동아리활동	
동아리명	이순신연구소
어떤 역할로 어떤 평가를 받았는가?	'학교의 싱크탱크'라고 칭하며 출범한 '이순신연구소'의 소장(2017.03. 01.-2018.02.28.)으로 활동하며, 이순신을 깊이 공부하면서 뛰어난 사회학적 상상력을 보여 줌.
어떤 활동을 어떻게 수행했는가?	'난중일기'를 정독한 다음, '이순신, 신은 이미 준비를 마치었나이 다'(김종대), '칼의 노래'(김훈) 등을 잇달아 읽으면서 이순신의 인물 됨에 감복함. 새로운 이름에 어울리는 학교문화를 만들기 위해 개교기 념일을 충무공탄신일인 4월 28일로 변경하는 일을 교장선생님께 건 의함. 이순신탄신일에 '이순신문화제'라는 이름으로 독서토론회, 젊 은 이순신 선발대회 등 다양한 행사를 개최할 것을 제안하여, 다음해 학교교육계획에 들어가 학교행사로 정착됨.

(우리말연구소)(34시간) ⓐ 우리말연구소에 참여하여 동아리반장(2019. 03. 01. -2020. 02. 29.)을 맡아 국어문법을 심층적으로 공부하면서 국어를 재미있게 가르치는 방법을 연구하여 이를 봉사활동에서 실천함. ⓑ 인근에 있는 ○○지역아동센터에서 국어도우미로 참여하여 아이돌 가수들의 노래 속에 잘못된 우리말 발음 공부는 학생들의 큰 호응을 얻음. "여행의 끝은 아직 먼 얘기"(소녀시대, 'girls')에서 [끄튼]을 [끄츤]으로 발음하고, 샤이니도 'Dream Girl'의 "아무런 약속 없이 넌 내 곁을 떠나"에서 [겨틀]을 [겨츨]로 발음하였고, 2NE1도 'Come Back Home'의 "차가운 세상 끝에 날 버리지 말고 내 곁으로"에서 [겨트로]를 [겨츠로]로 발음하는 것을 지적함. 봉사활동을 통해 '가르치는 것'이 오히려 더 큰 '배움'이라는 것을 깨달았다는 체험담이 인상적이었음.

(영자신문반) (34시간) ⓐ 영어동아리 영자신문반에 가입하여 학부모 자문교사의 도움으로 신문 만드는 방법을 배운 뒤, 인터넷 동아리 카페를 통해 자료를 공유하며 1, 2학기에 1에 각각 1회씩 영자신문을 발간함. ⓑ 1학기 때는 '알파고 쇼크', '청탁금지법' 등의 이슈를 탐색하고 기사문을 작성한 후 영어로 번역하는 형태로 신문을 제작하였으며, 2학기 때는 '남녀공학에서 남녀학생의 성적 차이가 나는 원인' 이라는 문제를 집중적으로 취재하고 이를 특집기사로 작성함. 특히, 2학기 신문에서 커버스토리를 담당하면서 뛰어난 문장구사력을 보여 주어 원어민교사로부터 칭찬을 받음.

(사회문화토론반) (34시간) ⓐ 사회문제에 관심이 많아 사회분야의 책을 꾸준히 읽었는데 동아리에 가입하면서 진가를 발휘함. ⓑ 원자력발전소에 대한 찬반토론(2019. 07. 08.)에서, 우리나라도 독일처럼 명확하게 탈원전에 나서야 한다는 주장에 대하여, 원전문제는 에너지 안전보장의 문제라면서 신중한 입장을 견지해야 한다고 꿋꿋하게 주장함. 이어서 벌어진 '착한 사마리아인의 법' 을 주제로 한 토론(2019. 10. 07.)에서, "도덕이 무너진 사회를 바로잡기 위해서는 반드시 필요하다"는 주장에 대하여 "국민에게 의무를 더 부과하고 그 의무를 지키지 않을 경우 처벌하겠다는 것은 그만큼 국민의 기본권을 제한하는 것"이라는 논거를 들어 반대의견을 표명함.

(지나) (34시간) ⓐ 떠오르는 중국대륙에 대해 관심 있는 친구들과 함께 독서토론동아리 지나(China)에 가입하여 활동함. ⓑ 중앙일보와 한겨레신문의 중국뉴스를 스크랩하고, 중국관련서적을 찾아 읽으며 깊이 있는 토론을 함. '트렌드 차이나' (김난도 외)를 읽으면서 중국의 시장경제를 이해하게 되었고, '베이징특파원 중국문화를 말하다' (홍순도)를 읽으면서 최고책임자보다 부(副)자가 들어가는 직함을 가진 사람을 눈여겨보아야 한다는 등 중국의 독특한 문화도 알게 됨. 중국을 알지 못하면 세계를 알지 못한다는 말이 빈말이 아님을 깨닫고, 중국을 통해 세계를 바라보는 거시적 안목을 키워 감.

(법사랑반) (34시간) ⓐ 법소인이 되고 싶다는 생각을 가져서인지 법사랑반에서 성실하게 활동함. ⓑ '법과 정의' 에 대한 토론(2019. 07. 08.)에서 정의의 여신인 디케가 두건으로 눈을 가리고 심판을 하였다는 점을 예로 들면서 법관은 사사로움을 떠나 공평해야 한다고 말해 박수를 받음. 이후 ○○지방법원의 재판방청프로그램에 신청을 해서 견학(2019. 08. 07.)을 다녀왔는데, '민사사건방청, 형사사건방청, 판사님과의 대화' 로 이어진 프로그램을 통해 법과 현실에 대해 실감함. 판사님과의 대화에서 "법조인으로서 가장 큰 자질은 경청"이라는 말이 잊히지 않았다고 함. 이후 '개인정보보호 모의재판' (2019. 10. 10.)에서 가상의 개인정보 침해사고 사례를 배경으로 피고의 소송대리인을 맡아 치열한 법리공방을 펼침.

(경제탐구반)(34시간) ⓐ 경제현상이 우리 생활에 미치는 영향에 관심이 많아 경세탐구반 활동에 능동적으로 참여함. ⓑ ○○기술교육대학교 부속 고용노동연수원에 탑재된 청소년 전용의 '청소년 노동교육 홈페이지'에 실린 '청소년노동 웹툰'을 보면서, 노동법의 주요내용을 공부함. 이후 아르바이트를 하고 있는 친구들을 대상으로 설문지를 돌려 노동법위반사례를 확인하면서 문제의 심각성을 깨달음. 알바를 시작할 때 근로계약서를 쓴 학생은 거의 없었고, 유급휴일을 허용하는 작업장도 거의 없었으며, 최저임금을 준수하지 않은 곳도 많았다며 안타까워함. 이러한 문제를 해결하기 위해서는 고용노동부에서 운영하는 고객상담센터(전화 1350)를 이용하여 고충상담할 것을 권하기는 하였으나, 답답한 마음은 쉽게 사라지지 않았다며 힘들어함.

(젊은기자들)(34시간) ⓐ 대학에서 언론정보학을 전공하고 싶던 차에 '젊은기자들'에 참여하여 성실하게 활동함. ⓑ 영어투성이 대중가요의 문제점을 탐사보도하는 "할 말 없으면 죄다 '컴온, 베이비'" 2015. 07. 08. 기사 입력), 죽음으로 내모는 학교교육의 반교육적인 면모를 파헤친 "유서도 없이 떠난 친구, 이젠 조금 알겠어요." 2015. 11. 03 기사입력) 등 두 건의 기사를 오마이뉴스에 탑재하였는데, 이 중 두 번째 기사는 포털사이트 다음에 실리기도 하였음. 동아리활동에 열중하여 팀장으로서 참여도와 협력도 면에서 모범적인 모습을 보여 주었으며, 특히 현장취재 및 기사작성에서 그 열정이 두드러짐. 동아리활동을 통해 전공탐색의 기회를 가졌을 뿐만 아니라, 다양한 취재과정을 거치고 기사를 작성하면서 말하기와 글쓰기에서 자신감을 갖게 됨.

(생명과학반)(34시간) ⓐ 21세기는 3D(Digital, Design, DNA)가 세상을 바꿀 것이라는 생각을 갖고 생명과학반에 참여함. ⓑ 실험설계능력과 데이터분석능력이 우수하고 실험장비에 대한 기본지식이 풍부하여 친구들에게 인기가 많음. 특히 분리시료의 농도조절이 중요한 전기영동실험(2019. 05. 08.)에서 모둠장으로 참여하여 가장 오차가 작은 실험결과를 도출하는 등 생물학적 지식이 돋보였고, 과학축제(2019. 11. 08.) 때에는 해부현미경을 실연하여 조작이 서툰 다른 모둠원들에게 도움을 줌. 생명과학에는 다양한 연구분야가 있는데, 난치병을 예방하고 치료하는 기술을 개발하는 일에 전념하고 싶어함.

일반동아리 **실습노작 관련 동아리활동**

동아리활동	
동아리명	여해농원
어떤 역할로 어떤 평가를 받았는가?	학교에 있는 자투리땅을 텃밭으로 가꾸는 동아리에 2년 동안 참여하였는데, 올 들어 텃밭지기(2019.03.01.–2020.02.28.)로 활동하며 '지속가능한 농업'에 대한 이해가 깊어짐.
어떤 활동을 어떻게 수행했는가?	건강한 먹거리를 생산하는 텃밭은 정원 못지않게 중요한 의미를 지닌다는 생각으로 식물들을 정성껏 돌봄. 학교의 지원을 받아 텃밭을 절반으로 나누어 가장자리에는 지지대가 필요한 덩굴식물류인 오이와 호박을 심고, 상치나 치커리 등 잎채소를 가운데 심고, 그 곁에 열매채소류인 토마토와 가지를 심음. 나머지 절반에는 아무것도 심지 않고 쉬게 하여 1년마다 돌려주기 방식으로 땅을 살아 있게 만드는 등의 활동으로, 모범동아리로 선정됨.

(숲사랑반)(34시간) ⓐ 자연이 주는 지혜를 배우고 지구환경과 생명존중을 위한 나눔을 실천하기 위해 숲사랑반에 참여하여 숲지킴이로 활동함. ⓑ ○○숲의 생태환경을 조사하고 보고서를 작성하는 활동에서 야생식물의 생태를 조사하는 역할을 담당하였고, ○○숲을 방문하여 사진을 찍고 식물목록을 만들기도 함. 식목일을 맞이하여 기념일 제정의 취지를 알리는 홍보물을 만들어 배포하였으며, '학급수목'을 지정하여 학생들로 하여금 자연을 사랑하는 마음을 갖도록 하는 행사를 제안함. '숲은 미래입니다. 숲 없이는 인류에게 미래도 없습니다.'라는 슬로건을 내걸고 활발하게 활동하는 모습에서 숲을 사랑하는 마음의 진정성이 느껴짐.

(건축동아리)(34시간) ⓐ 건물구조설계를 하는 지인의 영향을 받아서 중학교 때부터 건축에 흥미를 가지고 있었는데, 건축동아리에 가입하여 건축공학 관련 기본개념과 기본지식을 탄탄히 갖추게 되면서 열정적으로 활동함. ⓑ '미래에 살고 싶은 나의 집'을 설계하고 모형을 제작하는 과정에서 친환경 건축자재, 구조적 안정성, 내부공간의 편안함을 담아내기 위해 동아리 회원들과 적극적으로 의견을 나눔. 실제 건축물로 구현될 경우 생길 수 있는 비용, 환경오염 등의 문제를 해결하기 위한 방안도 함께 제시하여 동료평가에서 가장 우수한 프로젝트로 선정됨. 이후, 도시전체를 설계하고 관리하는 도시설계사가 되고 싶어서, 미국 보스턴의 빅딕(Big Dig), 스페인 마드리드의 M30 등 도시의 지하화 현상에 대해 조사하여 발표하는 등 미래도시에까지 관심범위를 확대해 나감. 동아리활동을 통해 건축은 단순한 집이 아니라 사람의 생명과 꿈과 행복을 담는 공간이라는 생각을 하게 되었다고 발표함.

자율동아리

자율동아리활동		
동아리명	동아리 명칭은 무엇인가?	서예부
동아리 설명	무슨 활동을 어떻게 하는 동아리인가?	'명심보감'을 통해 서예를 익혀 축제 때 전시회를 엶.

(연극부: 자율동아리) 여순사건의 아픔을 담은 연극을 학교축제에서 상연함.

(경경박사: 자율동아리) 경제학서적을 읽으며 전통시장의 실태를 조사함.

(답사부: 자율동아리) 이순신 유적지를 찾아 주말에 문화해설사로 활동함.

(로봇스타: 자율동아리) 로봇을 연구하며 로봇을 제작하는 동아리

02-3

봉사활동

❶ 봉사활동, 관련규정 파헤치기

'봉사활동'이 뭐예요?

지난번에 봉사활동을 이렇게 규정했지요. 봉사활동은 '자기의지로 타인을 돕거나 국가나 사회에 이바지하는 활동'이라고요. 이를 좀 더 자세하게 말씀드리면, 봉사활동은 '자발적인 의도에서 개인이나 단체로 다른 사람을 돕거나 사회에 기여하는 무보수의 활동'이에요.

> **규정** 학교생활기록부 기재요령
>
> ◇ 봉사활동은 어떤 대가를 목적으로 하는 활동이 아니라, 자발적인 의도에서 개인이나 단체로 다른 사람을 돕거나 사회에 기여하는 무보수의 지속적인 활동으로 인간의 존엄성에 대한 인식뿐만 아니라, 더불어 사는 사회의 이해, 협동의식의 고취 등 다양한 의미를 부여할 수 있는 활동이다.

우리는 여기에서 '무보수'라는 말에 주의해야 해요. '노력의 대가나 사례의 뜻으로 금품 따위를 주지 않거나 받지 않는 것'을 무보수라고 하는데, 그래요, 정말 아무것도 받지 않아야 봉사활동이에요.

그런데 무보수로 봉사에 나선다고 다 봉사활동으로 인정받는 건 아니에요. 인정대상이 되는 봉사활동은 자원봉사활동의 무보수성에다가, 공익성, 비정파성, 비종파성의 기준을 함께 충족하여야 하거든요. 즉, 개인의 영리를 목적으로 하지 않고 사회전체의 이익을 도모하는 공익성을 지녀야 한다는 점과 함께, 정치적이거나 종교적인 성격을 띠는 활동이 아니어야 봉사활동으로 인정받는다는 거죠.

사설기관에서의 봉사활동도 시간인정이 가능하나요?

민간기관이나 사설시설도 봉사활동이 가능하나, 공익을 목적으로 활동하는 비영리기관이나 단체여야 해요. 학교에서 인정하는 봉사활동은 자원봉사의 무보수성과 공익성, 비정파성, 비종파성의 기준을 충족해야 하거든요.

따라서 아파트 내 청소와 같이 공익목적에 위배되는 기관이나 단체에서 하는 봉사활동, 봉사활동을 빙자하여 수익을 목적으로 활동하는 기관이나 단체에서 하는 봉사활동, 정치적 혹은 종교적 목적의 집회에 참여하여 이루어진 봉사활동은 봉사활동으로 인정받을 수 없지요.

봉사활동으로 인정받을 수 있는 기관은 어디어디예요?

학생봉사활동으로 인정 가능한 기관으로는 시·도교육감, 교육지원청 교육장 및 학교장이 인정하는 기관이나 자원봉사센터(행정자치부), 사회복지협의회(보건복지부), 청소년활동진흥센터(여성가족부) 등에서 인정하는 기관이에요.

구 분	세부 대상기관
공공기관 및 시설	군청, 경찰서, 면(읍)사무소, 등기소, 소방서, 우체국, 파출소, 보건소, 적십자사, 도서관, 기차역, 공설운동장 등
문화재	국립문화재, 지방문화재, 일반문화재 등
묘지, 묘원	국립묘지, 묘원 등
위락, 휴식시설	국립공원, 근린공원, 놀이터, 유원지, 시민공원 등
사회복지시설 및 단체	노인정, 노인대학, 양로원, 보육원, 부녀회, 사회복지관, 사회봉사단체, 재활원, 장애인시설 등
기타 장소	농어촌, 자원재활용처리소 등

'봉사시간' 채우려고 하는 봉사활동도 '봉사활동'이라고 할 수 있나요?

날카로운 질문이네요. 원래 봉사활동은 무보수의 활동을 가리켜요. 보람을 얻거나 경험을 쌓으려는 순수한 목적에서 하는 것만이 봉사활동의 본래적 취지에 걸맞지요.

그런데 진학에 도움이 되는 경력을 쌓기 위한 목적에서 하는 것도 봉사활동에 포함하는 것이 일반적이에요. 우리가 고등학교에서 하는 봉사활동도 대학에서 점수화하기 때문에, 본래적 의미의 봉사활동과는 거리가 있는 게 사실이지요. 그런데도 그런 활동을 봉사활동에 포함하는 것은 다 교육적인 이유 때문이에요.

교육적인 이유 때문이라고요?

유대인들은 아이가 젖을 뗄 무렵 율법 책에 꿀을 발라 핥게 함으로써 '말씀의 달콤함'을 체험하게 한대요. 그런데 그 달콤함에 이끌려 율법 책을 가까이하던 아이가, 키가 자라고 믿음이 자라면서 "당신 말씀이 제 혀에 얼마나 감미롭습니까! 그 말씀 제 입에 꿀보다도 답니다." 시편 119편 103절 라는 놀라운 고백을 하게 된대요.

마찬가지예요. 학생들도 점수 때문에 시작한 봉사활동이지만, 진지하게 봉사활동에 임하다 보면 사람이 성장하고 발전하게 돼요. 봉사활동을 하다가 자신이 준 것보다 더 많은 것을 받았다는 고백을 하게 되기도 하고, 모든 인간은 존엄하다는 놀라운 인식에 이르기도 하며, 더불어 사는 사회야말로 참으로 아름다운 공동체라는 사실을 온몸으로 깨닫게 되거든요. 대학에서도 이 점을 충분히 알고 있기 때문에, '봉사활동시간'과 함께 '봉사활동내용'을 주의 깊게 살펴보고 평가하는 거예요.

학교에서 '봉사활동'에 신경을 쓰는 것, 다 이유가 있었네요?

그래요. 그래서 학교에서도 정규교육과정에 따라, 봉사활동을 창의적 체험활동 영역의 하나로 구성하여 학생의 봉사활동을 권장하며 지도하고 있어요. 고등학교는 연간 20시간 이상의 봉사활동을 권장하고, 학교 내에서도 정규교육과정 내 봉사활동을 연간 10시간 이상 편성하여 운영하고 있지요.

참고로, 학생봉사활동 연간기준시간은 중학교는 3년간 45시간 이상인데, 고등학교는 3년간 60시간 이상이에요. 고등학교의 경우, 정규교육과정 내 봉사활동시간이 매년 10시간이니, 개인계획에 의한 봉사활동시간이 매년 10시간 이상은 확보되어야 하지요.

'봉사활동 실적기재'도 많이 달라지고 있다던데요?

봉사활동에는 '학교교육계획'에 의해 실시한 봉사활동과 '개인계획'에 의해 스스로 하는 봉사활동으로 나누어지지요. 학교교육계획에 의한 봉사활동은 참여하기만 하면 입력할 수 있는데, 학생 개인계획에 의한 봉사활동은 학교장이 '사전에 승인한 경우'만 입력할 수 있어요.

그런데 2021학년도 1학년부터는 '개인계획'에 의한 봉사활동실적은 학교생활기록부에 기재는 하되, 대입에는 미반영하기로 하였어요. 오로지 '학교교육계획'에 의해 '교사가 지도한 실적'만 대입에 반영하기로 한 거예요. 교내봉사활동의 형식과 내용에서 커다란 지각변동을 가져올 결정이지요.

개인적으로 참여하는 교내봉사활동은 어떻게 인정하나요?

교내봉사활동도 시간인정의 원칙이 있어요. 한 학생이 여러 교내봉사활동을 할 수는 있으나, 학년당 20시간을 넘을 수는 없어요. 정규수업시간 내 봉사활동 인정시간이 10시간이라면, 정규수업시간 이외의 학교교육계획에 의한 교내봉사활동은 10시간까지 인정하지요.

예컨대, 학습지도도우미, 장애친구도우미, 다문화학생도우미, 또래상담 등 도움이 필요한 학생들을 대상으로 하는 봉사활동은 10시간 범위 안에서 '전부 인정'해요. 하지만 도서부, 선도부, 방송반 등 학교업무와 관련하여 이루어지는 봉사활동은 좀 달라요. 도서부, 선도부, 방송반의 일상적인 활동은 봉사활동으로 인정하지 않고, 일상적인 활동 외의 시간에 봉사활동을 한 경우에는 10시간 범위 안에서 '학교봉사활동추진위원회에서 결정에 의해 인정' 받을 수 있어요.

봉사활동 영역의 실적은 어떻게 기록하나요?

봉사활동 영역의 실적에는 '학교계획에 의한 봉사활동'과 '학생개인계획에 의한 봉사활동'의 구체적인 내용을 모두 기록할 수 있어요. 따라서 '봉사활동실적'란에 연간 실시한 봉사활동의 일자 또는 기간, 장소 또는 주관기관명, 활동내용, 시간을 실시일자 순으로 입력하면 되지요.

규정 학교생활기록부 작성 및 관리지침 해설

제13조 (창의적 체험활동상황)

② 제1항의 봉사활동 영역의 실적은 학교계획에 의한 봉사활동과 학생개인계획에 의한 봉사활동의 구체적인 내용을 별도의 '봉사활동실적'란에 연간 실시한 봉사활동의 일자 또는 기간, 장소 또는 주관기관명, 활동내용, 시간을 실시일자 순으로 모두 입력한다.

봉사활동 영역의 실적을 기록할 때 '학교' 또는 '개인'은 어떻게 구분하나요?

봉사활동 실적의 '장소 또는 주관기관명'란의 '학교'와 '개인'은 봉사활동계획의 주체에 따라 구분해요. 봉사활동을 학교가 계획했으면 '(학교)'로, 개인이 계획했으면 '(개인)'으로 입력하는 거예요. 학교교육계획(정규교육과정 포함)에 따라 시행되는 봉사활동은 '(학교)'로 입력하는데, 위탁기관에서 실시한 봉사활동은 '(학교)위탁기관명'으로 입력해야 하지요.

봉사활동의 '활동내용'란은 어떻게 기재하나요?

봉사활동의 '활동내용'란에는 〈객관적인 봉사활동 내용 또는 제목〉을 〈간략〉하게 입력하면 돼요. 이때 학생의 성장, 감상 등 학생의 특기사항을 드러낼 수 있는 정성적인 평가내용은 입력할 수 없지요.

'봉사활동'의 '특기사항'란에는 봉사활동내용을 기재할 수 없다면서요?

그래요. 2019학년도 1학년부터 봉사활동은 교사의 관찰이 어렵다는 점을 이유로 특기사항 기재를 금지하였어요. 그런데 이게 조금 달라졌어요. '봉사활동'의 '특기사항'란에는 봉사활동내용을 기재할 수 없지만, 필요할 때에는 '행동특성 및 종합의견'란에 봉사활동의 특기사항을 기재할 수 있도록 허용조치를 취하였거든요. 봉사활동이 잘 드러내 보여 주는 '인성'이라는 행동특성을 가볍게 여길 수 없어서 그런 것 같아요.

봉사활동에서는 구체적으로 무슨 활동을 하나요?

봉사활동은 이웃돕기활동과 환경보호활동, 캠페인활동 등으로 나눌 수 있어요.

'이웃돕기활동'은 교내에서 하는 친구돕기활동과 교외에서 하는 지역사회활동으로 나눌 수 있어요. '친구돕기활동'은 학습이 느린 친구 — 예전에는 '학습부진아'로 불렀어요 — 돕기나 장애친구돕기, 다문화가정친구돕기 등 도움이 필요한 학생들을 대상으로 하는 봉사활동이고, '지역사회활동'은 불우이웃돕기나 난민구호활동, 복지시설위문이나 재능기부 등의 봉사활동이지요. 타인을 이해하고 배려할 수 있는 공동체역량 함양을 목표로 하는 활동이에요.

'환경보호활동'은 깨끗한 환경 만들기, 공공시설물 보호, 문화재 보호, 지역사회 가꾸기 등의 '환경정화활동'과 식목활동, 자원재활용, 저탄소생활습관화 등의 '자연보호활동'으로 나눌 수 있어요. 환경을 보호하는 마음과 공공시설을 아끼는 마음을 기르는 것을 목표로 하는 활동이지요.

그리고 '캠페인활동'은 공공질서, 환경보전, 헌혈, 각종 편견극복을 위한 캠페인활동과 학교폭력예방, 안전사고예방, 성폭력예방을 위한 캠페인활동 등으로 나눌 수 있어요. 사회현상에 관심을 갖고 참여함으로써 사회적 역할과 책임을 분담하고 사회발전에 이바지하는 태도를 기르는 것을 목표로 하는 활동이지요.

봉사활동실적으로 입력할 수 없는 것도 있다면서요?

그래요. 물품 및 현금의 단순기부는 봉사활동시간으로 인정받지 못해요. "헌 옷 모으기, 불우이웃돕기 성금 모금, 푸드마켓에 음식물 기부, 후원 ○○○회" 등은 학생부에 기재해서는 안 돼요.

그뿐만 아니라 폐휴대폰 수거, 운동경기·공연 관람, 문예작품(그림·글짓기) 공모전 응모, 태극기 달고 인증샷 찍기, 인구조사 참여, 봉사활동 관련 단순 영상물 시청, 해외에서 실시한 봉사활동, 결석생의 정규교육과정에 의한 봉사활동, 봉사활동과 직접 관련이 없는 교육활동 등도 봉사활동실적으로 입력할 수 없어요.

또한, 「초·중등교육법 시행령」 제31조 제1항에 따른 학생의 징계, 「학교폭력예방 및 대책에 관한 법률」 제17조 제1항에 따른 학교폭력 관련 조치사항 등에 의한 학교에서의 봉사, 사회봉사, 출석정지 기간의 봉사활동, 「소년법」 제32조 제1항 3호에 따른 사회봉사, 미인정 결석 중 실시한 봉사활동은 봉사활동 실적으로 입력하지 않아요.

봉사활동시간은 어떻게 인정받나요?

봉사활동시간은 자원봉사자(학생)와 봉사활동기관의 상호신뢰를 바탕으로 하여 인정하지요. 따라서 인정시간을 실제시간보다 늘리거나 남에게 양도하는 등의 행위를 해서는 안 돼요. 봉사활동시간을 남에게 양도하는 경우도 있냐고요? 모자봉사단의 경우에 어머니의 봉사활동시간을 자녀가 한 것처럼 입력하기도 하는데, 그래서는 안 돼요.

봉사활동시간은 1일 8시간 이내에 인정하는 것이 원칙이에요. 휴업일(토요일·공휴일·방학·재량휴업일)인 경우 8시간 이내로 인정하고, 학교수업이 있는 평일에는 '8시간 – 학교수업시간'으로 계산하여 인정하지요. 평일 수업시간이 7교시면 1시간, 6교시면 2시간, 4교시면 4시간을 인정하는 방식으로요. 학생봉사활동추진위원회의 심의를 거쳤다고 하더라도 1일 8시간(수업시간과 봉사활동시간 합산) 이상의 봉사활동은 인정할 수 없어요.

한편, 동일기관에서 같은 내용으로 봉사활동을 지속적으로 한 경우에는 학기말 또는 학년말에 합산하여 시간단위로 기재해요. 다만, 합산하여 1시간이 안 되는 경우는 분단위는 버리지요.

교외체험학습에 참여하여 봉사활동을 한 경우, 인정받을 수 있나요?

봉사활동으로 인정받을 수 있는 기관에서 하는 평일행사에 체험학습(출석인정)으로 참여한 학생에게 해당기관이 봉사활동확인서를 발급한 경우, 봉사활동 인정이 가능해요. 다만, 수업시수로 반영된 시간은 제외한 나머지 시간에 대해서만 봉사활동으로 인정받을 수 있어요. 예컨대 교외체험학습으로 나가 봉사활동을 8시간 한 경우 봉사활동 당일 학교수업이 7시간이면 봉사활동은 1시간만 인정하지요.

봉사활동을 하러 가는 데 걸리는 시간도 봉사시간으로 인정받을 수 있나요?

아니에요. 봉사활동은 실제 봉사활동시간에 한해 인정하므로 이동시간은 원칙적으로 봉사시간으로 인정하지 않아요. 하지만, 특별재난지역 등 국가적 재난극복을 위한 봉사활동의 경우에는 2시간 이내에서 이동시간을 봉사활동 시간으로 인정하기도 해요.

다음 표를 보면 쉽게 알 수 있을 거예요.

구분	출발	현장 도착	준비/ 교육	활동	식사	활동	평가	봉사 활동 후 휴식	현장 출발	도착	귀가
인정			활동인정								

그러고 보니 봉사활동내용에도 시간인정기준이 정확히 있네요?

그래요. 교육부는 봉사활동내용별 인정기준을 다음과 같이 마련해 놓았으니 참고하세요.

- **봉사활동 관련 교육 및 회의시간**: 봉사활동과 직접적으로 관련된 기본·전문교육 및 회의시간은 봉사활동시간으로 인정해요. 다시 말해, 봉사활동 시작 전에 실시하는 교육 등 봉사활동과 직접 관련된 시간은 인정하지만, 봉사활동과 관련하여 단순영상물을 시청하는 경우 등은 인정하지 않아요. 예컨대, 구급활동을 위한 사전 심폐소생술교육과 같은 경우는 봉사활동을 위해 반드시 필요한 사전교육이므로 봉사활동시수로 인정받을 수 있어요.

- **문화공연준비**: 공연에 의한 봉사활동을 하는 경우에 공연 당일 공식적인 준비시간 및 최종연습시간은 인정해요. 다시 말해, 봉사활동현장에서 공연을 시작하기 전에 하는 공식적 공연준비나 최종연습 등은 포함하되, 공연주체의 일상적인 공연준비나 연습은 제외하지요.

- **행사참여**: 각종행사에 따른 안내(내빈이나 주차), 주변정리, 홍보 등 실질적 봉사활동은 인정하지만, 단순참여는 인정하지 않아요. 정부·지자체 기념식 등의 공공행사에 단순 동원식 참여나 행정기관으로부터 활동비 등 대가를 받는 활동은 제외하지요.

- **캠페인활동**: 건전한 사이버문화 조성을 위한 활동으로 봉사활동시간으로 인정해요. 예컨대, '선플 달기' 작성은 최대 12시간까지 봉사활동으로 인정하지요. 고등학생의 경우 60자 이상으로 20건을 올리면 일주일에 최대 1시간 인정해요.

- 국제학업성취도평가(PISA, TIMSS, ICILS 등)에 응시하는 학생에 대해서도 봉사시간 을 인정해요. 국제기구가 주관하고 국가기관에서 단위학교에 요청하여 시행하는 경우 에 실제 평가(사전검사, 예비검사, 본검사 모두 포함)는 봉사활동시간으로 인정하지요.

- 번역: 공익적 목적에 의해 공식적으로 요청받은 경우에 한하여, 200자 원고지 5매당 또 는 A4 1매를 1시간 기준으로 인정해요. 점자, 녹음 등 번역과 유사한 활동의 경우에도 유사한 기준을 마련하여 인정하지요.

- 헌혈: '헌혈'은 사전 봉사활동계획서를 제출하지 않아도 되고, 1일 최대 봉사활동 인정 가능 시간(8시간)의 제한을 받지 아니하며, 1회당 4시간으로 연 3회의 범위 내에서 실적 으로 인정해요. 참고로, 6교시 이후에 헌혈차가 학교에 방문하여 학생이 헌혈을 하였을 경우에도 '학생봉사활동 시간인증기준'에 따라 4시간을 인정해 주지요.

  헌혈은 만 16세 이상 체중이 남자 50kg, 여자 45kg 이상인 경우 가능하니까, 건강에 문제가 없으면 꾸준하게 헌혈하는 게 좋아요. 헌혈활동이 나눔과 베풂을 실천하고 타인 의 생명을 구하는 실천적 봉사활동이라는 교육적 의미와 연계될 수 있도록 추진하라는 것이 교육부의 입장이에요.

동아리활동 중에 이루어진 봉사활동은 인정받을 수 있나요?

봉사활동시간은 다른 창의적 체험활동 영역의 시간과 중복하여 인정받을 수 없어요. 봉사 동아리라고 하더라도 동아리활동의 일환으로 봉사활동을 한 경우에는, 봉사활동 실적으로 인 정하지 않으며 동아리활동 내용으로만 인정한다는 점에 주의하세요. 일반동아리뿐만 아니라 자율동아리도 동아리활동으로 실시한 봉사활동실적은 봉사활동시간으로 인정할 수 없다는 점, 꼭 기억해 두세요.

봉사활동,
학교생활 디자인하기

봉사활동도 학교에서 지도해야 하나요?

당연하죠. 봉사활동도 교육과정의 일부이니까 당연히 지도해야죠. 2000학년도부터 제7차 교육과정의 특별활동에 봉사활동이 교육과정의 한 영역으로 자리 잡음에 따라, 학교도 봉사활동에 대해 체계적으로 지도해야 할 의무가 생겼어요. 학교에서 배운 교과지식을 실생활에 적용하는 과정에 자신이나 지역사회에 의미 있는 변화를 가져오도록 하는 활동이 바로 봉사활동이니까요.

교육부에서 서류기반 면접 봉사활동, 가족단위 봉사활동, 사제동행 봉사활동 등을 지역사회와 연계하여 운영하도록 권고하는 까닭이 여기에 있어요. 교육부가 나서서 학교가 중심이 되어 지역사회 봉사활동기관과 연계를 강화하도록 한 점은 눈여겨보아야 해요.

봉사활동 지도에서 학교가 특히 유념할 점은 뭐예요?

일반적으로 봉사활동은 '단순 참여형'과 '재능 기부형'의 두 가지로 나눌 수 있어요. 곧, 연탄배달, 김치담그기, 도시락배달 등 직접 몸으로 참여하는 단순 참여형 봉사활동과, 자신의 취미와 특기를 다른 이를 위해서 사용하는 재능 기부형 봉사활동이 그것이지요.

이제까지 봉사활동은 단순 참여형 봉사활동 위주로 진행되었는데, 학교에서는 재능 기부형 봉사활동이 좀 더 강화되도록 지도했으면 좋겠어요. 교육부의 「2015개정교육과정 봉사활동 관련 주요내용」에서도, 봉사활동교육 중점내용으로 고등학교에서는 학생의 취미·특기를 활용한 봉사실천을 권고하고 있거든요.

예컨대, 악기를 다룰 줄 아는 학생들과 춤을 출 줄 아는 학생들을 대상으로, 그들의 취미와 특기를 살려 학교에서 단체로 정기적으로 공연을 기획하여 병원이나 양로원 등에서 봉사활동을 하도록 지도하는 것도 의미 있을 거예요. 실제로 바이올린 연주로 3년 동안 주말마다 요양원을 다니며 어르신들을 따뜻하게 위로하는 학생의 모습을 보고 크게 감동받은 적이 있어요. 그 학생이 의대에 지원했을 때, 교사추천서에 이렇게 적어 준 기억이 나네요. "의사로서의 인성과 품격을 갖춘 학생"이라면서 해당사례를 들어 주었지요.

봉사활동에서 학생들이 유념할 건, 뭐가 있을까요?

봉사활동의 핵심은 '진정성'이에요. 진정성眞正性이란 '진실하여 애틋한 마음이 느껴지는 성질'을 뜻하는데, 이는 자신이 스스로를 평가하는 게 아니라 다른 사람들에 의해 평가받는다는 특징을 지니고 있어요. 흔히들 성실하면 진정성이 있다고 하는데, 진정성은 단순한 성실성을 뛰어넘는 특별한 의미를 지니고 있고요.

그렇다면 봉사활동에서 진정성은 무엇으로 평가받는 걸까요? 그게 바로 지속성持續性이에요. 하루 이틀 하다 마는 것이 아니라 봉사활동을 오래도록 계속하면 진정성이 느껴지거든요. 지속적인 봉사활동을 통해 무엇인가를 온몸으로 배우고 느끼며 스스로 '성장'하는 것이며, 그 성장이 주변에 '선한 영향력'으로 이어질 때 봉사활동은 드디어 완성된다고 할 수 있지요.

봉사활동을 멋지게 하는 방법이 있을까요?

있지요. 아까 '주제-독서-실천-보고'의 단계로 동아리활동을 하라고 했지요. 봉사활동도 마찬가지예요. 먼저 봉사활동에 맞는 주제를 찾고, 이 주제에 맞는 독서를 하며 내실을 다진 뒤, 이를 현장에서 실천하면서, 마지막으로 영상보고서를 만들어 제출하면 인성을 드러내는 데 더할 나위 없는 내용으로 학생부를 가득 채울 수 있을 거예요.

❸ 봉사활동, 학교생활기록부 디자인하기

봉사활동 영역의 실적은 어떻게 기록하나요?

봉사활동 영역의 실적은 '학교계획에 의한 봉사활동'과 '학생개인계획에 의한 봉사활동'의 구체적인 내용을 모두 기록할 수 있어요. 따라서 '봉사활동실적'란에 연간 실시한 봉사활동의 일자 또는 기간, 장소 또는 주관기관명, 활동내용, 시간을 실시일자 순으로 모두 입력하면 되지요.

> **규정** 학교생활기록부 작성 및 관리지침 해설
>
> 제13조 (창의적 체험활동상황)
>
> ② 제1항의 봉사활동 영역의 실적은 학교계획에 의한 봉사활동과 학생개인계획에 의한 봉사활동의 구체적인 내용을 별도의 '봉사활동실적'란에 연간 실시한 봉사활동의 일자 또는 기간, 장소 또는 주관기관명, 활동내용, 시간을 실시일자 순으로 모두 입력한다.

봉사활동의 실적을 입력하는 방법이 다르다고 하던데요?

학생개인계획에 의한 봉사활동실적 입력은 '실적연계사이트를 이용하는 경우'와 '실적연계사이트를 이용하지 않는 경우'가 달라요. 이를 먼저 확인한 후, 다음 절차에 따라 처리하면 돼요. 실적연계사이트는 나눔포털 1365 http://www.nanumkorea.go.kr, 청소년봉사활동포털 사이트 DOVOL http://www.dovol.youth.go.kr, 사회복지봉사활동인증관리시스템 VMS http://vms.or.kr 등을 통틀어 가리키지요.

실적연계사이트를 이용한 경우(신청→실행→전송→반영을 통한 일련의 과정을 포함)에는, 학생은 봉사활동계획서나 봉사활동확인서를 학교에 제출할 필요는 없으나, 봉사활동을 실시하기 전에 담임교사와 상담을 통하여 인정기관과 활동내용을 확인해야 해요.

사이트	주소	관계부처	운영주최
1365자원봉사포털 (나눔포털)	www.nanumkorea.go.kr	행정 안전부	한국 중앙 자원 봉사 센터
청소년자원봉사 (DOVOL)	www.dovol.youth.go.kr	여성 가족부	한국 청소년 활동 진흥원
사회 복지 봉사 활동 인증 관리 시스템 (VMS)	www.vms.or.kr	보건 복지부	한국 사회 복지 협의회

　아울러, 실적연계사이트에서 전송하여 반영된 봉사활동실적은 [학생생활] – [창의적체험활동] – [봉사활동누가기록조회]에서 {나눔포털조회}로 학급별 일괄출력하여 확인할 수 있지요.

　한편, 또한 실적 연계 사이트에서 발급한 전송자료의 '장소 또는 주관기관명'에 '○○도 □□시'로 표기되어 있는 경우 실제로 발급한 기관명을 입력해야 해요. 봉사활동실적연계 사이트를 이용한 경우 학교현장에서 확인절차 없이 전송자료를 그대로 반영하여 입력오류사례가 다수 발생하므로 주의가 요망된다고 하네요.

실적연계사이트에서의 봉사활동 절차에 대해 설명해 주세요.

　나눔포털, 두볼DOVOL, 브이엠에스VMS에서의 봉사활동절차는 다음과 같아요.

학생	학생	학교	학교
실적연계사이트에서 봉사 활동 검색 후 신청	봉사 활동 실행 후 봉사활동확인서, 교육정보시스템 (NEIS)으로 전송	교육정보시스템(NEIS)에서 전송된 실적 자료 확인 후 승인	학교생활기록부 기재

실적연계사이트를 통한 봉사활동실적을 반영할 때에도 담임교사는 다음 내용을 제외한 후 반영해야 해요.

- 시·도교육청 학생봉사활동 운영계획에 적용되지 않는 봉사활동실적

- 봉사활동실적으로 인정할 수 없는 사례와 영리기관에서 실시한 봉사활동실적

- 1일 8시간(수업시간과 봉사활동시간 합산) 초과시간

- 허위봉사활동실적

나눔포털, 두볼(DOVOL), 브이엠에스(VMS)를 이용하지 않은 경우,
봉사활동의 실적, 어떻게 입력하나요?

학생 개인이 봉사활동을 하고자 할 때 담임교사와 상담한 뒤 사전에 '개인봉사활동계획서'를 담임교사에게 제출해야 해요. 그러면 담임은 이를 스캔하여 학교장 결재를 받는데, 그러고 나서야 봉사활동을 비로소 시작할 수 있어요. 학생은 봉사활동이 끝나고 난 뒤에 '개인봉사활동확인서'를 담임교사에게 제출해야 해요. 그러면 담임교사는 이를 스캔하여 학교장의 결재를 받은 뒤 '문서등록'해야 봉사활동실적을 최종적으로 인정받을 수 있지요.

학교장이 허가한 개인계획에 의한 봉사활동의 실시와 인정절차를 정리하면 다음과 같아요.

학생	학교	학생	학교	학교
봉사 활동 계획서 제출 (담임, 담당 교사의 지도 및 상담 등)	봉사 활동 계획 승인	계획에 따른 실행 후 봉사 활동 확인서 제출	봉사 활동 확인서 평가	학교생활기록부 기재

한편, 외부의 특정 단체에서 학생 개인이 봉사활동을 한 뒤 그 결과를 '봉사활동확인서'라는 문서형태로 학교에 보내오면, 학교에서는 봉사활동 관련부서(대부분 창의적 체험활동부)에서 스캔하여 '문서등록' 결재한 후 담임에게 송부하면 담임교사는 이를 근거로 학생부의 봉사활동 영역에 입력하면 돼요.

예전에 학교생활기록부에 봉사활동 영역의 특기사항을 입력할 적에는, 어떻게 하였었나요?

봉사활동 영역의 특기사항은 '체계적이고 지속적인 봉사활동' 등 특기할 만한 사항이 있는 학생에 한하여 기록하도록 했어요. 그리고 그 내용은 '실질적인 활동과 역할' 위주로 입력하되, 구체적인 범위는 학교장이 정한다고 했지요.

규정 학교생활기록부 기재요령

◇ 봉사활동 영역의 특기사항은 체계적이고 지속적인 봉사활동 등 특기할 만한 사항이 있는 학생에 한하여 실질적인 활동과 역할 위주로 입력하되, 구체적인 범위는 학교장이 정한다.

봉사활동기록장이 필요하다고요?

2019학년도 1학년부터 봉사활동실적은 현행대로 입력하되 교사의 관찰이 어려운 봉사활동의 성격을 고려하여 특기사항은 삭제하기로 하였어요. 하지만 '행동특성 및 종합의견' 영역에 봉사활동의 특기사항을 기재할 수 있고, 면접을 할 때나 자기소개서를 작성할 때에도 봉사활동내용이 필요하니 평소에 '봉사활동기록장'을 마련해 두는 게 좋아요.

봉사활동은 학생의 인성을 알아볼 수 있는 중요한 항목인데, 면접에서 정확한 사례를 들어 명료하게 대답하지 못하면 되겠어요? 그뿐만 아니라 자기소개서를 작성할 때 평소에 봉사활동에 대한 자기평가를 정리해 놓으면 크게 도움이 되니, 그때그때 한 봉사활동은 꼭 기록해 두세요.

봉사활동기록장, 어떤 틀을 잡아 쓰면 좋은지를 좀 더 알기 쉽게 설명해 주세요.

학교생활기록부의 서술형 기재내용은 '일반적인 내용'을 먼저 진술한 다음, 그것을 '구체화하는 사례'로 써야 설득력 있다고 그랬지요. 봉사활동도 ⓐ 일반적인 내용을 먼저 진술한 다음, ⓑ 그것을 구체화하는 사례로 설득력 있게 써야 해요. 구체화한다는 것은 '누가(어떤 역할로), 언제(언제), 어디서, 무엇을(어떤 활동을), 어떻게(어떻게 수행해서) 하였는지'에서 '무엇을'과 '어떻게'에 초점을 맞추어 기록하면서, 그 결과가 어떠했는가 — 이것이 '왜'와 상통함 — 를 병기해 주는 것을 의미하지요. 지속적인 봉사활동인 경우에는 (   ) 안에 '봉사활동의 기간/시간, 횟수'(2019.03.18.−2020.02.29./50시간, 15회) 등을 적어 주면 좋아요.

다음과 같은 봉사활동기록장을 작성하여 두면, '행동특성 및 종합의견' 영역에 봉사활동의 특기사항을 기재해 달라고 담임교사에게 요청할 때나, 대학입시에서 면접시험을 치를 때 큰 도움이 될 거예요.

봉사활동기록장		
일반	'인성'에서 언급할 행동특성은 무엇인가?	
구체	이를 보여 주는 구체적 사례는 무엇인가?	

봉사활동기록장

기재 예시문

교내 봉사활동

봉사활동기록장	
'인성'에서 언급할 행동특성은 무엇인가?	통합학급 장애우도우미로 활동하며 특수학급 학생의 식사를 보조하고, 체육활동을 함께 하면서 더불어 살아가는 삶의 의미를 깨달음.
이를 보여 주는 구체적 사례는 무엇인가?	특히, 가족 중에 장애인이 있어서 장애인 문제를 자신의 문제로 받아들이게 되어, 장애인식개선을 위한 통합교육활동에도 정성을 쏟음. 장애를 가진 친구에게 역할모델이 된다는 점을 알고 나서는 더욱 모범적인 생활태도를 견지하려고 애를 씀(2019.03.18.–12.07./10시간).

ⓐ 1학년 때 학교 앞의 신호등 없는 횡단보도에서 교통사고가 난 장면을 목격하고 나서 수요일 아침마다 교통안전지도에 나서는 등 생명존중의식이 남다름. ⓑ 다른 학생들보다 30분씩 일찍 등교하여 선생님들과 함께 등교생들의 안전을 위한 교통지도에 참여함. 문제의 근본적인 원인을 제시하기 위하여 피해학생들과 과속방지턱 설치를 담당기관에 건의하여 받아들여짐(2019. 03. 13. –12. 04. /10시간, 20회).

지역사회 봉사활동

봉사활동기록장	
'인성'에서 언급할 행동특성은 무엇인가?	학교모자봉사단의 일원으로 참여하면서 복지사각지대에 있는 노인들에 대한 나눔과 배려를 몸에 익힘.
이를 보여 주는 구체적 사례는 무엇인가?	봉사단 친구들과 '65+우리들'이라는 소모임을 별도로 만들어 ○○○노인복지관과 연대하여 학교인근에 계시는 독거노인가정을 3주에 한 번씩 '학생방문→어머니방문→학생안부전화'의 형태로 활동을 성실하게 이어나감. 지역신문에 '독거노인손자되기운동'을 제안하여 복지관 관계자로부터 칭찬을 받음(2016.03.09.-12.20./45시간, 15회).

ⓐ 지역아동센터에 학습도우미로 활동하면서 소외된 아이들의 학습격차를 줄이기 위해 애를 쓰는 모습에서 교육적 열정이 느껴짐. ⓑ 매주 화요일에 센터를 방문하여 중학생들을 대상으로 국어와 수학을 가르침. '대중가요의 잘못된 발음'을 바로잡아 주면서 음운변동을 가르치고, '스토리텔링'의 방법을 통해 수학이 친근감이 들게 하려고 노력하는 모습이 매우 인상적임(2019. 03. 18. -12. 07. /60시간, 30회).

환경보호활동

봉사활동기록장	
'인성'에서 언급할 행동특성은 무엇인가?	우리 문화와 역사에 관심이 많아 청소년 문화재지킴이로 활동하면서 문화재의 공동체적 가치를 나누려는 자세가 체화됨.
이를 보여 주는 구체적 사례는 무엇인가?	격주로 토요일에 친구들과 함께 ○○산성의 역사와 문화재로서의 가치를 설명하는 활동을 함. 외세의 침입을 막아낸 역사적 흔적을 관람객들에게 알기 쉽게 설명함. 자신의 해설 영상을 학교홈페이지에 탑재하여 '문화해설사'라는 칭찬을 받음(2019.03.18.- 2020.01.07./56시간).

ⓐ 에너지절약 및 기후위기 대응을 위해 교내봉사모임 SeSe(Save energy Save earth)에서 학년대표로 활동하면서 생태적 삶을 적극적으로 실천함. ⓑ 학교의 냉난방전기료가 1달에 1천만 원이 넘음을 알고, 학급별로 냉난방기 아껴쓰기 운동을 전개함. 복사지 이면지를 활용하자는 캠페인을 벌이고, 교실마다 재활용품수거함 설치를 건의함. 동사무소에서 '폐지 줍는 할머니'를 소개받아 격주로 리어카 한 대 분량의 폐지와 재활용품을 전달해 드리면서 지역신문에 미담 사례로 소개됨.

캠페인활동

봉사활동기록장	
'인성'에서 언급할 행동특성은 무엇인가?	국제청소년축제에 홍보팀 자원봉사자로 참여하여 다양한 나라의 사람들과 관계를 맺으면서 의사소통능력이 크게 향상됨.
이를 보여 주는 구체적 사례는 무엇인가?	청소년축제에 대한 캠페인활동을 벌이고, 외국인 학생들에게 지역의 여러 관광명소를 안내함. 이 과정에서 평소에 익혀 놓은 영어와 중국어를 사용하면서 언어소통에 자신감을 얻음. 축제 이후 외국인과 메일을 주고받으면서 성격 또한 관계 지향적으로 변함(2019.08.07.-08.14./28시간).

ⓐ 월드비전 서포터즈로 세계의 모든 어린이가 풍성한 삶을 누리도록 돕는 활동에서 진정한 '나눔의 기쁨'을 알게 됨. ⓑ 영어회화에 뛰어나 월드비전 비전메이커 자원봉사단체에서 캠페인활동과 통번역활동을 함(2018. 03. 18. ~2019. 02. 29. /32시간). 여름방학 때는 다문화가정을 위한 무료진료소에서 이주민환자의 통역을 돕는 일을 하였으며, 이주노동자를 진료하는 의사들의 삶을 홍보하는 글을 영어로 작성하여 월드비전 홈페이지에 올림(2018. 07. 08. ~08. 07. /12시간).

02-4

진로활동

❶ 진로활동, 관련규정 파헤치기

'진로활동'이란 뭐예요?

　진로활동은 창의적 체험활동의 내용체계 중 하나로서, 자율활동·동아리활동·봉사활동 등과 연계하여 진로와 관련한 학습기회를 제공하는 활동이에요. 진로활동은 개인이 자신의 진로를 계획하고 진로에 대한 준비를 하며, 적절한 시기에 진로를 선택하고, 선택한 진로에 대해 잘 적응하고 발전할 수 있도록 도와주는 활동이지요.

> **규정** 학교생활기록부 기재요령
>
> ◇ 진로활동은 개인이 자신의 진로를 계획하고 그 진로에 대한 준비를 하며, 적절한 시기에 진로를 선택하고, 선택한 진로에 대해 잘 적응하고 발전할 수 있도록 도와주는 활동이다.

진로활동은 어떤 단계를 거쳐 이루어지나요?

어떤 일을 추진할 때 우리는 보통 3단계의 사고과정을 거치는데, 진로활동도 이와 비슷해요. '나는 지금 어디에 있는가?'를 통해 자신의 현재위치를 파악(자기이해활동)하고, '나는 어디를 향해 나아갈 것인가?'를 통해 자신의 지향점을 설정(진로탐색활동)하며, '나는 어떻게 나아갈 것인가?'를 통해 목표점에 도달하기 위한 방법(진로설계활동)을 계획하지요.

이처럼 진로활동은 자기에 대한 이해理解, 말이나 글의 뜻을 깨달아 앎를 바탕으로, 진로를 탐색探索, 감추어진 사실을 알아내기 위해 살펴 찾음하고, 진로를 설계設計, 계획을 세움하는 일련의 활동이에요. 그러니까 진로활동은 자신이 무엇을 하고 싶은지를 알아보는 '자기이해활동'과, 자신이 하고 싶은 일에는 무엇이 있는지를 찾는 '진로탐색활동', 자신이 하고 싶은 일을 하려면 무엇을 어떻게 해야 하는지를 계획하는 '진로설계활동'으로 이루어져 있지요.

'자기이해활동'부터 듣고 싶은데요?

자기이해활동은 자아정체성 형성에 어려움을 겪는 학생이 스스로를 이해할 수 있는 기회를 찾도록 돕는 활동을 말해요. 이 활동에서는 자아발견·자아존중을 통해 자신의 좋은 점, 멋진 점을 스스로 찾아내는 '자기강점 증진활동'이 무엇보다 선행되어야 하며, 이를 바탕으로 흥미와 적성을 탐색하여 자기의 남다른 점을 찾아내는 '자기특성 이해활동'이 뒤따라야 하지요. 한마디로 자기이해활동은 '강점 증진 + 특성 이해'로 이루어져 있다고 할 수 있어요.

	자기이해활동	
자기강점 증진활동	+	자기특성 이해활동
• 자아정체성탐구 • 자아존중감증진		• 직업흥미탐색 • 직업적성탐색

　여기에서 우리는 '자아존중감' 다시 말해, 자존감에 주목할 필요가 있어요. 사람은 누구나 강점과 약점을 가지고 있는데, 강점보다는 약점에 눈을 돌려 이를 보완하기 위해 애쓰는 경우가 많지요. 하지만 약점에만 신경을 쓰다 보면 강점을 발전시키는 데 소홀해질 뿐만 아니라, 긍정적인 자아정체감 형성에도 장애가 될 수 있고, 자아존중감 증진에도 걸림돌이 될 수 있어요. 앨버트로스Albatross라는 새의 긴 날개는 날아오르기까지는 매우 힘겹지만, 일단 날아오르고 나면 긴 날개의 힘으로 어떤 새보다 오래, 멀리 날 수 있다고 하잖아요.

　'내가 내 자신을 존중하고자 하는 마음'인 자존감은 '타인이 나를 존중해 주기를 바라는 마음'인 자존심과는 차원이 달라요. '자존심'은 높은데 '자존감'이 낮다는 평을 듣는 사람들의 공통적인 모습은 자기의 강점은 보지 않고 약점에만 매여, 그 약점이 오히려 강점일 수 있는 것조차 모르는 경우가 많아요. 그러니 남들의 말 한마디에도 상처를 받지요. '자기이해활동'에서 매우 중요한 자존감을 높이기 위해서는, 자신의 약점마저도 뒤집어 보는 안목이 필요하다는 말을 잊지 마세요.

　자기이해활동에서 직업에 대한 흥미와 적성을 탐색하는 것도 매우 중요하지요. 흔히 '직업'을 직職과 업業으로 구분하기도 해요. 자신이 하는 일을 '직'이라고 한다면, 자신이 추구하는 꿈을 '업'이라고 하면서요. 아무리 '직'이 좋아도 '업'이 없다면 행복하다고 할 수 없지만, '업'이 정말 분명하다면 '직'이 보잘것없어도 행복한 삶이라고들 하지요.

　하지만 현실은 어때요? '직'과 '업'이 결합되어 있다면 더 말할 나위가 없겠지만, 그러지 못할 경우 어떻게 할까요? 사는 것은 그렇게 녹록하지 않아요. 먹고 사는 문제가 이전히 삶의 중심에서 버티고 있는 상황에서, 저는 그래요. '흥미 있는 것', 좋아하는 것은 취미로 남겨 두고, '적성에 맞는 것', 잘하는 것을 직업으로 선택하라고요. 그래야 먹고 살 수 있다면서요.

　이러한 자기이해활동을 위해서는 자기정체성 파악을 위한 검사도 중요해요. 학교에서는 진학진로정보센터 www.jinhak.or.kr 등 관련 사이트에 접속하여 학생의 발달단계에 적합하게 개발된 각종검사를 받을 수 있도록 안내해 주어야 하지요.

언어능력, 수리논리능력, 공간지각능력 등을 알아보는 '지능검사', 학습전략에서 장점과 단점을 제시하여 문제점을 수정하고 개입하는 '학습전략검사', 성격특성, 사회성, 적응탄력성, 그리고 문제행동양상에 대한 포괄적 정보를 제공하는 '행동진단검사', 개인의 선호도와 직업의 성격이 얼마나 잘 조화를 이룰 수 있는가를 검토하는 '성격유형검사', 진로준비 및 진로계획을 위해 자신의 진로를 탐색하는 데 도움을 주는 '진로탐색검사' 등은 매우 유용한 검사예요.

자신의 소질과 적성을 이해하기 위해서는 이러한 적성검사나 진로검사 등을 실시한 뒤, 이를 바탕으로 담임교사와 깊이 있는 상담이 이루어져야 해요.

'진로탐색활동'에서는 무엇을 어떻게 탐색하는가요?

진로탐색활동은 자기이해를 바탕으로 자신의 적성과 소질을 살린 직업이 무엇인지를 결정할 수 있도록 다양한 기회를 제공하는 활동이에요. '직업에 대한 흥미와 적성'을 바탕으로, ① '직업세계'가 앞으로 어떻게 변화할지, ② '진로'에 적합한 전공학과는 무엇인지, 전공학과를 가장 잘 가르쳐 주는 상급학교는 어디인지, 그 정보를 탐색하는 거지요. 그러면서 ③ 직업인을 초청한다든가 직업인과 인터뷰한다든가 직접 해당직종을 찾는다든가 하는 '진로체험'을 하면 돼요. 이를 위해서는 진로검사·직업세계탐색·의사결정연습 등이 주요 프로그램으로 교육과정에 배치되어야 하겠지요.

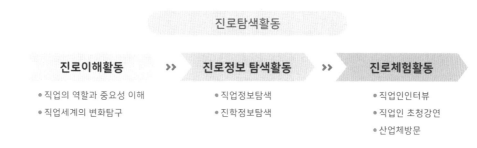

진로탐색활동

진로이해활동		진로정보 탐색활동		진로체험활동
• 직업의 역할과 중요성 이해 • 직업세계의 변화탐구	≫	• 직업정보탐색 • 진학정보탐색	≫	• 직업인인터뷰 • 직업인 초청강연 • 산업체방문

특히 '직업이해활동'에서 직업세계가 빠르게 변화하고 있다는 점을 학생들이 피부로 느끼게 해 주어야 해요. 지식과 정보의 효율적인 활용이 부가가치 창출의 근원이 되는 지식정보사회로 변화함에 따라 새로운 직업이 속속 등장하고 있으며, 기존의 직업은 사라지거나 직무의 내용이 변화하는 등 많은 변화가 나타나고 있지요. 특히, 최근에는 기업이 경쟁력 강화를 위해 구조조정을 빈번하게 실시함에 따라 '평생직장'의 개념은 사라지고 전문성이 강조되는 '평생직업'의 개념이 새로이 나타나고 있다는 점을 실감하게 해 주어야 해요.

나아가 '진로정보 탐색활동'에서는 직업정보와 진학정보를 탐색하는데, 이 중에 직업정보는 한국직업능력개발원의 커리어넷 careernet.re.kr 에 들어가서 [직업·학과정보] - [직업정보]에서 확인할 수 있고, 노동부의 워크넷 work.go.kr, 여성가족부가 제공하는 여성직업정보 사이트 위민넷 women.go.kr 에서도 얻을 수 있다는 점을 알려 주세요.

진로탐색활동에서 직업체험도 이루어지나요?

그래요. 진로탐색에서 백미白眉, 흰 눈썹이라는 뜻으로, 여럿 중에서 가장 뛰어난 사람이나 사물을 비유적으로 이르는 말는 해당직업에 대한 체험이 이루어지는 '직업체험활동'이에요. 직업체험활동은 다양한 직업체험전문기관과의 연계를 통해 이루어지지요. 학교에서 '진로탐색의 날'을 다들 운영하는데 '전문가초청'으로만 그치지 말고 '전문가탐방'으로 이어지도록 하는 기획이 절실해요. 다시 말해, 1학기에는 '전문가를 초청하는 진로탐색의 날'로 운영하고 2학기에는 '전문가를 찾아가는 진로탐방의 날'로 운영하는 거예요.

교육부에서는 창의적 체험활동을 강화하기 위하여 학교 내 교육과 학교 밖 체험을 연계해 주는 다양한 예술·체육·과학 체험프로그램을 확대하고, 박물관, 미술관, 과학관 등 문화시설 활용 체험프로그램을 개발하여 보급하고 있어요. 또한 교육부에서는 기업이나 대학의 인력이나 시설·장비를 체험활동에 활용하는 교육기부를 확산하고, 학부모·대학생·지역인사 등 자원봉사자 중심으로 창의체험지원단을 구성하여 프로그램 운영과 체험활동 인솔·안내를 지원하고 있지요. 학교에서는 이를 적극적으로 활용할 필요가 있어요.

'진로설계활동'에서는 무엇을 어떻게 설계하나요?

진로설계활동은 학업과 직업에 대한 진로계획활동과 진로준비활동으로 나뉘어요.

진로설계활동

진로계획활동	진로준비활동
● 진로상담	● 일상생활관리
● 진로의사결정	● 진로목표설정
● 학업에 대한 진로설계	● 진로실천 계획수립
● 직업에 대한 진로설계	● 학업관리

먼저, '진로계획활동'은 원하는 직업을 갖기 위해서 어떤 학과를 선택해야 하며, 그 대학 그 학과를 가기 위해서 어떤 준비를 해야 하는가를 구체화하는 단계예요. 이 단계에서는 진로를 계획할 수 있도록 충분한 상담을 통해 진로의사결정이 선행되어야 한다는 점이 핵심이지요. 나아가, '진로준비활동'은 그 대학 그 학과를 나와 그 직업을 얻기 위해서 학교생활은 어떻게 관리하고 교과학습은 어떻게 설계할 것인가를 구체화하는 단계예요.

'진로희망사항' 항목이 삭제되면서 학교생활기록부 기재영역이 달라졌다면서요?

그래요. 2019학년도 1학년부터 창의적 체험활동상황의 '진로활동' 영역과 기재내용이 중복되는 '진로희망사항' 항목이 삭제되었어요. 그리고 기존에 '진로희망사항'에 기재되던 학생의 '진로희망'은 창의적 체험활동의 '진로활동' 영역에 기재하되, 대입활용자료로 제공하지 않기로 했지요.

대학에 가서도 뚜렷한 진로를 결정하지 못해 헤매는 학생들이 많은데, 고등학교 1학년 생에게 희망진로를 적으라고 한 것은 너무한 측면이 있었거든요. 진로희망사항'에 기재되던 '희망사유'는 창의적 체험활동의 '진로활동' 영역에 기재하되, 대입활용자료로 제공하지 않기로 했지요.

진로활동의 특기사항은 누가 기재하나요?

진로활동의 특기사항은 진로전담교사가 아니라 담임교사가 기재해야 돼요. 진로활동의 특기사항을 제대로 기록하기 위해서 '나이스'나 '상담일지'에 누가기록이 되어 있어야 해요. 학생 개인별로 참고할 만한 사항이 있으면 그때그때 나이스나 상담일지에 누가 기록해 놓은 뒤, 진로활동의 특기사항을 입력할 때 이를 적극적으로 활용해야 하지요.

또한 진로전담교사가 건네주는 자료가 있을 경우 이를 받아 담임교사가 진로활동의 특기사항을 기재해야 하기 때문에, 담임교사와 진로전담교사의 소통도 매우 중요해요. '진로와 직업'이라는 과목이 정규수업으로 편성되어 있는 학년에는 진로과목의 세부능력 및 특기사항에 이 모든 것을 기재하면 되지만, 진로전담교사의 수업이 없는 학년도 있으니까요.

진로활동,
학교생활 디자인하기

순간의 선택이 인생을 좌우한다고 하던데요?

맞아요. 서울에서 출발하는 기차를 탔는데도, 한 사람은 부산으로 가고 한 사람은 광주로 갈 수도 있으니까요. 진로활동도 그런 것 같아요. 무엇을 선택하느냐에 따라 인생이 많이 달라져요.

진로활동은 대학에 진학하기 위해서도 필요하지만, 학생 개개인의 인생을 행복하게 꾸려나가기 위해서도 꼭 필요해요. 대학에 진학하고 나서 학과선택이 잘못되어 방황하다가 대학생활이 망가지고 삶의 행로조차 비틀거리는 사례들이 얼마나 많아요?

학교생활기록부에서 글자수가 가장 많은 게 진로활동인데, 이 '700자'를 어떻게 채우고 있는가를 보면 매우 답답해요. 학교에서 제대로 해 주지 않는다고 '나'마저 제대로 하지 않으면, 되겠어요?

앞으로 먹고살 직업을 선택한다는 점에서 진로활동은 정말로 중요하겠네요?

그럼요. 먹고사는 문제를 해결해 주는 직업과 연계되어 있다는 차원에서 진로활동은 매우 중요해요. 하지만 자신의 꿈이 실현되는 모습을 보면서 행복한 삶을 살아가게 해 준다는 차원에서 진로활동은 더욱 중요하지요. 진로활동의 최종목적이 '어떻게 하면 내가 행복하게 살 것인가'로 모아진다는 말이 그래서 나오는 거예요. 목표가 목적을 달성하기 위한 수단적 성격이라는 말에 동의한다면, 진로활동의 목표는 직업선택에 있고, 진로활동의 최종목적은 행복한 삶을 추구하는 데 있다고 할 수 있어요.

일정 기간 학생들이 꿈과 끼를 찾을 수 있도록 진로탐색활동 등 다양한 체험활동이 가능하도록 교육과정을 유연하게 운영하는 '자유학기제'가 중학교에 도입된 까닭도 여기에 있어요. 아무 생각 없이 앞만 보고 가다가, 잠깐 그 자리에 멈추어 서서 자신도 돌아보고 세계도 돌아보며, 다시 갈 길을 가도록 돕는 것이 바로 자유학기제이거든요. 고등학교에서의 진로활동은 바로 자유학기제의 교육정신이 그대로 녹아 있어야 해요. 자기도 돌아보고 세계도 돌아보며 자기 갈 길을 가는 것이 진로활동이니까요.

진로활동이 이렇게 중요한데, 학교에서는 그렇게 여기고 있는 것 같지 않아요.

진로활동의 필요성과 중요성은 누구나 공감해요. 하지만 아직도 학교에서는 진로교육을 가볍게 여기는 경향이 있어요. 그러다 보니 진로활동 또한 체계적이라기보다는 파편적으로 이루어지고 있는 실정이지요. 진로활동은 창의적 체험활동 중에서도 그 중요성이 덜 강조되고 있으며, 전체 교육활동 중에서도 주변적 영역으로 취급받고 있어요.

학교에서의 진로활동은 단순한 자기이해와 직업정보제공을 넘어 포괄적 자기개발을 돕는 학습활동이라는 생각을 가져야 해요. 따라서 진로활동이 여러 교과와 연계되어 추진될 수 있도록 학교단위의 전략적 계획수립이 매우 필요하지요. '국어수업 속 진로활동', '수학수업 속 진로활동', '영어수업 속 진로활동' 등 수업 속 진로활동을 의도적으로 배치하는 것이 매우 중요해요. 학교의 시선이 확 바뀌어야 할 부분이 바로 이 영역이에요.

진로활동은 어떻게 지도해야 하나요?

『학교생활기록부기재요령』 교육부 에 따르면, 진로지도의 목표는 자기의 진로를 스스로 설계할 수 있는 진취적 능력을 기르도록 돕는 데 있어요. 진로지도에 임하는 교사는 인간의 희망과 꿈이 성장과정에 따라 변하고, 직업의 종류 또한 다양화·고도화·전문화되고 있으므로, 직업의 세계에 대한 정보를 제공하여 학생들로 하여금 자신의 적성과 능력에 맞는 진로를 선택하는 데 올바른 판단을 할 수 있도록 이끌어 주어야 해요.

아울러 진로활동은 창의적 체험활동인 자율활동, 동아리활동, 봉사활동 등과 연계되어야 한다는 점도 잊지 말아야 해요. 고등학교의 중요한 목표가 '진로와 진학'이라면, 모든 길이 로마로 통하듯 모든 교육활동은 진로와 진학으로 이어져야 하니까요. '자율활동 속 진로활동'. '동아리활동 속 진로활동', '봉사활동 속 진로활동' 등을 의도적으로 배치하려는 교육적 노력이 필요하지요.

예컨대, 월요일 1교시에 배치되어 있는 학급회의를 '진로활동의 성과물을 나누는 시간'으로 적극 활용하면 좋아요. 급우들 앞에서 '나는 누구인가? - 나는 무엇을 좋아하고 무엇을 하고 싶은가(이해)', '20년 후의 나는 어떤 모습일까? - 나는 어떤 일을 하며 어떤 꿈을 꾸고 있을까(탐색)', '나는 나를 어떻게 설계하고 있는가? - 나는 성적과 성장을 어떻게 설계하고 계획하고 있는가(설계)' 등을 발표하는 시간을 갖는다면, 자신을 돌아보고 자신의 미래를 가다듬는 좋은 시간이 될 거예요. 한 달에 두 번만, 이런 시간을 배치해 보세요.

진로활동을 지도할 때 어디에 초점을 맞추어야 하나요?

학교에서 교사가 학생들을 대상으로 진로활동을 지도할 때, 잊지 말아야 할 점이 있어요. 그것은 진로활동도 '창의적 체험' 활동의 한 영역이라는 사실이에요. 진로활동의 내용이 창의적이지 않고 상투적인 수준에 머물러 있다면 그것은 문제가 있고, 진로활동의 수행방식이 학생의 수동적 참여만 있을 뿐 능동적 활동으로 이어지지 않는다면 그 또한 문제가 있어요.

진로활동은 결국 직업선택의 길을 스스로 찾아가는 활동이에요. 따라서 해당직업에서 멋지게 활동하고 있는 '사람'을 만나 롤 모델Role model로 삼거나, 해당직업을 좋아하게 된 결정적인 '사건'을 찾아 자신의 인생을 진지하게 설계하는 계기로 삼도록 하는 게 중요해요.

흔히들 진로활동 특기사항을 보면 '생각'에서 시작해서 '생각'으로 끝나는 경우가 많아요. 그냥 '생각'하는 것보다 '책'을 만나는 것이 중요하고, '책'을 만나는 것보다 '사람'을 만나는 것이 더욱 중요하고, '사람'을 만나는 것보다 그것이 '사건'이 되어 스스로를 변화시키는 계기로 작용하게 하는 것이 더욱 중요하지요. 그래야만 진로활동이 학생부종합전형의 평가요소의 하나인 '전공적합성'을 명료하게 보여 줄 수 있으니까요.

진로활동은 학년별로 달리 지도해야 하죠?

그럼요. 진로활동은 1학년과 2학년으로 나누어 지도계획을 수립하는 게 좋아요. 1학년 때는 자신과 자신이 하고 싶은 일에 대한 이해를 바탕으로, 진로정보를 탐색하고, 진로계획을 세우는 활동이 중점적으로 배치되어야 하며, 2학년 때는 이를 바탕으로 조금 더 심화된 활동이 배치되어야 해요. 이를 보통과정과 심화과정이라고 해도 무방할 거예요.

그렇다고 '이해 → 탐색 → 설계'에 따른 활동이 완전히 구별되는 것은 아니에요. 이해하면서 탐색하고 탐색하면서 설계하며 설계하면서 제대로 된 자기이해에 도달하는 순환구조가 진로활동 내내 작동해야 하니까요.

'나'를 '이해'한다는 게 진로활동에서 그렇게 중요해요?

우리는 왜 살까요? 그래요, 행복하기 위해 살아요. 사회가 지향하는 바가 정의正義라면, 개인이 지향하는 바는 행복幸福이거든요. 행복은 여러 가지로 표현할 수 있겠지만, 많은 사람은 '자아의 실현'을 행복이라고 해요. 자기가 진정으로 하고 싶은 것을 하면서 다른 사람들과 어울려 사는 것이 자아의 실현이니까요.

행복이 자아의 실현이라면, '자아의 발견'은 자아의 실현에 논리적으로 선행되어야 하지 않겠어요? 내가 누구인지 알아야 그 '나'를 실현할 수 있을 테니까요. 우리가 행복하게 살기 위해서는, 반드시 '나는 누구인가?'라는 질문을 던져야 한다는 말이 그래서 나오는 거예요.

'나는 누구인가?' 이 질문에 답하기 위해서 소크라테스는 '나는 무엇을 원하며, 무엇을 할 수 있고, 또 해야 하는가?'라는 질문으로 나누어 접근하였어요. '나'를 '소망'과 '능력'과 '의무'라는 세 변으로 이루어진 하나의 삼각형으로 본 거지요.

자아를 '소망'과 '능력'과 '의무'라는 세 변으로 이루어진 삼각형으로 보았다고요?

　그래요. 우리는 모두 소망과 능력과 의무라는 세 변으로 이루어진 하나의 삼각형을 이루고 있어야 해요. 곧 진정한 의미의 자아가 존재해야 한다는 거지요. 그러나 실제로 우리 주변에는 이런 의미의 자아가 매우 드물어요. 대부분의 경우 우리의 자아는 너무나 많은 소망과 부족한 능력, 보잘것없는 의무로 일그러져 있는 경우가 많거든요. 그리하여 삼각형을 이루지도 못하는 경우가 허다해요. 가장 긴 변이 나머지 두 변을 합한 것보다 길 경우에는 세 변을 모아도 삼각형이 될 수 없으니까요.

　우리는 능력이나 의무에 비해서 지나치게 많은 소망을 갖기 쉬워요. 따라서 우리는 자제력을 발휘하여 지나치게 많은 소망을 줄이려고 애써야 해요. 그래야만 삼각형이 이루어지니까요. 하지만 그것은 너무 소극적이라고 비판받을 수 있어요. 적극적인 성격의 소유자라면 능력을 키워서 자기가 하고 싶은 일을 기필코 해 내려고 노력할 수도 있지요.

　이처럼 나의 소망과 능력이 조율되었을 때, 자연히 나의 의무는 윤곽을 드러내지요. 물론 내가 아주 소극적이고 비사회적인 성격의 소유자라면 의무를 무시할 수도 있겠으나, 우리는 이러한 사람을 결코 자율적인 인간이라고 부르지 않아요. 자율적인 인간이란 자기의 소망과 능력과 의무를 충분히 알고 그것을 행동에 옮기는 사람을 가리키니까요.

　우리는 지나친 소망을 줄이고 부족한 능력을 착실히 길러 가며 의무를 확인함으로써 "나는 누구인가"라는 숙명적인 질문에 대한 답변을 스스로 마련해야 해요. 하지만 그 답변은 그렇게 만만하지 않아요. 그렇다고 우리는 소크라테스의 "너 자신을 알라."는 냉혹하고도 집요한 요청 앞에 너무 움츠러들 필요는 없어요. 설사 그 답변이 여의치 않더라도 우리는 계속하여 질문을 던지면서 살아가야 하니까요.

　일찍이 공자는 "어찌할까 어찌할까 묻지 않는 사람은 나도 어찌할 도리가 없다(不曰如之何

如之何者 吾末如之何也)."라고 말했어요. 내가 누구인지 모르는 것이 부끄러운 것이 아니라, 내가 누구인지 묻지 않는 것이, 다시 말해서 반성하는 삶을 살지 않는 것이 부끄러울 뿐이라는 거지요.

제대로 된 삼각형을 만드는 일이 중요하겠군요?

맞아요. 초라하더라도 제대로 된 하나의 삼각형을 만드는 일, 다시 말해 자아를 발견하여 제대로 된 자아를 형성하는 일이 급선무예요.

그런데 우리 주변에는 '해야 하는 것'을 '하고 싶은 것'으로 착각하는 이들이 많아요. 특히 '누군가 해야 한다고 하는 것(의무)'을 '자기가 하고 싶은 것(소망)'으로 착각하는 친구들이 정말 많지요. 그런데 그 '누군가'가 대부분 어머니나 아버지라는 데에 문제의 심각성이 있어요.

그래요, 부모님은 이 세상에서 우리를 가장 사랑하는 분이에요. 우리를 무척이나 걱정하는 분이기도 하고요. 하지만 부모님의 사랑과 걱정은 어디까지나 '부모님의 생각'이 투영된 것이지, '나의 생각'은 아니에요. 그런데 부모님의 생각에서 한 발자국도 더 나아가지 못하는 친구들이 의외로 많아요. 부모님이 '해야 한다고 하는 것'을 자신이 '하고 싶은 것'으로 착각하며 사는 거지요.

그러니, 다시, 우리는, 자신에게, 진지하게, 물어 보아야, 해요. 가정이나 학교 등 우리가 소속된 사회에서 규정하는 나의 위치를 찾아 '의무로서의 나'를 살아가야 하는 건 맞아요. 그렇다고 '남의 생각'에 '나의 생각'을 종속시켜서는 안 돼요. 나는 나이고 나이어야 하니까요. '나는 누구인가?'라는 질문에 대해 정직한 자기답변을 스스로 찾아내지 않으면, '나의 삶'의 주인이 '나'가 아니 될 수도 있다는 끔찍한 사실, 잊지 마세요.

'하고 싶은 것'을 찾는 게 진로탐색 아닌가요?

흔히들, 진로탐색이라고 하면 '자기가 하고 싶은 것을 찾는 것', '그것이 비록 신기루와 같더라도 그 꿈을 좇는 것'이라고 생각하는데, 아니에요. 우리는 머리로는 하늘을 이고 살지만 발로는 땅을 밟고 사는 그런 존재예요. 직립보행하며 살아가는 '특별한' 동물이긴 하지만, 앉아서 밥을 먹고 쪼그려 앉아서 똥을 싸고 살아가야 하는 '어쩔 수 없는' 짐승이라는 말이지요.

따라서 진로를 탐색할 때 '직업'이라는 문제를 한시도 잊어서는 안 돼요. '진학' 또한 반드시 그 직업과 연계되어야 하고요. '하고 싶은 것'이 '할 수 있는 것'과 연계되어 있으면 정말 좋겠지만 현실이 어디 그런가요? '하고 싶은 것'과 '할 수 있는 것'이 멀어도 너무 먼 경우가 많지요.

그런 경우에는 도대체 어떻게 해야 할까요? 이런 질문을 받을 때마다 해 주는 대답이 있어요. "'할 수 있는 것'은 직업으로 선택하고 '하고 싶은 것'은 취미로 남겨 두어라."라고요. 냉철한 리얼리스트가 되지 않으면, 우리는 어느 날 세상으로부터 차갑게 버려질지도 모르거든요.

오랫동안 교직생활을 하면서 진로상담을 할 때, 묻지도 따지지도 않고 '하고 싶은 것'을 하라고 권면한 학생은 딱 둘이에요. 그 아이 부모가 몇 대는 놀고먹을 수 있을 만큼 재력가였거든요. 하지만 대부분의 가정형편이 어디 그런가요? 그럴 수 없는 환경의 아이들에게 저는 매우 냉정하게 권면해요. 먹고사는 문제를 직시하라고.

그렇다고 아이들이 어디 교사 말을 다 듣는가요? 그렇게 타일렀는데도 자기고집을 피운 학생들이 더러 있지요. 그중 어떤 아이가 몇 년 뒤에 저를 찾아와서 이렇게 말하더라고요. "어른들이 그렇게 말씀하신 데에는 다 이유가 있다는 사실을 뒤늦게 깨달았어요."라고요. 하지만 그 아이는 너무나 비싼 수업료를 치른 뒤였어요.

진로를 '탐색'하기 위해서 구체적으로 무엇을 해야 하나요?

먼저, 자기가 '가장 잘하는 일'이 무엇인지 생각하며, 직업을 탐색하는 거예요. 여기에서 주의할 점은 현재적 관점에서만 그 직업을 바라보지 말라는 거지요. 10년 또는 20년 후 그 직업을 생각지 않으면, 자신이 탐색한 직업이 어느 날 사라질 수도 있는 그런 시대를 우리는 살고 있으니까요. 10년 후에 없어질 직업이 무엇이고, 10년 후에 각광 받을 직업이 무엇인가를 생각하면서, 시대의 흐름에 맞는 직업탐색이 이루어져야 해요.

나아가, 그 직업을 갖기 위해서 어느 학과를 선택해야 하는지도 탐색해야 해요. 그러면서 그 학과를 가기 위해서는 무엇을 준비해야 하는지 입시정보도 탐색해야겠죠. 이때, 흔히들 학교를 먼저 선택하고 학과를 나중에 선택하는데, 그건 무지이거나 허영이에요. 바보이거나 헛바람 든 거란 말이에요. 학과는 일생토록 우리에게 '따뜻한 밥'을 먹여 주지만, 간판만 보고 선택한 학교는 다니는 4년 동안 우리에게 '한 줌도 안 되는 허세'만 먹여 줄 뿐이거든요.

진로를 '설계'하기 위해서는 어떻게 해야 하나요?

진로-진학 목표가 설정되었다면 '학업에 대한 설계'를 구체적으로 해야 해요. 학업에 대한 설계는 해당학과를 가기 위해서 학교에서 교과활동과 비교과활동을 어떻게 꾸려 나갈 것인가를 차근차근 계획하고 준비하고 실천하는 거예요. 정시와 수시는 같은 스포츠이지만 야구와 축구만큼 근본이 다르고, 수시에서도 학생부교과전형과 학생부종합전형은 럭비와 풋볼처럼 경기방식이 서로 다르니까요.

그러므로 나는 정시형인가 수시형인가를 먼저 살펴보고, 내신과 수능, 비교과활동 중에서 무엇을 우선순위에 놓을 것인가를 생각하며 학교생활의 밑그림을 그려야 해요. '오늘 걷지 않으면 내일은 뛰어야 한다'는 말이 있는데, 학생부종합전형은 그럴 수도 없어요. 오늘 걷지 않으면 내일은 뛰어도 소용없거든요. 봄에 뿌려야 할 씨를 여름에 뿌리면 그 씨가 염천에 말라 죽어버린다는 말이 있는데, 이 경구가 학종에 그대로 들어맞아요.

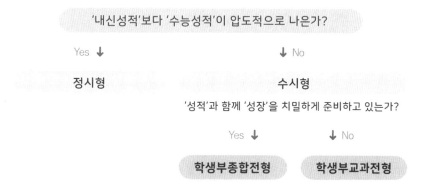

'내신성적'보다 '수능성적'이 압도적으로 나은가?

Yes ↓   ↓ No

정시형   수시형

'성적'과 함께 '성장'을 치밀하게 준비하고 있는가?

Yes ↓   ↓ No

학생부종합전형   학생부교과전형

수능은 1학년 때 못 한 것을 2학년 때 보완해도 되지만, 학종은 1학년 때 못 한 것을 2학년 때 보완할 수 없어요. 2학년 때 와서 1학년 때 학생부를 보완하려 해도 정정 자체가 불가능하거든요. 제때에 차근차근 준비해야만, "아, 이렇게 내 인생에도 봄이 왔구나!" 하며 감격할 날이 다가올 거예요. 계절의 봄은 기다리면 오지만 인생의 봄은 준비하고 앞당기는 자의 것이니까요.

❸ 진로활동,
학교생활기록부 디자인하기

진로활동의 특기사항에 적을 수 있는 내용은 구체적으로 뭐예요?

진로활동 특기사항에는 활동실적이 우수한 사항과 각종 진로검사 및 진로상담결과, 관심분야 및 진로희망과 관련된 학생의 활동내용 등 학생의 진로특성이 드러나는 사항을 담임교사가 입력하면 돼요. 참고로, '진로특성'은 진로과목의 '성취수준'을 통해 확인하는 것이 제일 정확하지요.

규정 학교생활기록부 작성 및 관리지침

제13조 (창의적 체험활동상황)

④ 제1항의 '진로활동'의 특기사항에는 진로희망분야와 각종 진로검사 및 진로상담결과, 관심분야 및 진로희망과 관련된 학생의 활동내용 등 학생의 진로특성이 드러나는 사항을 담임교사가 입력한다.

이 지침에 의거하여 『학교생활기록부기재요령』교육부 에서는, 진로활동의 특기사항에 입력할 수 있는 항목을 다음과 같은 사항을 참고하여 '실제적인 활동과 역할위주'로 입력하라고 더욱 구체화하고 있어요.

- 특기·진로희망과 관련된 학생의 자질, 학생이 수행한 노력과 활동

- 학생의 특기·진로를 돕기 위해 학교와 학생이 수행한 활동과 결과

- 학생·학부모와 진로상담을 한 결과

- 학생의 활동참여도, 활동의욕, 태도의 변화 등 진로활동과 관련된 사항

- 학급담임교사, 상담교사, 교과담당교사, 진로전담교사의 상담 및 권고내용

아울러, 학생의 학업진로, 직업진로에 대한 계획서, 진로와 관련된 각종검사를 바탕으로 진로활동의 특기사항을 입력할 수 있다는 점도 놓치지 마세요. 여기에서 '학생의 학업진로, 식업진로에 대한 계획서'는 교사의 누가기록을 위한 학생의 상담자료에 포함된다고 할 수 있지요.

「학교생활기록 작성 및 관리지침」 제13조에 기초하여, '진로활동의 특기사항'에 적을 수 있는 내용을 정리해 보면 다음과 같아요.

진로활동의 특기사항	
후속활동을 어떻게 수행했는가?	진로검사
어떤 역할을 맡아 어떤 활동을 수행했는가?	프로그램
진로희망이 구체화한 계기는 무엇인가?	희망사유
진로희망이 주객관적 상황과 일치하는가?	상담활동

진로활동의 특기사항, 구체적으로 어떻게 디자인해야 하나요?

창의적 체험활동은 바로 '서류기반 면접'이며 '협력적'인 행동지표를 통해 '개별적인 행동특성'을 보여 주는 것이라고 말한 적이 있지요. 진로활동은 여기에다 '진로활동이 추구하는 바'를 한 가지만 더하면 돼요. 진로활동은 자신의 적성과 능력을 이해하고 진로를 탐색하고 설계하는 활동이거든요. 진로활동의 특기사항을 디자인할 때, 바로 이 점을 더하면 돼요. 곧, 서류기반 면접이고 협력적인 태도로 창의적인 체험을 하며 '이해 → 탐색 → 설계'를 보여 주면, 그게 바로 '개별적 진로특성'이 되는 거예요. 이런 생각을 안고, 진로활동을 디자인하며 점검해 보세요!

개별적 진로특성이 드러났는가?

진로활동의 요구 '이해 → 탐색 → 설계'를 보여 주었는가?

창체의 요구 창의적인가? 의미 있는 체험이 있는가?

학종의 요구 서류기반 면접인가? 협력적인 태도를 보이는가?

진로활동, 실제 사례를 보여 주세요.

학교생활기록부의 서술형 기재내용은 '일반적인 내용'을 먼저 진술한 다음, 그것을 '구체화하는 사례'로 써야 설득력 있다고 했지요. 『학교생활기록부기재요령』교육부 에서는 그 방법으로 '누가(어떤 역할로), 언제(언제), 어디서, 무엇을(어떤 활동을), 어떻게(어떻게 수행해서) 하였는지'에서 '무엇을'과 '어떻게'에 초점을 맞추어 기록하면서, 그 결과(평가)가 어떠했는가 — 이것이 '왜'와 상통함 — 를 병기해 주면 돼요.

자기이해활동 → 진로탐색활동 → 진로설계활동

진로검사　　　　**진로프로그램**　　　　**진로희망사유**

(상담활동)

진로활동은 '학교에서 실시한 진로심리검사 등 각종검사결과'를 기초로 하여 '집단적으로 참여한 교내외 진로탐색/진로설계 프로그램'과 '개인적으로 참여한 진로탐색/진로설계 프로그램'을 병기하면서, '학생의 진로희망사유'와 함께 '진로희망이 학생의 주관적·객관적 상황과 일치하는가에 대한 교사의 상담과 권고'로 끝을 맺으면 돼요. 이때 학생과 진로상담결과뿐만 아니라 학부모와의 진로상담결과도 함께 기재할 수 있다는 점을 잊지 마시고요.

진로활동의 특기사항은 학년당 700자(띄어쓰기 포함)로 적으니까, '학생의 개별적 진로특성'이 드러나도록 잘 안배하세요.

'진로검사'부터 사례를 보여 주세요.

진로검사를 간단하게 도식화하면 다음과 같아요.

진로검사에서는 검사의 종류에 따라 다양한 진로특성을 보여 줄 수 있지만, 적어도 이 점만은 놓치지 않았으면 해요. 진로검사가 끝나고 난 뒤 검사결과를 살펴보면서, 장점은 계속 살려나가고, 단점은 고쳐나가는 양장보단揚長補短의 수준 높은 후속활동을 취해야 한다는 점이에요. 곧, '검사결과에서 긍정적인 점과 부정적인 점은 무엇인가?'와 '검사 이후 긍정적인 점은 살리고 부정적인 점은 없애기 위해 노력했는가?' 하는 질문에 대한 실천적 대답이 진로특성으로 기재되면 좋다는 거지요.

[진로활동] **진로검사**		
일반	어떤 진로특성을 보여 주었는가?	
구체	검사 이후, 어떤 활동을 어떻게 수행했는가?	

진로활동 특기사항 `진로검사`
기재 예시문

[진로활동] 진로검사	
어떤 진로특성을 보여 주었는가?	자신의 강점과 약점을 구체적으로 알고, 강점은 발전시키고 약점은 보완하는 계획을 세워 학교생활에서 실천할 수 있음.
검사 이후, 어떤 활동을 어떻게 수행했는가?	학교에서 실시한 다중지능검사(2019.04.08.) 결과 논리지능과 언어지능이 매우 높은 것으로 나타났으나, 대인관계지능, 자기이해지능 등은 낮은 것으로 나타남. 학급회의시간에 '내가 달라졌어요'에 참여하여, 열린 마음으로 상대방의 말에 귀를 기울이려고 애쓰고, 자신이 진정 좋아하는 것을 찾아 진로를 설계하는 등 대인관계지능, 자기이해지능의 개선을 위해 노력하는 등 자신의 약점을 보충하기 위해 애씀.

ⓐ 자신의 강점과 약점을 구체적으로 알고, 강점은 발전시키고 약점은 보완하는 계획을 세워 실생활에서 실천할 수 있음. ⓑ 학습전략진단검사(2019.04.08.) 실시 결과, '기억전략, 학습동기, 수업집중, 시간관리' 등은 매우 우수하나, '집중조절, 전반적 자신감, 시험불안조절' 등에서 문제점이 드러남. 이후, 교사의 권면을 듣고 시험을 앞두고 지나치게 불안해하는 모습을 극복하게 위해 노력함. 학습계획표를 작성하여 여유 있게 시험을 준비하는 모습을 보여 주었으며, 단전호흡을 익히면서 스스로 마음을 추스르려는 노력 또한 인상적이었음.

ⓐ 적성검사의 결과, 체험활동을 통해 관심직업에 대한 탐색을 차분하게 진행함. ⓑ 직업적성검사(2019.04.08.)를 통해 타인과 함께 작업하는 소통능력과 공감능력 등이 매우 높은 것으로 나타나 관련직업에 대해 구체적으로 탐색함. 커리어넷진로탐색(2019.04.08.) 결과 따뜻하고 주변을 돌보는 것을 좋아하는 성품으로 사육사, 수의사 등의 직업이 적절할 것으로 판단함. 이후, '청소년을 대상으로 하는 진로지도프로그램, 동물원직업탐방교실'(2019.05.07.)에 참여하여 수의사를 멘토로 삼은 뒤 동물원에서 일하는 수의사의 꿈을 키워감.

'진로활동 프로그램'의 사례를 보여 주세요.

이를 간단하게 도식화하면 다음과 같아요.

[진로활동] **프로그램**	
① 활동구분(교내, 교외) ② 활동유형(정규교육과정, 학교교육계획, 개인계획) ③ 승인교사( ) ④ 참가구분(단체, 개인) ⑤ 활동기관(주최, 주관) ⑥ 활동기간(~)	
일반 어떤 진로특성을 보여 주었는가?	
구체 어떤 활동을 어떻게 수행했는가?	

진로체험 프로그램은 학생부에 기재할 수 있는 것과 없는 것이 있으므로 '어떤 프로그램에 참여했는가?'에 대한 사실정보부터 학생들에게서 확인해 두어야 해요. 따라서 '① 활동구분(교내, 교외) ② 활동유형(정규교육과정, 학교교육계획, 개인계획) ③ 승인교사 ④ 참가구분(단체, 개인) ⑤ 활동기관(주최, 주관) ⑥ 활동기간' 등을 먼저 파악해야 하지요. 그리고 나서, 프로그램에서 '어떤 역할을 맡아 어떤 진로특성을 보여 주었는가' 하는 일반적인 내용을 진술하고, '어떤 활동을 어떻게 수행했는가' 하는 구체적인 내용을 기술하면 돼요.

진로프로그램은 대부분 직업과 학과에 대한 체험활동이 위주가 되므로, 체험프로그램에서 주목해야 할 진로특성이 있어요. 곧, "체험활동을 통해 관심직업 및 학과에 대한 다양하고 구체적인 정보를 얻고 자신에게 부합하는지" 설명할 수 있으면 되는 거지요.

진로활동 특기사항 · 진로활동 프로그램

기재 예시문

[진로활동] **프로그램**	
① 활동구분(교내, 교외) ② 활동유형(정규교육과정, 학교교육계획, 개인계획) ③ 승인교사( ) ④ 참가구분(단체, 개인) ⑤ 활동기관(주최, 주관) ⑥ 활동기간(~)	
어떤 진로특성을 보여 주었는가?	체험활동을 통해 관심직업 및 학과에 대한 다양하고 구체적인 정보를 얻고 자신의 진로방향을 설정함.
어떤 활동을 어떻게 수행했는가?	대학전공탐색의 날 행사(2019.04.10.)에서 정치외교학과 전공탐 색에 참여함. 해당학과의 교육과정과 직업전망에 대한 자료를 수 집하고, 이를 통해 서류기반 면접인 진로설계를 구체화함. 또한 전 문외교관과의 만남(2019.05.08.)을 통해 진로에 대해 더욱 진지 한 자세를 갖게 됨. 이후 학급회의의 '나의 꿈 나의 도전 발표하 기'(2019.07.15.)에서 외교관의 꿈을 갖게 된 계기와 외국어능력 신장을 위해 쏟고 있는 자신의 노력을 말하면서, 인간과 사회에 대한 폭넓은 교양을 갖춘 외교관이 되고 싶다는 포부를 밝힘.

ⓐ 체험활동을 통해 관심직업 및 학과에 대한 이해를 심화함. ⓑ '전문가초청 진로체험의 날'
(멘토에게 길을 묻다/2019.04.08.)에 본인의 진로와 적합한 강의(○○공단 직원, ○○대학
교 건축회과 교수)를 신청하여 듣고 구체적인 진로계획을 세움. 건축학과 교수의 강의를 들으
면서 자신의 성격과 적성, 흥미, 지능, 가치관 등에 알맞은 진로분야가 건축설계임을 확신하
게 됨. 건축설계사가 되기 위해서는 건설산업의 국제화에 대비한 외국어능력이 필요함을 알고
중국어를 열심히 공부함.

ⓐ 체험활동을 통해 관심직업 및 학과에 대한 다양하고 구체적인 정보를 얻고 자신의 진로방향을 설정함. ⓑ 직업체험의 날(2019. 10. 07.)에 실험도구를 이용하여 브로콜리의 DNA를 추출하는 실험을 통해 생명공학연구원의 역할을 체험하는 과정에서 맞춤바이오신약 개발에 호기심을 갖게 됨. 바이오신약 개발에 컴퓨터를 이용한 가상시뮬레이션방식 도입이 늘어나는 등 BT와 IT가 결합하는 경우가 늘어나고 있다는 점을 알게 됨. 이어 수술실에서 바이탈체크(혈압, 맥박, 체온, 호흡수)를 실습하면서 하나의 생명을 살리기 위하여 보이지 않는 곳에서 수많은 사람이 땀을 흘리고 있음을 새삼 깨달았다는 내용을 직업체험수기에 담아 제출함.

ⓐ 체험활동을 통해 관심직업 및 학과에 대한 다양하고 구체적인 정보를 얻고 자신의 진로방향을 설정함. ⓑ 보건·의료 직업에 대한 관심과 흥미로 학교에서 실시한 응급처치법(2019. 05. 07.)과 장애체험(2019. 06. 07.)에 참여한 뒤 친구들과 함께 ○○요양병원에서 요양보호사 1일 봉사에 나섬. 말로만 듣던 요양병원에서 치매노인들의 수발을 드는 간호사와 보호사들의 일상을 직접 체험하며 큰 충격을 받음. "이제 치매는 가족이 책임지는 것이 아니라 국가가 책임져야 한다"라고 한 수간호사의 말이 잊히지 않는다고 체험보고서에 기록함.

ⓐ 관심 있는 대학의 입시전형방법을 분석하여 입시에 필요한 조건을 파악하고, 구체적인 계획을 세워 실천할 수 있음. ⓑ 수시전형을 공부하기 위하여 '학교생활기록부를 디자인하라' (바용성)를 읽고 학생부종합전형에 대해 파악한 뒤, 자유발표시간(2018. 06. 07.)에 '나의 학교생활을 디자인하다' 라는 제목으로 스스로 계획하고 실천한 사례를 발표함. 또한, 학생중심수업에 적극적으로 참여하고 창의적 체험활동을 서류기반 면접으로 수행하기 위해서는 전교학생회 부서조직이 달라져야 할 필요가 있음을 학생회의(2018. 07. 08.)에서 제안함.

학생의 '진로희망'은 어떻게 적어야 하나요?

'진로'란 앞으로 나아갈 길을 뜻하므로, '진로희망'란에는 자신의 특성(적성, 인성, 지능 등)을 이해하고, 주위의 환경을 충분히 고려하여, 자신의 능력에 맞는 '관심분야나 희망직업'을 구체적으로 기재하면 돼요.

진로희망을 '구체적'으로 기재한다는 말은 학생의 진로설계 및 변경 등을 고려하여 '관심분야나 희망직업'의 범위를 최대한 좁혀서 기록한다는 뜻이에요. '교사'보다는 '중등국어교사', '과학자'보다는 '생명과학자', '공학자'보다는 '우주공학연구원'으로, '수산업'보다는 '수산질병관리사', '디자이너'보다는 '의상디자이너', '요리사'보다는 '한식요리사'로 범위를 좁히라는 말이지요.

관심분야나 희망직업은 한국직업능력개발원 커리어넷 http://www.career.go.kr 의 [직업정보] - [직업분류]에 구체적으로 나와 있으니, 반드시 참고한 뒤 기재하세요.

아울러, 학년이 올라갈수록 다양한 활동을 통해 진로희망이 보다 구체적으로 발전하면 좋는 게 좋다는 점도 잊지 마세요.

1학년	교사	심리학자	과학자	사서	의사
2학년	중등과학교사	과학수사요원	천문학자	도서관 사서	외과의사
3학년	중등과학교사	경찰청 프로파일러	NASA 연구원	국립도서관 사서	소아외과의사

'진로희망'을 정하지 못한 경우도 있잖아요?

그래요. 2019학년도 1학년부터 학생의 진로희망은 진로활동의 '특기사항' 내의 '희망분야'란에 입력하며, 이와 관련된 내용은 상급학교 진학 시 전형자료로 제공하지 않는 걸로 바뀌었어요. 기재누락과 구분하기 위해, 학생이 진로희망을 정하지 못한 경우에는 "진로탐색 중임", "현재 진로희망 없음" 등으로 입력하면 돼요. 걱정하지 마시고요.

'희망사유'의 사례를 보여 주세요.

이를 간단하게 도식화하면 다음과 같아요.

[진로활동] **희망사유**		
일반	희망 진로(분야/직업)는 무엇인가?	
구체	진로희망이 구체화된 계기는 무엇인가?	

'희망사유'는 '진로를 희망하게 된 사유', 그러니까 그 분야에 관심을 갖게 되고 그 직업을 희망하게 된 사유를 구체적으로 기재하는 영역이에요. '사유'란 일의 까닭이라는 뜻이므로, 희망사유는 '~하기 때문에 ~을 희망하게 됨'의 형태로 적으면 돼요. 그러니까 희망사유는 학생이 그 분야/그 직업을 왜 희망하게 되었는가 하는 동기나 이유, 계기 등을 적으면 된다는 말이지요.

2019학년도 1학년부터 창의적 체험활동상황의 '진로활동' 영역과 기재내용이 중복되는 '진로희망사항' 항목이 삭제되면서, '진로희망사유'는 '진로활동' 영역에 적도록 하였어요. 진로설계활동의 계획활동에 '진로의사결정'이라는 세부내용이 들어 있거든요. 진로의사결정을 어떻게 하게 되었나를 기재하는 것이 '진로희망사유'이므로, 당연히 진로활동의 특기사항에 이 내용을 녹여 낼 수 있지요.

다만, '진로희망사유'는 가급적 '희망진로'가 확정되고 나서 쓰는 게 좋다는 점을 명심하세요. 관심분야나 희망직업이 확실히 정해지지 않았는데 섣불리 진로희망사유를 입력할 경우, 나중에 희망진로가 바뀌게 되면 자칫 평가자에게 방황하는 모습으로 비추어질 수도 있으니까요.

진로활동 특기사항 진로희망사유

기재 예시문

[진로활동] 희망사유	
희망 진로(분야/직업)은 무엇인가?	진로체험활동을 통해 관심직업 및 학과에 대한 다양하고 구체적인 정보를 얻고 자신의 진로방향을 설정함.
진로희망이 구체화된 계기는 무엇인가?	법조인이 되어 사회정의를 실현하려는 꿈을 갖고 있다가 '찾아가는 교육특강'(2019.04.08.)에서 공익인권변호사 모임인 '희망을 만드는 법'(www.hopeandlaw.org)에서 일하는 변호사를 만남. 법률사각지대에 있는 사람들을 위해 애쓰는 변호사들에게서 감명을 받고, 자신도 이주여성들의 권익을 보호하는 등, 사회적 약자와 함께하고 싶다는 생각이 들어서 진로희망을 결정하게 되었다고, '나의 꿈 발표시간'에 급우들에게 발표함.

ⓐ 공익광고협의회에서 근무하며 공익적 주제를 우리 문화에 맞게 제작하는 광고인으로 살아가고 싶어함. ⓑ 광고홍보를 희망하는 친구들과 진로모임 '쟁이'를 만들어 여러 나라의 성폭력 공익광고를 비교하면서, 광고에도 그 나라의 문화가 녹아 있다는 사실에 깊은 영감을 받음. 공공문제와 관련된 다양한 주제의 공익광고를 우리 문화가 녹아 있는 콘텐츠로 제작하기를 소망함.

ⓐ 평생 동안 동물들과 교감하고 아픈 동물을 치료하고 싶다는 생각을 하게 되어 수의사를 장래직업으로 희망하게 됨. ⓑ 어릴 때부터 집에서 여러 마리의 강아지를 키우면서 낑낑거리거나 이상한 소리를 내면 동물병원에 가서 치료를 받곤 하였는데, 고등학교에 들어와서 평소에 다니던 동물병원 수의사를 멘토로 삼아 수의사가 되는 길에 대해 본격적으로 탐색하면서 희망진로를 결정함.

'상담활동' 의 사례를 보여 주세요.

이를 간단하게 도식화하면 다음과 같아요.

[진로활동] **상담활동**		
일반	어떤 진로특성을 보여 주었는가?	
구체	진로희망이 주객관적 상황과 일치하는가?	

상담활동은 일반적으로 학생이 스스로 해결할 수 없는 문제에 부딪혔을 때 교사를 찾으면 서 이루어지는 경우가 많아요. 진로를 수정하려고 할 때나, 성적이나 가정환경 등의 진로장벽 을 만나면 학생들은 상담을 신청하니까요.

상담활동에서는 "잠정적인 진로의사결정의 결과를 구체적으로 점검하고 자신이 처한 상황 을 이해하여, 자신이 처한 사항에 맞는 진로의사결정을 통해 진로대안들을 제시할 수 있다." 거나 "자신의 진로장벽과 유사한 진로장벽을 해결한 사례를 알아보고, 자신의 진로장벽요인 을 해결하기 위해 구체적이고 적절한 해결방안을 세워 실천할 수 있다."거나 하는 진로특성 을 유념하면 괜찮을 거예요.

진로활동 특기사항 **상담활동**
기재 예시문

[진로활동] **상담활동**	
어떤 진로특성을 보여 주었는가?	진로장벽을 해결한 사례를 알아보고 자신의 진로장벽요인을 해결하기 위해 적절한 방안을 찾아 노력함.
진로희망이 주객관적 상황과 일치하는가?	학부모의 희망진로와 자신의 희망진로가 서로 달라, 오랫동안 고민함. 학생 본인은 애니메이션 분야에 대해 큰 흥미를 느낌. 학부모와 학생과 진행하는 두 차례의 상담을 통해 학생의 의견을 존중하기로 함. 역사와 철학에 대한 깊이 있는 공부를 하고 창의성이 뛰어난 예술적 감각을 더하는 노력을 계속하고 있는 태도로 보아, 진로희망인 애니메이션 작가에 전망이 있다고 사료하여 더욱 매진하라고 격려함.

ⓐ 잠정적인 진로의사결정의 결과를 구체적으로 점검하고 자신이 처한 상황을 이해하여, 자신이 처한 사항에 맞는 진로의사결정을 통해 진로대안들을 제시할 수 있음. ⓑ 가정환경의 급격한 변화로 희망진로를 연주가에서 교사로 바꾸었으나 피아노 연주에 대한 애착이 남아 있는 것으로 보임. 하지만 부모님과 함께한 상담을 통하여 사범대학에 진학하여 음악교사가 되고자 하는 진로의식이 뚜렷해짐. 이후 진로계획 및 실천태도가 합리적이고 자신의 인생설계가 매우 구체적이라고 크게 격려해 줌.

ⓐ 개인 및 직업세계의 변화를 검토하여 자신의 진로계획을 종합적으로 점검하고, 구체적인 실천계획을 세워 수정할 수 있음. ⓑ 지인 중에 학생이 희망하는 진로의 직종에 종사하는 사람이 있어 희망진로에 대한 안내를 받으면서 진로를 탐색해 옴. 넘치는 인간미와 활동적인 면모로 인해 사회복지사나 심리상담사 등으로 진로방향을 수정한 것은 매우 적절하다고 사료됨. 성격이 매우 명랑하며 인간을 사랑하는 마음이 따뜻하여서, 대인관계를 중시하는 직업에 종사하는 것이 적합하다고 격려함.

교과학습발달상황,
어떻게 디자인할 것인가

학기	교과	과목	단위 수	원점수/과목평균 (표준편차)	성취도 (수강자수)	석차등급	비 고
1							
2							
이수 단위 합계							

진로 선택 과목

학기	교과	과목	단위 수	원점수/과목평균	성취도 (수강자수)	성취도별 분포비율	비 고
1							
2							
이수 단위 합계							

과 목	세부능력 및 특기사항
과목별 세부능력 및 특기사항 개인별 세부능력 및 특기사항	

체육·예술

학기	교과	과목	단위 수	성취도	비 고
1					
2					
이수 단위 합계					

과 목	세부능력 및 특기사항
과목별 세부능력 및 특기사항	

교과학습발달상황에는 무엇을 기재하나요?

교과학습활동은 '교과학습발달상황'란에 기록되는데, 이는 둘로 나누어져요. 하나는 각종 고사의 결과를 종합하여 기록하는 '성적기재'란이고, 다른 하나는 성적으로 확인할 수 없는 학생의 성취수준이나 세부능력을 기록하는 '세부능력 및 특기사항'란이지요. 앞엣것은 눈에 보이는 성적을 '숫자'로 기재하는 항목이고, 뒤엣것은 눈에 보이지 않은 성장과 변화를 '문장'으로 기재하는 항목이에요.

세부능력 및 특기사항은 다시 둘로 나뉘는데, 정규교육과정으로 배치된 수업시간에 보여 준 교과학습의 성장 정도를 기재하는 '과목별 세부능력 및 특기사항'이 있고, 과목별 세특에 기재할 수 없는 교과학습의 성장 정도를 기재하는 '개인별 세부능력 및 특기사항'이 있어요.

과목별 세부능력 및 특기사항

과목별 세특에는 무엇을 적어 주는가요?

규정에 의하면, '과목별 성취기준에 따른 성취수준의 특성 및 학습활동참여도' 등을 문장으로 입력한다고 되어 있어요. 나중에 자세히 설명할게요.

> **규정** 학교생활기록 작성 및 관리지침
>
> 제15조(교과학습발달상황)
>
> ⑥ 중·고등학교의 '세부능력 및 특기사항'란에는 과목별 성취기준에 따른 성취수준의 특성 및 학습활동참여도 등을 문장으로 입력한다.

고등학교에서는 '세부능력 및 특기사항' 기재가 확대되고 있다던데요?

그래요. 학교현실을 보면 '모든 학생'을 대상으로 과목별 세부능력 및 특기사항을 기록해 주라는 것은 무리예요. 학급당 학생수를 보면 학생들 이름도 다 외우기 힘든데, 학생들 하나 하나를 세심하게 관찰하여 각각의 개별적인 특성을 문장으로 기록하라는 것은 매우 힘든 주 문이지요.

하지만 교육부는 「학교생활기록 작성 및 관리지침」을 개정하여 고등학교의 경우, 교과학 습발달상황을 필수 기재하도록 하는 규정(제15조 제6항, 제15조 제7항)을 신설하였어요. 중학교 에서는 '세부능력 및 특기사항'란에 특기할 만한 사항이 있는 과목 및 학생에 대하여 입력하 지만, 고등학교에서는 모든 학생에 대해 입력하되 세부사항은 교육부장관이 별도로 정한다 고 명문화하였지요.

규정 **학교생활기록 작성 및 관리지침**

제15조(교과학습발달상황)

⑥ 중·고등학교의 '세부능력 및 특기사항'란에는 특기할 만한 사항이 있는 과목 및 학생
에 대하여 과목별 성취기준에 따른 성취수준의 특성 및 학습활동참여도 등을 문장으
로 입력한다.

⑦ 제⑥항에 따른 중학교의 '세부능력 및 특기사항'란에는 특기할 만한 사항이 있는 과목
및 학생에 대하여 입력하고, 고등학교는 모든 학생에 대해 입력하되 세부사항은 교육
부장관이 별도로 정한다.

교육부에서 명문화된 세부규정을 제시하였나요?

그래요. 교육부는, 2020학년도부터 고등학교의 과목별 세부능력 및 특기사항은 '기초교과' 와 '탐구교과'의 과목은 모든 학생에 대해 입력하고, 그 외의 과목은 교육적인 차원을 고려하 여 학업성적관리위원회의 심의를 통해 입력 대상 범위를 정하도록 명문화하였어요.

국어, 수학, 영어, 한국사 등 〈기초교과〉와 사회(역사, 도덕 포함), 과학 등의 〈탐구교과〉는 공통과목이든 선택과목이든 모두 과목별 세특을 입력하고, 그 외의 교과인 체육, 음악, 미술 등의 〈체육·예술교과〉나 기술·가정, 제2외국어, 한문, 교양(진로와 직업, 보건, 환경, 논술 등) 등의 〈생활·교양교과〉는 학교별로 학업성적관리위원회의 심의를 통해 입력 대상 범위를 정한다는 거지요.

체육이나 음악·미술도 과목별 세특을 적어 주어야 하겠네요?

그럼요. 체육·예술 등 일반선택과목도 세부능력 및 특기사항을 다 적어 주지요. 예전에는 '체육/음악·미술' 과목은 '특기사항'이라고 하였는데, 2019학년도부터 '세부능력 및 특기사항'이라는 명칭으로 통일했어요.

한편, 학생건강체력평가PAPS, Physical Activity Promotion System에서 1등급을 받으면 체육관련 교과의 세부능력 및 특기사항에 입력할 수 있어요. 건강체력이란 '건강한 생활을 유지할 수 있도록 필요한 체력'인데 근력 및 근지구력, 유연성, 심폐지구력, 신체구성 등으로 이루어져 있어요. 건강체력이 향상되면 운동체력도 향상되기 때문에 학교체육에서 매우 중요하게 생각하지요.

과목별 세특은 보통교과뿐만 아니라 전문교과도 다 적어 주어요. 보통교과는 일반계고등학교에서 가르치고, 전문교과는 특수목적고나 특성화고, 자율형공립고, 자율형사립고, 마이스터고, 자율학교 등에서 가르치는데, 정규교육과정으로 편성된 수업은 모두 과목별 세특을 적어 주지요.

또한 전문교과에서 국가직무능력표준의 능력단위를 이수하였으면 그 결과를 다음과 같이 적어 줄 수 있어요. '(학기명) 과목명: [능력단위: 능력단위명], 학습활동참여도 및 태도' 등으로 말이죠. 일반계 고등학교와는 무관한 이야기이지만요.

영재교육 이수내용도 과목별 세특에 적을 수 있나요?

그럼요. 「영재교육진흥법 시행령」 제36조 제1항·제2항에 따라 영재교육기관(영재학교, 영재학급, 영재교육원)에서 수료한 영재교육 관련내용은 관련교과의 세부능력 및 특기사항에만 입력할 수 있어요.

영재학급을 설치한 학교의 장이나 영재교육원의 장은 해당 영재교육기관에서 영재교육을 받은 학생에 대하여 학교생활기록부에 준하는 자료를 작성·관리하고 이를 매 학년말에 소속 학교의 장에게 송부하여야 하거든요 「영재교육진흥법 시행령」 제36조 제1항. 그러면 그것을 해당과목에 입력하면 돼요. 그런데 2021학년도 1학년부터는, 영재교육 실적을 학교생활기록부에 기재할 수는 있으나 대입에는 미반영하기로 하였어요.

- 영재학교: 영재교육을 위하여 이 법에 따라 지정되거나 설립되는 고등학교 과정 이하의 학교(「영재교육진흥법」 제2조 4호).
- 영재학급: 「초·중등교육법」에 따라 설립·운영되는 고등학교 과정 이하의 각급 학교에 설치·운영하여 영재교육을 실시하는 학급(「영재교육진흥법」 제2조 5호)
- 영재교육원: 영재교육을 실시하기 위하여 「고등교육법」 제2조에 따른 학교(대학·산업대학·교육대학·전문대학·방송대학·통신대학·방송통신대학·사이버대학·기술대학·각종학교) 및 이에 준하는 학교로서 다른 법률에 따라 설치된 학교 등에 설치·운영되는 부설기관(「영재교육진흥법」 제2조 6호)

발명교육 수료내용도 과목별 세특에 적을 수 있나요?

그럼요. 발명교육센터는 발명분야에 흥미와 잠재력을 갖춘 창의인재를 조기발굴하고 육성하기 위해 운영하는 기관이에요. '발명교육센터'에서 운영하는 교육과정을 수료한 학생의 교육실적은 「발명교육의 활성화 및 지원에 관한 법률 시행령」 제10조 제2항·제3항에 따라 관련교과(기술·가정 또는 과학)의 세부능력 및 특기사항에 입력할 수 있어요. 예컨대, "발명교육센터에서 실시한 '발명·특허 기초(또는 고급)과정(20시간)'을 수료함."으로 간단하게 적어 주면 돼요.

발명교육센터를 설치·운영하는 중앙행정기관 또는 지방자치단체는 해당 발명교육센터에서 운영하는 교육과정을 수료한 학생의 교육실적 자료를 매년 1월 31일을 기준으로 하여 매 학년말일까지 학생이 소속된 학교의 장에게 송부해요. 교육수료증이 발급되는 초급(기초)·중급·고급(심화) 또는 특별과정 등 발명교실 정규과정 교육실적자료를 입력하면 되지요(학교 자체 실시과정 제외).

그런데 2021학년도 1학년부터는, 발명교육 실적을 학교생활기록부에 기재할 수는 있으나 대입에는 미반영하기로 하였어요.

고교대학연계심화과정UP도 과목별 세특에 기재할 수 있나요?

고교대학연계심화과정UP, University-level Program은 대학이 개설한 대학수준 교육과정을 고교생이 대학에서 미리 이수하고, 진학 후 결과를 활용할 수 있도록 하는 프로그램이에요. 고교생이 직접 대학을 탐방하여 본인의 희망진로에 맞는 대학강의를 맛보기도 하고, 대학은 교육인력을 고교에 파견·지원하여 교육수요에 맞게 특강 등을 제공하기도 하였지요.

고교대학연계심화과정이 정규교육과정으로 편성된 경우에 한해서, 과목별 세특에 입력할 수 있었어요. 그런데 고교대학연계심화과정 사업이 2019년 12월 31일자로 종료됨에 따라 관련내용이 『학교생활기록부기재요령』에서 삭제되었지요. 따라서 고교대학연계심화과정은 과목별 세특에 기재할 수 없어요.

케이무크K-MOOC 등 인터넷 강의를 '과목별 세특'에 기재할 수 있나요?

교육부와 국가평생교육진흥원이 2015년 개통한 케이무크K-MOOC, www.kmooc.kr는 굳이 캠퍼스에 가지 않아도 대학수업을 들을 수 있는 사이트예요. 본디 무크MOOC는 학습자의 제한 없이 누구나(Massive), 무료로(Open), 인터넷(Online)을 통해 우수한 대학의 강의(Course)를 수강할 수 있는 온라인 공개강좌를 뜻하는데, 우리나라에서는 서울대, 연세대, 고려대를 포함한 전국 20여 개 대학의 300개가 넘는 강좌를 무료로 들을 수 있는 케이무크가 있어요. 인문, 사회, 교육, 공학, 자연, 의약, 예체능 등으로 나누어진 풍부한 콘텐츠에 난이도까지 적절하게 골라서 들을 수 있어서 전공과 관련한 진로탐색에 제격이지요.

하지만 케이무크는 학교생활기록부의 그 어떠한 항목에도 기재할 수 없어요. 공교육을 담당하는 학교의 교육과정을 정상적으로 운영하기 위하여 교육관련기관의 선행교육 및 선행학습을 유발하는 행위를 규제하고 있으므로, 학교생활기록부에 「공교육정상화촉진 및 선행교육규제에 관한 특별법」에 저촉되는 내용은 기재할 수 없거든요.

교과학습발달상황이 학생부에서 차지하는 비중이 크지요?

구분	영역		글자 수		
교과 학습 발달 상황	과목별 세부능력 및 특기사항	과목당 500자	(500×10×2)+(500×1) *학기당 10과목으로 계산함		10,500자
	개인별 세부능력 및 특기사항	학년당 500자			
비교과 학습 발달 상황	창의적 체험 활동 특기사항	자율 활동	학년당 500자	1,700+500	2,200자
		동아리 활동	학년당 500자		
		진로 활동	학년당 700자		
	행동 특성 및 종합 의견		학년당 500자		
계					12,700자

　그럼요. 학생부 교과학습발달상황에 명시된 과목별 성적은 학생부전형 중 '학생부교과전형의 핵'이고, 과목별 세부능력 및 특기사항은 '학생부종합전형의 핵'이니까, 교과학습발달상황이야말로 '학생부전형의 핵'이라고 해도 지나친 말이 아니에요.

　최근 들어 학생의 능력을 부각할 수 있는 수상경력에 대한 제한이 가해지고 교외대회나 체험활동에 대한 기재금지항목이 늘어나면서, 교과학습발달상황에 대한 기재의 중요성이 상대적으로 커졌어요. 교과학습발달상황의 '세부능력 및 특기사항'이 학생부전형의 당락을 가를 수 있는 핵심변수로 떠오른 셈이지요.

　글자수만 보아도 그래요. 학기당 10과목을 수업한다면 학년당 글자수는 총 12,700자 정도가 되는데, 그중에 10,500자를 차지하는 게 교과학습발달상황의 세부능력 및 특기사항이에요. 분량으로 학생부 전체의 5분의 4를 넘는 것만 보아도, 그 비중이 매우 큰 것을 확인할 수 있지요.

'세부능력 및 특기사항'란에는 과목별 성취기준에 따른 성취수준의 특성 및 학습활동참여도 등을
문장으로 입력한다고 하셨는데, '과목별 성취기준에 따른 성취수준의 특성'이란 말이 뭐예요?

먼저 성취평가제부터 설명해야겠네요. 2012학년도부터 학업성취의 수준을 평가하는
'성취평가제'가 학교에 도입되었어요.

<table>
<tr><td colspan="2" align="center">성취평가제</td></tr>
<tr><td align="center">누가 더 잘 했는지? >></td><td align="center">학생이 무엇을 어느 정도 성취하였는지?</td></tr>
<tr><td>● 수-우-미-양-가
● 과목별 석차</td><td>● 'A-B-C-D-E, A-B-C, P'로 성취도 부여
● 원점수/과목평균(표준편차)</td></tr>
</table>

성취평가제는 국가교육과정에 근거하여 개발된 과목별 성취기준에 도달한 학생의 학업성
취수준을 평가하여, '수-우-미-양-가' 대신에 'A-B-C-D-E'/ 'A-B-C'/ 'P'로 성취도를
부여하는 평가제도예요. "누가 더 잘 했는지?"를 평가하는 것에서 벗어나 "학생 개개인이 무
엇을 어느 정도 성취했는지?"를 평가하겠다는 거지요. 그러면서 과목별 석차가 삭제되고 원
점수/과목평균(표준편차)를 병기하는 것으로 학교생활기록부의 성적기재방법이 달라졌어요.

고등학교의 경우 보통교과 중에 '공통과목'과 '일반선택과목'은 '성취도(A-B-C-D-E)'와
'석차등급(1등급-9등급)'으로 성적을 산출하고, '진로선택과목'과 전문교과는 석차등급 없이
'성취도(A-B-C-D-E)'교만 성적을 산출해요.

'성취기준'과 '성취수준'에 대해 설명해 주세요.

성취기준成就基準은 각 과목에서 학생들이 학습을 통해 성취해야 할 지식, 기능, 태도의 능력
과 특성을 진술한 거예요. 교사는 무엇을 가르치고 평가해야 하며 학생은 무엇을 공부하고 성
취해야 하는지에 관한 실질적인 지침이지요. 교육부는 성취기준을 이렇게 정의하고 있어요.

> **규정** 학교생활기록 작성 및 관리지침
>
> [별표 9] 교과학습발달상황 평가 및 관리
>
> 2. 주요 용어 정의
>
>> 나. 성취기준이란 학생들이 교과를 통해 배워야 할 내용과 이를 통해 수업 후 할 수
>> 있거나 할 수 있기를 기대하는 능력을 결합하여 나타낸 활동의 기준을 의미하며,
>> 학생의 특성·학교 여건 등에 따라 교육과정 및 교과서 내용을 분석하여 교과협
>> 의회를 통해 재구조화할 수 있다.

그리고 성취수준成就水準은 학생들이 과목별 성취기준에 도달한 수준을 나타내는 거예요. 성취기준에 도달 정도를 몇 개의 수준으로 구분하고, 도달 정도에 속한 학생들이 무엇을 알고 있고, 할 수 있는지를 기술한 거지요. 성취수준은 아까 말씀드린 '학기 단위의 성취수준(A-B-C-D-E)'과 '성취기준 단위의 성취수준(상, 중, 하)'으로 구분해요.

과목별 세특에서 활용하는 것은 '성취기준을 바탕으로 작성된 성취수준'인데, 성취기준의 도달 정도에 따라 '상', '중', '하'로 나누어요. 이때 성취기준에 도달한 것은 성취수준의 '중'으로 설정하지요. 다시 말해, 성취수준의 '상'에 해당하는 내용은 성취기준에서 제시한 기준보다 초과달성한 경우이고, '중'에 해당하는 내용은 성취기준에 맞게 달성한 경우이며, '하'에 해당하는 내용은 성취기준을 달성하지 못한 경우예요.

예를 들어, 성취기준이 "작물의 수확 적기에 대한 판단기준을 설명한다."인 경우, '상'에 해당하는 성취수준은 "작물의 수확 적기에 대한 판단기준을 예를 들어 설명할 수 있다."이고, '중'에 해당하는 성취수준은 "작물의 수확 적기에 대한 판단기준을 설명할 수 있다."이며, '하'에 해당하는 성취수준은 "작물의 수확 적기에 대한 판단기준을 이해할 수 있다."가 되겠지요.

> 기존에는 성취 기준 단위의 성취 수준을 '평가 기준'이라고 했으나, 정의에 부합하는 학문 용어는 '성취 수준'이므로 이 책에서는 '성취 수준'이라는 명칭으로 변경하여 사용함.

구체적으로 좀 보여 주세요?

다음은 문학과목에서 '시시詩詩한 이야기'라는 제목으로 이루어진 프로젝트수업에서 활용하는 '성취기준, 성취수준'이에요. 좋아하는 시를 읽고, 그와 연관된 이야기를 찾아내서, 현실에서 일어나는 사건과 연결하며 시를 이해하고 감상하는 학생중심수업이지요.

성취 기준	성취 수준	
[12문학 02-03] 문학과 인접분야의 관계를 바탕으로 작품을 이해하고 감상하며 평가한다.	상	다른 형식의 예술작품, 역사와 철학 등의 인문분야, 사회·문화적 현상 등과 관련지어 문학작품을 입체적으로 이해하고 감상하며 평가할 수 있다.
	중	다른 형식의 예술작품, 역사와 철학 등의 인문분야, 사회·문화적 현상 등과 관련지어 문학작품을 이해하고 감상하며 평가할 수 있다.
	하	다른 형식의 예술작품, 역사와 철학 등의 인문분야, 사회·문화적 현상 등과 관련되어 있는 부분을 발견하며 문학작품을 감상할 수 있다.

국어 교과에 속한 '문학'이라는 과목에는 '[12문학02-03] 문학과 인접분야의 관계를 바탕으로 작품을 이해하고 감상하며 평가한다.'라는 성취기준이 있는데, 이 성취기준에 얼마나 도달하였는가 하는 성취도를 상·중·하라는 성취수준으로 나누었어요.

만약 어떤 학생이 '전해 내려오는 이야기'를 통해 시를 입체적으로 이해하고, '우리 주변에서 일어나는 사건'을 통해 시를 입체적으로 감상하였다 쳐요. 그러면 성취수준 '상'인 "다른 형식의 예술작품, 역사와 철학 등의 인문분야, 사회·문화적 현상 등과 관련지어 문학작품을 입체적으로 이해하고 감상하며 평가할 수 있다."에서 "역사와 철학 등의 인문분야(이야기), 사회·문화적 현상(사건) 등과 관련지어 문학작품(시)을 입체적으로 이해하고 감상할 수 있다."를 뽑아, "시 작품을 이야기, 사건 등과 관련지어 입체적으로 이해하고 감상할 수 있음"이라는 '개인별 성취수준의 특성'을 기재해 줄 수 있어요.

시 작품을 이야기, 사건 등과 관련지어 입체적으로 이해하고 감상할 수 있음. 학생중심수업 '시시(詩詩)한 이야기'에 모둠장으로 참여(2019.05.23.)하여, 창의적인 면모를 보여줌. 수업전체를 상황극으로 만들어 학생들의 시선을 끌어모음. '그녀는 했을까, 안 했을까?'라는 염색약 광고의 카피를 통해 여성을 성 상품화하는 자본주의 사회의 문제점을 꼬집음. '꽃'(김춘수)은 연애시로 읽을 수 있지만, '인간과 인간의 본질적 관계'를 묻는 시로 읽을 수도 있다고 함. 첼로에 이름을 불러 주는 자신의 사례를 들며 '진정한 관계맺음에 대한 소망'이라는 묵직한 주제를 끌어냄. "악기에 이름을 붙여주면서 '사람과 사람의 관계'를 '사람과 사물의 관계'에까지 확장한 점은 놀라웠다."라는 지도교사의 칭찬을 들음.

**과목별 세특을 쓸 때 반드시 참고해야 할 게 성취기준과 성취수준인데,
그건 어디에서 찾아볼 수 있나요?**

학교마다 홈페이지에 들어가 [교직원마당] – [평가자료]를 찾아보면 '2019학년도 1학기 평가계획' 등의 이름으로 과목별로 성취수준이 탑재되어 있을 거예요. 물론 학교마다 조금씩은 다르겠지만요.

만약 학교홈페이지에 실려 있지 않으면, 국가교육과정정보센터 http://www.ncic.re.kr 의 [교육과정자료실] – [평가기준]에 들어가면 '과목별 성취수준'을 찾을 수 있어요.

교육과정-수업-평가-기록의 일체화 ⠶

최근 교사들 사이에서는 '교육과정-수업-평가-기록의 일체화'라는 말을 모르면 서로 깊이 있는 이야기를 할 수 없는 상황이 된 것 같아요.

맞아요. 초등학교에서는 오래전부터 교수평기가 익숙했었는데, 자유학기제가 들어오면서 중학교에서도 이 말이 귀에 익게 되었고, 고등학교에서는 학생부종합전형에서 학교생활기록부의 중요성이 강조되면서 많은 분이 고민하고 있는 상황이지요.

'교-수-평-기'가 바로 학교교육의 '기-승-전-결'이라고 할 수 있을 것 같아요?

적절한 비유네요. 그래요. 기승전결起承轉結은 문장이나 스토리를 네 가지로 나눌 때의 구성방식이지요. '교육과정의 재구성-학생중심수업-과정중심수행평가-학생부 기록'을 줄여 '교-수-평-기'라고 하는데, 교실수업이 시작되는 부분을 '교육과정의 재구성'이라고 한다면, 교실수업이 본격적으로 전개되는 부분이 '학생중심수업'이고, 국면이 전환되면서 교실수업이 완성되는 부분이 '과정중심평가'이며, 교실수업이 정리되는 부분이 '학교생활기록부에 학생의 자기성장을 기록하는 것'이라고 할 수 있으니까요.

교-수-평-기

기 (起)	승 (承)
교육과정의 재구성	**학생중심수업**
교육과정 분석 학생중심교육과정으로 교육내용 재구성	구체적 수업모형 설계 학생중심수업 전개

전 (轉)	결 (結)
과정중심평가	**학교생활기록부 기록**
'교육과정 재구성'에 대한 평가 '학생중심수업'에 대한 평가	누가기록을 위한 영상보고서 제출 학교생활기록부 기재

'교-수-평-기'요?
… 학생부종합전형에서도 '최저학력기준'에 미달하면 불합격시킨다고 하던데요?

그 말씀 나올지 알았어요. 맞아요. 여러 대학에서 그렇게들 하지요. 그래서 이런저런 말씀을 드리면, 현장을 몰라도 너무 모른다고 푸념하는 분들이 많아요. 대학입시가 완전히 학생부종합전형으로 넘어가지 않은 상황에서, 여전히 '수능'이라는 장벽이 우리 앞을 가로막고 있으니까요. 그 수능은 학생중심수업으로는 감당할 수 없으리만큼 엄청난 학습량을 요구하고 있거든요.

더욱이 학종에서도 여전히 수능을 당락의 최저학력기준 最低學力基準. 일정 수준의 수능성적을 얻어야 최종 합격할 수 있는 기준 으로 삼고 있는 대학이 많으니까, 할 말이 없네요. '내신공부'에 '수능공부', 거기에 '학종대비'까지 하라니, 학생들이 현행의 입시체제를 '죽음의 트라이앵글'이라고 하는 게 결코 거친 언사가 아니에요.

더욱이 학생중심수업을 하다 보면, 학생들조차 "이게 공부냐?" 하는 질문을 할 때가 있어요. "뻔히 눈에 보이는 지식을 교사가 간단히 설명하면 될 일이지, 이렇게 복잡한 과정을 거쳐야 하는가?" 하는 의문을 제기하는 학생도 있고요. 대학입시라는 거대한 중압감이 학생들로 하여금 '내가 공부를 제대로 하고 있는가?' 하는 불안을 느끼게 하며, 그 불안은 학생중심수업을 어렵게 만들고 있을 뿐만 아니라, '사교육의 문'을 두드리게 하는 원인으로 작용하기도 하지요.

좋은 방법이 없을까요?

그래서인데, 이렇게 하면 안 될까요? … 교사가 필요한 지식을 전달하는 교수 敎授. 학문이나 기술 등을 가르침 와 학생이 스스로 배움을 찾아가는 학습 學習. 학문이나 기술 등을 배워서 익힘 의 균형을 맞추는 거예요. 수업의 중심은 학생들의 핵심성취기준 도달여부인데, 학생의 지필고사 성적을 올리는 데는 교사중심수업만큼 좋은 게 사실 없어요. 학생중심수업이 잘못되어 성적을 망치는 경우도 종종 있거든요.

성성밸 (성적&성장 Balance)		
성적(수능 최적학력)을 위한 '수-수-평-기'		성장(학종 평가요소)을 위한 '교-수-평-기'
수능문제유형 분석 -교사중심수업 -결과중심 지필평가 -성적 기록	조화	교육과정 재구성 -학생중심수업 -과정중심 수행평가 -성장 기록
〈경쟁의 방법〉을 배우다		〈협력의 방법〉을 배우다
수능과목		비수능과목
7	문학/독서/ 언어와 매체	1
4	화법과 작문	4
0	고전읽기	8

그래서 저는 담당하는 과목이 수능을 대비해야 하는지라 '교사중심수업'과 '학생중심수업'의 균형을 맞추어 수업을 진행하고 있어요. 예컨대, '문학'이나 '독서', '언어와 매체'와 같은 일반선택과목은 교사중심수업과 학생중심수업을 7:1 정도로 배분하여 운영하고, 같은 일반선택과목이라도 수능비중이 비교적 약한 '화법과 작문'은 교사중심수업과 학생중심수업을 4:4 정도로 운영하고 있지요. 물론, '실용국어', '심화국어', '고전읽기'와 같은 진로선택과목은 0:8로 학생중심수업으로 운영하지요.

'일과 삶의 균형'을 뜻하는 워라밸 Work & Life Balance 을 패러디하여 저는 이것을, '성적과 성장의 균형'을 가리키는 성성밸 성적&성장 Balance 이라고 불러요. '교-수-평-기'로 진행되는 학생중심수업이 '협력의 방법'을 통해 '성장'을 추구한다면, '수능문제유형 분석-교사중심수업-결과중심 지필평가-성적 기록'을 줄여 '수-수-평-기'라고 이름 붙인 뒤, 이러한 교사중심수업을 통해 학생들은 '경쟁의 방법'을 배우고 '성적의 향상'을 추구하는 거시요.

학생중심수업이 좋다고 해서 학생 스스로 배움을 찾는 비중이 감당할 수 없을 만큼 늘어난다면 핵심적인 성취기준에 도달하지 못할 수도 있어요. 바로 이 점 때문에 '수능'이 엄존하는 엄혹한 현실에서, 학년과 수준에 따라 어쩔 수 없이 선택한 궁여지책 窮餘之策, 생각다 못해 짜낸 계책 이지요. … 정말 교육정책이 확 바뀌었으면 좋겠지요?

❶ 학생과 함께
교육과정 재구성하기

하나씩 이야기해 보아요. '교육과정의 재구성'이 뭐예요?

교육과정의 재구성이란 국가수준의 교육과정을 교사가 학생 및 교사, 학교 등의 상황에 맞게 새롭게 구성하여 교육활동을 운영하는 것을 말하지요. 국가수준의 교육과정은 지역수준, 학교수준을 거쳐 최종적으로 교사수준의 교육과정으로 구현되는데, 이것을 학생수준의 교육과정으로 바꾸어 보자는 거예요. 학생 눈높이에 맞게, 학생역량에 맞게 말이죠.

교육과정의 재구성

국가 수준의 교육과정		**학생 수준의 교육과정**
지역 수준의 교육과정	≫	어떻게 하면
학교 수준의 교육과정		진정한 배움이 일어날 수 있을까

학생중심수업을 설계하려면 교사는 학생들의 전인적 성장을 위한 지식, 탐구, 실천이 통합되도록 교육과정을 새롭게 구성해야 해요. 즉, 교사는 학생들에게 '어떻게 하면 진정한 배움이 일어날 수 있을까'에 대한 고민을 바탕으로 구체적 대안을 마련해야 하지요. 따라서 성취기준을 중심으로 교육과정을 재구성하되, 학생들이 참여하여 스스로 성장할 수 있도록 하는 방향으로 나아가면서 실제로 실현할 수 있는 내용으로 교육과정을 재구성해야 하지요.

'교육과정의 재구성'이 전제되어야만, 수업은 학생들의 진정한 배움이 일어나는 교감과 소통의 장이 될 수 있고, 평가 또한 과정중심평가로 전환이 가능해지며, 학교생활기록부 또한 학생의 성장이 온전하게 기재되는 자기성장기록부로 태어날 수 있어요. '교육과정의 재구성'이 '교-수-평-기'의 전제조건이라는 말이 이래서 나오는 거예요.

아, 어려워요. 쉽게 이야기해 주세요. '교육과정의 재구성'이 도대체 뭐예요?

학생중심수업에서 교육과정을 재구성한다는 것은 학생들이 '내 이름으로 된 교과서를 만드는 활동'이라고 할 수 있어요. 그러니까 '교육과정의 재구성'이 학생들이 스스로 수업 변화의 주체가 되어 교과서를 분석하고 비판하며 대안을 제시하는 일련의 활동이란 거지요. 학생들이 교실수업에 주도적으로 참여한다는 것의 전제가 바로 '교육과정의 재구성'이라는 말이에요.

학생들이 교과서를 만든다? 그게 가능해요?

당연히 가능하지요. 이제까지 학생들은 예습과 복습을 잘 하고, 책과 공책을 잘 준비하며, 바른 자세로 수업내용을 경청하는 것만을 요구받아 왔어요. 하지만 그것만으로 한정해서는 안 돼요. 학생이 교실수업의 주인으로서, 수업의 처음부터 끝까지 모든 과정을 책임질 때, 비로소 '수업에 주도적으로 참여했다'고 할 수 있으니까요.

그러기 위해서 시급히 바꾸어야 하는 것이 있지요. 그것은 교과서에 대한 학생들의 고정관념에서 깨뜨리는 일이에요. 학생중심수업을 하며 보면, 교과서를 경전처럼 완벽한 텍스트라고 생각하고서 그 앞에서 주눅이 든 학생들이 의외로 많아요. 그런 고정관념에 사로잡혀 있으면, 교과서를 하나의 학습자료로 보고 이를 바탕으로 토론하고 사고하고 비판하는 적극적이고 창의적인 활동을 하기가 어려워져요. 수업에 적극적으로 참여하기 힘들다는 말이지요.

그래서 드리는 부탁인데, 교과서는 단지 수업을 위한 보조도구일 뿐이라는 점을 꼭 알려 주었으면 해요. 교과서에 무비판적으로 의지하기보다는 '지금-여기-우리'의 관점에서 교과서의 내용이 과연 적합한지 끊임없이 묻고 또 물어야 하지요. 그래야만 학생들이 스스로 '생

각의 주인'이 될 수 있고, 학생중심수업도 훨씬 주체적으로 이끌어 나가는 '수업의 주인'으로
우뚝 설 수 있을 테니까요.

그 많은 과목의 그 많은 교과서를 학생들이 다 만든다? 그게 가능하냐고요?

그것은 당연히 가능하지 않지요. 보통 학생들은 학기당 10과목 정도를 공부하는데, 그 많
은 과목의 그 많은 교과서를 분석하여 재구성하는 것은 도저히 불가능한 일이에요. 여기에서
말하는 학생들의 '내 이름으로 된 교과서 만들기'는 한 학기에 1시간 수업분량, 그것도 두 모
둠 세 모둠이 나누어서 한 시간 수업을 진행한다면, 정말로 그 범위는 더욱 줄어들어요. 일찍
이 도올 선생은 글쓰기의 면적은 좁을수록 좋다고 하셨는데, 그래요, '내 이름으로 된 교과서
만들기'의 면적은 좁을수록 좋아요.

교사는 학생에게 가치 있는 것이 무엇인지 고민하는데, 학생들에게 맡겨 봐요. 그 고민은
의외로 쉽게 해결되곤 하니까요. 학생들은 스스로 자신들의 성취수준, 흥미, 경험을 자기들
의 언어로 표현해 내거든요. 국가수준의 교육과정과 학생의 삶 사이에 존재하는 간극을 거의
완벽하게 좁히는 방법이 바로 이거예요.

학생들이 '한 페이지 정도의 교과서'를 다시 만든다! 그 정도야 할 수 있겠네요.
그것도 여럿이 모둠을 만들어 활동하면 뚝딱, 만들겠는데요? 아, 이제야 확실히 알겠어요.
그럼 구체적으로 어떻게 하는 거예요?

이제까지 교육과정과 관련하여 교사는 '교육과정의 실행자'이고 학생은 '교육과정의 대상
자'라는 생각이 지배적이었어요. 국가가 만든 교과서를 가지고 교사가 있는 그대로 가르치면
학생은 가르쳐 주는 대로 열심히 공부하면 된다는 거였지요. 이 역할규정은, 학생은 물론 교
사까지도 교육과정구성의 전문가는 아니라는 거예요. 즉 누군가(이른바 전문가)가 교육과정을
구성하면, 그것을 충실하게 실행하는 자가 교사이고, 학생은 그 교사의 말을 일 점 일 획도 거
스르지 말고 그대로 외워서 재현하면 된다는 거지요. 지금까지 일반적인 생각은 그러했어요.

하지만 교육과정이 학생들의 삶에 '실제적'이려면, 교육과정에서 중요한 주체인 교사가 학생들과 함께 교육과정 재구성의 주체로 나서야 해요. 이때 던져야 할 질문이 '가르치고 있는 것 중에서 혹시 가르치지 않아도 될 것은 없는가?', '가르치지 않아도 될 것 때문에 마땅히 가르칠 것을 빠뜨리고 있지 않은가?' 하는 거예요. 이러한 질문을 던지면서 '줄이고, 바꾸고, 빼고, 늘리는 것', 이게 곧 '내용'에 초점을 맞춘 교육과정의 재구성이에요.

재구성 유형	교육과정 재구성 방법	
순서변경	학생의 수준이나 흥미, 경험 등을 고려하여	→ 교육내용의 순서를 변경
내용축약		→ 교육내용을 축약
내용생략		→ 교육내용의 일부를 생략
내용대체		→ 교육내용의 일부를 다른 내용으로 대체
내용확대		→ 교육내용을 추가하거나 확대

아, 이제 알겠어요. 여기에서 중요한 게 뭐예요?

여기에서 우리가 주목하는 유형이 바로 '내용대체'나 '내용확대'예요. 교과서 내용의 순서를 바꾸고 내용을 줄이거나 없애는 것에서 드러나지 않는 능력을 '내용대체'나 '내용확대'에서 보여 줄 수 있지요. 수업내용에서 플러스알파Plus+alpha, 기준량이나 이미 알려진 양에다 얼마를 더하여를 하는 것은 그 학생이 성장의 방향을 가늠하게 해 주거든요.

신문을 보고, 책을 읽고, 방송매체를 보며 구체적 사례를 찾아, 그것으로 교과서 내용을 확장하는 거예요. 그러니까 "교과서에 머물지 말고 교과서 밖으로 걸어 나가라. 교과서에 있는 내용을 '지금-여기-우리'의 시각으로 다시 해석하라. 신문도 보고 텔레비전도 보고 인터넷도 보며, 구체적 사례를 찾아보라. 그러면서 사고를 확장하라." 이게 방법이라면 방법이지요.

교육과정의 재구성

사물과의 만남	››	타자와의 만남	››	자기와의 만남
교과서 내용의 분석		교과서 내용의 확장 "교과서 밖으로 걸어 나가라!"		'지금-여기-우리'의 관점에서 해석

그래요. 처음에 학생들은 교과서를 통해 새로운 지식과 만나고(사물과의 만남), 교과서 밖으로 걸어 나가 다른 사람의 생각과 만나고(타자와의 만남), 그러면서 내 안에 들어 있는 새로운 자기 생각과 만나며(자기와의 만남) 보다 나은 지식으로 수정하고 보완해 나가는 거지요.

단답형 질문에 답할 수 있는 수준, 오지선다형 시험에 대비하는 수준을 넘어서 교육과정에서 다루는 내용을 나의 언어로 이해하고 표현할 수 있는 나만의 지식으로 만드는 과정을 보여 주는 거예요. 이처럼 국가수준의 교육과정을 '지금-여기-우리'와 연결하여 새로이 만들어 내는 작업이 바로 '교과서 내용의 확장'이자 '교육과정의 재구성'이지요.

❷ 학생과 함께
배움중심수업 설계하기

학생중심의 교실수업 개선, 말처럼 녹록하지 않던데요?

그래요. 교사중심의 강의식 수업에 익숙한 교사들에게 학생중심으로 수업을 개선하는 것은 매우 낯설고 무척 힘들어요. 학교교육의 중심이 교실수업에 있고, 교실수업이 학교교육의 성패를 좌우할 뿐만 아니라, 대학입시의 당락을 좌우한다는 사실을 뻔히 알면서도, 선뜻 수업에 변화를 주기가 어렵지요.

하지만 궁극적으로 교실수업은 학생중심수업으로 바꾸어져야 해요. 설령, 교사개인이 학생중심수업을 원하지 않는다고 하더라도 그것은 이미 학교현장에서 되돌리기 힘든 거대한 흐름을 이루고 있으니까요. 세상을 바꿀 수 없으면 내가 바뀌어야지 다른 방법이 있겠어요?

따라서 '내가 하는 수업만이 전부'라는 생각부터 가다듬을 필요가 있어요. 그리하여 '학생들과 함께하는 수업'을 조금씩 실천해 보면서, 학생중심수업에 천천히, 정말 천천히 익숙해져 나가는 거예요. 그러는 과정에서 수업시간에 학생들이 떠드는 것도 자연스럽게 받아들이고, 학생들이 눈 밖에 나는 행동을 해도 너그럽게 넘기며, 그렇게 학생들과 눈높이를 조금씩 맞추어 나가는 거지요.

그리하여 아이들이 '교사가 가르치는 어린 학생學生'으로 보이지 않고 '교사와 함께 가르치며 배우는 어엿한 학인學人'으로 다가올 때, 학생중심수업은 비로소 교실 안에 그 뿌리를 내리기 시작할 거예요.

'학생중심수업'에서 교사는 어떤 역할을 하는가요?

교사중심에서 학생중심으로 수업이 변화된다는 것은, 가르침 중심에서 배움 중심으로 수업의 전개가 달라지는 거예요. 학생중심수업에 '배움 중심'의 철학과 가치가 반영되어야 한다고 하는 까닭이 여기에 있어요.

그렇다고 학생중심수업을 '가르침'과 '배움'이라는 이분법적 사고로 나누어 접근해서는 안돼요. 학교는 교사의 가르침이 학생의 배움으로 전환되는 데 그 존재이유가 있음이 분명하지만, 인간은 자기 삶을 살아가기 위하여 배움의 본성을 가지고 있는 존재이기도 하다는 것이 학생중심수업의 출발점이에요. 다시 말해, 학생은 교사의 가르침과는 별개로 스스로 배울 수 있는 존재들이므로, 학교에서 이루어지는 가르침의 핵심은 학생으로 하여금 스스로 배움의 자세를 갖도록 힘을 키워 주는 데 있지요.

이러한 철학과 가치에 동의할 때, 배움 중심의 학생중심수업은 비로소 뿌리를 내릴 수 있고, 그러한 과정에서 학생도 그렇지만 교사 또한 함께 성장하는 것이 아닐까 싶어요. 학생중심수업을 통해 학생도 그냥 학생Student에서 가르치며 배우는 사람Teacher-student으로 성장하고, 교사 또한 그냥 교사Teacher에서 배우며 가르치는 사람Student-teacher으로 성장하거든요. 이게 학생중심수업을 통해 얻을 수 있는 최대의 성과가 아닐까 싶어요.

학생중심수업을 위해서는 교수·학습과정안이 마련되어야 할 텐데요?

그렇지요. 학생들이 수업하기 위해서는, 먼저 구체적인 수업모형이 설계되어야 하니까요. 우리가 교육과정의 재구성에서 '무엇을 가르치고 배울 것인가?' 하는 질문을 던졌듯이, 학생중심수업을 위해 던져야 할 질문이 '어떻게 가르치고 배울 것인가?' 하는 질문이에요.

이러면서 '학생들의 흥미를 불러일으키는 방법은 무엇인가?', '주어진 문제를 해결하는 과정을 서류기반 면접이고 협력적으로 하는 방법은 무엇인가?', '학습 중에 얻어진 문제해결의 지식이 실제로 현실에 적용되는가?' 하는 질문을 이어서 던지는 거지요. 이러한 질문을 던지면서 자기들의 방식대로 수업을 전개해 나가도록 학생을 돕는 게 '방법'에 초점을 맞춘 구체적 수업모형 설계예요.

학생중심수업 모형설계방법	
구성목적	**구성방법**
동기유발	● 실제생활과 관련 있는 사례를 제기함으로써 학생의 학습동기를 유발하도록 함
질의응답	● 실제생활과 관련 있는 사례를 제기함으로써 학생의 학습동기를 유발하도록 함
상호협력	● 개인이 해결할 수 없는 문제는 동료와의 상호협력을 통해 해결의 실마리를 찾도록 함
현실적용	● 학습 중에 얻어진 문제해결의 지식이 실제적 현실에 적용되는지를 탐구하도록 함

효과적인 교수·학습 방법은 학생들의 자발적 참여를 이끌어 내어 다양한 학습역량을 발휘하도록 돕는 거예요. 모든 학생이 교실의 학습공동체에 소속되어 있다는 것을 자각하고 협력적 교실문화를 구축하고 능동적으로 학습에 참여하도록 하는 것이 교육방법의 설계에서 매우 바람직하지요.

학생중심수업은 여느 수업과 달라야 하겠네요?

그래서 저는 "색다른 방법으로 친구들의 시선을 사로잡으라"라고 하지요. 여기에서 '색다른 방법'이란 다른 게 아니에요. "기존의 수업방식을 따르지 말라. 교사처럼 수업하지 말라. 앉아서 듣고, 혼자서 생각하며, 정답만을 찾으려 들지 말라. 직접 읽고, 직접 보고, 직접 만지고, 직접 써 보며, 함께 대화하라. 규격화된 정답보다는 창의적인 오답에 눈길을 주라. 친구들의 그런 방법에 박수를 보내라." 등등을 의미한다고 이야기하죠.

학생을 '수업중심'으로 불러들인다는 것은, 가만히 앉아서 '머리'로만 생각지 말고, 자리에서 벌떡 일어나서 자유롭게 '입'도 놀리고 '손발'도 놀리면서 교실수업전체를 역동적으로 만들도록 권면하는 거예요. 흔히 지식에 치우친 교육을 배제하고 성격교육·정서교육 등을 중히 여기는 교육을 전인교육全人敎育이라고 하는데, 정말이지 학생중심수업은 온몸을 다 사용한다는 의미에서 또 다른 의미의 '전인교육'이라고 할 수 있어요.

하지만 저는 보다 근본적으로 '학습동기유발'에 초점을 맞추어 수업하라고 권하지요. '학습동기'란 학습자로 하여금 "아, 공부하고 싶다!"라는 심리적 상태에 이르게 하는 거예요. 실제수업상황에서 '동기화된 학생'은 '동기화되지 않은 학생'에 비하여 주의집중력도 뛰어나며 이해력도 크게 증가하여 높은 학업성취를 달성하게 되거든요.

학습동기유발은 다른 게 아니에요. 학생들에게 권할 수 있는 학습동기 유발방법, "친구들이 흥미로워하는 것을 학습활동과 결부시키라", 이게 최고예요. 직유법을 가르치면서 "총 맞은 것처럼 정말/ 가슴이 너무 아파/ 이렇게 아픈데 이렇게 아픈데/ 살 수가 있다는 게 이상해"(백지영, 「총 맞은 것처럼」)라는 사례를 드는 것보다 더 좋은 학습동기유발이 있을까요? 은유법을 가르치면서 "너는 내 Destiny/ 떠날 수 없어 난/ 넌 나의 지구야"(러블리즈, 「Destiny」)라는 사례를 드는 것보다 아이들의 눈길을 사로잡는 방법이 있을까요?

학습동기유발은 수업의 '도입단계'에서만 필요한 게 아니에요. 학습동기유발은 '도입단계'에서도 필요하고, '전개단계'에서도 필요하며, '정리단계'에서도 필요하시요. '방법'에 초점을 맞춘 수업모형설계에서, '질의응답, 상호협력, 현실적용'은 모두 '학습동기유발'이라는 큰 틀 안에서 녹여낼 수 있는 방법이에요. 내용이 방법의 변화를 가져오기도 하지만, 방법이 때로는 내용의 혁신으로 이어지기도 하거든요.

학생중심수업에는 어떤 형태가 있나요?

학종체제에서는 학생중심수업이 아니면 '세부능력 및 특기사항'에 쓸 게 별로 없어요. 그러다 보니, 많은 교사들이 다양한 형태의 학생중심수업을 고민하고 실천하고 있어요. "들은 것은 잊히고, 본 것은 기억되며, 행한 것은 이해된다."라는 중국속담이 있는데, 학생중심수업을 제대로 하면 이 말처럼 되는 것 같아요. 학교생활기록부에 쓸거리가 풍성해지지요.

학교현장에서는 교사들이 실천하고 있는 학생중심수업에는 다음과 같은 것들이 있어요.

- 프로젝트수업 (Project Based Learning): 모둠별로 주어진 과제를 해결하기 위해 다양한 체험과 조사활동을 하며 핵심지식의 이해에 도달하는 수업
- 거꾸로수업 (Flipped Learning): 수업내용을 온라인으로 먼저 학습한 뒤 수업시간에는 문제를 풀이하거나 토론하며 이미 학습한 지식을 적용해 보는 거꾸로 수업
- 하브루타수업 (Havruta Learning): 학습파트너로 짝을 이룬 학생들이 서로 질문하고 대화하고 토론하며 주어진 문제에 대한 대답을 찾아가는 수업
- 비주얼싱킹수업 (Visual thinking Learning): 강의식수업으로 진도를 끝낸 후 학생들이 자기 생각을 글과 그림으로 빠르고 간단하게 정리하여 서로 공유하는 수업
- 교과융합수업 (STEAM Learning): 과학(Science), 기술(Technology), 공학(Engineering), 예술(Arts), 수학(Mathematics) 중 두 가지 이상의 교과내용과 과정을 융합하는 수업
  - 교과융합수업에는 두 가지 이상의 주제를 한 교사가 가르치는 코러닝(Co-learning)과, 동일한 주제를 서로 다른 과목교사가 나누어 가르치는 코티칭(Co-teaching)이 있음

어떤 수업형태가 가장 좋은가요?

'제일 좋은 수업'은 '교사에게 익숙한 수업'이에요. '교사에게 익숙한 수업'이 아니면 '지속 가능한 수업'으로 정착할 수 없거든요. 지속 가능한 발전Sustainable development이란 말 들어 보셨을 거예요. '미래세대가 그들의 필요를 지속적으로 충족할 수 있는 가능성을 손상하

지 않는 범위에서 현재세대의 필요를 충족하는 개발'을 의미하지요. '지속 가능한 수업'도 똑같아요. '내일도 학생들을 잘 가르칠 수 있는 범위 안에서 오늘 만나는 학생들을 잘 가르치는 수업'이 지속 가능한 수업이니까요.

예를 들어 볼까요? 학생들이 온라인을 통해 선수학습을 하고 교실에서는 토론하고 문제해결을 하는 '거꾸로수업'이 주목받고 있긴 하지만, 그 좋은 방법도 교사가 수용하기 버거우면 지속 가능하지 않아요. 오늘 하다가 내일 지쳐 쓰러지면 안 되잖아요. '거꾸로수업'을 하는 분들을 '존경'은 하지만 '따라 하고 싶은 생각'은 없어요. 제 깜냥이 그 정도는 아니라는 것을 잘 알기 때문이죠. 학교수업은 전력 질주하는 100미터달리기가 아니라 42.195킬로미터를 달려야 하는 마라톤이에요.

교사는 수녀도 신부도 아니에요. 가정도 있고 만나서 노닥거릴 친구도 있는 평범한 사람이지요. 학교에서 8시간 근무하면서 충분히 감당할 수 있을 만큼, 천천히, 정말 천천히 그 방법을 찾아갈 수 있는 수업이 '좋은 수업'이에요. 집에까지 학교 일을 들고 가는 것은 학부모나 학생들이 볼 때는 '고마운 모습'이겠지만 동료교사들이 볼 때는 '권장할 일'이 아니거든요. 그러다 금세 지치니까요. 훅, 가기도 하고요.

학생들이 과연 그 어려운 '수업'을 잘해 내던가요?

맞아요. 저는 프로젝트수업을 주로 진행하고 있는데, 이 경우에는 정말로 단계적 접근이필요해요. 학생중심수업이라고 해서 학생들에게 바로 맡기면 안 된다는 말이지요. 사범대학을 나온 교사도 수업을 잘하기가 힘든데, 학생들에게 무턱대고 수업하라고 하면 그 수업이어떻게 되겠어요? 특히 아무런 준비가 없는 1학년 학생들에게 3월초에 바로 학생중심수업을하도록 하면 안 돼요.

　학생중심수업을 실시하기까지는 ① 학생중심수업이 왜 필요한지에 대해 학기초에 학생들에게 교육을 심도 있게 한 뒤, ② 3월과 4월에 '3분 발표' 등 일정한 시간만을 할애해 주는 시범수업을 거치면서, ③ 중간고사가 끝나는 5월 무렵에 학생중심수업을 본격적으로 실시하면 좋아요. 그래야 매끄럽게 진행이 되거든요.

　그리고 학생중심수업은 혼자 하는 수업보다 모둠을 이루어 하는 수업이 훨씬 나아서, 저는 3~4명을 한 모둠으로 묶어 학생중심수업을 진행하고 있어요. '집단지성'이라고까지 할 수는 없겠지만, 아이들이 머리를 맞대면 때로 기막힌 결과물들이 창출되곤 하지요.

학생중심수업에서 특히 주의할 점은요?

　거듭 말하지만, 학생중심수업은 학생들이 수업의 중심에 서야 한다는 점을 잊어서는 안 돼요. 따라서 교사는 학생들이 꼭 필요할 때가 아니면 개입을 삼가야 해요. 같은 맥락에서, 학생들도 걸핏하면 교사에게 찾아가서 모든 문제를 해결하려고 드는 버릇, 버려야 해요. 문제가 생기면 친구들끼리 해결하고, 하다하다 안 되면 그때 찾아가는 곳이 교무실이어야 한다는 점, 잊지 마세요.

　또 한 가지! 학생중심수업에서 유의할 것은 '교육방송강사'처럼 하지 말아야 한다는 점이에요. '학생'이 또 다른 '교사'가 되어 강의식 수업의 획일적인 모형을 답습하면 그것은 '학생중심'이라는 본연의 측면에서 벗어나 오히려 '교사중심수업의 변형'으로 흐를 가능성이 크니까요. 학생중심의 교실수업에서 교육내용은 크게 손댈 수 없다고 하더라도 교과서 내용에서 한 발자국만 더 나가며, 교육방법에서도 친구들의 눈높이에 맞는 방법을 과감히 도입할 수 있잖아요? 그러니 다르게, 조금이라도 다르게, 우리만의 색깔로 우리들의 수업을 디자인하는 거예요.

　마지막 한 가지! 학생중심수업에서 보이는 실수 중의 하나가, 컴퓨터나 보조매체 등 수업도구에 지나치게 매달린다는 점이에요. 물론 피피티도 준비하고 다른 영상물도 함께 마련하여 수업을 생동감 있게 하는 것도 중요해요. 하지만 이런저런 보조도구에만 의지하다 보면, 수업에서 학생 스스로가 소외될 수 있어요. 동영상 등의 수업자료에 지나치게 기대다 보면, 학생들이 스스로 생각하고 토론하며 배울 수 있는 기회를 빼앗는 경우도 있거든요. 따라서 수업을 위한 보조도구는 꼭 필요한 범위에서 최소한으로 준비하는 것이 좋아요. 실속 없는 피피티보다 알차게 활용하는 칠판이 훨씬 나을 수 있거든요. '꽃보다 청춘'을 패러디하여 '도구보다 친구'.

'나만의 교과서'를 '나만의 방법'으로 수업할 일만 남았네요?

물론이지요. 그런데 여기에서 유념할 게 있어요. 가르친다는 것이 생각처럼 만만치 않거든요. 쉽게 생각하다가는 큰코다쳐요. 꼼꼼히 준비하지 않으면 가벼운 질문에도 무너지는 수가 있으니 마음을 다잡으며 최선을 다해야 해요.

교사에게 무엇을 '안다'는 것은 '혼자서만 이해한다'는 것을 의미하지 않아요. '내가 머릿속으로 아는 그 무엇을 누군가에게 이해하게 할 수 있을 때 나는 비로소 그것을 안다'고 할 수 있으니까요. 수업을 해 보면 이를 절감할 수 있어요. 그러니 '내가 아는 것을 친구들이 쉽게 알도록 하는 방법'을 끊임없이 생각해야 해요.

그리하여 한번 배운 것이 배운 것으로 머물지 않고 또 다른 배움으로 이어지도록 서로 머리를 맞대야 하겠지요. "우리가 하는 학교교육은 듣고 외우고 시험 보고 잊어버린다."라고 끔찍한 말을, 학생중심수업에서 또 들어야 하겠어요?

학생중심수업이 교사중심수업과 근본적으로 무엇이 다를까요? 그것은 학생중심수업은 또 다른 형태의 '배움'으로 이어진다는 점이에요. 아이들은 흥미로우면 무엇인가를 미친 듯이 파고들거든요. 그게 바로 '성적'만을 추구하지 않고 '성장'을 추구하는 학생중심수업의 교육적 목표이기도 하고요.

학생중심수업을 통해 얻을 수 있는 성과는 뭐예요?

학생중심수업을 하다 절감한 것인데, 학생중심수업에서 중요한 것은 세부적인 수업기술이 아니었어요. 스스로 준비한 수업을 통해 배우고 싶은 것을 스스로 배워 가면서 학생들은 드디어 '교실의 주인'이 바로 자신이라는 사실을 깨닫는 것, 이게 학생중심수업의 커다란 성과였지요.

그러니까 학생들의 치기 어린 시도도 예쁘게 보이고, 당황스러운 장면에도 따뜻한 눈길이 가더라고요. 이런 과정을 통해 학생들은 '진정한 배움'에 도달하고, 교사인 저도 '진정한 가르침'이 무엇인가 다시 한번 생각하게 되니까요. 학생들이 스스로 일군 꽃밭에 꽃씨를 뿌리고 꽃을 피우는 것을 보면서, 가끔 잡초나 몇 개 솎아 주고 가지치기 몇 번 도와주는 게 교사가 할 일이로구나, 하는 그런 생각을 하면서요.

'아이들이 알고 있는 것' 중에서 '학교에서 교사에게 배운 것'은 몇 퍼센트나 될까요? 아이들은 흥미로우면 알아서들 배워요. 이게 '진정한 배움'의 시작이기도 하고요. 교사는 그런 '배움의 촉진자'이면 충분하지요.

❸ 학생과 함께
과정중심평가 수행하기

'결과중심평가'는 '나쁜 평가'인가요?

아니에요. 평가란 '사람의 수준을 일정한 기준에 의해 따져 매기는 것'인데, '결과'라는 잣대를 가지고 '학생의 성취수준'을 평가하는 것은 매우 유용한 평가방식이에요. 주로 객관식 문제를 통해 얻은 '점수와 등수'를 가지고 학생을 평가하는 결과중심평가는 '성적을 산출하고 학생을 서열화'하는 데 객관성이 확보되어 오랫동안 선호해 왔지요.

하지만 인간은 결과만을 가지고 그 수준을 단정하기에는 너무나 다양한 면모를 지니고 있어요. 최종평가결과는 조금 모자라지만 학습과정에서 보여 준 학생의 변화와 성장이 그 부족함을 채우고도 남을 수 있다는 게 '인간에 대한 올바른 이해'가 아닐까 싶어요. '결과중심의 평가관'에서 '과정중심의 평가관'으로 달라진 근본적인 이유는 바로 여기에 있지요.

2015개정교육과정은 바로 이 점에 주목하면서 "학습의 결과뿐만 아니라 학습의 과정을 평가하여 모든 학생이 교육목표에 성공적으로 도달할 수 있도록 한다."라고 분명히 밝히고 있어요. 그러니까 과정평가는 결과만으로 학생을 평가하려는 기존의 평가방식에 대한 문제점을 극복하기 위하여 마련된 보완적 평가방식이지요. 학생평가는 결과평가와 과정평가가 두 손을 마주 잡고 가야 하는, '둘 다 소중한' 평가방식이에요.

왜 요즘 들어 '과정중심평가'라는 말이 자주 언급되나요?

이제까지 평가의 목적은 서열화에 있었어요. 그래서 '평가결과'인 '점수'와 '등수'를 따지게 되었는데, 그중에서도 '좋은 등수'를 받는 것이 '좋은 점수'를 받는 것보다 더 중요하게 여기지요. 그러다 보니 남들보다 더 신속하게 지식을 암기하고 남들보다 더 빠르게 정답을 골라내는 것만이 학생들에게 강화시켜야 할 유일한 능력으로 여겨 왔어요.

'결과만 중요하게 여기는 평가', '등수만 의미 있게 바라보는 평가'가 주는 폐해는 수학능력시험이 끝난 고등학교 3학년 교실에 가 보면 단번에 알 수 있어요. 교과서는 여기저기 팽개쳐져 있고, 수업은 더 이상 계속해야 할 이유가 없는 것인 양 방치되지요. 학년말고사가 끝난 1, 2학년 교실풍경도 이와 크게 다를 바가 없고요. '학습의 일부인 평가'가 '학습 자체'를 흔드는 것이 마치 '꼬리가 몸통을 흔드는 격'이에요.

과정중심평가가 왜 필요한가 하는 질문은 공교육을 이렇게 두어서는 안 되겠다는 각성에서 시작하지요. 결과중심의 평가만 강조하게 되면 평가가 끝나는 그 자리에서 학생은 학습을 멈추게 돼요. 평가를 '학습의 종결'로 보는 것이 아니라, '학습의 과정'으로 보아야 학교가 학생들을 조금 더 교육적으로 이끌어 줄 수 있는데, 이제까지 우리의 학교문화는 전혀 그렇지 않았거든요.

결과중심평가만 강조하면 학습의 모든 과정은 가볍게 무시되어 교육이 파행으로 갈 위험이 도사리고 있을 뿐만 아니라, 단순암기능력으로 해결할 수 없는 문제를 해결하는 역량을 요구하는 시대적 요청에도 전혀 응답할 수 없게 돼요. 결과중심의 평가 그 자체가 나쁜 것이 아니라, 그것만을 지나치게 강조하게 되면서 생긴 폐해 때문에, '과정중심의 평가'와의 균형을 잡아 주겠다는 것이죠. 그래서 요즘 들어 '과정중심평가'라는 말이 자주 언급되는 것 같아요.

평가의 방향도 과정중심평가로 바뀌고 있는 것 같아요.

그래요. 교육부가 앞장서서, '결과중심의 일제식 평가'에서 '과정중심의 평가'로 평가 방향성이 변화하고 있음을 강조하고 있어요. 따라서 학교는 교육과정의 성취기준에 기반한 평가계획에 따라 교수·학습과정에서 학생의 변화와 성장에 대한 자료를 다각도로 수집하여 적절한 피드백을 제공하는 과정중심평가를 통해 교수·학습의 질을 제고해야 하지요.

평가가 제대로 되어야 수업도 제대로 되겠네요?

그래요. 평가가 수업과 분리된 채로는, 제대로 된 수업을 하기도 힘들고 제대로 된 평가를 하기도 힘들어요. 교실수업에 평가가 들어가고, 평가가 수업 중에 일어나야만 하는 까닭이 여기에 있어요.

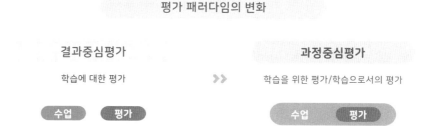

그래요. 과정중심평가라는 말은 수업과 평가를 따로 분리하지 말라는 의미예요. 수업과정에서 동시에 평가가 이루어져야 한다는 말이지요. 평가를 학습으로 보는 '학습으로서의 평가Assessment as learning'가 되어야 한다는 거예요.

그래야 학생들의 배움도 좀 더 나은 단계로 올라설 수 있고, 교사의 가르침도 좀 더 나은 단계로 나아갈 수 있어요. 잘 가르치기 위해서는 교사가 잘 가르치고 있는지 학생들의 평가를 통해 스스로를 평가해 보아야 하지 않겠어요? 평가를 피드백을 통한 학습촉진으로 보는 '학습을 위한 평가Assessment for learning'로 여기는 까닭이 여기에 있어요.

흔히 결과중심평가를, 평가를 학습결과에 대한 총괄평가로 보는 '학습에 대한 평가Assessment of learning', '학습결과에 대한 평가'라고 해요. 이에 비하여 과정중심평가는 '학습을 위한 평가', '학습으로서의 평가'라고 하지요. 이렇게 볼 때 과정중심평가에는 '평가가 곧 학습이고, 동시에 평가는 학습을 확인하고 더 나은 학습을 촉진하기 위해 시행하는 교육행위'라는 의미가 담겨 있음을 알 수 있어요.

**학교생활기록부의 과목별 세부능력 및 특기사항을 제대로 기재하기 위해서라도
과정중심평가가 이루어져야 하겠네요?**

그럼요. 평가는 힘이 세요. 수업이 바뀌면 평가가 바뀌는 것이 아니라, 평가가 바뀌면 수업이 바뀌지요. 과정중심평가를 통해 교육과정-수업-평가-기록을 일체화하는 것이 가능하다고 말하는 까닭이 여기에 있어요. '교육과정-수업-평가-기록의 일체화'는 수업과 평가의 일치가 핵심인데, 이를 통해 결국 학생부 기록도 가능해진다는 거예요.

『학교생활기록부기재요령』교육부에 따르면, '과목별 세부능력 및 특기사항'란에는 ① 학생 중심수업이나 ② 수업과 연계된 수행평가 등에서 관찰한 '학생의 성장과 발전'을 기록하도록 하였어요. 여기에서 '수업과 연계된 수행평가'가 바로 '수업과 연계되어 이루어진 과정중심의 수행평가'예요.

하나 더 볼까요? 「학교생활기록 작성 및 관리지침」에 따르면, 교과학습발달상황의 세부능력 및 특기사항에 '과목별 성취기준에 따른 성취수준의 특성'뿐만 아니라 '학습활동참여도'를 기재하도록 하고 있는데, '성취수준의 특성'이나 '학습활동참여도'는 바로 과정평가를 통해 얻어지지요. 이런 의미에서 평가는 곧 기록이라고도 할 수 있어요.

'수행평가'는 또 뭐예요? '수행평가'가 '과정중심평가'예요?

평가에는 지필평가와 수행평가가 있어요. 우선, 지필평가紙筆評價는 연필이나 펜으로 종이에 답을 쓰는 형식의 평가로, 중간고사(1회고사)와 기말고사(2회고사) 등의 일제식 '정기고사'를 의미하지요. '문항정보표'의 구성에 따라 '선택형'과 '서답형'으로 구분하는 학교시험문제예요.

이에 비해 수행평가遂行評價는 학습의 결과뿐만 아니라 학습의 과정까지 측정하는 수시평가로, 결과중심의 지필평가를 보완하는 성격이 강하지요. 그러니까 수행평가가 과정중심평가인 것만은 아니에요.

그런데 2015개정교육과정과 함께 과목평가를 수행평가로만 치를 수 있게 되면서, 수행평가는 그 위상이 크게 달라졌어요. "교과학습의 평가는 지필평가와 수행평가로 구분하여 실시한다. 다만, 시·도교육청의 학업성적관리시행지침에 따라 학교별 학업성적관리규정으로 정하여 교과목의 특성에 따라 수행평가만으로 평가할 수 있으며, 감염병의 전국적 유행 등 국가재난에 준하는 상황에서는 지필평가 또는 수행평가만으로 평가할 수 있다."라고 명시하고 있거든요.

수행평가는 '숙제'의 또 다른 이름이 아닌가요?

뼈아픈 지적이네요. 그래서 아예 교육부는 수행평가는 수업시간 중에만 실시하도록 규정하였어요. 「학교생활기록작성 및 관리지침」을 개정하면서, '주요 용어 정의'에 교과학습발달상황 평가 및 관리에서 사용하는 수행평가를 다음과 같이 정의하였지요. "수행평가란 교과담당교사가 교과 수업시간에 학습자들의 학습과제 수행과정 및 결과를 직접 관찰하고, 그 관찰결과를 전문적으로 판단하는 평가방법이다."라고요.

규정 학교생활기록 작성 및 관리지침

[별표 9] 교과학습발달상황 평가 및 관리

2. 주요 용어 정의

　　가. 수행평가란 교과 담당교사가 교과수업시간에 학습자들의 학습과제 수행과정 및 결과를 직접 관찰하고, 그 관찰 결과를 전문적으로 판단하는 평가방법이다.

4. 중학교 · 고등학교 평가 방법

　　나. 평가 운영

　(4) 정규교육과정 외에 학생이 수행한 결과물에 대해 점수를 부여하는 과제형 수행평가는 실시하지 않는다.

그러면서 다시 '중학교·고등학교 평가방법'의 '평가운영'에 "정규교육과정 외에 학생이 수행한 결과물에 대해 점수를 부여하는 과제형 수행평가는 실시하지 않는다."라고 대못을 쾅 쾅 박고 있어요. 수행평가에 대한 학부모나 사교육의 개입 여지를 최소화하기 위해 수업시간 중에만 실시토록 규정을 강화한 거지요.

2015개정교육과정에서는 '학습과제의 수행과 직결되는 과정중심평가'를 통해 '교육과정-수업-평가-기록의 연계'를 강조하고 있어요. 한마디로 수행평가가 교육과정에서 제시하고 있는 교육목표의 달성여부를 평가하는 데에 적절한 방법이라는 거죠.

'과정중심 수행평가'가 뭐예요?

'지필평가와 수행평가의 차이점'을 정리해 놓은 다음 표를 보면, '과정중심 수행평가'가 무엇인지 확실히 알 수 있을 거예요.

구분	지필평가	수행평가
평가목적	● 학업성적 판정	● 교수-학습 방법 개선 ● 자기학습에 대한 성찰
교수·학습 활동	● 교사중심 인지적 영역 중심 ● 암기위주 기본학습능력 강조	● 학생중심 전인적 영역 강조 ● 창의성 및 문제해결능력 강조
평가시기	● 정시, 학습활동이 종료되는 시점 ● 수업과 평가는 분리	● 수시, 학습활동의 모든 과정 ● 수업과 평가는 동일
평가내용	● 명시적 지식(내용적 지식) ● 학습의 결과 중시	● 암묵적 지식(방법적 지식) ● 학습의 과정 중시

수행평가의 종류에 대해서 설명해 주세요.

　수행평가로는 '서술형평가, 논술평가, 발표형평가, 토론평가, 실기평가, 실험·실습평가, 관찰평가, 보고서평가, 프로젝트평가, 포트폴리오평가' 등이 있어요.

- **서술형평가**: 문제의 답을 선택하는 것이 아니라 주어진 질문에 자신의 지식이나 생각을 간단하게 서술하는 평가방법.

  (예시) 다음은 선생님께 드리는 편지입니다. 편지의 짜임, 알맞은 표현방법, 그리고 글의 내용에서 부족한 점을 각각 한 가지씩 쓰시오.

- **논술평가**: 특정주제에 대한 자신의 생각이나 주장을 논리적이고 설득력 있게 기술하는 평가방법.

  (예시) 아래 광고에서 전달하고자 하는 주제인 '불법음원 다운로드'에 대한 자신의 의견과 그 까닭을 논술하시오.

- **발표형평가**: 제시된 주제에 대해서 개인의 의견을 정리하여 발표할 수 있는 능력을 직접 평가하는 방법.

  (예시) 다음 〈보기〉는 입원 중인 친구에게 병문안을 하러 간 상황입니다. 주어진 〈조건〉을 참고하여 상황에 어울리는 인사말을 해 보시오.

- **토론평가**: 특정주제에 대해 학생들이 토론하는 것을 관찰하고 평가하는 방법.

  (예시) '학교에서 스마트폰 사용을 찬성한다.'라는 주제로 토론하려고 합니다. 찬성과 반대의 의견을 정하고 그 이유를 작성하여 토론하여 봅시다.

- **실기평가**: 예체능 교과에서 많이 활용하는 방법으로, 학생들의 기술이나 능력을 직접 행동으로 나타내도록 하여 평가하는 방법.

  (예시) 발 구르기, 몸 끌어올리기, 엉덩이 넘기기, 다리 넘기기의 단계에 따라 정확한 동작으로 높이뛰기를 하여 보시오.

● 실험·실습평가: 과학 교과에서 많이 활용하는 방법으로, 어떤 과제에 대해서 학생들이 직접 실험·실습을 하게 한 후 그 결과를 평가하는 방법.

> 예시 온도가 다른 두 물질이 접촉하면 두 물질의 온도가 어떻게 변하는지 알아보는 실험을 하고 그 결과를 정리하여 제출하시오.

● 관찰평가: 교사가 직접 학생의 행동(발표횟수, 교재준비, 수업태도 등)을 관찰하여 바람직한 변화가 이루어졌는지 평가하는 방법.

> 예시 학급에서 '1인 1역'을 수행하는 방법을, 계획을 세운 후 실천하여 봅시다.

● 보고서평가: 학생의 능력이나 흥미에 적합한 주제를 선택하여 그 주제에 대해서 자료를 수집하고 분석·종합하여 보고서를 작성하도록 하는 평가방법.

> 예시 이웃 나라인 중국과 일본, 러시아의 문화에 대하여 조사하여 보고서를 제출하시오.

● 프로젝트평가: 학생들에게 특정한 연구과제를 수행하도록 한 다음 그 과정과 결과물을 이용한 평가방법. 보고서평가와 유사하지만, 계획서 작성단계부터 결과물 완성단계에 이르기까지 모든 과정을 중시한다는 점에서 차이가 있음.

> 예시 학생들의 등굣길 안전을 돕기 위한 창의적인 생활용품을 만들어 봅시다.

● 포트폴리오평가: 학생이 작성한 글이나 과제물 작품 등을 지속적으로 모으도록 한 뒤, 이것을 총체적으로 평가하는 방법.

> 예시 1년 동안 읽은 책의 내용을 독서활동기록부를 담아 제출하시오.

'학생중심수업'에다 '과정중심의 수행평가'까지 하면, 학생들이 잘 감당할 수 있을까요?

맞아요. 수행평가는 과목담당교사가 학습자들의 학습과제의 수행과정과 결과를 직접 관찰하고, 그 관찰결과를 전문적으로 판단하는 평가방법이지만, 학생들 입장에서는 정말 부담스러워요. 학기당 10과목이 넘는 현실에서 과목별로 주어지는 그 많은 수행평가를 해 내는 것은 여간 힘든 일이 아니거든요.

그래서 「공교육정상화촉진 및 선행교육규제에 관한 특별법」 제8조 제3항에 따르면 "지필평가, 수행평가 등 학교 시험에서 학생이 배운 학교교육과정의 범위와 수준을 벗어난 내용을 출제하여 평가하지 않는다"라고 명시하고 있어요. 아울러, 교육부 훈령에서도 "수행평가는 과제형 평가를 지양하고 다양한 학교교육활동 내에서 평가가 이루어지도록 하며, 학교급 및 과목별 특성을 고려하여 점진적, 단계적으로 적용한다"라고 권고하고 있지요.

이러한 점을 고려하여, 과목별로 이루어지는 수행평가가 '또 다른 지필평가'가 아닌 '과정중심의 평가'가 되도록 하되, '학교교육활동 내' 그러니까 '수업시간 안'에 모든 평가가 이루어질 수 있도록 확실하게 변화를 주어야 해요. 이런 의미에서, 교육부에서 강조하고 있는 '교육과정-수업-평가-기록의 연계 강화'는 학생들의 부담을 덜어 주기 위한 적절한 권고인 것 같아요.

수행평가에 대한 학생들의 가장 큰 불만은, '과목교사'가 '자기과목'만 생각하다 보니
학생 부담이 너무 커진다는 점에 있어요.

맞아요. 그래서 교사는 반드시, 정말 반드시, 한 학기에 열 과목 이상을 공부하는 학생들에게 '수행평가의 적정선'이 무엇일까를 끊임없이 고민해 봐야 해요. 끊임없이 고민한다는 것은 학생들의 의견을 계속적으로 수렴한다는 거예요. 학생중심수업도 그렇지만 과정중심의 수행평가도 이런 과정이 전제되지 않으면, 처음에는 반짝하다가 교사도 학생도 지쳐 나가떨어지기 마련이지요.

학생중심수업이 너무 많으면 학생들이 따라오지 못하고, 그렇다고 너무 적으면 학생들의 성장하고 발전하는 모습을 찾아보기 힘들기 때문에, 절묘한 접점을 찾아내야 하듯, 수행평가도 '절묘한 접점'을 찾아내야 해요. 이를 위해서는 학생들의 의견수렴과 함께, 교사들끼리 '과목'이라는 담장을 허물고 소통하는 것이 매우 필요하지요. 학교차원에서도 학년별, 교과별로 적절한 조정이 이루어지도록 협의의 장을 만들어 주어야 하고요.

과목 간 담장을 허는 것을 교사들에게만 맡겨 놓으면 안 되니까, 학교에서 교장 교감이 발 벗고 나서야 해요. 학생들의 고충을 듣는 일부터 시작해서, 학년전체 교과담당교사들의 협의 회를 통해 과목 간 수행평가의 적정선을 논의하는 일까지, 교장 교감이 직접 챙겨야 하지요.

교사들은 자기과목만 생각하다 보니, 학생들이 열 과목을 넘게 공부한다는 사실을 깜빡 놓치기도 하니까, 전체적인 균형을 잡는 데는 제3자적 관점이 매우 중요하거든요. 학생중심 수업도 그렇지만 수행평가가 교육적 의미를 견지하려면, 교사에게도 학생에게도 지속가능해 야 한다는 점을 학교 전체가 헤아려야 해요.

어떤 학생이 그러대요. "수행평가가 본격적으로 시작되는 때가 오면 가슴이 벌벌 떨린다." 라고요. 학생 좋게 하자고 시작한 수행평가가 왜 이렇게 되었을까요? '수행평가총량제'의 도 입이 절실한 이유가 바로 여기에 있어요.

수행평가를 할 때 '개별평가'와 달리 '모둠평가'는 억울해하는 친구들이 많아요.

그래요. 무임승차無賃乘車, 차비를 내지 않고 차를 탐가 문제지요. 정말 얄밉기도 하고요. 그래서 교 육부는 모둠활동을 평가할 때 유의점을 다음과 같이 안내하고 있어요. "복수의 학생이 공동 으로 수행하는 모둠활동 등을 평가할 때에는, 개별 학생에 대한 역할을 부여하고 학습과제의 수행과정과 결과가 평가될 수 있도록 각별히 유의하라"는 거지요.

그러니까 다른 모둠과 비교하여 모둠별로 공통의 점수를 부여하되, 모둠 안에서도 개별적 인 역할을 주어 개인별로도 공정한 평가가 될 수 있도록 하라는 거예요. 가려운 곳을 긁어 주 는 좋은 지침이지요.

❹ 학생과 함께
자기성장 기록하기

교수평기의 마지막, 드디어 '기록'에 대해서 말씀하실 차례가 되었네요.

학생부의 기록은 '성적'을 숫자로 기록하는 것과 '성장'을 글자로 기록하는 것으로 나뉘는데, 교수평기에서 말하는 기록은 당연히 뒤엣것이에요. 과목별 세부능력 및 특기사항을 어떻게 기록할 것인가 하는 것이 문제이지요.

공부 잘하는 학생은 '성적'뿐만 아니라, '성장'도 뛰어날 텐데요?

그래요. 공부 잘하는 학생은 숫자로 입력하는 '성적'뿐만 아니라, 글자로 기재하는 '성장'도 뛰어난 경우가 많아요. 그렇다고 학생부 과목별 세특에다 이 학생은 내신성적이 1등급이니 모든 면에서 뛰어나다고 할 수는 없어요. 학생부의 '세부능력 및 특기사항'란에 기재할 때 유의할 점은, '지필평가를 근거로 하여 성취수준이 뛰어나다'고 기재할 수는 없다는 사실이에요.

두 차례 지필평가와 수행평가를 합산하여 내신 1등급을 맞았다면 그 학생의 시험문제풀이 능력인 성적, 그러니까 '학업능력'은 당연히 뛰어나겠지만, 그렇다고 그 학생이 일상적인 문제해결능력인 '학업역량'까지 뛰어나다고 할 수는 없어요. 성적으로 대변되는 학업능력과 성장으로 대변되는 학업역량은 그 결이 많이 다르거든요.

따라서 과목별 세특에서 성적이 좋다는 말을 통해 그 학생의 성장을 기록하려 들면 안 돼요. 안 될 정도가 아니라 절대 안 돼요. "공부 잘하는데, 정말 한다"라고 하지 말고, "공부만 잘하는 게 아니다"라며 '수업 중'에 관찰한 '학생의 변화와 성장'을 기록해 주는 것! 이게 『학교생활기록부기재요령』교육부 에서 말하는 과목별 세특의 핵심이에요.

'수업 중'에 관찰한 '학생의 변화와 성장'을 기록하라고요?

그래요. 과목별 세부능력 및 특기사항에 무엇을 기록하는지 다시 한번 정리해 볼까요.

규정 학교생활기록부기재요령

◇ '세부능력 및 특기사항'란은 학생중심수업 및 수업과 연계된 수행평가 등에서 관찰한 내용을 입력한다.

규정 교과학습발달상황 표준 가이드라인

◇ 학생의 수업참여태도와 노력, 교과별 성취기준에 따른 학습목표를 성취하기 위한 자기주도적 학습에 따른 변화와 성장 정도를 중심으로 기재함.

우선, 과목별 세특은 반드시 수업과 연계되어야 해요. 『학교생활기록부기재요령』교육부 에서는 "① 학생중심수업이나 ② 수업과 연계된 수행평가 등"에서 관찰한 내용을 기록의 대상으로 삼으라고 누누이 강조하고 있거든요. '교사중심수업'이나 '결과물만 제출하는 수행평가' 등은 일단 세특 기록의 대상에서 배제하라는 거예요.

교육과정-수업-평가-기록

기록의 대상	≫	기록의 내용	
① 학생중심수업 ② 수업과 연계된 수행평가		① 과목별 성취기준에 따른 성취수준의 특성 ② 학생의 수업참여태도	**+** 성취수준으로 아우르지 못하는 세부능력

그렇다면 수업에서 교사는 무엇을 중점적으로 관찰할 것인가 하는 문제가 떠오르네요. 이 것도 『학교생활기록부기재요령』교육부 에서 명쾌하게 밝히고 있어요. "① 과목별 성취기준에 따른 성취수준의 특성, ② 학생의 수업참여태도 등"을 문장으로 기재하라고요. "과목별 성취

03 교과학습발달상황,
어떻게 디자인할 것인가

기준에 따른 성취수준의 특성"이 뭐냐고요? 같은 책에서는 이를 '교과별 성취기준에 따른 학습목표를 성취하기 위한 자기주도적 학습에 따른 변화와 성장 정도'라고 풀이하고 있네요. 한마디로 수업 중에 보여 준 학생의 변화와 성장을 기록해야지, 이 학생은 성적이 좋은데 정말 성적이 좋다고 해서는 안 된다는 것, 이게 요체예요.

문제는 학생중심수업이나 과정중심수행평가의 내용이 '과목별 성취기준에 따른 성취수준의 특성'으로 표현하기 어렵고 단순히 '수업참여도'로 규정하기도 어려운 특출함을 보여 줄 경우, 이를 어떻게 기록해 줄 것인가 하는 거예요. 뛰어난 언어전달능력이라든가, 풍부한 어휘구사력이라든가, 논리적인 지문해석능력이라든가, 창의적인 문제해결능력이라든가, 인간의 세부능력은 무궁무진하거든요. 그래서 '세부능력'이라는 말이 필요해요.

오스본은 인간의 정신능력을, 대상을 관찰하고 주의를 집중하는 능력인 흡수력, 기억하고 재생하는 능력인 파악력, 분석하고 판단하는 능력인 추진력, 새로운 생각을 산출하는 능력인 창조력으로 나누었는데, 이러한 능력들이 바로 세부능력이에요 오스본, 『상상 공학』.

'성취수준'이 평가규정에 명시되어 있는 성취기준에 대한 도달수준을 가리키는 한정적 의미로 사용된다면, '세부능력'은 평가규정에 명시되어 있지 않은 학생의 신체능력과 정신능력을 총체적으로 가리킨다고 보면 돼요. '성취수준'으로 아우르지 못하는 '그 학생의 세부능력'을 교사의 평가를 덧붙이는 형식으로 마무리해 주면, 과목별 세특, 정말로 깔끔해지지요.

과목별 세부능력 및 특기사항은 어떻게 기재하면 되나요?

『학교생활기록부기재요령』 교육부 에 따르면 "학교생활기록부는 언제, 어떤 역할로, 어떤 활동을, 어떻게 수행해서, 그 결과가 어떠하였는지를 가급적 구체적으로 입력한다."라고 되어 있는데, 이를 육하원칙에 대비해 보면, 누가(어떤 역할로), 언제(언제), 어디서, 무엇을(어떤 활동을), 어떻게(어떻게 수행해서), 왜(그 결과가 어떠하였는지) 하였는지 기록하는 거예요. 여기에서 가장 중요한 것은 '무엇을-어떻게'이고 그중에서 더욱 중요한 것은 '어떻게'이지요.

이를 간단하게 도식화해 보면 다음과 같아요.

세부능력 및 특기사항		
어떤 결과(성취수준)를 보여 주었는가?		
어떤 활동을 어떻게 수행했는가?	↑ 교과서 안	
	↓ 교과서 밖	
어떤 결과(세부능력)를 보여 주었는가?		

세부능력 및 특기사항은 과목당 500자이니, 1학기와 2학기로 한 과목이 이어져 있는 경우에는 글자수를 적절히 나누어 '전 Before → 후 After'의 형태로 기록해 주면, '학생의 성장과 발전'이 한눈에 들어올 거예요.

그런데요, 그 많은 학생을 기록해 줄 수 있던가요?

'제가 직접 해 본 세특 기재방법'을 '제가 즐겨 하는 수업형태'와 연동하여 말씀드릴게요. 모두 다 '수업 속에서 이루어진 수행평가'로 '교육과정-수업-평가-기록의 연계'를 통해 '학생중심수업'을 실천한 거예요. 저는 어느 정도 익숙해져서 '지속가능'하지만, 그렇게 받아들여지지지 않을 수도 있으니, 참고만 하세요.

학생중심수업은 우선 활동단위를 무엇으로 할 것인가에 따라 '모둠별 수업'과 '개인별 수업'으로 나누었어요. 모둠별 수업은 '발표수업'과 '협동학습' 두 가지 형태로 다시 나누었고, 개인별 수업은 '과제발표'로만 진행하였지요. 모둠별 발표수업은 한 학기에 한 번만 하고, 모둠별 협동학습은 필요할 때마다 수시로 하되 너무 부담스럽지 않게 하며, 개인별 과제발표도 한 학기에 한 번만 했어요. 과정평가라고 해서 학생들을 매시간 숨 막히게 하는 것은 옳지 않거든요.

1. 모둠별 발표수업

모둠별 발표수업부터 설명해 주시죠.

모둠별 수업은 3명 안팎을 한 모둠으로 하여 진행하는데, 교-수-평-기에 따라 단계별로 준비하도록 저는 옆에서 도와만 주어요. '1번 10분 정도의 수업'을 위해 두 달 동안, 수업 시간 마지막 5분을 쪼개 모둠별로 만나지요. '아이들과 친해지기'도 하고, '아이들의 참신한 생각과 만나기'도 하는 시간이에요.

단계	교육활동	
교육과정 재구성	수업단원 선정	
	성취기준/성취수준 제시	
	수업단원 사전 학습	
	교육과정 재구성	● 수업내용 재구성
학생중심수업	수업모형 설계	● 수업방법 구상 ● 교수-학습과정안 작성
	학생중심수업 전개	
과정중심평가	과정중심 수행평가	
학생부 기록	학생 성장 기록	

그런데 고백할 게 있어요. 수업단원을 선정할 때, 저는 그래요. 수능에서 중요한 핵심단원은 교사중심수업으로 하기 위해서 처음부터 제쳐 놓아요. "이건 내가 할 것이니 손대지 말라." 하고서 아이들에게 양해를 구하지요. 우리 아이들, 제 맘 알아서인지, 흔쾌하게 받아들여 주어요. 그러고서 아이들에게 '관심'과 '전공'이라는 잣대로 수업할 단원을 고르라고 하면, 알아서 잘들 골라요.

**문제는 '모둠별 발표수업'을 한 뒤에, 개인별로 그 많은 학생의 '세부능력 및 특기사항'을
어떻게 기재할 것인가에 있는데요?**

그래요. 문제는 그 많은 학생의 세특을 어떻게 적어 주느냐에 있죠. 그래서 저는 '세특 틀'
을 몇 개 만들어서 ( ) 안을 채우는 방식으로 문제를 해결하고 있어요. 학생들에게 미리 '틀'
을 몇 개 제시하면서 예시문도 보여 주면, 마음에 드는 틀에 맞추어 각자 수업을 준비하지요.

세부능력 및 특기사항		
어떤 성취수준을 보여 주었는가?		성취수준 '상, 중, 하' 중 하나를 선택하여 적절하게 바꾸어 기재
어떤 활동을 어떻게 수행했는가?	↑ 교과서 안	학생들이 진행하는 발표수업 '저요저요'에 참여하여 '(소단원 기재)'을 제재로 수업함(일시 기재). (수업방식: 학습동기유발이나 수업방식의 특이사항 기재)하여, (수업내용 1: 교과서 내용을 중심으로 성취수준에 도달한 구체적 활동을 기재).
	↓ 교과서 밖	아울러 (수업내용 2: 교과서를 넘어서는 내용에 대한 구체적 활동을 기재).
어떤 세부능력을 보여 주었는가?		('수업내용 2'에서 보여 준 세부능력을 '교사의 평가' 형식으로 기재)는 지도교사의 ('칭찬, 평가, 조언' 등의 표현으로 기재)을 들음.

매체에 드러난 필자의 관점이나 표현방법의 적절성을 일정한 기준을 설정하여 효과적으로 평가하며 읽을 수 있음. 학생들이 직접 진행하는 발표수업 '저요저요'에 참여하여 '매체를 읽는 눈'을 제재로 수업함(2018.04.08.). '무지개로 핀 우산'이라는 제목의 사진을 제시하며 학습동기를 유발한 뒤, PPT를 활용하여 본문의 핵심사항 및 주요내용을 체계적으로 정리함. 특정광고를 통해 광고의 관점을 파악하고, 그 관점을 드러내기 위해 어떤 화면구성과 카피를 사용했는지 '여성주의적 시각'에서 설명함. 아울러, '나의 아저씨'라는 드라마를 영상으로 보여 주면서, 여성의 입장에서 이 드라마를 비판적으로 바라보는 이유를 조리 있게 발표함. 40대 남성의 연애상대가 하필이면 21살 여성이어야 하는가 하는 문제제기가 인상적임. "남성중심주의사회에 대한 비판적 통찰력과 함께 젠더감수성을 보여 주었다."라는 지도교사의 칭찬을 받음.

첫 문장이 일반적 진술이자 교육과정에 기술된 성취수준에 해당한다고 하셨지요?
물론 '성취수준'을 '학생의 성취수준의 개별적 특성'으로 적절히 다듬어야 하겠지만요.

그래요. 다음은 국어과목의 '성취기준 및 성취수준'인데, 찬찬히 살펴보세요.

성취 기준		성취 수준
[10국02-02] 매체에 드러난 필자의 관점이나 표현방법의 적절성을 평가하며 읽는다.	상	매체에 드러난 필자의 관점이나 표현방법의 적절성을 다양한 기준을 설정하여 효과적으로 평가하며 읽을 수 있다.
	중	매체에 드러난 필자의 관점이나 표현방법의 적절성을 제시된 기준에 따라 평가하며 읽을 수 있다.
	하	매체에 드러난 필자의 관점이나 표현방법을 파악하여 읽을 수 있다.

앞에서 보여 준 국어 세특에서 "매체에 드러난 필자의 관점이나 표현방법의 적절성을 일정한 기준을 설정하여 효과적으로 평가하며 읽을 수 있음."이라는 문장은 이 글의 '일반적인 진술'이자 국어과목의 평가기준인 '[10국02-02]매체에 드러난 필자의 관점이나 표현방법의

적절성을 평가하며 읽는다.'에 대한 성취수준 '상'에 해당하는 진술을 '개별적 특성'이 드러나
도록 적절하게 변형한 거예요. 물론 수준에 따라 성취수준 '중'이나 '하'를 활용할 수 있어요.

다음 문장부터 학생중심수업 활동에 대한 구체적 진술이 이어지는데요?

　그래요. "학생들이 직접 진행하는 발표수업 '저요저요'에 참여하여 '매체를 읽는 눈'을 제
재로 수업함(2018.04.08.). '무지개로 핀 우산'이라는 제목의 사진을 제시하며 학습동기를
유발한 뒤, PPT를 활용하여 본문의 핵심사항 및 주요내용을 체계적으로 정리함. 특정광고를
통해 광고의 관점을 파악하고, 그 관점을 드러내기 위해 어떤 화면구성과 카피를 사용했는지
'여성주의적 시각'에서 설명함."이라는 문장에서는 수업을 '어떻게(어떻게 수행해서)' 했는가를
순서대로 제시하고 있네요.

수업활동에 대한 구체적 진술이 이어지는데요?

　그러네요. "아울러, '나의 아저씨'라는 드라마를 영상으로 보여 주면서, 여성의 입장에서
이 드라마를 비판적으로 바라보는 이유를 조리 있게 발표함. 40대 남성의 연애상대가 하필
이면 21살 여성이어야 하는가 하는 문제제기가 인상적임."이라는 문장에서는 교과서 밖으로
확장한 내용을 담아내고 있네요.

이제 마지막이네요.

　"남성중심주의사회에 대한 비판적 통찰력과 함께 젠더감수성을 보여 주었다."라는 지도
교사의 칭찬을 받음."이라는 문장이 '왜(그 결과가 어떠했는지)'에 해당해요. 이 '왜' 부분이 바로
성취수준으로 아우를 수 없는, 이 학생의 '세부능력'에 대한 진술이라고 보면 돼요.

2. 모둠별 협동학습

모둠별 협동학습에 대해 설명해 주시죠.

모둠별 협동학습은 3명 안팎을 한 모둠으로 하여 진행하는데, 수업을 하다가 협동학습이 필요한 부분을 선정하여 수시로 진행하지요. 이때 저는 '직소Jigsaw 칠판'이라는 교구를 이용하여 학습하는데, 이게 협동학습에 효과만점이에요.

단계	교육활동	
교사중심수업	수업단원 선정	
	학습목표 제시	
	본시 수업	
학생중심수업	협동학습	● 원리 익히기 ● 적용하기
	모둠별 발표	
과정중심평가	과정중심 수행평가	
학생부 기록	학생 성장 기록	

특히, 수능에서 매우 중요한 핵심개념이 나오는 단원에서는 반드시 모둠학습을 통해 깊이 있는 배움이 일어날 수 있도록 해요. 시간은 5분 정도이지만, 학습내용의 기억이 오래가는 데 도움이 되는 좋은 방법이에요.

'모둠별 협동학습'도, 개인별로 그 많은 학생의 '세부능력 및 특기사항'은 어떻게 기재하나요?

　그래요. '모둠별 협동학습'도 '모둠별 발표수업'과 크게 다르지 않아요. '세부능력 및 특기사항'의 틀을 몇 개 만들어서 (　　) 안을 채우는 방식으로 문제를 해결하고 있어요.

세부능력 및 특기사항	
어떤 성취수준을 보여 주었는가?	성취수준 '상, 중, 하' 중 하나를 선택하여 적절하게 바꾸어 기재
어떤 활동을 어떻게 수행했는가?	('제목'(저자) 기재)을 읽고 (발표내용 1: '책의 내용'을 중심으로 성취수준에 도달한 구체적 활동을 기재). (발표내용 2: '책의 내용을 현실문제와 접맥하여 발표한 내용'을 기재).
어떤 세부능력을 보여 주었는가?	(필요한 경우 '발표에 대한 학생들의 반응'을 병기)

　　개인이나 집단의 특성에 따라 말하기 방법이 다양함을 알고, 효과적인 말하기 방법을 선택하여 의사소통할 수 있음. '스토리텔링, 스토리두잉으로 피어나다'(박용성)의 '여성과 남성' 마당을 읽고 어머니의 헌신적인 사랑을 주제로 하는 이야기의 이면에는 여성의 고단한 삶이 자리하고 있음을 지적함. 아이를 낳고 기르는 모성비용을 사회가 감당하지 않고 출산만을 강요한다면 이 시대의 여자의 뼈도 검어질 수밖에 없음을, 통계자료를 근거로 제시하여 친구들의 박수를 받음.

'모둠별 협동학습'에서도 성취수준을 제시하나요?

아니에요. '모둠별 협동학습'에서는 '학습목표'를 '해당수업의 성취수준'으로 활용해요.

성취 기준		성취 수준
[10국01-01] 개인이나 집단에 따라 듣기와 말하기의 방법이 다양함을 이해하고 듣기·말하기 활동을 한다.	상	개인이나 집단의 특성에 따라 듣기와 말하기 방법이 다양함을 알고, 효과적인 듣기와 말하기 방법을 선택하여 의사소통할 수 있다.
	중	개인이나 집단의 특성에 따라 듣기와 말하기 방법이 다양함을 알고, 듣기와 말하기 활동을 할 수 있다.
	하	개인이나 집단의 특성에 따라 듣기와 말하기 방법이 다양함을 대략적으로 알고, 듣기와 말하기 활동을 할 수 있다.

이 단원의 학습목표는 "음운변동현상의 원리와 규칙을 익혀 일상생활에서 올바르게 발음하고 표기한다."예요. 모둠별 협동학습을 할 때에는 '성취수준' 대신에 '학습목표'를 이용하여 '학생의 교육활동 수행에서 특기할 만한 내용을 적어 주지요. 처음에 진술한 학습목표가 학생의 구체적 수업내용을 다 포괄하고 있으므로, '구체적 사례'의 마지막에 적는 '세부능력'도 생략하고 있어요.

(국어)과목 세부능력 및 특기사항		
어떤 성취수준을 보여 주었는가?		비언어적 표현을 살펴보면서 상대방의 마음을 파악하고 대화상황을 적절히 조절할 수 있음.
어떤 활동을 어떻게 수행했는가?	↑ 교과서 안	학생들이 직접 진행하는 발표수업 '저요저요'에 참여하여 '몸짓으로 전하는 마음'을 제재로 수업함(2018.04.05.). PPT를 활용하여, 말 외에도 몸짓과 표정을 통해 상대방의 의중을 파악할 수 있고, 이러한 정보를 활용하여 대화 상대를 이해할 수 있음을 설명함.
	↓ 교과서 밖	상황극을 보여 주며 남자들이 여자를 빤히 쳐다보는 것이 여성에게는 '시선강간'으로 느껴질 수도 있다면서, 여성들이 남성들의 시선을 그렇게까지 말하는 까닭을 설득력 있게 제시함. 퀴즈를 통해 학습내용을 정리하면서 수업을 마무리함.
어떤 세부능력을 보여 주었는가?		교과서 내용을 최근의 미투운동과 연결하여 확장하는 창의적인 사고방식을 보고 "수업이 잘 짜인 한 편의 드라마와 같았다."라는 지도교사의 칭찬을 받음.

과목별 세부능력 및 특기사항
기재 예시문

국어과

국어

ⓐ 다양한 매체로 구현된 작품의 창의적 표현방법과 심미적 가치를 문학적 관점에서 비평적으로 수용하고 타인과 능동적으로 소통할 수 있음. ⓑ 발표수업 '저요저요'에서 '문학, 대중문화의 꽃을 피우다'를 제재로 수업함(2016. 09. 09.). 포스트잇을 사용하여 학생들의 참여를 유도한 뒤, 마야의 '진달래꽃'을 부르며 '시'와 '노래'의 차이를 비교 설명함. 2016년 노벨문학상 수상자인 밥딜런의 노래를 들려주며 시와 노래의 환상적인 만남이라고 평가함. "다양한 자료로 수업을 풍성하게 진행한 점에 경의를 표한다."라는 담당교사의 칭찬을 받음.

ⓐ 주제에 대한 체계적인 분석을 실시하고 이에 맞는 타당한 근거를 들어 효과적으로 설득할 수 있음. ⓑ 책읽기 세상읽기 수행평가(2016. 11. 04.)에서 '스토리텔링, 스토리두잉으로 피어나다'(박용성)에 나오는 '한 데나리온'이라는 이야기를 통해 '새 하늘과 새 땅'이라는 주제를 끌어내며 문제의식을 보여 줌. "못 말리는 자본사회, 학벌마저 손들었다"라는 기사에서 '학벌 없는 사회'라는 단체가 18년 만에 해체된 점을 들어 '새 하늘과 새 땅'을 꿈꾸던 이들의 좌절을 읽어 낸 해석력은 놀라웠음.

화법과 작문

ⓐ 상대측 입론과 반론의 논리적 타당성에 대해 반대신문하며 토론할 수 있음. ⓑ '공동체 문제, 입으로 해결하다'는 대립토론(2019. 09. 09.)에서, 토론참여자로서 기본자세를 견지하며 입론과 반론과정에서 논리적 설득능력을 보여 줌. '교육은 사회평등실현에 기여한다.'는 주제를 놓고 찬성측 입장에서 열띤 토론을 전개하였는데, 자기주장만을 되풀이하는 반대측을 차분하게 설득하는 모습이 매우 인상적이었음.

ⓐ 시사적인 현안이나 쟁점에 대해 자신의 관점을 수립하여 비평하는 글을 씀. ⓑ '사회적 문제에 대해 주장하는 글쓰기' 수행평가(2019. 11. 04.)에서 치밀한 논리전개능력을 보여 줌. '난

민을 우리나라에 수용해야 한다.'는 주장의 글을 쓰면서 '세계시민으로서의 인도주의적 차원, 인구증가로 인한 경제 활성화, 국가 이미지 개선' 등을 근거로 내세워 논리구조를 세움. 사회문제를 예리한 시각으로 보고 핵심쟁점을 추출하는 능력이 돋보임.

언어와 매체

ⓐ 다양한 국어자료를 통해 국어규범을 이해하고 정확성을 갖춘 국어생활을 영위함. ⓑ 외래어 표기법을 제재로 한 발표수업(2019. 5. 07.)에서 "이미 굳어진 외래어는 관용을 존중한다(제1장 제5항)."는 규정을 알기 쉽게 설명함. 영어 'camera'는 '캐머러'이지만 '카메라'로 굳어졌으므로 관용을 존중하고, 'model'도 '모들'이지만 이미 '모델'로 굳어졌으므로 관용을 존중한다는 등, 풍부한 사례를 들어 알기 쉽게 설명함.

우리 대중가요의 노랫말이 외국어로 채워지고 있음을 개탄한 뒤, 그나마도 문법에 어긋나 외국인의 조롱거리가 됨을 지적함. 더크로스의 'Don't Cry'의 "So you never dream my heart."라든가, 에이핑크의 'My My'의 "Dear boy, I'm fell in love on a snowy day.", 카라의 'pretty girl'의 "If you wanna pretty" 등의 예를 들어 문제점을 지적할 때마다 학생들의 박수가 이어졌음.

독서

ⓐ 글에서 공감하거나 감동적인 부분을 찾고 이를 바탕으로 글이 주는 즐거움과 깨달음을 수용하며 감상적으로 읽음. ⓑ '풍경이 있는 문학' 발표시간(2019. 05. 07.)에 '고독한 성찰과 불안한 의심의 극장'(도정일)을 읽고 "인간이 천사를 만난다면 그 천사를 향해 인간은 무엇을 자랑할 수 있을까?"라는 질문에 대해, '천사가 그리워하면서도 결코 하지 못하는 일'로 든 "죽는 일, 곧 유한성의 경험"이 바로 그 내답이라는 시사에게 크게 공감함. 할이버지의 죽음에 사흘 내내 울면서 오히려 삶의 아름다움을 깨달았다는 경험담에서 진지함이 느껴졌음.

ⓐ 인문분야의 글을 읽으며 제재에 담긴 인문학적 세계관, 인간에 대한 성찰 등을 비판적으로 이해함. ⓑ '풍경이 있는 역사' 발표시간(2019. 07. 08.)에 '왜 역사에서 현재성이 중요한가'(강만길)를 읽고 '문익환이 목화씨를 가져온 일'과 '세종의 한글창제' 사례를 활용하여 사실 (事實)과 사실(史實)의 차이를 명쾌하게 설명함. 1970년 11월 13일 수많은 죽음 중에서 우리는 왜 '전태일의 죽음'을 기억하는가 하며 마무리하는 모습에서 깊은 울림이 느껴졌음.

문학

ⓐ 작품을 사회 문화적 배경 등 다양한 맥락에서 이해하고 감상함. ⓑ '우리가 하는 문학수업'(2019. 04. 08.)에서 '원비동시인'을 연극으로 각색하여 발표수업을 진행함. 지문을 장면 1과 장면2로 나눈 발상이 참신함. 이어 '토끼전'을 지문으로 한 발표수업(2019. 05. 07.)에서는, 도로랑 귀신을 동음이의어로 해석한 발상이 참신했고, 지문 뒤의 이야기를 역할극으로 올려 "조선시대 유학자들의 위선을 벌거벗긴 19금 수업"이라는 교사의 칭찬을 받음.

ⓐ 작품을 공감적, 비판적으로 수용하고 그 결과를 바탕으로 상호 소통함. ⓑ 윤동주의 '쉽게 씌어진 시'를 수업(2019. 05. 13.)하면서 소통하는 능력을 보여 줌. 시인의 삶이 담긴 내용으로 개사한 대중가요로 학습동기를 유발한 뒤, 윤동주는 결코 소극적 지식인이 아니었다고 설명함. 서정주의 친일시 '오장 마쓰이 송가'가 오히려 '쉽게 씌어진 시'이고, 목숨을 걸고 쓴 윤동주의 시는 '쉽게 씌어진 시'가 결코 아니라고 강조하여 친구들의 박수를 받음.

실용국어

ⓐ 문장구조를 이해하고 문장성분의 호응을 고려하여 의미가 명확한 문장을 어법에 맞게 효과적으로 사용할 수 있음. ⓑ 일상생활에서 만나는 문구 중 표현이 정확하지 않은 부분이나 자연스럽지 않은 부분을 찾아 바로잡는 모둠별 과제발표(2019. 04. 08.)를 정확하게 수행함. 이순신공원의 '산수첨경원' 안내문구에서 "수려한 우리나라의 모습을 느끼시고 여유로운 휴식의 시간을 가져보시기 바랍니다. "와 "이 곳에 심겨진 식물이나 나무들을 건드르지 마세요. " 등을 찾아 바로잡고, '삼려통합석', '봉수대조형물', '거북선놀이터' 등에서도 비문과 부자연스러운 문장을 찾아 정확히 바로잡음. 이후, "공적인 게시물을 만들 적에는 반드시 전문가의 감수를 받도록 하자"는 제안을 '○○시장님께 드리는 공개건의서'에 담아 시청 홈페이지에 게시하고, 시장으로부터 안내판 교체와 재발방지를 약속받음.

심화국어

ⓐ 공동의 문제를 해결하기 위해 연구문제를 비판적인 태도로 점검하고 연구의 과정에 협력적이고 주체적으로 참여하여 문제해결방안을 찾음. ⓑ 모둠별 수행평가로 주어진 9개의 과제 중 '2010년 아프가니스탄에서는 탈레반으로부터 탈출하려던 여성이 코가 잘리는 끔찍한 사건이 일어났다. '는 기사를 바탕으로, '한국사회에서 남녀평등을 실현하기 위한 방안은 무엇인가? '라는 질문에 대한 해결방안을 탐구하는 모둠장으로 역할을 충실히 함.

자신이 탐색한 자료를 바탕으로 '나의 가설'을 담은 모둠활동지를 제출하고, 모둠원들과 함께 서로의 가설을 토의하면서 차분하면서도 논리적인 자세를 견지함. 토의한 내용을 바탕으로 연구보고서를 작성하는 과정에서도 '논의에 필요한 핵심개념을 정의하고 해결방안의 타당성을 점검하는 역할'을 맡아 적절한 참고문헌을 근거로 하여 성실하게 수행함. 동료평가에서 '가장 우수'라는 평가를 받음.

고전읽기

ⓐ 현대사회의 맥락을 고려하여 고전을 재해석하고 고전의 가치를 주체적으로 평가함. ⓑ 모둠별 발표수업(2019. 09. 09.)에서 '봉산탈춤'의 특징을 '강한 풍자정신, 관객과 배우의 소통, 언어유희'로 정리한 뒤, 이를 '태평천하'와 비교하며 서술자를 활용하여 인물에 대한 풍자를 강화한 소설의 특징을 구체적으로 설명함. 이어진 모둠토의에서는 모둠원들과의 질의응답을 통해 협력적 모둠활동을 이끌어 상호평가에서 최고 점수를 받음.

ⓐ 고전을 통해 알게 된 사실과 깨닫게 된 점을 바탕으로 삶의 다양한 문제에 대처할 수 있는 교양을 함양함. ⓑ 매체자료 활용을 통한 발표수업(2019. 10. 07.)에서는 서사무가 '바리공주'와 현대소설 '바리데기'(황석영)의 주제를 비교 설명함. 부모의 병을 구완할 약을 구하기 위해 고난의 길을 스스로 선택하는 서사무가와 달리 황석영의 소설에는 그와 같은 효 사상이 없는 까닭을, '희생하는 효녀의 모습'을 강요하는 남성중심주의에 대한 비판적 시각으로 읽어 냄.

수학과

수학

ⓐ 이차함수의 최대, 최소를 이해하고, 이를 활용하여 문제를 해결할 수 있음. ⓑ '수학달력의 판매 수익금을 최대로 하기 위해 달력의 수량과 판매금액을 결정하는 과제' 수행의 모둠장을 맡아, 뛰어난 문제해결력과 원활한 의사소통능력을 보여 줌. 이차함수를 활용하여 최대이익이 되는 값을 구하는 과정에서 실생활 문제에 적용하여 해결했을 뿐만 아니라, 간단한 수학적 모델링 과제를 통해 최적화된 답을 찾아가는 모습이 돋보임.

또한, 수학지식을 활용하여 달력의 빈칸을 채우는 과정에서 역할분배를 통해 과제를 원만하게 수행하도록 하는 모습이 인상적임. 특히, 자신이 수행한 활동과제에 대해 다른 사람들과 생각을 공유하는 과정에서 보여 준 의사소통역량은 매우 빼어남. 자기평가와 동료평가를 통해 '최우수'로 선정되었는데, 이후에 "자신의 행동에 대한 가치를 인식하고 수학의 유용성을 깨닫는 기회가 되었다"는 소감을 발표함(2019. 06. 07.).

수학 Ⅰ

ⓐ 사인법칙과 코사인법칙의 증명과정을 설명할 수 있고, 이를 활용하여 여러 가지 문제를 해결할 수 있음. ⓑ '나도 교사'라는 학생중심수업(2019. 06. 07.)에 '일상생활 속에서 코사인법칙이나 사인법칙을 활용할 수 있는 예는 무엇이 있는지 정리하고, 그 결과를 발표'하는 과제해결의 모둠장을 맡음. '케이블카가 지나가는 길이 측정'과 '높은 곳을 서로 연결하는 구름다리를 만들려고 할 때의 두 지점 사이의 길이 측정' 등을 과제로 선정하고 그 측정 방법을 탐구하는 과정에서 많은 아이디어를 제시하는 등 과제수업에 적극적으로 참여함.

수학관련도서를 읽고 발표하는 수행평가(2019. 07. 08.)에서 '수학의 역사. 1: 수의 탄생에서 피타고라스까지'(후지와라 야스지로)라는 책을 바탕으로 수가 확장되어 온 역사적 과정을 체계적이고 논리적으로 정리 발표하여 담당교사의 칭찬을 받음.

수학 II

ⓐ 주어진 구간에서 함수의 연속성을 판별할 수 있음. ⓑ 함수의 개념을 제재로 하는 발표수업에서 두 집합 사이의 대응관계로 개념에 접근하고, 함수의 그래프 성질을 이용하여 함수와 함수가 아닌 것을 구분하여 설명하는 모습이 돋보임(2019. 05. 07.).

ⓐ 여러 가지 함수의 극한을 구하고, 이유를 설명할 수 있음. ⓑ 협동학습 시간에 $\lim\limits_{x \to 1+} f(x)$의 값을 구하는 문제를 해결하지 못하는 모둠원에게, 공학적 도구를 활용하여 사례를 제시하면서 함수의 극한의 뜻을 정확하게 이해시킴(2019. 06. 07.).

ⓐ 함수의 그래프의 개형을 그릴 수 있음. ⓑ 칠판에 쓰면서 이루어지는 구술형 수행평가(2019. 07. 08.)에서, 함수의 증가와 감소를 나타낸 표를 보고 그래프의 개형을 그리고, 함수의 그래프의 개형을 그려 어느 사분면을 지나는지 정확하게 설명함.

미적분

ⓐ 등비수열을 포함하는 수열의 극한값을 구하고, 그 과정을 설명할 수 있음. ⓑ '등비수열을 이용한 책갈피 만들기' 과제발표수업(20196. 09. 09.)을 성실하게 수행함. 수학적 심미성이 뛰어난 코흐의 눈송이곡선과 유사한 책갈피를 제작한 뒤, 자신의 책갈피 디자인과 등비수열과의 관계를 알기 쉽게 설명하는 등 뛰어난 수학적 응용능력을 보여 줌.

ⓐ 정적분과 급수의 합 사이의 관계를 활용하여 여러 가지 급수의 합을 구할 수 있음. ⓑ 모둠별 협동학습(2019. 10. 07.)에서 간단한 도형의 넓이를 직사각형 넓이의 합의 극한으로 나타내고 정적분과 급수의 합 사이의 관계를 이용하여 급수의 합을 정확하게 구함.
'삼각함수의 그래프 그리기와 소리로 표현하기' 수행평가(2019. 11. 04.)에서 '장지웅의 수학산책' (장지웅)을 바탕으로 "에밀레종의 깊은 소리는 삼각함수를 품고 있다"라고 설명함. 에밀레종의 맥놀이 소리를 3개의 삼각함수를 이용하여 표현하는 등, 수학을 물리와 결합하여 사고하는 통합교과적 융합능력이 매우 우수하여 상호평가에서 최우수 발표자로 선정됨.

확률과 통계

ⓐ 원순열을 이해하고, 그 순열의 수를 구할 수 있음. ⓑ 정십이면체의 모든 면을 각각 다른 색을 모두 사용하여 칠하는 방법의 수를 구하는 협동학습(2019. 09. 09.)에서 색을 칠하는 방법에 대한 설명과 식을 모두 옳게 쓰고 정답을 구함.

ⓐ 조건부 확률의 의미를 이해하고, 이를 구할 수 있음. ⓑ 조건부 확률의 '몬티홀 딜레마' 모둠별 과제활동(2019. 10. 07.)에서 조건부 확률 개념을 이용하여 합리적으로 딜레마에 대응하는 방법을 탐구함으로써 응답의 적절성을 판정하는 기준을 설득력 있게 제시함.

ⓐ 이산확률변수의 기댓값(평균)과 표준편차를 구하고, 그 과정을 설명할 수 있음. ⓑ 기댓값을 이용하여 전략을 수립할 수 있는 실생활 문제를 찾는 모둠별 과제수업(2019. 10. 07.)에서 다양한 확률적인 게임 상황에서 수학의 실용성과 가치를 인식함.

심화수학 I

ⓐ 분수방정식을 풀 수 있고, 무연근이 생기는 경우 그 이유를 설명할 수 있음. ⓑ 분수방정식 $\frac{a+1}{x-a} + \frac{2}{x+2} = 1$ 이 오직 하나의 실근을 갖도록 하는 상수 a 의 값을 구한 뒤, 풀이 과정에서 무연근이 생기는 이유를 설명하는 문제를 해결하는 개인별 발표수업(2019. 09. 09.)에서 주어진 방정식의 근이 아닌 무연근은 포함관계에 의해 생긴다는 점을 정확히 설명함.

ⓐ 지수함수의 그래프와 그 성질을 이용하여 여러 가지 문제를 해결할 수 있음. ⓑ '두 점 A_n, A_{n+1} 사이의 거리를 l_n 이라 할 때, l_n 의 식을 구하고 l_5 의 값을 구하는 과정을 설명' 하는 논술형 수행평가(2019. 10. 07.)를 성실하게 수행함. 지수함수의 그래프를 이용하여 그래프 위의 점 사이의 거리를 계산함으로써 그래프 위의 점의 성질을 이해하고, 이를 활용하는 문제를 해결하며 지수함수의 성질을 확인함.

심화수학 Ⅱ

ⓐ 곡선으로 둘러싸인 도형의 넓이를 구할 수 있음. ⓑ '반지름의 길이가 a 인 구의 부피를 구하는 과정을 정적분과 카발리에리의 원리를 이용하여 두 가지 방법으로 설명'하는 논술형 평가(2019. 10. 07.)를 정확하게 수행함. 정적분을 이용한 넓이와 부피를 구하는 방법을 바탕으로 카발리에리의 원리를 이해한 뒤, 이를 적용하여 평면도형의 넓이와 입체도형의 부피를 구함.

ⓐ 정사영의 길이와 넓이를 구하여 여러 가지 문제를 해결하고, 그 과정을 설명할 수 있음.
ⓑ 두 평면 VBC와 BCFE가 이루는 각의 크기를 θ라 할 때, $\cos\theta$를 두 가지 방법으로 구하고, 그 과정을 설명하는 모둠별 과제수업(2019. 11. 04.)에서 문제해결능력을 보여 줌. 자신이 해결한 방법 및 과정과 모둠원들이 해결한 방법 및 과정을 서로 비교하면서 하나의 문제를 여러 가지 방법으로 해결할 수 있음을 알게 됨.

고급수학 Ⅰ

ⓐ 벡터의 내적의 정의와 기하적 의미를 설명할 수 있고, 이를 활용하여 문제를 해결할 수 있음.
ⓑ 벡터의 내적과 외적을 공간도형 문제와 연결하여 생각할 수 있는지를 묻는 문제를 해결하는 모둠별 과제수업(2019. 10. 07.)에서 내적 및 외적의 정의와 기하적 의미를 잘 이해하고, 이를 대수적으로 잘 표현하여 평행육면체의 부피가 $|\vec{a}\cdot(\vec{b}\times\vec{c})|$임을 보여 줌.

ⓐ 고윳값과 고유벡터를 이용하여 2×2 행렬을 대각화할 수 있음. ⓑ '피보나치수열'을 행렬로 나타내고, 행렬의 대각화를 이용하여 수열 $\{a_n\}$의 일반항 a_n을 구하는 모둠별 협동학습(2019. 10. 07.)에서 수열의 귀납적 정의를 이해하여 행렬의 거듭제곱을 행렬의 대각화를 통해 정확히 구하고, 이를 통해 피보나치수열의 일반항을 정확히 구함.

고급수학 Ⅱ

ⓐ 이상적분의 뜻을 알고 이상적분의 수렴과 발산을 판별할 수 있으며 수렴하는 경우 수렴값을 구할 수 있음. ⓑ '$\lim\limits_{b \to \infty} \int_{-b}^{b} f(x)dx$ 가 수렴할 때, 그 수렴값을 이상적분 $\int_{-\infty}^{\infty} f(x)dx$ 의 값으로 생각할 수 있는가?' 하는 논술형 수행평가(2019. 10. 07.)에서 이상적분과 정적분을 구하여 비교함으로써 주어진 함수가 제시문의 결론의 한 근거가 됨을 논리적으로 설명함.

ⓐ 테일러의 정리를 활용하여 근사다항식과 오차의 한계를 구할 수 있으며, 오일러 항등식의 정의가 타당함을 설명할 수 있음. ⓑ $\sin x$ 의 근사다항식
$P_n(x) = x - \dfrac{x^3}{3!} + \dfrac{x^5}{5!} - \dfrac{x^7}{7!} + \cdots + (-1)^{n-1}\dfrac{x^{2n-1}}{(2n-1)!}$ 을 이용하여 $\sin x$ 의 근삿값을 구할 때, 오차가 양수 e 보다 작기 위한 x 의 범위를 찾는 과정을 설계하고 직접 수행한 결과에 대한 보고서를 작성하는 모둠별 발표수업(2019. 10. 07.)에서 테일러의 정리를 활용하여 근삿값을 구하는 절차를 탐구하고 차수와 오차의 범위를 변수로 하여 유의미한 결과를 얻음.

영어과

영어

ⓐ 친숙한 일반적 주제에 관한 대화를 듣고 세부정보를 파악할 수 있음. ⓑ 학교축제를 안내하는 방송을 듣고, 세부정보를 파악하는 듣기 수행평가(2019. 03. 18.)에서 'Poems and paint-ings will be exhibited outside in the school garden. ' 이라는 문장에 근거하여 'Exhibitions : in the art room' 이 일치하지 않는 부분임을 정확히 찾아냄.

ⓐ 일상생활이나 친숙한 일반적 주제에 관해 적절한 어휘와 표현을 활용하여 자신의 의견이나 감정을 정확하게 표현할 수 있음. ⓑ 5개의 질문내용을 포함하도록 하는 쓰기수행평가(2019. 04. 08.)에서 친구들에게 소개하고 싶은 사진을 선택하여 그것을 설명하는 글을 발표함. 자신의 경험을 주어진 조건에 맞게 적합하게 표현하는 모습이 인상적임.

ⓐ 일상생활이나 친숙한 일반적 주제에 관한 정보를 묻고 답할 수 있음. ⓑ 'About Myself' 라는 주제로 함께 묻고 답하는 모둠별 구술수행평가(2019. 05. 07.)에서, 발표대본작성과 모둠 내 Mini-presentation 등의 활동을 통해 모둠원끼리 발표내용과 발표방법을 논의함. 정확하게 묻고 상대의 견해에 적절하게 반응하는 모습이 돋보임.

영어회화

ⓐ 일반적 주제에 관한 말이나 대화를 듣고 화자의 의도나 말의 목적을 파악할 수 있음. ⓑ 영어잡지 'US News & World Report' 를 구독하고, NBC, CBS 등 채널을 보며 뉴스를 시청하며, 음악방송채널인 MTV를 보면서 '책에서 배울 수 없는 생생한 현장영어' 에 익숙하여, 원어민교사의 칭찬을 받기도 함, 미국 CBS 여성앵커 케이트 쿠릭처럼 살고 싶다고 말할 정도로, 뛰어난 영어의사소통능력을 보여 줌.

ⓐ 일상생활이나 친숙한 일반적 주제에 관해 자신의 의견이나 감정을 표현할 수 있음. ⓑ '내가 아는 것이 과연 옳은가? ' 라는 영어토론수업(2019. 11. 04.)에서는 사고의 깊이를 보여 줌. 쉘 실버스타인의 동화 '아낌없이 주는 나무' 가 외국에서는 어린이 도서관에서 쫓겨났다면서, 남자아이가 원하는 것을 무엇이나 들어 주는 나무를 '어머니/여성' 의 상징으로 보면, 이 동화에는 여성에 대한 차별이 숨어 있다고 말하여 친구들의 박수를 받음.

영어 I

ⓐ 친숙한 일반적 주제에 관해 자신의 의견이나 감정을 말로 표현할 수 있음. ⓑ 영어로 음식 조리법을 발표하는 모둠별 수행평가(2019. 04. 08.)에서 모둠원들과 함께 '매콤한 치즈불고기 만들기'의 요리과정을 동영상으로 제작하여 수업을 진행함. 돼지 1근, 양파 2개, 호박 1개 등을 기본재료로 하는 요리와 고추장, 간장, 매실액 등을 이용한 양념장 만들기를 직접 보여 주며, 유창한 영어로 요리과정을 재미있게 설명하여 학생들의 큰 박수를 받음.

ⓐ 친숙한 일반적 주제에 관해 자신의 의견이나 감정을 글로 쓸 수 있음. ⓑ '감동적인 영어소설 소개하기' 개인별 수행평가(2019. 07. 08.)에서, 유색인 가정부들의 시선으로 전개해 가는 소설 'The help'(Kathryn Stockett)를 책으로 읽은 뒤 이를 다시 영화로 보고 나서, 미국에 존재하는 인종차별을 적절한 어휘와 정확한 언어형식을 활용하여 비판적으로 표현함. 긴 도로를 걸어가는 주인공 에이블린의 뒷모습을 비추며 끝나는 영화장면을 보여 주며 'The Living Proof'라는 노래의 한 소절을 직접 불러 친구들의 박수를 받음.

영어 II

ⓐ 다양한 주제에 관하여 길고 복잡한 대화를 읽고 세부정보를 적절한 어휘와 정확한 언어형식을 활용하여 설명할 수 있음. ⓑ 가족여행에서 생긴 일들을 회상하며 쓴 글을 읽고, 글의 세부내용을 파악하여 질문에 대한 답을 영어로 표현하는 수행평가(2019. 09. 09.)에서 주어진 질문을 정확히 파악하여 간결한 어휘를 사용하여 대답함. 특히, '시간의 부사절을 이끄는 접속사 when'이라는 언어형식을 정확히 구사하여 설명하는 모습이 돋보였음.

ⓐ 비교적 다양한 주제에 관해 짧은 에세이를 쓸 수 있음. ⓑ '좋은 영화 명대사 소개하기' 수행평가(2019. 11. 04.)에서 'Dead Poets Society'의 "we must constantly look at things in a different way."라는 키팅 선생의 말을 선정하여, 적절한 어휘와 정확한 언어형식을 활용하여 주어진 상황, 격식, 목적에 맞는 에세이를 제출함. 특히, 앞날을 스스로 설계하고 그 방향대로 나아가는 일이야말로 세상에서 가장 소중하다고 전제한 뒤, '카르페 디엠'이라는 말이 학교와 학부모들이 강요하는 미래에 도전하는 자유정신을 상징하는 말로 해석한 부분이 돋보였음.

영어독해와 작문

ⓐ 일반적인 주제에 관한 길고 복잡한 글을 읽고 적절한 어휘와 언어형식을 활용하여 글의 내용을 정확하게 요약할 수 있음. ⓑ '스트레스와 뇌의 작용'이라는 논문을 읽고 핵심을 짚어 주제문을 작성하는 수행평가(2019. 09. 09.)를 정확하게 해냄. 일시적인 스트레스는 몸의 긴장도를 적절히 유지해서 면역기능을 활성화하지만, 지속적이고 반복적인 스트레스는 면역기능을 악화시키는데 그때 필요한 것이 '휴식'이라고 강조하여, 상호평가에서 최고점을 받음.

ⓐ 다양한 주제에 관해 적절한 어휘와 정확한 언어형식을 활용하여 주어진 상황, 목적에 맞도록 짧은 에세이를 정확하게 쓸 수 있음. ⓑ 극한의 자연환경에서 서식하는 동물 중 하나를 골라 주어진 조건에 맞추어 짧은 글을 쓰는 논술형 수행평가(2019. 11. 04.)에서 내용이 정확하고, 어휘가 적절하며, 문법적 오류가 사소한 부분에서 가끔 나타날 정도로 우수한 능력을 보여 줌.

심화영어회화 I

ⓐ 적절한 의사소통전략을 사용하여 정확하게 대화할 수 있음. ⓑ '인간은 왜 환경 속의 인간인가?'를 주제로 하는 영어토론수업(2019. 09. 09.)에서 자신의 가치관을 잘 보여 줌. 인간과 환경은 서로 분리되어 있는 것이 아니라 상호교류하는 지속적인 관계로 보기 때문에 인간을 '환경 속의 인간'이라고 규정한다는 논리전개가 명쾌함.

ⓐ 친숙한 일반적 주제에 관해 자신의 의견을 정확하게 말할 수 있음. ⓑ '좋아하는 것으로 자기 보여 주기' 발표수업(2019. 11. 04.)에서 젊은 기타연주가 정성하를 소개함. 열 살부터 기타를 시작하여 이제는 세계가 알아주는 연주가가 된 그의 음악 세계를 적절한 어휘와 정확한 언어형식을 활용하여 설명하고, 자신도 그런 삶을 살고 싶다고 함.
영어교사를 희망하는 학생으로 영어과목에 대한 몰입도가 매우 높으며, 영어의사소통능력이 뛰어나고 언어구사에서도 예술적 감수성이 느껴짐.

심화영어회화 II

ⓐ 다양한 전략을 사용하여 친숙한 분야에 대하여 자연스럽게 대화함. ⓑ '영어책 읽고 느낀 점 말하기' 발표수업(2019. 09. 09.)에서 'The Rainbow Fish'라는 영어동화책을 읽은 후 은박종이로 물고기비늘을 표현하여 포트폴리오를 멋지게 구성함. 자신이 소개하는 책의 내용을 6컷 만화로 정리하여 주인공의 특징을 하나씩 들어가며 자연스럽게 대화를 이끌어 가는 모습에서 독창성이 느껴졌을 뿐만 아니라 뛰어난 언어소통능력도 느껴졌음.

ⓐ 적절한 어휘와 정확한 언어형식을 활용하여 문화 간 유사점과 차이점을 설명할 수 있음.
ⓑ '영어단편동화 소개하기' 발표수업(2019. 10. 07.)에서 영어동화책 'Piggy Book'을 선정해 가부장적인 가정의 모습을 비판하며 짜임새 있는 발표를 수행함. 집안일은 엄마만의 일이 아니라 식구 모두의 일이라는 점을 전제로 하여, 가사노동의 사회화(socialization of domestic labor)가 필요하다는 결론을 유도하는 과정이 논리적임.

심화영어 I

ⓐ 다양한 일반적 주제에 관한 대화를 듣고 사실정보와 맥락정보를 활용하여 화자의 의도를 정확하게 파악할 수 있음. ⓑ 일반적 주제인 여행에 관한 대화를 들은 후 적절한 조언을 하는 수행평가(2019. 04. 08.)에서 "Why don't you~? , How about~? , I suggest you~. " 등의 표현을 사용하여 충고 세 가지를 적절하게 조언함. 개인의 생각과 감정을 존중하고 배려하며 자신의 의견이나 생각을 표현하는 자세가 돋보임.

ⓐ 다양한 일반적 주제에 관한 글을 속독하고 사실정보와 맥락정보를 바탕으로 세부정보를 정확하게 찾아, 글의 내용을 자신의 글로 바꾸어 발표할 수 있음. ⓑ 텍스트를 읽고, 그것을 자신의 글로 바꾼 뒤, 발표하는 다단계 수행평가(2019. 06. 07.)에서 뛰어난 능력을 보여 줌. A. I. 에 대한 글을 읽고 주변에서 널리 쓰이고 있는 A. I. 의 활용범위에 대해 정리한 뒤, 이를 자신만의 언어로 바꾸어 발표하는 모습에서 지식정보처리능력이 느껴졌음.

심화영어 II

ⓐ 지원서를 적절한 어휘와 언어형식을 활용하여 양식에 맞게 정확하게 작성하고, 다양한 상황에서 적절하게 대화할 수 있음. ⓑ 쓰기 활동을 한 후 그 결과물을 바탕으로 말하기 활동을 하는 모둠별 과정평가(2019. 03. 18. –04. 08.)에서 영어의사소통능력을 보여 줌. 제시된 구직지원서를 작성하고, 실제 구직 인터뷰 상황에서 모둠원과 역할을 나눠 적절한 어휘와 표현을 사용하여 모의면접을 실시함. 이 과정에서 미래직업과 취미와 관심 등을 고찰함으로써 자신의 미래를 스스로 결정할 수 있는 자기관리역량을 보여 줌.
ⓐ 다양한 주제에 관한 도표를 읽고 필요한 정보를 정확하게 해석한 뒤, 발표를 정확하게 할 수 있음. ⓑ 읽기 활동을 한 후 쓰기와 말하기 능력을 평가하는 모둠별 과정평가(2019. 06. 07. –07. 08.)에서 탁월한 문건해석력과 뛰어난 언어전달력을 보여 줌. 어떤 회사의 친환경에너지 절약장치의 시공비용과 그에 따른 비용절약방안에 대한 도표를 해석한 뒤, 다양하고 적절한 어휘를 사용하여 자신의 의견을 정확히 표현함.

심화영어독해 I

ⓐ 다양한 주제에 관한 긴 글을 읽고 중심내용을 파악하여 요약할 수 있음. ⓑ Roald Dahl의 'The Upside down Mice'를 읽고 요약하는 수행평가(2019. 09. 09.)에서 중심내용을 적절한 어휘와 정확한 언어형식을 사용하여 글의 전체적인 내용과 흐름이 잘 드러나도록 정확하게 요약함. 사실정보와 다양한 맥락정보를 수집하여 분석한 후 글의 목적을 파악하는 능력이 뛰어남.

ⓐ 상반된 주장이 포함된 다양한 분야의 글을 읽고 각각의 견해를 비교, 대조함. ⓑ 'What do you think about school uniforms? '라는 글을 읽고 비교대조하는 발표수업(2019. 11. 04.)을 훌륭하게 진행함. 필자의 의도를 파악하여 각각의 견해를 정확하게 비교하고 대조한 뒤, 자신의 입장을 논리적으로 진술함. 다양한 상황에서 영어로 표현된 정보를 적절하게 활용하는 지식정보처리역량이 뛰어남.

심화영어독해 II

ⓐ 기초학술주제에 관한 글을 읽고 사실정보와 맥락정보를 활용하여 세부정보를 정확하게 파악할 수 있음. ⓑ Bertillon system와 fingerprint에 관한 학술논문을 읽고 세부정보를 질의응답하는 수행평가(2019. 09. 09.)에서 사실정보를 수집하여 분석한 후 세부정보를 정확하게 파악하는 능력을 보여 줌.
1800년대 후반 프랑스의 인류학자 Alphonse Bertillon이 고안해 낸 Bertillon system은 사람을 식별하기 위해 신체의 골격구조를 확인하는 방식인데, 1903년 기괴한 사건이 발생하여 Bertillon system을 끝나게 함. Bertillon system이 동일한 얼굴의 일란성쌍둥이를 판별하지 못하는 한계를 안고 있다는 사실을 알게 해 준 그 사건을 계기로, 지문을 비교하여 사람을 식별하는 fingerprint로 변화됨을 정확히 진술함.

심화영어작문 I

ⓐ 일상생활에서 접할 수 있는 다양한 서식 중에서 학생들과 직접적으로 관련된 소재를 활용하여 정확하게 글을 작성할 수 있음. ⓑ 자신과 직접 관련되는 서식인 résumé(이력서)를 작성하는 과정평가(2019. 09. 09.)에서 발군의 실력을 드러냄. 먼저 모둠 구성원과 함께 이력서의 구성요소에 대해 토론하고 자료를 함께 읽으며 이력서 작성을 위해 필요한 내용을 선별 요약하여 이력서 쓰기를 함. 이를 동료평가로 진행하고 그다음 단계로, 자신의 정보로 이력서를 작성하여 그 결과물을 바탕으로 개인평가를 진행하였는데, 최우수 등급을 받음.

ⓐ 친숙한 일반적 주제에 대해 생각이나 느낌을 적절한 어휘와 표현을 활용하여 정확하게 쓸 수 있음. ⓑ 감명 깊게 본 영화의 내용과 영화에 대한 자신의 생각이나 느낌을 정리하여 감상문을 작성하는 쓰기능력 수행평가(2019. 11. 04.)에서 뛰어난 언어구사능력을 보여 줌. 먼저 모둠 구성원과 함께 영화감상문을 쓰기 위해 필요한 요소에 관하여 토론하고, 감상문을 쓰기 위한 자료 수집을 위해 2인이 짝을 이루어 'Discussion Questions'을 묻고 답한 후 감상문 쓰기에 필요한 내용을 간략하게 메모한 뒤, 이를 바탕으로 최종적으로 영화감상문을 작성하여 제출함.

심화영어작문 Ⅱ

ⓐ 우리 문화를 소개하는 글을 적절한 어휘와 언어형식을 활용하여 정확하게 쓸 수 있음. ⓑ 우리 문화를 소개하는 글을 쓰는 능력을 평가하는 단계별 과정평가(2019. 09. 09. -10. 07.)에 성실하게 참여함. 온돌이라는 우리 고유의 난방 시스템을 외국인에게 소개하는 글을 쓰는 과정을 통해서 영어의사소통능력과 지식정보처리능력을 보여 줌. '1. 온돌의 유래와 난방 방식, 2. 온돌의 장점, 3. 아랫목 정의와 아랫목의 쓰임, 4. 온돌과 관련된 좌식문화와 실내에서 신발을 벗는 문화' 등이 글에 일목요연하게 정리되어 있음.

ⓐ 일반적인 주제에 관한 강의를 듣고 세부정보를 적절한 어휘와 언어형식을 활용하여 정확하게 기록할 수 있음. ⓑ Big Data에 관한 강연을 듣고 들은 내용을 4~5개의 문장으로 요약하는 수행평가(2019. 11. 04.)에서 뛰어난 능력을 보여 줌. '1. 빅데이터의 정의, 2. 빅데이터 활용이 늘어나게 된 원인, 3. 빅데이터를 수집하는 이유, 4. 빅데이터의 전망' 등이 요약문에 정확하게 제시되어 있음.

사회과

통합사회

ⓐ 자연에 대한 인간의 다양한 관점을 사례를 통해 비교·분석하고, 인간과 자연의 바람직한 관계를 제안하여 평가할 수 있음. ⓑ '인간과 자연의 관계'를 발표하는 모둠별 발표수업(2019. 07. 08.)에서 '환경가능론'의 입장에서 ○○국가산업단지의 어제와 오늘을 조망함. 현재는 280여개 업체가 입주해 있는 ○○산단은 고용인원만 2만 명이 넘는 등 지역경제를 유지하는 중요한 축이 되었음.

하지만 산단이 내는 세금의 대부분은 국세이고, 이윤의 대부분은 주주에게 돌아가며, 오염 피해는 시민에게 돌아가는 현실을 '환경생태론'의 관점에서 지적함. 지역의 갑상선암 발병률이 다른 시군에 비해 월등히 높은 자료를 근거로, 더 많은 세금을 지역으로 환원하고, 더 많은 이윤을 시민에게 돌려주며, 오염피해는 기업이 책임지는 선순환구조를 만들어야 한다고 주장하는 마무리가 인상적이었음. 환경문제에 대한 감수성과 자신이 속한 공동체의 지속가능성을 생각하는 자세에서 균형감각이 느껴졌음.

한국지리

ⓐ 서로 다른 시기에 제작된 주요 고지도와 고문헌을 분석하여 전통적인 국토인식사상의 차이를 비교하고, 시대의 흐름에 따른 국토인식의 변화과정을 설명할 수 있음. ⓑ '대동여지도를 TV 홈쇼핑에서 판매한다'는 설정으로 대동여지도가 가진 특징을 홍보하는 자료를 제작하는 모둠별 수행평가(2019. 11. 04.)에서 뛰어난 역량을 보여 줌. 조선 전기와 후기 지도를 비교하고 대동여지도의 특징을 설명하는 과정에서 지식정보처리역량을 보여 줌. 비주얼싱킹의 제작방식을 적용하여 대동여지도에 새롭게 추가할 내용이 표현하는 과정에서 창의적 사고역량을 보여 줌. 제작과정에서 구성원들과 다양한 의견을 나누고 발표에서도 상호협력하는 자세를 보여 수었으며, 자신이 이해한 내용을 맥락에 맞게 정확하게 글로 표현하는 과정에서도 뛰어난 의사소통역량을 보여 줌. 특히, 발표와 질문에 모둠 전체가 적극적으로 참여하도록 모둠장으로서 자기 역할을 다 한 점에서 공동체역량을 읽을 수 있었음.

세계지리

ⓐ 유럽에서 나타나는 정치적·경제적 지역통합의 사례와 이에 반대하는 분리운동의 사례를 조사하고 지역쟁점을 분석하여 양측의 입장에서 토론할 수 있음. ⓑ 브렉시트(BREXIT)의 주요 쟁점을 수집하고 정리하며 토론하는 모둠별 수행평가(2019. 07. 08.)에서 뛰어난 분석능력을 보여 줌. 브렉시트를 찬성하는 입장은 EU에서의 영국의 지위, 이민자 문제, 각종 규제 등 당장 자국의 이익을 위하여 유럽연합에서의 탈퇴를 주장함. 하지만, 브렉시트를 통한 경제적 이익이 크다고 볼 수 없고, 이를 통해 국제사회에 자국우선주의와 보호무역확대를 통해 불확실성을 가중할 수 있다는 점을 들어 브렉시트에 반대하는 입장임을 명확히 함. 논쟁의 핵심을 이해하여 분명하고 일관되며 논리적인 주장을 하는 토론과정에서 비판적 사고력을 보여 주었고, 타인의 토론내용을 경청하여 자신의 의견을 상황을 고려하여 정확하게 표현하는 과정에서 의사소통능력을 보여 줌. 상호평가에서 최고점을 받았고 담당교사로부터도 큰 칭찬을 받음.

경제

ⓐ 경쟁의 제한, 외부효과, 공공재와 공유자원, 정보의 비대칭성 등 시장실패가 나타나는 요인을 사례를 통해 분석할 수 있음. ⓑ 시장실패의 요인을 스크랩하고 해결책을 찾아 본 후 학급 전체와 공유하는 모둠별 수행평가(2019. 04. 08.)에서 뛰어난 능력을 보여 줌. 신문기사를 스크랩하는 과정에서 정보활용능력을 보여 주었고, 스크랩한 내용을 시장실패의 요인별로 분석하는 과정에서 비판적 사고력을 보여 주었으며, 이를 학급 전체와 공유하는 과정에서 의사소통 및 협업능력을 보여 줌.

ⓐ 실업의 발생원인과 경제적 영향을 알아보고, 그 해결방안을 모색함. ⓑ '마을기업 창업 프로젝트' 모둠별 과제수업(2019. 06. 07.)에서 마을노인을 중심으로 공터, 베란다, 옥상 등을 이용하여 화초를 재배하고 이를 가공하여 파는 '어르신 꽃차 사업단'을 소개함. "노인문제도 해결할 수 있고 공터나 빈집의 우범지대화도 막을 수 있는 좋은 프로젝트"라는 담당교사의 칭찬을 받음.

정치와 법

ⓐ 헌법의 의의와 기능을 이해하고, 우리 헌법의 기본원리를 탐구함. ⓑ 학급헌법 만들기 모둠별 과제수업(2017. 03. 18.)에서 모둠장으로서 협력적인 의사소통능력을 보여 줌. 급훈인 '인의예지'를 '기본권, 기본권의 제한, 교사와 학생 간의 예절, 학업에 대한 바람직한 태도'로 재구성하여 작성한 초안이 학급헌법으로 채택됨. 그 과정에서 헌법의 의의와 기능을 설명하고, 자료 분석을 통해 우리 헌법의 기본원리를 도출함.

ⓐ 형법의 의의와 기능을 죄형법정주의를 중심으로 이해하고, 범죄의 성립요건과 형벌의 종류를 탐구함. ⓑ '공정한 처벌을 위한 변호인' 모둠별 자유발표수업(2017. 04. 08.)에서 세월호 유가족 폭행사건을 제재로 죄형법정주의, 양형기준제, 비례의 원칙을 적용하여 검사 구형에 논리적으로 반박하는 변론문을 작성하여 발표함. 변론과정에서 설득력 있게 자신의 의견을 발표하여 배심원 역할을 맡은 학생들로부터 많은 지지를 받음.

사회·문화

ⓐ 다양한 사회 불평등 양상과 그로 인해 발생하는 차별을 설명하고 이를 개선하기 위한 방안을 제안할 수 있음. ⓑ 사회 불평등 현상에 해당하는 자료를 수집·분석하고 이에 대한 개선방안을 제시하는 모둠별 수행평가(2019. 07. 08.)에서 적합한 자료를 수집하고 가공하여 활용할 수 있는 정보활용능력, 조사한 내용을 정확하게 분석할 수 있는 비판적 사고력, 적절한 해결방안을 제시하는 문제해결능력을 보여 줌. 학력 및 학벌로 인한 차별문제를 주제로 선정한 후 자료를 조사하고, 그로 인한 차별문제를 분석함. 그리고 불평등 현상 개선을 위한 사회적 차원의 방안으로 블라인드채용을 제안하고, 개인적 차원의 방안으로 학력·학벌 지상주의 철폐 관련 SNS 캠페인을 제안함. 문제의 해결방안에 대한 당위적인 주장을 넘어 그 주장을 뒷받침할 수 있는 근거와 실천적인 대안을 제시한 점이 돋보임

여행지리

ⓐ 여행산업의 특성과 변화과정을 조사하고 미래사회의 변화에 따라 여행산업이 어떻게 변화할지 탐구함. ⓑ '2030년 미래여행'을 주제로 '카드뉴스'를 만들어 발표하는 모둠별 수행평가(2019. 04. 08.)에서 아이디어를 제안하고 공유하는 자세가 돋보임. '2030년 미래여행을 상상하라! '라는 토의주제를 설정한 뒤, '스토리가 이어지는 카드뉴스 기획하기', '교통, 숙박, 여행변화 등에서 한 가지 영역을 맡아 토의내용을 바탕으로 카드뉴스 작성하기'라는 역할을 맡

음. 브레인스토밍 단계에서는 다양한 아이디어를 발표하고, 카드뉴스에 담을 핵심내용을 선정할 때는 타당성과 참신성을 고려하여 내용을 선별하는 모습이 인상적이었음. 이 과정에서 상대방의 의견을 경청하고 자신의 의견을 적극 개진하는 태도도 보여 줌. 모둠활동에 적극적으로 참여하고 본인의 역할을 성실하게 수행하는 과정에서 의사소통능력과 협업능력을 보여 줌.

사회문제탐구

ⓐ 사회적 소수자에 대한 편견과 차별의 발생원인을 다양한 관점에서 비교하여 분석하고, 토의 등을 통해 사회적 소수자 차별문제의 해결방안을 제안하고 평가할 수 있음. ⓑ 사회적 소수자 차별문제를 토의 토론하는 모둠별 발표수업(2019. 07. 08.)에서 자료분석능력, 모둠활동 수행 및 협력도, 비판적 사고력 등을 보여 줌.

1차시에서는 모둠 인터뷰(group interview) 방식의 토의 토론 활동을 통해 사회적 소수자에 대한 편견과 차별의 발생원인에 대한 다양한 관점을 파악한 뒤, 2차시에서는 육색생각모자활동(Six Color Thinking Hats)을 활용하여 토의 토론수업을 진행함. 같은 색깔의 모자를 쓰면 비슷한 생각을 하게 되는데, 이것이 유익한 경험이 됨. 6색의 생각모자를 쓰고 사회적 소수자 차별문제에 대한 해결방안을 모둠이 함께 토론하고 발표함으로써 다양한 생각의 스펙트럼을 경험함.

국제 계열 ◆◇◆

국제정치

ⓐ 근대 이후 국제사회의 주요한 역사적 사건을 파악하고, 국제정치체제의 변화를 유도한 주요 원인과 영향을 구체적인 사례를 통해 분석할 수 있음. ⓑ 역사적 사건이 냉전체제에 끼친 영향을 추론하는 발표수업(2019. 04. 08.)에서 냉전체제의 변화를 정확히 설명함. 영화 007 시리즈에 대한 영상을 보여 주며 '냉전이란 무엇인가'를 설명한 뒤, 트루먼독트린, 마셜플랜, 북대서양조약기구 등을 통해서는 냉전의 성립과정을, 닉슨독트린, 베를린장벽붕괴, 몰타선언 등을 통해서는 냉전의 종식과정을 분석함.
'실리를 추구하기 위해 오랜 우방의 관계를 저버리는 국가의 행위는 정당한가? '에 대한 찬반 입장을 정하여 논술하는 수행평가(2019. 07. 08.)에서 이념의 시대를 벗어나 실리추구를 중시하는 탈냉전 시대의 국제정치체제를 정확히 이해하고, 국가가 추구해야 할 가치에 대해 고민하면서, 냉전시대와 탈냉전시대의 국제질서를 비교하여 국가의 실리추구 행위에 대해 논리적으로 진술함.

국제경제

ⓐ 국제수지표 작성의 의의와 중요성을 이해하고 복식부기로 작성된 국제수지표를 활용하여 국제수지계정을 구성하는 항목과 국제거래정보를 파악하여 설명할 수 있음. ⓑ 국제수지계정을 구성하는 항목 간의 관계를 분석하여 서술하는 수행평가(2019. 09. 09.)에서 국제경제 현상에 대한 분석적 이해능력과 국제경제 관련 문제의 합리적 해결능력을 보여 줌.

ⓐ 자유무역협정이 우리 경제에 미친 영향 및 문제점을 경제 주체별로 분석함으로써, 세계경세에서 한국경제가 경쟁력을 갖추기 위한 대응방안을 모색할 수 있음. ⓑ '자유무역협정의 적극적인 확대가 필요한가? '를 주제로 찬·반 토론하는 발표수업(2019. 11. 04.)에 적극적으로 참여함. 우리나라가 맺은 자유무역협정의 의미, 협정내용 등에 대한 정보를 조사하고, 소비자, 생산자, 무역에 참여하는 주체, 노동자 등 다양한 경제주체를 상정하는 등 경제주체별로 자유무역협정의 영향을 다각적으로 분석함.

국제법

ⓐ 다양한 국제분쟁사례와 그 해결과정을 조사함으로써 국제법의 분쟁해결기능과 역할, 한계점을 분석할 수 있으며, 국제법의 보완방향을 제안할 수 있음. ⓑ 발표수업(2019. 11. 04.)에서 국제환경법의 환경오염 규제기능과 한계를 주제로 발표함. 국제법은 분쟁이 발생한 경우 평화적이고 공식적인 방법으로 이를 해결할 수 있도록 협상을 통해 갈등을 해소하는 공동의 장(forum)을 만든다고 전제함. 국제법을 이행하도록 강제하는 방법으로는 자료 및 연간보고서의 제출, 사찰 내지 검색, 위반 시 제재수단의 동원 등이 있음을 발표함. 하지만 국제사회에는 강제관할권을 가진 분쟁해결기관이 없기 때문에, 한계를 노출한다고 지적함. 기존의 국제법질서는 세계가 직면하고 있는 환경오염문제를 규제하기에는 많은 한계점을 드러냄에 따라 새로운 환경적 요구에 대응하는 방법으로 등장한 연성법 접근방법을 그 대안으로 제시함. 논리전개능력이 탁월하고 사례를 통한 구체적 근거로 설득력을 높인 점이 돋보임.

지역이해

ⓐ 환경결정론과 가능론 등 인간과 자연환경 간의 관계를 설명하는 이론의 의의와 한계를 사례를 통해 설명할 수 있으며 인간과 자연의 공존의 필요성과 공존을 위한 구체적인 방안을 제시할 수 있음. ⓑ 인간과 자연의 공존에 대해 발표하는 과제수업(2019. 07. 08.)에서 환경결정론과 가능론을 바탕으로 발표를 진행함. 독일의 지리학자 라첼(F. Ratzel)의 견해를 근거로 자연환경이 인간생활에 미치는 영향을 절대적으로 보는 환경결정론을 설명하고, 프랑스의 지리학자 블라슈(Blache)의 견해를 근거로 자연은 단지 인간에게 가능성을 제공할 뿐이라는 환경가능론을 설명함. 하지만 두 이론의 한계를 지적하며 인간과 자연의 공존방안으로, 인간과 자연은 일방적인 관계가 아니라 서로 영향을 주고받는 관계에 있으므로 생태계의 파괴 없이 조화와 균형을 이루어야 한다는 문화생태학의 입장을 세시함. 시식이해력과 문제해결력이 뛰어났으며, 창의력 또한 출중함.

한국사회의 이해

ⓐ 한국사회의 인구통계학적 변화과정의 추세분석을 통해 저출산 및 고령화 현상의 사회적·경제적 원인과 예상되는 문제점을 도출하고, 경제적 사회적 측면에서 해결방안을 제시할 수 있음. ⓑ 저출산 및 고령화 현상을 진단하고 해결하는 발표수업(2019. 07. 08.)에서 뛰어난 논리구조와 문제해결력을 보여 줌. 먼저 결혼과 출산의 포기로 인한 저출산으로 젊은 인력은 줄어들고 노인 가구는 증가하고 있음을 실증적으로 보여 준 뒤, 노동력과 생산성 감소에 따른 경제성장의 위축을 제시함. 저출산 고령화 해결방안으로 '아이를 낳아도 괜찮은' 사회를 만드는 방법을 구체적으로 제시함. 심각한 취업난과 함께, 설사 채용이 된다 하더라도 기업의 노예로 야근을 밥 먹듯이 하는 환경을 비판적으로 제시함. 특히 여성의 입장에서 결혼하면 맞벌이를 해야만 하고, 일도 하고 살림도 다 해야 하는 문제점을 들어 양육의 사회화 방안을 제안한 부분은 설득력이 높았음.

비교문화

ⓐ 문화이해의 다양한 관점들이 지니는 주요 특징과 차이점을 구체적인 연구대상에 적용하여 비교할 수 있음. ⓑ 이슬람 여성들의 히잡 착용 논란에 대해 토론한 뒤, 그 결과를 카드뉴스로 제작하는 모둠별 수행평가(2019. 05. 07.)에서 문화 상대론적 관점에서 자신의 견해를 제시하는 능력이 출중함.
총체론적 관점, 문화 상대론적 관점, 비교론적 관점 등을 통해 문화의 다양성 존중과 보편적 가치를 둘러싼 갈등이 있음을 파악함. 각각의 문화를 어느 정도까지 이해하고 존중할 것인가에 대해 토론하고 이에 대한 자신의 견해를 제시함으로써 다양성 존중의 진정한 의미에 대해 성찰함. 이를 기반으로 '이슬람 여성의 히잡 착용 문화'에 대한 카드뉴스를 제작하였는데, 카드의 주제선정이 적절하고, 이해하기 쉽게 구성되었으며, 논리적 설득력이 있고, 카드뉴스 형식과 디자인이 적절함.

세계문제와 미래사회

ⓐ 시대변화에 따라 새롭게 요구되는 인권의 내용을 구체적인 사례를 통해 탐구하고, 각 시대별 인권개념의 차이점을 설명할 수 있음. ⓑ 제3세대 인권이 실제로 실현되고 있는 구체적인 사례를 발표하는 수행평가(2019. 09. 09.)에 성실하게 참여함. 공동체에 대한 연대책임을 강조하는 제3세대 인권의 의미를 정확히 인식하고 사례를 제시함. 그것이 실현되고 있는 사례로 여성차별철폐협약, 아동권리협약 등이 있음을 발표함.

ⓐ 지구온난화라는 환경문제의 유형, 실태, 영향 등을 조사하고 환경문제가 사람들의 삶을 어떻게 변화시켰는지 발표할 수 있음. ⓑ '환경문제와 국제기구의 역할'을 발표하는 모둠별 과제수업(2019. 11. 04.)에서 뛰어난 역량을 보여 줌. 지구온난화로 인해 급기야 기후난민이 발생하고 있다면서, 유엔환경계획(UNEP)가 지구온난화를 막기 위해 기후변화협약(교토의정서)을 추진하는 까닭이 여기에 있음을 실증적으로 발표함.

국제관계와 국제기구

ⓐ 20세기 이후 국제통화질서의 변화과정을 이해하고, 국제통화질서의 변화가 국제사회에 미친 영향을 고정환율제도, 변동환율제도 등의 측면에서 비교하여 설명할 수 있음. ⓑ 고정환율제도와 변동환율제도를 비교하는 수행평가(2019. 05. 07.)에서 두 제도의 장점과 단점을 발표함. 브레턴우즈체제와 킹스턴체제 등 국제통화질서에 대한 이해를 바탕으로 두 제도의 특징 및 장·단점을 제시하면서 국제관계에 대한 종합적 인식능력을 보여 줌.

ⓐ 한국과 북한, 미국, 중국, 일본, 러시아 등 한반도 주변국가와의 관계를 살펴보고, 평화통일의 필요성을 다양한 측면에서 도출할 수 있음. ⓑ 카이로회담, 얄타회담, 포츠담회담의 공통점을 서술하는 수행평가(2019. 07. 08.)에서 회담들이 한반도의 운명을 결정한 열강회담으로 한반도의 통일을 위해서는 미국·중국·일본·러시아 등 주변국과의 균형 잡힌 협력이 필수적이라고 진술함.

현대세계의 변화

ⓐ 냉전의 종식과 탈냉전의 새로운 흐름에 대해 주요한 역사적 사건을 중심으로 조사하고, 전환기적 현상을 중심으로 국제질서의 변화과정을 설명할 수 있음. ⓑ 탈냉전과 국제질서의 변화과정을 발표하는 수행평가(2019. 11. 04.)에서 '탈냉전과 중국의 동북아 정책'을 '세력균형, 상호의존, 민족주의의 결합'이란 키워드로 정리해 냄. 동북아에서 진행되고 있는 다극화의 역동성이 제대로 관리되지 못한다면 위험한 무력충돌이 발발할 수 있는 잠재적 위험성을 내재하고 있는 곳이 동북아 지역이라고 진단함. 세계 제일의 경제대국으로 부상하고 있는 중국에 대해 '중국위협론'이 광범하게 확산하면서 '중국봉쇄'의 필요성이 제기되기도 하는 상황을 설명함. 탈냉전 동북아에서 중국외교정책은 세 가지 핵심 요인에 의해서 결정된다며, 이를 정치 현실주의, 경제적 상호의존, 민족주의로 설명함. 동북아 지역의 안정과 평화를 위해서는 경제적 상호의존의 제약효과를 최대화하고 민족주의적 공세가능성을 최소화해야 한다고 결론을 맺음.

사회탐구방법

ⓐ 사회현상에 대한 양적 연구방법론과 질적 연구방법론의 주요 가정을 실제 연구사례를 통해 비교하고, 각 연구방법이 갖는 특징을 설명할 수 있음. ⓑ 양적 연구방법론과 질적 연구방법론의 비교하는 수행평가(2019. 11. 04.)에서 정보이용능력과 비판적 분석능력을 보여 줌. 양적 연구는 논리실증주의에 근거하여 객관적 실재를 가정하고 있다며, 외부자적(etic) 관점으로 사전에 미시적으로 설계된 절차에 따라 연역적으로 이론을 검증하는 데 초점을 두고 있음을 설명함. 질적 연구는 현상학과 해석학에 근거하여 객관적 실재가 아닌 구성된 실재를 전제로 한다며, 내부자적(emic) 관점으로 인간의 의도를 중시하며 거시적 측면에서 귀납적으로 이론을 개발하거나 참여자의 관점을 이해하는 데 초점을 두고 있음을 명쾌하게 정리함. 하지만 실제 연구사례를 통해 양적 연구와 질적 연구는 서로 보완적이며 통합이 가능하다는 관점으로 논의를 종결하는 모습이 인상적이었음.

사회과제연구

ⓐ 표절방지를 위해 연구자 및 연구공동체에 요청되는 대응방안을 탐색하고, 이를 자기연구에 적용하여 표절을 방지할 수 있음. ⓑ 표절방지 극복방안을 주제로 한 발표수업(2019. 07. 08.)에서 한 발표내용이 설득력을 가짐. 표절은 한국사회의 고질적인 병폐를 드러내는 심각한 징후라고 전제하며, ○○대 동양사학과와 ○○대 천문우주학과의 학위논문지도사례를 발굴해서 표절을 방지할 수 있는 방안을 제시한 것이 돋보임. 현실적인 대안으로, 표절자에게 1차적 책임이 있지만 표절논문이 학위를 받을 수 있도록 지도한 교수에게도 책임이 있다고 한 뒤, 독창적 학술적 성과를 기대하기 어려운 학생에게 무리하게 학위논문을 쓸 것을 요구하는 대학원의 규정도 이해하기 어렵다고 꼬집음. 나아가 표절사례를 발견한 학생, 연구자, 교수 등이 문제를 덮어 두고 침묵하는 등 관용적인 태도를 보이는 것도 문제라고 지적함.

역사 ◆◇◆

한국사

ⓐ 동아시아의 국제질서 속에서 임진왜란이 일어난 배경과 전개과정을 살펴보고, 임진왜란이 조선사회에 끼친 영향을 분석함. ⓑ 임진왜란을 주제로 한 모둠별 토론수업(2019. 04. 08.)에서 '임진왜란 비겁한 승리'(김연수)라는 책에 근거하여 자신의 주장을 논리적으로 전개함. '임진왜란은 조선이 승리한 전쟁인가'라는 토론에서 조선과 일본의 피해상황을 비교한 자료로 조선이 패배한 전쟁이라는 주장을 펼쳐, 임진왜란은 조선이 승리한 전쟁이라는 고정관념을 깨는 비판적 사고력을 보여 줌.

아울러, 조선수군은 조정이 지원한 게 아니라 이순신이 스스로 마련한 돈으로 건설한 군사였다고 발표함. 이순신이 한양에 붙잡혀 와 고문을 받고 석방된 뒤 완전히 패몰한 조선수군을 재건하여 일본군을 쳐부수고 제해권을 되찾는 기적을 해전사를 중심으로 일목요연하게 설명하여 감동을 줌. 피피티로 광화문광장에 있는 장군의 동상을 보여 주면서 '이순신이라면 어떻게 하였을까'를 생각하면 우리 사회의 얽히고설킨 문제도 해결할 수 있다고 말하여 박수를 받음.

동아시아사

ⓐ 오늘날 동아시아 국가 간의 갈등과 분쟁 사례를 살펴보고 그 해결을 위해 노력하는 자세를 가짐. ⓑ '책으로 역사 알기' 발표수업(2019. 09. 09.)에서는 '동아시아의 역사분쟁'(송기호)이라는 책을 바탕으로 중국의 동북공정, 일본의 역사교과서, 독도분쟁 등의 갈등을 해결할 수 있는 방안으로 '자국중심의 역사인식'에서 벗어나 '동아시아적 시각'을 정립하는 게 필요하다고 역설함. 자국의 과거사 인식이 반영된 각국의 역사교과서의 내용을 냉정한 시각으로 분석해야만 3국의 역사분쟁의 본질을 알게 된다고 강조한 부분이 인상적임.

'역사신문만들기' 모둠별 발표수업(2019. 11. 04.)에서는 모둠장으로서 17세기 전후의 동아시아 3국의 정치·사회적 변화를 체계적으로 정리하고, 임진·정유 전쟁을 한·중·일 3국의 정치적 상황을 고려하여 다각도로 분석함. '1592'라는 제목으로 제작된 역사신문에서 '임진왜란 : 위안차오셴 : 분로쿠 노에키'라는 특집기사를 실어 임진·정유 전쟁에 대한 3국의 역사적 견해 차이를 보여 주는 등 역사적 상상력이 돋보임.

세계사

ⓐ 세계화와 과학·기술혁명이 가져온 현대사회의 변화를 파악하고, 지구촌의 갈등과 분쟁을 해결하려는 태도를 기름. ⓑ 생산방식의 변혁이라는 관점에서 사회구조를 근본적으로 변화시킨 '산업혁명'을 수업하다가, '4차 산업혁명'을 모둠별 주제로 삼아 2개월 동안 탐구활동을 한 뒤, 모둠별 발표수업(2019. 11. 04.)을 진행하였는데, 보고서의 내용을 랩으로 노래하는 래퍼 역할을 수행함.

증기기관 기반의 기계화혁명인 1차 산업혁명에 의해 자본주의체제가 확립되었다면, 전기 에너지 기반의 대량생산혁명인 2차 산업혁명에 의해 자본주의체제가 강화되었고, 컴퓨터와 인터넷을 기반으로 하는 지식정보혁명인 3차 산업혁명에 의해 지식정보화사회로 진입하였다면, 디지털과 바이오산업, 물리학 등의 경계를 융합하는 기술혁명인 4차 산업혁명에 의해 지식정보화사회가 한층 강화될 것이라고 체계적으로 정리한 내용을 랩 가사로 발표한 모습이 매우 인상적이었음.

도덕과

생활과 윤리

ⓐ 삶과 죽음에 대한 다양한 윤리적 문제를 설명할 수 있고, 안락사 문제를 자신이 채택한 윤리적 관점에서 근거와 사례를 들어 말할 수 있음. ⓑ '연명치료, 중지해야 할까?'라는 모둠별 토론수업(2019. 03. 18.)에서 칸트의 의무론적 접근과 밀의 공리주의적 접근의 차이를 정확히 이해하고, 인격존중과 보편성 원리를 바탕으로 하는 의무론적 관점에서 문제의 해결방안을 논리적으로 제시함.

ⓐ 정보기술과 매체의 발달에 따른 윤리적 문제들을 제시할 수 있으며 이에 대한 해결방안을 정보윤리와 매체윤리의 관점에서 제시할 수 있음. ⓑ 정보사회의 윤리적 문제를 해결하기 위해 오상(五常)과 네티켓을 연결하는 UCC만들기 발표수업(2019. 04. 08.)에서 '저작권과 프라이버시 침해'의 윤리적 문제를 구체적 사례를 들어 알기 쉽게 발표함. 상호평가에서 최고점을 받음.

윤리와 사상

ⓐ 인간에 대한 다양한 관점을 공통점과 차이점을 근거를 들어 분별하여 설명할 수 있음. ⓑ '인간과 동물의 공통점과 차이점 찾기' 과제발표수업(2019. 04. 08.)에서 지식, 이해, 적용, 표현의 모든 영역에서 높은 성취수준을 보여 줌. 인간과 동물의 유사점을 찾는 다윈의 관점과 그 차이점을 찾는 포르트만과 겔렌의 관점을 비교한 뒤, 인간을 세계개방성의 존재로 보는 쉘러의 관점으로 마무리하는 보고서 내용이 설득력이 있었음.

ⓐ 현대의 실존주의가 주장하는 윤리적 입장을 이해하고, 우리의 도덕적 삶에 기여하는 바를 설명할 수 있음. ⓑ '철학적 사조를 근거로 한 버킷리스트' 발표수업(2019. 06. 07.)에서 실존주의를 근거로 자신의 버킷리스트를 발표함. 하이데거의 실존주의 윤리에 대한 이해를 바탕으로 자신의 버킷리스트에 대한 근거를 제시함. 자신의 삶을 윤리적 문제상황에 처하게 한 뒤, 도덕적인 판단을 내리고 적절한 해결책을 제시하는 모습이 인상적이었음.

고전과 윤리

ⓐ 공직자의 자세로서 청렴의 필요성을 조사하고 종합하여 자신의 생각을 정립할 수 있고, 현대사회에서 올바른 공직자에게 요구되는 애민의 구체적인 실천방법을 적절한 근거를 들어 표현할 수 있음. ⓑ 공직자에게 청렴이 필요한 이유에 대해 구술하는 수행평가(2019. 11. 04.)에서 정약용의 '목민심서'를 근거로 자신의 주장을 논리적으로 진술함.

공직자의 역할과 의무 또는 국가 및 국민에게 미치는 영향을 들어 청렴의 필요성을 바른 태도와 목소리로 구술하고, 정약용의 애민육조(愛民六條), 곧 양로, 자유, 진궁, 애상, 관질, 구재의 의미를 차례대로 설명함. 공직자는 어른을 공경하고, 어린이들을 돌보고, 경제적으로 어려운 사람을 구제하는 정책을 통해서 애민을 실천할 수 있으며, 공직자는 상을 당한 사람들에 대하여 슬픔을 위로하고 예를 표하고, 질병에 걸린 사람들을 돕고, 자연재해를 입은 사람들을 구제함으로써 애민을 실천할 수 있다고 사례와 함께 논리적으로 구술함.

과학과

통합과학

ⓐ 그림이나 모형을 통해 지각을 구성하는 규산염광물과 생명체를 구성하는 탄소화합물이 결합하는 방식에서 규칙을 찾고 근거를 들어 설명할 수 있음. ⓑ 규산염광물과 탄소화합물의 결합에서 나타나는 공통점과 차이점이 드러나는 그림자료(infographics)를 만드는 수행평가(2019. 04. 08.)에 적극적으로 참여함. 두 화합물의 기본구조와 화합물의 사례가 적절하고, 공통점과 차이점을 옳게 서술하였으며, 그림과 내용을 알기 쉽게 표현한 점이 돋보임.

ⓐ 생태계평형이 유지되는 원리를 먹이관계와 생태피라미드를 중심으로 이해하고, 환경변화가 생태계에 영향을 미치는 다양한 사례를 설명할 수 있음. ⓑ 생태계평형에 대해 토의하는 모둠별 토의수업(2019. 07. 08.)에서 뛰어난 과학적 탐구능력을 보여 줌. 마른 멸치를 해부하여 위장 속 먹이 종류를 관찰하여 스케치하는 능력이 뛰어남. 멸치 개체군이 서식하는 해양생태계에서의 평형유지 원리에 대해 토의하는 활동에서, 다른 사람의 의견을 경청하고 나서 자신의 의견을 개진하는 성숙한 자세를 보여 줌.

과학탐구실험

ⓐ 관찰을 통해 얻은 자료를 일반화하는 귀납적 탐구를 수행하고, 귀납적 탐구방법의 특징과 제한점을 설명할 수 있음. ⓑ '공룡은 왜 멸종했을까?'라는 보고서 쓰기 수행평가(2019. 04. 08.)에서 중생대-신생대 멸종의 원인과 관련된 가설이 나오게 된 과정을 통해 귀납적 탐구방법을 연구하여 발표함. '관찰하기→관찰한 내용을 바탕으로 탐구주제 설정하기→반복 관찰하기→규칙성 발견과 일반화 과정'을 거침. 중생대와 신생대 지층에서 발견되는 화석을 관찰하여, 중생대가 끝날 무렵 생물계에 일어난 변화가 무엇이었는가를 모둠원들과 토의하고 그 결과를 보고서로 작성하여 제출함.
'역사 속의 과학탐구' 단원에 흥미를 느껴, 모둠원들과 함께 장하석의 '과학, 철학을 만나다'를 읽고, 같은 제목의 EBS특별기획을 1강부터 11강까지 시청함. 역사적 사건을 통해 구체적으로 과학을 접하고, 철학적 질문을 통해 과학에 대한 이해의 지평을 넓힌 점도 좋았지만, 독서와 시청을 통해 '공부하는 자세'를 깨닫게 된 점을 최대의 수확으로 꼽음.

물리학 I

ⓐ 일상생활에서 전자기유도현상이 적용되는 다양한 예를 찾아 그 원리를 설명할 수 있음.
ⓑ '전자기유도원리 이해'라는 모둠별 발표수업(2019. 04. 08.)에서 자전거바퀴에 붙어 있는 소형발전기의 원리와 자전거속도에 따른 전구의 밝기 관계를 자기력선속의 시간적 변화율을 이용하여 설명함. 전자기유도를 적용할 수 있는 일상사례로 교통카드, 도서관의 도난방지시스템 등을 들고, 그것들의 작동원리를 자기력선속, 시간적 변화율 등의 용어를 사용하여 정확하게 설명함.
이어 'LED의 정류작용을 확인'하는 모둠별 탐구수업(2019. 06. 07.)에 진지하게 참여함. 다리 길이를 이용해 LED의 극을 정확하게 구별하여 회로를 구성하고, 광섬유와 부직포를 이용해 독창적인 형태의 꽃을 제작함. 자신의 모둠활동을 마친 뒤에는 다른 모둠의 탐구활동을 도와주었는데, 이 모습에서 타인에 대한 배려심이 느껴졌음.

화학 I

ⓐ 일상생활에서 사용하고 있는 대표적인 탄소화합물을 설명하고, 탄소화합물이 활용되는 사례를 조사하여 탄소화합물의 유용성에 대해 발표할 수 있음. ⓑ 탄소화합물의 성질, 활용사례와 활용이유 등이 포함된 포스터를 제작하여 발표하는 과제수업(2019. 11. 04.)에 정보분석능력과 의사소통능력을 보여 줌.
주변에서 흔히 사용되는 탄소화합물로 이루어진 물체를 찾는 역할을 맡음. 1897년 독일의 과학자 호프만이 개발하여 해열진통제로 쓰인 의약품 아스피린(아세틸살리실산)이 화학식 $C_9H_8O_4$인 탄소화합물임을 찾고, 비닐 팩, 포장용 필름, 각종 용기 등으로 사용되는 플라스틱도 C와 H로 구성된 고분자화합물인 폴리에틸렌에 속함을 찾음. 이후, 포스터를 제작하는 과정에서나 포스터 내용을 발표하는 과정에서 자신이 조사한 내용을 조리 있게 발표하여 과학적 의사소통능력이 뛰어나다는 지도교사의 칭찬을 받음.

생명과학Ⓘ

ⓐ 다양한 질병의 원인과 우리 몸의 특이적 방어 작용과 비특이적 방어 작용을 이해하고, 감염성 질환에 대한 예방과 치료의 사례를 들어 설명할 수 있음. ⓑ '감염성 질환에 대한 예방과 치료'라는 모둠별 과제발표수업(2019. 04. 08.)에서 청결한 생활로 병원체의 감염을 막는 것이 중요함을 조리 있게 발표함.

세균을 제거하는 효과적인 방법을 확인하기 위해 세균배양실험을 설계하였는데, 설계과정에서 실험군과 대조군을 체계적으로 설정함. 실험도구를 올바르게 사용하여 비누보다 손 세정액이 세균제거에 효과적임을 입증하여, 병원체의 감염을 막는 방법으로 손 세척의 중요성을 강조함. 이후, 모둠토론에서 사용한 자료와 자신의 주장을 한 단계 발전시킨 글을 학교신문에 기고(2019. 07. 08.)하는 등 과학적 사고력과 함께 사회적 참여능력이 뛰어남을 보여 줌.

지구과학Ⓘ

ⓐ 암석에 나타나는 다양한 지질구조의 생성과정과 특징을 설명할 수 있음. ⓑ '한반도 지질명소를 여행상품으로 구성'하는 모둠별 프로젝트 발표수업(2019. 04. 08.)에 적극적으로 참여함. 다양한 지질구조에 대한 이해를 바탕으로 제주도의 지질명소에서 볼 수 있는 독특한 지질구조의 형성시대와 원리를 스토리텔링으로 재구성하여 발표함. 상품구성을 할 때 모둠원의 의견을 적극 반영하고, 자료조사가 부족한 친구와는 자기자료를 공유하는 등 협력적인 면모도 보여 줌.

ⓐ 판의 경계에서 마그마가 생성되는 과정을 구분하고, 생성된 마그마의 조성에 따라 다양한 화성암이 생성되는 과정을 설명할 수 있음. ⓑ '우리나라는 지진 안전지대인가?'라는 모둠별 쟁점토론수업(2019. 07. 08.)에서 독특한 사례를 통해 주제에 접근함. 일본의 가고시마에서 2018년 인공지진으로 지하의 마그마 상태를 살피는 '구조탐사'가 실시된 사실을 예로 들면서, 5년 전에 했던 같은 규모의 탐사결과와 비교하여 분화를 예측할 수 있다는 점을 자세하게 설명함. 지진예방을 위해서는 우리도 이 같은 과학적인 대책이 필요하다고 역설함.

과학 계열 ◆◇◆

고급물리학

ⓐ 오목거울과 볼록거울에 의한 상을 광선추적을 통해 작도하고 거울방정식을 통해 정확한 위치와 배율을 예측하고 이 상이 실상인지 허상인지 설명할 수 있음. ⓑ '볼록렌즈에 의한 상과 렌즈의 관계'를 찾는 과제발표수업(2019. 09. 09.)에서 물체의 위치가 볼록렌즈에서 일정 거리 이상 벗어나야 상이 초점에 맺히는 사실을 찾아냄. 이후 모둠원들과 함께 물체의 위치와 상의 위치까지의 거리가 독립변인임을 찾아내고 물체의 위치를 조작변인, 상의 위치를 종속변인으로 하는 가설을 설정함. 물체의 위치를 다양하게 조절하며 상의 위치까지의 거리를 측정한 결과를 표로 작성하고 초점 거리와의 관계를 찾기 위해 변인들이 역수관계임을 알아냄.
'실상의 모양과 특징'을 관찰하는 추가수행과제(2019. 10. 07.)를 제시하였더니 볼록렌즈에 의한 실상은 물체와 상하좌우가 뒤바뀐 도립이며 크기는 위치에 따라 달라진다는 사실을 알아 냄. 실험설계, 가설설정, 결론도출 등의 과학적 탐구능력이 매우 뛰어남.

고급화학

ⓐ 열량계를 이용해 얼음의 융해열을 측정하고, 물의 상태변화에 따른 온도변화를 설명할 수 있음. ⓑ 얼음의 융해열을 구하는 실험과정을 보여 주는 모둠별 수행평가(2019. 09. 09.)에서 모둠장의 역할을 충실히 해냄. 역할분담과 실험과정에서의 토의진행, 보고서작성 등을 성실하게 이끎. 실험보고서에 화학결합의 형성과 에너지의 출입, 열량계에서 단열의 필요성에 대해 서술하여 높은 평가를 받음. 실험 이후 에너지 보존법칙에 근거하여 오차의 발생원인을 정확하게 발표함.

ⓐ 여러 가지 금속결정모형을 만들어 단위세포를 정하고, 각 단위세포의 특징과 밀집격자 구조에 두 가지 결정격자가 존재하는 이유를 설명할 수 있음. ⓑ 모둠별 수행평가(2019. 11. 04.)에 적극적으로 참여함. 모둠원들과 함께 직접 단순입방, 체심입방, 면심입방 결정의 단위세포 모형을 만들어 보고, 각 단위세포의 특징에 해당하는 단위세포에 들어 있는 입자의 수와 배위수를 찾았으며, 육방밀집결정, 입방밀집결정 모형을 만듦. 이 과정에서 '과학적 사고력'과 '과학적 의사소통능력'을 보여 줌.

고급생명과학

ⓐ ATP 합성효소의 ATP 합성원리에 대한 탐구과정을 통해 ATP 합성의 원리를 설명할 수 있음. ⓑ 수업에서 학습한 내용을 바탕으로 생물정보학 데이터베이스에서 ATP 합성의 원리에 관한 자료를 찾아 마인드맵으로 정리하여 과학실에 게시함(2019. 09. 09.).

ⓐ 전기영동으로 DNA를 분리하고 확인할 수 있음. ⓑ 에이버리의 유전물질 확인 실험을 활용하여, 구강조직에서의 추출물을 확인하기 위한 젤 전기영동 실험을 수행한 후 실험결과가 나타난 밴드를 해석하는 발표수업(2019. 10. 07.)에서 과학적 사고력을 보여 줌.

ⓐ 유전자재조합기술과 이에 사용되는 제한효소의 기능을 설명할 수 있음. ⓑ 생명공학 기술에 대한 토론수업(2019. 11. 04.)에서 미래질병치료에 활용될 DNA재조합기술에 대해 발표하며, 제한효소, 라이게이스, 목적유전자, 운반체, 숙주세포의 기능을 정확하게 설명함.

고급지구과학

ⓐ 광물의 정의와 종류, 여러 광물 중에서 조암광물의 의미와 종류 등을 설명할 수 있음. ⓑ 지각의 구성물질을 학습할 수 있는 보드게임 개발 프로젝트 발표수업(2019. 09. 09.)에 적극적으로 참여함. 광물과 암석의 목록을 작성하고 생성과정에 따라 대분류한 뒤, 광물의 정의와 종류, 조암광물의 종류와 특징, 광물의 결정계가 명시된 보드게임을 완성함. 문제해결을 위해 핵심을 파악하고 필요한 요소를 정리하는 재구조화 능력이 뛰어남.

ⓐ 지질단면도에서 지사학의 원리를 적용하여 암석의 상대 연대를 결정할 수 있음. ⓑ 지사 해석 실습(2019. 10. 07.)에서는 단순한 지질단면도에서 시작하여 단층, 부정합 등의 과정이 포함된 복잡한 지질단면도 해석으로 발전시키는 과정에서 암석의 연대를 정확히 추정함. '모둠 가운데 가장 뛰어난 해석'이라는 상호평가를 받음.

물리학실험

ⓐ 열량계를 이용해 얼음의 융해열을 측정하고, 물의 상태변화에 따른 온도변화를 설명할 수 있음. ⓑ 얼음의 융해열을 측정하는 실험을 수행하고 실험보고서를 작성하여 제출하는 수행평가(2019. 05. 07.)에서 얼음의 융해열을 측정하고, 측정값과 협정참값의 차이(오차)의 원인을 정량적 데이터를 분석하여 올바르게 설명함. 이 과정에서 과학적 탐구능력과 문제해결능력을 보여 줌.

또한, 얼음의 융해열을 구하는 과정을 논리적으로 설명하고 실험결과를 표로 잘 정리하여 나타냄. 녹은 얼음의 질량에 대한 실온의 물이 잃은 열량의 그래프를 그려서 추세선을 이용하여 얼음의 융해열 값을 나타냄. 녹은 얼음의 질량에 대한 실온의 물이 잃은 열량의 그래프를 그려서 추세선을 이용하여 얼음의 융해열 값을 나타내면, 열량계 내부와 외부의 열출입에 의한 오차를 제거할 수 있음을 정확히 설명함.

화학실험

ⓐ 어는점 내림으로 용질의 화학식량을 구할 수 있고, 그 원리를 설명할 수 있음. ⓑ 어는점 내림을 이용하여 미지시료의 분자량을 측정하는 실험평가(2019. 05. 07.)에서 분자량 계산과정과 오차 분석과정을 거쳐 유효숫자로 측정에 대한 정보를 전달하는 과학적 의사소통능력을 잘 보여 줌.

어는점 내림 실험과정을 바르게 서술하고, 용액의 어는점을 측정하는 장치를 바르게 나타냄. 실험결과로 미지시료 분자량을 계산한 결과 분자량의 오차 범위가 5%에 머물렀으며, 그 오차를 줄이기 위한 노력이 돋보임. 용매로서 tert-Butanol의 장점을 바르게 서술하고, 어는점 내림 원리를 바르게 설명하여, 지도교사의 칭찬을 받음.

생명과학실험

ⓐ 사람 염색체 사진 자료를 통해 핵형을 분석하고 성별, 염색체 돌연변이 유무를 바르게 해석할 수 있음. ⓑ 핵형분석에 대한 실험평가(2019. 11. 04.)에 적극적으로 참여함. 핵형분석 형태로 만든 자료에서 얻은 증거와 관련지식을 활용하여 합리적이고 논리적으로 추론하는 과학적 사고력이 돋보임. 의사가 되었다고 가정하고 어떤 사람의 핵형을 분석하는 업무를 수행해야 하는 문제상황을 설정하여 수행평가를 진행하는 모습이 인상적이었음.

핵형분석을 통해 염색체 수, 염색체 구성 및 핵상을 정확하게 해석하였고, 염색체의 특성을 고려하여 모든 염색체에 상동 염색체를 알맞게 짝지어 핵형도를 올바르게 완성하였을 뿐만 아니

라, 성염색체 구성을 근거로 하여 성별을 올바르게 판정함. 특히, 염색체 구성을 근거로 하여
핵형분석 대상자를 다운증후군 환자로 판정한 것은 놀라웠음.

지구과학실험

ⓐ 단열선도를 구성하는 요소들의 특성을 파악하여 여러 기상요소를 결정하고 해석할 수 있음.
ⓑ '대기와 해양의 탐구' 영역 중 '단열선도' 문항과 관련된 수행평가(2019. 11. 04.)에 적극적
으로 참여함. 주어진 자료를 바탕으로 기층의 안정도를 판정하고, 실제 자연상태의 대기상황에
적용하여 문제를 해결함. 이 과정에서 과학적인 증거와 이론을 토대로 논리적으로 추론하는 능
력, 추리과정과 논증에 대해 비판적으로 고찰하는 능력 등이 돋보임.
단열선도에서 기온감률을 이용하여 기층의 안정도를 4개 구간에 대해서 바르게 추정한 다음,
이슬점을 단열선도에 나타내고, 이슬점과 기온 자료로부터 혼합비와 포화혼합비를 결정하여
상대습도를 구함. 아울러, 온위의 개념을 서술하고, 각 지점의 온위를 비교한 뒤, 상승응결고
도(LCL)와 대류응결고도(CCL)를 단열선도에 나타내고, 대류온도(Tc)를 단열선도에 나타냄
으로써 주어진 대기상황의 문제를 해결함.

융합과학탐구

ⓐ 연구결과를 형식에 맞게 보고서로 작성하여 조리 있게 발표할 수 있음. ⓑ 산화-환원 반응
과 관련된 연구를 수행하고 보고서를 제출한 뒤 발표하는 수행평가(2019. 11. 04.)에서 과학적
문제해결력과 과학적 의사소통능력을 보여 줌. 특히, 모둠 구성원 모두가 협동적이고 적극적으
로 연구에 참여하는 연구수행태도가 돋보임.
'산과 금속의 반응속도 측정실험' 라는 주제를 선정하였는데, 선정된 주제가 산화-환원 반응과
관련되어 있고 창의적임. 또한, 가설이 적절하고 연구방법과 절차가 합리적이었으며, 연구결
과에 대한 분석이 타당함. 완전한 보고서형식을 체계적으로 갖추고 있으며, 연구내용 및 결과
를 정확히 이해하고 피피티를 활용하여 조리 있게 발표함.

과학과제연구

ⓐ 관찰 또는 실험 등 다양한 탐구활동을 통해 자료를 획득할 수 있고 획득한 자료를 그래프로 적절히 변환하고 이를 분석할 수 있음. ⓑ 농도와 반응속도의 관계에 관한 실험보고서를 바탕으로 실험결과를 이용하여 농도에 따른 표와 반응속도그래프를 그리는 모둠별 수행평가(2019. 07. 08.)에서 과학적 탐구능력과 과학적 문제해결력을 보여 줌. 모둠장으로서 모둠원 각자에게 역할을 부여하여 실험과정에 협동적이고 적극적으로 참여하도록 유도하는 모습이 돋보임.

실험과정에 따라 서로 다른 농도의 아이오딘산 칼륨 수용액을 제조하고, 용액의 색이 청남색으로 변할 때까지 걸리는 시간을 정확하게 측정함. 표의 농도와 반응속도 값을 옳게 구하고, 실험결과를 그래프로 올바르게 표현함. 아이오딘산 칼륨 수용액의 농도와 반응속도가 비례하며 이 반응이 1차 반응임을 설명하여 실험결론이 타당함을 증명함.

생태와 환경

ⓐ GMO식품의 장 단점을 분석하여 가치판단에 활용할 수 있으며, GMO식품사용으로 인해 발생할 수 있는 문제를 해결하는 방안에 대해 토론할 수 있음. ⓑ GMO식품사용과 관련한 조사보고 수행평가(2019. 11. 04.)에서 GMO식품의 사용에 따라 발생할 수 있는 문제점과 그와 관련된 사례를 조사하고 이를 해결할 수 있는 구체적인 방안을 모둠별로 토의한 뒤 정확하게 발표함. GMO식품사용으로 발생할 수 있는 문제점과 그 구체적인 해결방안 등을 찾는 과정에서 '과학적 문제해결력'을 보여 줌. 문제해결과정에서 GMO식품사용으로 발생할 수 있는 문제점과 그 구체적인 해결방안을 찾고 모둠별로 결과를 공유하고 발전시키는 과정에서 '의사소통능력'을 보여 줌. 인류사회의 구성원으로서 합리적이고 책임 있게 행동하기 위해 사회적 문제에 관심을 갖고 의사결정과정에 참여하는 모습에서 '참여를 통한 학습능력'을 보여 줌.

체육과

체육

ⓐ 자신의 신체적 또는 정신적 한계를 극복하기 위해 도전스포츠에 적절한 목표와 계획을 수립하고, 문제해결을 위한 지속적인 실천을 할 수 있음. ⓑ 자신의 멀리뛰기 동작을 분석하고 멀리뛰기 동작 개선의 목표를 세우고 구체적인 계획을 세워 실천하는 수행평가(2019. 04. 08.)에서 '신체수련능력'을 보여 줌. 스스로 '진단평가와 분석→학습과정설계→실행단계'를 짜서 자신의 수준과 가용시간을 고려하여 적합한 도전목표를 설정하고 계획내용을 실천하고 반성과 소감을 작성한 것이 돋보임.

ⓐ 경쟁스포츠의 경기수행에 필요한 기능과 방법을 탐색하여 경기력을 높일 수 있도록 연습하고 경기상황에 맞게 적용할 수 있음. ⓑ 개인별 농구경기 기능과 신체 특징에 따라 포지션을 결정하고 경기를 진행하는 수행평가(2019. 06. 07.)에서 '경기수행능력'을 보여 줌. 순발력과 체력의 장점을 살려 빠른 패스와 외곽 슛 중심의 플레이를 전개하며 압박수비를 통해 상대의 실수를 유도하고 협력수비로 골밑에서의 약점을 보완하는 등 뛰어난 능력을 보여 줌.

운동과 건강

ⓐ 생활습관과 건강관리의 관련성을 이해하고, 건강한 생활습관형성을 위한 건강관리방법을 다양한 사례를 들어 설명하고 스스로 실천함. ⓑ 건강관리방법을 공익광고로 제작하는 수행평가(2019. 09. 09.)에서 '건강관리능력'을 보여 줌. '신체활동, 식습관, 휴식, 질병관리' 등의 생활습관요소가 건강에 미치는 영향을 탐색하고, 이를 근거로 하여 공익광고를 제작하였는데, 주제에 따른 UCC 형식의 공익광고의 완성도가 매우 높았음.

ⓐ 건강한 삶을 위한 체력의 중요성을 설명할 수 있고, 체력수준을 측정하고 평가하여, 적합한 운동계획을 수립하고 체력관리를 실천할 수 있음. ⓑ 자신에게 필요한 건강체력 운동실천 모둠별 상호평가(2019. 11. 04.)에서 '건강관리능력'을 보여 줌. 자신의 현재 건강체력을 팔굽혀펴기, 왕복오래달리기, 윗몸앞으로굽히기, 제자리멀리뛰기로 나누어 측정한 뒤, 요일별로 주간 운동계획을 세우고서 모둠원들과 함께 실천함.

스포츠 생활

ⓐ 스포츠와 문화의 상호 관계에 대해 비교 분석하고 문화로서의 스포츠에 대하여 설명할 수 있음. ⓑ 스포츠와 문화 비교·분석 보고서를 작성하여 발표하는 모둠별 수행평가(2019. 09. 09.)에서 심화한 스포츠의 내용을 바탕으로 다양한 스포츠 문화를 체득하여 스포츠를 생활화하는 계기가 됨. 스포츠는 사회적 문화적 산물로서 3T, 곧 전통(tradition), 전환(transition), 변화(transformation)의 특성을 가진다는 발표내용이 돋보임.

ⓐ 스포츠 활동에 참여하면서 스포츠 경쟁의 의미를 이해하고 스포츠를 통해 서로를 존중하고 배려하는 태도로 상호작용을 함으로써 긍정적 대인관계를 형성할 수 있음. ⓑ 배드민턴 복식단체경기에 참여한 뒤 그 결과를 '경기기록지'에 기록하고, 동료의 태도를 관찰하여 '페어플레이 및 대인관계 체크리스트'를 작성하는 모둠별 수행평가(2019. 11. 04.)에서 '경기수행능력'과 '페어플레이 정신'을 동시에 보여 줌. 체크리스트는 평가의 의미보다는 관찰을 통해 동료를 이해하고 피드백을 주기 위한 목적임을 분명히 함.

체육탐구

ⓐ 체육의 생성과 발전과정을 인류역사와 관련하여 분석하고, 체육발달의 역사를 체육사적 사건 및 역사적 흐름을 고려하여 설명할 수 있음. ⓑ 스포츠 종목의 생성과 발전과정을 탐색하여 보고서를 발표하는 모둠별 수행평가(2019. 04. 08.)에서 창의적 사고역량을 보여 줌. 브라질의 축구 종목을 선정하고, 축구의 생성과 발전과정을 서술한 뒤, 축구가 활성화된 배경을 지리적, 경제적, 사회 문화적 요인에 근거하여 조사보고서를 작성 발표함.

ⓐ 스포츠 현상을 사회학적으로 설명할 수 있고, 다양한 스포츠 활동을 사회학적 원리에 따라 분석하여 스포츠 경기 상황에 적용할 수 있음. ⓑ 사회학적 원리인 스포츠 일탈의 원인을 탐색하고 극복방안을 제시하는 모둠별 수업(2019. 06. 07.)에서 '체육탐구실천역량'을 보여 줌. 스포츠맨십과 페어플레이를 강조하면서도 승리를 쟁취하도록 요구하는 우리 사회의 이중성을 들어 문제에 대한 근본적인 처방을 내리는 모습이 인상적이었음.

스포츠 개론

ⓐ 체육 및 스포츠의 개념과 특성을 이해하고, 시대별 흐름과 변천과정을 분석하여 현대사회에서 스포츠의 의미를 설명할 수 있음. ⓑ 체육 및 스포츠의 개념과 특성, 시대별 변천과정에 대한 보고서를 작성하여 발표하는 모둠별 수행평가(2019. 09. 09.)에서 '지식정보처리역량' 을 보여 줌. 체육 및 스포츠의 개념과 특성, 시대별 변천과정을 명확하게 제시하는지에 대한 내용적 측면, 다양한 자료를 활용하며 보고서의 분량이 충분한지에 대한 구성적 측면에서 모두 최우수 등급을 받음.

ⓐ 현대사회에서 스포츠의 교육적 기능과 역할을 분석하고, 스포츠의 교육적 가치를 설명할 수 있음. ⓑ 스포츠의 교육적 기능, 역할, 가치에 대해 토의하는 모둠별 발표수업(2019. 11. 04.)에서 '의사소통역량' 을 보여 줌. 스포츠의 교육적 기능에 대한 발표를 맡아 '1. 교육목표 결핍, 2. 부정행위 만연, 3. 편협한 인간 육성' 등 자신의 생각을 논리적으로 발표함. 토의과정에서 타인의 의견을 경청하며 존중하는 자세를 보여 줌.

음악과

음악

ⓐ 다른 예술에 어울리는 음악작품을 창의적으로 만들 수 있음. ⓑ 영상과 어울리는 곡을 재구성하여 음악작품으로 만들어 발표하는 모둠별 수행평가(2019. 05. 07.)에서 '음악정보처리역량'을 보여 줌. 소리를 뺀 "판타지아 2000"의 '랩소디 인 블루'를 보고, 모둠별로 스토리보드를 작성하는 활동에서 영화 "미션 임파서블" 주제가와 베토벤 피아노 소나타 8번 '비창' 3악장, 피아졸라의 '망각(Oblivion)'을 선정하여 스토리보드를 만들어 발표함.

ⓐ 국악을 계승하고 발전시킬 수 있는 방안에 대해 구체적인 사례를 들어 발표할 수 있음. ⓑ 전통음악과 전통음악을 재창조한 음악을 비교하여 듣고 한 가지를 선택하여 자신의 입장을 정리하고 발표하는 수행평가(2019. 07. 08.)에서 '문화적 공동체역량'을 보여 줌. 전통음악을 현대의 음악 스타일로 재창조하는 것이 전통음악을 계승하고 발전시키는 것이라는 자신의 생각을 조리 있게 발표함.

음악연주

ⓐ 악곡의 구성요소와 개념을 정확하게 알고 창의적으로 표현하며, 주법과 태도를 바르게 유지하여 악기를 연주할 수 있음. ⓑ '연가'를 코드에 맞게 기타로 연주하고, 다른 친구의 연주를 듣고 비평하는 모둠별 수행평가(2019. 04. 08.)에서 '음악적 소통역량'을 보여 줌. 악곡의 특징을 살려 표현하였을 뿐만 아니라 바른 주법과 태도로 연주하는 모습이 돋보임. 다른 친구의 연주를 듣고 음악적 용어를 사용하여 구체적인 근거를 들어 비평하는 모습도 인상적임.

ⓐ 다양한 연주형태의 특성에 맞게 창의적으로 표현할 수 있음. ⓑ '사랑은 은하수다방에서'를 제창과 아카펠라로 표현한 뒤 악곡에 나타난 두 가지 연주형태의 특성을 설명하는 모둠별 수행평가(2019. 07. 08.)에서 '음악적 융합사고역량'을 보여 줌. 연주형태의 특성 표현하기에서 음정, 박자, 빠르기, 성부의 어울림을 지켜 노래하였고, 연주형태의 특성 설명하기에서 두 가지 연주형태의 특성에 대해 정확하게 설명함.

음악감상과 비평

ⓐ 다양한 문화적 배경을 지닌 음악을 비교하여 듣고 자신의 언어로 문화적 상황과 관련한 음악의 특징에 대하여 토론할 수 있음. ⓑ '연가'와 'Pokarekare Ana'를 듣고 원어로 부르는 것과 번안하여 부르는 것 중 선호하는 방식을 정하여 보고서를 작성하는 수행평가(2019. 09. 09.)에서 '문화적 공동체역량'을 보여 줌. 원곡을 그대로 부르는 것이 좋다는 자기주장을 펴며 음악적 특징과 문화적 배경을 구체적으로 제시하며 조리 있게 설명함.

ⓐ 음악과 관련한 다양한 가치를 비판적 사고를 바탕으로 해석하고 평가할 수 있음. ⓑ 나의 '음악취향' 이력 작성하기 수행평가(2019. 11. 04.)에서 '음악정보처리역량'을 보여 줌. 뮤직 비디오와 함께 발표된 노래인 'up&up'을 선정하여 "현대 이슈를 암시하는 신랄하고 초현실주의적인 몽타주"를 표현하고 있다고 해석함. 노래의 끝부분에 나오는 가사 "don't ever give up"처럼 이 노래는 조용하지만 희망적인 분위기를 나타내고 있다고 설명한 부분이 인상적임.

음악이론

ⓐ 음의 높낮이와 길이, 셈여림, 빠르기, 음색, 화음과 화성, 시김새 등 음악의 구성요소를 설명할 수 있음. ⓑ 음악의 구성요소를 이해하고 음악의 특징에 맞게 적극적으로 몸으로 표현하는 모둠별 수행평가(2019. 09. 09.)에서 '음악적 소통역량'과 '음악적 융합사고역량'을 보여 줌. 라벨의 '볼레로'를 감상하며 볼레로의 특징, 빠르기, 주제가락의 음색을 활동지에 정확하게 서술하였고, 색칠된 부분의 음색과 셈여림을 파악한 뒤 그것들에 어울리는 신체표현방법을 설계함. 신체표현을 보여 주는 모둠별 발표에서는 음악과 잘 어울리는 신체표현으로 담당교사의 칭찬을 받음. 모둠장으로서 모둠활동에서 적극적으로 참여한 결과, 동료들로부터 최우수 모둠이라는 평가를 받음.

음악사

ⓐ 국악의 시대별 특징과 기능을 탐색하여 발표할 수 있음. ⓑ 고고학 자료들에 대한 조사보고서를 발표하는 모둠별 수업(2019. 09. 09.)에서 '음악정보처리역량'을 보여 줌. 안악 제3호분 후실 무악도, 백제금동대향로, 토우장식장경호, 정효공주묘 벽화에 나타난 악기의 명칭과 음악사적 의의를 서술하고, 고고학 자료의 연구가치에 대한 자신의 견해를 조리 있게 발표함.

ⓐ 서양음악의 시대별 특징과 기능을 탐색하여 발표할 수 있음. ⓑ 세 가지 곡의 시대별 특징을 조사하고, 당시의 사회적 배경과 관련해서 신문으로 재구성한 후 발표하는 모둠별 수행평가(2019. 09. 09.)에서 '음악적 융합사고역량'을 보여 줌. 바흐의 코랄 전주곡 '눈 뜨라 밤이 지나리니'와 베토벤 교향곡 제3번 '영웅', 그리고 차이콥스키의 '1812년 서곡'을 바탕으로 모둠이 다 함께 음악신문을 만들어 발표함.

미술과

미술

ⓐ 조형요소와 원리를 다양하게 응용하여 창의적으로 표현할 수 있음. ⓑ 토니크랙(Tony Cragg)의 작품형식으로 새로운 폐품미술 완성하기 모둠별 수행평가(2019. 04. 08.)에서 '시각적 소통능력'을 보여 줌. 예시작품에 나타난 조형요소와 원리의 작용을 효과적으로 이해하여 작품제작의 과정을 창의적으로 계획함. 예시작품의 다양한 표현방법을 창의적으로 수정한 형태에 반영하여 효과적으로 표현함.

ⓐ '꽃으로 소통하기' 움직이는 정원 프로젝트 연구보고서 발표수업(2019. 06. 07.)에서 '미적 감수성'을 보여 줌. ⓑ '꽃'을 이용하여 자신의 내면세계를 인식하고 외부세계와 조화를 이룰 수 있는 방안을 적극적으로 모색함. 모둠원 간의 상호의사소통능력이 우수하고, 제작의도를 충분히 공유한 뒤 긍정적이고 자발적인 역할분담을 이루어 모둠원 간의 협력적 태도도 매우 우수함.

미술창작

ⓐ 조형요소와 원리를 효과적으로 활용하여 주제를 창의적으로 표현할 수 있음. ⓑ '나의 상징 단어 시각화하기' 수행평가(2019. 09. 09.)에서 '미적 감수성'과 '창의·융합 능력'을 보여 줌. '나의 특징 찾고 상징단어 정하기'와 '주제에 적절한 소재 찾기'에 이은 '상징단어의 시각화' 작품을 제작한 뒤 '작품제작 보고서'를 제출함. 조형요소와 원리를 창의적으로 활용하여 화면을 구성하고 시각화하는 능력이 돋보였으며, 작품제작 의도, 감상과 평가, 제작과정에서의 느낀 점 등이 체계적으로 정리되어 있었음.

ⓐ 주변대상과 환경을 여러 가지 방법으로 관찰하고 특징을 파악하여 표현주제를 창의적으로 발전시켜 시각화할 수 있음. ⓑ 생활용품 리디자인(REDESIGN)하기 모둠별 수행평가(2019. 11. 04.)에서 '창의·융합능력'을 보여 줌. 평소 생활 속에서 사용하는 제품의 문제점을 찾아 분석하고, 이에 대한 새로운 대안을 제시하는 '리디자인 계획'에 따라 작품을 제작하는 프로그램에 참여함. 음료수 캔을 리디자인하였는데, 쓸모를 고려한 아이디어의 발상과 제안이 참신하고 창의적이었음.

미술감상과 비평

ⓐ 미술작품의 조형적 특징을 분석하여 작품의 조형성을 종합적으로 설명할 수 있음. ⓑ 조선시대 후기의 풍속화 작품분석하기 수행평가(2019.09.09.)에서 '미술문화이해능력'을 보여 줌. 신윤복의 '단오풍정'이라는 작품을 선택하여 '색, 소재의 배치와 구성, 등장인물의 형태, 작품 속 상황' 등 다양한 관점에서 작품을 분석하여 구체적으로 서술한 뒤, 조사한 자료를 활용하여 작품의 내용과 형식을 설득력 있게 설명함.

ⓐ 미술작품에 관한 다양한 자료와 정보를 수집하고 분석한 내용에 근거를 두고 작품의 의미를 설명할 수 있음. ⓑ 앤디워홀의 작품 '마릴린 먼로' 조사하기 모둠별 수행평가(2019.11.04.)에서 '자기주도적 미술학습능력'을 보여 줌. 마릴린 먼로의 다양한 작품의 이미지를 조사하는 역할을 맡아, 먼로를 소재로 하고 색의 조합을 조금씩 다르게 한 작품 5개를 모으는 등 동료들과 협력하며 모둠활동에 적극적으로 참여함. 그 과정에서 앤디워홀은 그림을 직접 그리지 않고 실크스크린 판을 만들어서 여러 장을 찍어 냈다는 사실을 알게 되었다고 발표함.

미술이론

ⓐ 재현적 표현방법의 원리와 특징을 구체적으로 설명하고, 활용방안을 창의적으로 제시할 수 있음. ⓑ 미술표현의 방법을 탐구하여 발표하는 모둠별 수업(2019.06.07.)에서 재현적 표현방법을 연구하여 발표하는 역할을 맡아 '미술적 소통역량'과 '미술적 창의·융합사고역량'을 보여 줌.
레오나르도 다빈치의 '모나리자'를 예로 들어 인체나 자연을 묘사할 때 있는 그대로의 모습에 가장 역점을 두어 표현하는 재현적 표현방법에 대해 알기 쉽게 설명함. 소묘, 원근법, 해부학, 색채학, 명암법 등을 곁들여 설명하면서, 주제의 외형을 그대로 표현해 내려고 한 재현적 표현방법이 대상의 정신적인 면을 부시한 것은 아니라는 심을 분명히 함. 네ㅗ니ㅍ도 ㅛㅔ 00년후에 전기를 쓴 바사리는 "눈썹이 없는 것은 이마가 넓은 것이 미인이었던 당시의 유행에 따라 눈썹을 뽑은 얼굴을 그린 것"이라 정보를 제공하여 급우들의 탄성을 자아내기도 함.

미술사

ⓐ 고려시대, 조선시대 등 한국미술의 시대별 특성을 배경요인과 관련지어 설명할 수 있음.

ⓑ 한국미술사를 탐구하여 발표하는 모둠별 수업(2019. 10. 07.)에서 조선시대 미술사를 연구하여 발표하는 역할을 맡아 뛰어난 '미술정보처리역량'을 보여 줌.

조선시대를 시종일관 지배했던 억불숭유정책이 당시의 문화를 검소하고 실용적이며 소박한 성격으로 발전하게 하였다는 점을 전제하며 발표를 시작함. 서민적이고 순박한 조선미술의 특징은 도자공예, 목죽공예, 칠기공예 등의 생활용품의 발달에서 찾아볼 수 있다며, 고려시대와 비교하는 구체적인 영상자료를 보여 주면서 발표를 이어 나감. 특히, 한국적 화풍이 더욱 뚜렷한 양상을 보이게 된 조선 후기의 회화를 설명하면서 정선에 의해 발전된 진경산수, 김홍도와 신윤복을 중심으로 유행된 풍속화에서 한국적인 특색을 찾아낸 점이 탁월했음.

기술·가정과

기술·가정

ⓐ 생애 주기별로 발생할 수 있는 신변안전사고의 원인을 분석하고, 이를 바탕으로 개인적 차원에서 대처하는 방법을 설명할 수 있음. ⓑ 신변안전사고와 적절한 대처법을 실습하는 모둠별 수행평가(2019. 04. 08.)에서 생활자립능력과 실천적 문제해결능력을 보여 줌. 특히 주어진 실습과제에 정확한 절차와 방법을 이해하여 다른 모둠에게 정확하게 전달하는 모습이 돋보임.

ⓐ 노년기의 발달 특성을 설명할 수 있고 자립적인 노후생활을 영위하기 위해 요구되는 생활역량을 추론하여 제안할 수 있음. ⓑ 노년기 발달특성을 버블 맵으로 정리하고, 브레인라이팅 활동을 통하여 자립적인 노후생활을 위한 생활역량을 제안하는 모둠별 수행평가(2019. 06. 07.)에서 '관계형성능력'을 보여 줌. 특히 "브레인라이팅 활동에서 아이디어 내용이 논리적이고 창의적"이라는 담당교사의 칭찬을 받음.

정보

ⓐ 정보보호제도 및 방법에 따라 올바르게 정보를 공유하는 방법을 실천할 수 있음. ⓑ 정보공유 실천방안을 제안하는 수행평가(2019. 03. 18.)에서 뛰어난 정보처리능력을 보여 줌. 올바른 정보를 공유하기 위해서는 저작물의 정식구매가 필요하다고 전제한 뒤, 정당한 값을 지불하고 정품저작물을 구입하여 사용하더라도 사용범위가 개인적인 용도를 넘어서는 안 된다는 점을 강조함. 그러면서 현행 저작권법의 틀 안에서 움직이면서 저작물의 이용관계를 더욱 원활하게 만드는 역할로 CCL(Creative Commons License)의 이용을 권유함.

ⓐ 사이버공간에서 지켜야 하는 법과 제도를 설명하고 사이버윤리 실천방안을 수립할 수 있음. ⓑ 정보사회가 필요로 하는 새로운 형태의 윤리규범을 제안하는 발표수업(2019. 05. 07.)에서 '사이버공간에서의 윤리의 근본은 현실윤리에 두어야 한다'는 논지로 의견을 개진함. 그러면서 '처방윤리'와 '예방윤리', '변형윤리'와 '세계윤리' 차원에서 사이버윤리는 규정되어야 한다고 설득력 있게 자기주장을 펼침.

농업생명과학

ⓐ 식량이 국가안보에 미치는 영향과 식량안보의 중요성과 의의를 이해한 후 식량을 안정적으로 공급하기 위한 방안을 제시할 수 있음. ⓑ 식량자급률에 대한 조사 자료를 바탕으로 식량안보에 대한 보고서를 작성 발표하는 모둠별 수업(2019. 04. 08.)에서 문제해결능력을 보여 줌. 휴대폰을 이용해 우리나라 식량자급률을 조사하고, 식량안보의 대응전략(안정적인 식량공급방안)을 토의한 뒤, 실현가능성이 높은 대안을 선정하여 보고서를 발표함.

ⓐ 안전하게 농산물을 생산하고 이용할 수 있는 방법을 사례를 들어 설명할 수 있음. ⓑ 안정성이 높은 농산물을 생산하기 위한 친환경농법을 조사하여 발표하는 수행평가(2019. 07. 08.)에서 친환경농산물의 생산, 인증내용을 고찰해 봄으로써 창의·융합사고능력을 보여 줌. 우렁이농법, 지렁이농법, 참게농법, 오리농법 등 친환경농업의 사례를 제시하면서 친환경농업의 의의를 생산자와 소비자의 입장에서 분류하고 다양한 친환경농업의 사례를 구성함.

공학일반

ⓐ 공학설계과정을 적용하여 공학에서 다루어지는 융합문제를 창의적으로 해결할 수 있음. ⓑ 공학설계과정을 적용하여 친환경 도시를 설계하는 모둠별 수행평가(2019. 09. 09.)에서 모둠장으로서 뛰어난 문제해결능력을 보여 줌. 모둠원 간 브레인스토밍을 통해 다양한 아이디어를 산출하는 과정에서 '비판 금지, 많은 양의 아이디어, 두 개 이상의 아이디어 결합' 등의 내부규칙에 따라 아이디어를 수렴하는 모습이 인상적이었음.

ⓐ 다른 학문 및 지식과 공학의 융합 필요성을 이해하며 그 전망을 탐색할 수 있음. ⓑ 자율주행자동차에는 어떤 공학이 융합되어 있는지 연구하여 발표하는 수업(2019. 11. 04.)에서 뛰어난 창의력과 융합적 사고력을 보여 줌. 피피티를 이용하여 현재의 자율주행자동차에 융합되어 있는 수송공학, 정보통신공학, 에너지공학을 설명한 뒤, 미래의 자율주행자동차에 인공지능기술이 접목될 것으로 예측함.

창의경영

ⓐ 창의적인 조직문화를 구축하여 성공한 기업의 사례를 통해 조직문화의 기능 및 중요성을 설명할 수 있음. ⓑ 창의적인 조직문화 사례보고서를 작성하여 발표하는 모둠별 수행평가(2019. 04. 08.)에서 조직문화를 통한 조직이해능력이 뛰어남. 모둠원 간에 조직문화의 개념과 기능, 창의적인 조직문화의 사례를 분담하여 보고서를 작성한 후, 창의적인 조직문화의 중요성을 기업 측면과 조직구성원의 측면에서 구조적으로 제시함.

ⓐ 기업경영에 필요한 인적자원을 조직화하여 조직 구조를 체계적으로 도식화하여 제시할 수 있음. ⓑ 기업경영에 필요한 인적자원을 조직화하는 조직 구조 보고서를 작성 발표하는 모둠별 과제수업(2019. 04. 08.)에서 문제해결능력과 조직이해능력을 보여 줌. '기업과 경영' (조경희 외)을 바탕으로, '라인 조직, 라인스태프 조직, 사업부체 조직, 매트릭스 조직, 프로젝트 조직, 팀 조직' 등의 장단점을 정리하여 발표하는 모습이 인상적임.

해양문화와 기술

ⓐ 해양오염의 발생원인과 종류를 이해하고, 해양오염이 생태계와 인류에게 미치는 영향과 피해를 조사하고, 해양오염을 최소화할 수 있는 방안에 대해 발표할 수 있음. ⓑ 해양에서의 오염현상 중 하나인 적조현상에 대해 발표하는 수행평가(2019. 05. 07.)에서 뛰어난 문제해결능력을 보여 줌. 적조생물의 종류와 적조가 발생하는 환경 조건, 적조에 의한 피해 사례를 열거한 뒤, 적조원인생물의 종류에 따라서 대책도 달라져야 함을 설득력 있게 제시함.

ⓐ 미래에너지 자원의 중요성을 인식하여, 해양에너지 종류를 알고, 특성 및 장단점을 설명할 수 있음. ⓑ 해양에너지 자원의 종류와 개발 사례 및 장단점을 조사하여 발표하는 모둠별 수업(2019. 07. 08.)에서 신재생 에너지 개발에 대한 창의력과 융합적 사고력을 보여 줌. 피피티를 이용하여 파력발전, 조력발전, 해수온도차 발전, 해수염분차 발전 등 해양발전(에너지)의 개발사례를 보여 주면서 해양발전자원의 장단점을 설득력 있게 제시함.

가정과학

ⓐ 가족복지서비스를 탐색하여 가족원 간의 권리보장과 평등을 실현하고 안정된 가족의 삶을 지원하는 데 활용할 수 있음. ⓑ 생애주기별 가족복지서비스 정책을 담은 정책보고서를 제출하는 모둠별 수행평가(2019. 05. 07.)에서 '실천적 문제해결능력'을 보여 줌. 모둠토의활동에 적극적으로 참여하여 다양한 아이디어를 제시하고, 현행정책에 대한 문제점을 지적하고 이에 대한 개선방안과 기대효과를 조리 있게 발표함.

ⓐ 의생활 관련직업의 세계를 탐색하고, 관련분야에서 요구하는 능력을 분석하여 체계적으로 진로를 설계할 수 있음. ⓑ 10년 후 자신의 직업생활을 상상하며 명함을 만들어 소개하는 수행평가(2019. 07. 08.)에서 '생활자립능력'과 '진로개발능력'을 보여 줌. 주제와 관련된 정보를 다양한 방법으로 수집하고 자료를 정리한 뒤 작성한 명함의 구성이 체계적으로 구조화되어 있고 창의적으로 잘 표현되어 있음.

지식재산일반

ⓐ 발명문제를 해결하기 위한 다양한 아이디어를 만들고 이를 평가하여 최적의 대안을 선정할 수 있음. ⓑ 발명 아이디어 포트폴리오를 제출하는 모둠별 수행평가(2019. 05. 07.)에서 모둠장으로서 '정보처리활용능력'을 보여 줌. 2차사고예방을 위해 설치하는 안전삼각대가 밤이나 비가 오는 경우 확인이 어렵다는 문제를 해결하기 위해 브레인라이팅이라는 방법으로 아이디어를 창출하고 쌍비교 분석법을 활용하여 아이디어를 선정하는 능력이 탁월함.

ⓐ 지식재산의 가치를 보존하고 유지하기 위한 보호 및 예방전략을 세워 실천할 수 있음. ⓑ 특허 출원의 이유를 지식재산의 보호의 관점에서 설명하는 발표수업(2019. 07. 08.)에서 '문제해결능력'을 보여 줌. 신기술로 각광을 받고 있는 유전자가위기술인 '크리스퍼 유전자가위' 특허권을 예로 들어, 특허권을 보호하고 특허권 침해를 예방하기 위해 채택하고 있는 속지주의와 선출원주의를 알기 쉽게 설명함.

제2외국어과

독일어 I

ⓐ 일상생활의 기초적인 상황에서 인사, 인적사항, 인물 및 사물, 외국어 등에 관한 의사소통 표현을 적절하게 사용하여 문장수준으로 말할 수 있음. ⓑ 제시된 역할카드를 사용해 독일어로 소개하는 역할극 수행평가(2019. 06. 07.)에서 표준발음으로 '상황과 의도에 맞게 소통하는 능력'을 보여 줌. 간단한 인사로 자기소개를 하면서 성별에 따른 인칭대명사를 활용하여 다른 사람에게 정확하게 자기를 소개함.

ⓐ 독일어권 일상생활에서 경험할 수 있는 지리, 제도 등 지역사정의 중심내용을 이해하고 설명할 수 있음. ⓑ 독일의 문화와 관련된 주제를 조사 발표하는 모둠별 수행평가(2019. 07. 08.)에서 '문화를 이해하고 활용하는 능력'을 보여 줌. 인터넷을 검색하고 독일문화서적 등을 바탕으로 다양한 사진이 포함된 프레젠테이션 자료를 제작하여 '독일의 교통문화'에 대해 발표함. 모둠원 간의 발표 역할분담이 잘 이루어져 담당교사의 칭찬을 받음.

프랑스어 I

ⓐ 일상적인 사실이나 사건에 대해 문장수준으로 간단하게 진술할 수 있음. ⓑ 제시된 일정표를 참고하여 자신의 일과를 정리하여 발표하는 수행평가(2019. 05. 07.)에서 '의사소통능력'을 보여 줌. 주어진 일정표를 참고하여 자신의 일요일 일과를 프랑스어로 정리하여 말하면서, 동사를 다양하게 사용하고, 발음이나 필수적 연음의 오류도 보이지 않음. "Je lis et je vais au lit à 22h."라는 마지막 문장을 말하면서 재미있는 표정을 지어 웃음을 자아냄.

ⓐ 프랑스어권의 기타 특징적인 문화에 관한 정보를 조사하여 구체적인 내용을 정확히 발표할 수 있음. ⓑ 프랑스어권 국가의 문화를 조사 발표하는 모둠별 수행평가(2019. 07. 08.)에서 '의사소통능력'을 보여 줌. 피피티를 활용하여 충분한 자료 제시를 하면서 모둠원끼리 분야를 나누어 고른 역할분배를 한 것이 돋보임. 벨기에의 곳곳에 있는 오줌싸개동상을 보여 주면서 그 유래를 재미있게 설명하여 친구들의 박수를 받음.

스페인어 I

ⓐ 비교적 쉬운 일상적인 내용에 대해 기초적인 정보 확인표현을 활용하여 문장수준으로 상황과 어법에 맞게 말할 수 있음. ⓑ 낱말카드를 활용하여 묻고 답하는 모둠별 수행평가(2019. 05. 07.)에서 '기초적인 스페인어 표현을 이해하고 스페인어권 사람들과 소통할 수 있는 능력'을 보여 줌. 질문자와 답변자의 역할을 바꾸어 실시한 대화에서, Jaime가 적힌 카드를 뽑고 "¿Cómo te llamas?"라는 묻는 짝의 질문에 "Me llamo Jaime."라고 정확하게 답변함.

ⓐ 스페인어권의 지리, 역사, 유적, 관광 등에 대해 주요내용을 조사·정리하여 발표할 수 있음. ⓑ 스페인어 사용국 중 1개국 선택하여 문화정보를 조사 발표하는 모둠별 수행평가(2019. 07. 08.)에서 '정보활용능력'을 보여 줌. 피피티를 활용하여 '꽃보다 Espana'라는 제목으로 에스파냐의 문화유적지와 관광지 등을 재미있는 해설과 함께 보여 줌. "내용이 체계적으로 구성되어 있고 발표가 효과적으로 이루어졌다"라는 지도교사의 칭찬을 받음.

중국어 I

ⓐ 개인 및 일상생활에 관한 질문을 듣고 문장수준으로 적절히 대답할 수 있음. ⓑ 4장의 카드 중 하나를 고른 뒤 교사의 질문을 듣고 자신이 고른 카드를 보면서 중국어로 대답하는 수행평가(2019. 09. 09.)에서 '기초적인 중국어 표현을 이해하고 중국 사람들과 소통할 수 있는 능력'을 보여 줌. 내용의 충실도나 문장의 완성도, 발음의 정확성과 유창성이 수준급임.

ⓐ 낱말의 용법과 어순에 유의하여 생활 관련 표현을 문장수준으로 정확하게 작성할 수 있음. ⓑ 중국어로 자신의 일과표 '我的一天'을 작성하는 수행평가(2019. 11. 04.)에서 뛰어난 '의사소통능력'을 보여 줌. 주어진 낱말을 활용하여 어순에 맞게 문장형식으로 작성하였으며, 모든 문장을 한자로 정확하게 기재함. 특히, 시간명사(早上, 上午, 下午, 晚上)와 시각을 나타내는 표현을 적절하게 활용하여 어순에 맞게 자신의 일과를 작성한 것이 돋보임.

일본어 l

ⓐ 행위 요구, 대화 진행 등과 관련된 짧고 쉬운 대화를 문장수준으로 할 수 있음. ⓑ 4명이 모둠을 이루어 제시된 역할카드를 사용하여 일본공항의 세관을 통과하는 역할극을 진행하는 모둠별 수행평가(2019. 09. 09.)에서 '의사소통능력'을 보여 줌. 상황에 맞게 역할을 수행하고 음성적 특징과 어법이 정확하고 유창하게 대화를 하였으며, 상황에 맞게 비언어적 표현을 적절하게 보여 줌.

ⓐ 일본의 일상생활문화에 대해 정보검색능력을 활용하여 내용을 조사하고 종합적으로 이해한 후, 논리적으로 발표 토론할 수 있음. ⓑ 모둠별로 제시된 명소를 도쿄 노선도 및 인터넷을 활용하여 조사하여 발표·토론하는 모둠별 수행평가(2019. 11. 04.)에서 '문화이해를 통한 세계시민의식'과 '정보검색능력'을 보여 줌. 지역특성 및 볼거리 등 조사한 세부내용을 정확하고 자연스럽게 발표하고 질의에 대한 응답 또한 효과적으로 수행해 냄.

러시아어 l

ⓐ 설명, 묘사와 관련된 표현이나 정보를 문장수준으로 상황에 따라 적절히 말할 수 있음. ⓑ 주어진 사진을 보면서 사진 속 가족에 대해 소개하는 수행평가(2019. 09. 09.)에서 '기초적인 러시아어 표현을 이해하고 러시아 사람들과 소통할 수 있는 능력'을 보여 줌. 가족구성원들을 부르는 명칭도 정확하였으며, 나이, 직업 등 가족구성원을 설명할 수 있는 표현도 다양해 담당교사의 칭찬을 들었음.

ⓐ 러시아의 사회 문화적 현상과 문화유산에 대한 글을 읽고, 그 중심내용을 요약하여 발표할 수 있음. ⓑ 러시아의 주요도시 중 모스크바와 상트-페테르부르크를 비교하는 글을 읽고 두 도시의 차이를 설명하는 수행평가(2019. 11. 04.)에서 '기초적인 러시아어 지식을 바탕으로 주요 정보를 습득하여 의사소통에 활용할 수 있는 능력'을 보여 줌. 과거와 현재 수도의 기능을 번갈아 담당했을 만큼 러시아를 대표하는 두 도시의 역사, 지리적 특징, 문화유적지의 비교가 정교했음.

아랍어 I

ⓐ 주변인물이나 사물에 대해 문장으로 묘사하여 말할 수 있음. ⓑ 자신의 학교에 대한 글을 간단한 문장으로 작성한 뒤 이를 암기하여 발표하는 수행평가(2019.09.09.)에서 '주변사물에 대해 간단한 표현을 사용하여 묘사할 수 있는 능력'을 보여 줌. 자신이 다니는 학교의 상태에 대한 소개 글을 문법적인 오류 없이 올바르게 문장으로 작성한 뒤, 준비한 자료를 보지 않고 유창하게 발표하는 모습이 돋보임.

ⓐ 아랍의 의복문화에 관한 글을 읽고 주요내용을 파악하여 내용을 정리하고 발표할 수 있음. ⓑ 아랍의 의복문화를 조사 발표하는 모둠별 수행평가(2019.11.04.)에서 '정보습득과 아랍문화이해 및 발표능력'이 뛰어남. 피피티 자료를 활용하여 아랍인의 의복문화를 남성의상, 여성의상, 기타로 정리한 뒤, 상호 문화적인 관점으로 우리의 의복문화와 비교하는 모습이 돋보였음.

베트남어 I

ⓐ 개인정보, 시간표현, 가족, 묘사, 날씨와 계절 등의 기초적인 의사소통표현을 상황에 맞게 문장수준으로 말할 수 있음. ⓑ 자기 자신에 대해 소개하는 글을 쓴 뒤, 이를 암기하여 발표하는 수행평가(2019.09.09.)에서 '기초적인 베트남어 표현을 이해하고 베트남 사람들과 소통할 수 있는 능력'을 보여 줌. 자신에 대한 소개의 글을 어법적인 오류 없이 올바르게 작성하여, 준비한 개인자료를 보지 않고 머뭇거림 없이 유창하게 발표함.

ⓐ 베트남문화에 대한 구체적이고 종합적인 자료를 활용하여 모둠활동에 주도적으로 참여할 수 있음. ⓑ 베트남의 수도 하노이를 소개하는 홍보 팸플릿을 제작하여 발표하는 모둠별 수행평가(2019.11.11.)에서 '지식정보처리능력'을 보여 줌. PPT를 활용하여 '하노이 구시가지'와 '호찌민 묘소', '문묘-국자감'을 설명함. 배려와 소통의 자세를 가지고 모둠활동에 적극적으로 참여하는 자세가 돋보여 상호평가에서 최우수 등급을 받음.

한문과

한문 Ⅰ

ⓐ 한자로 이루어진 성어의 의미를 한자의 뜻 및 유래를 살펴 이해하고 맥락에 맞게 활용할 수 있음. ⓑ 한자성어를 찾아 이를 우리 속담과 연결하는 보고서를 발표하는 수행평가(2019.04.08.)에서 한자성어에 담긴 조상들의 사상과 감정을 정확하게 이해하고 발표함. 가빈사양처, 궁여지책, 삼순구식 등 가난과 관련된 사자성어를 '가난 구제는 나라도 못 한다.', '가난한 집 신주 굶듯 한다.', '서 발 막대 거칠 것이 없다.', '책력 보아 가며 밥 먹는다' 등의 우리 속담으로 설명하여 친구들의 박수를 받음.

ⓐ 한시의 형식과 그 특징 및 시상의 전개방식을 통해 한시의 내용을 바르게 이해하고 감상할 수 있음. ⓑ '한시 감상, 이렇게 하면 된다'는 모둠별 발표수업(1019.06.07.)에서 절구와 율시, 배율을 중심으로 그 특징을 설명한 뒤, 최치원의 '추야우중'과 정지상의 '대동강'을 통해 시상의 전개방식을 설명함. 특히, 4단계식 기승전결법, 선경후정법, 압운법, 대구법 등을 설명하여 한시의 내용을 바르게 이해하는 데 도움을 줌.

한문 Ⅱ

ⓐ 글의 구조와 분위기에 어울리게 글을 풀이할 수 있음. ⓑ 정지상의 한시 '송인'을 해석하는 발표수업(2019.04.08.)에서 '7언 절구'라는 글의 구조와 '임과의 이별'이라는 제재가 어우러져 '이별의 정한'이라는 애상적 분위기가 어떻게 형상화되고 있는지를 명쾌하게 설명함. 특히, 이별의 눈물을 대동강 물과 동일시하면서 슬픔의 깊이를 확대한 '별루년년첨록파(別淚年年添綠波)'라는 마지막 구절을 역대 평자들이 최고의 절창으로 꼽은 까닭을 설명하는 부분이 인상적이있음.

ⓐ 한문 산문의 다양한 문체와 서술 방식을 통해 글의 내용을 바르게 이해하고 감상할 수 있음. ⓑ 이규보의 '경설'을 해석하는 모둠별 수행평가(2019.07.08.)에서 한문 산문의 문체의 하나인 논변류에 포함되는 '논'과 '설'을 비교하면서 작품에 접근하는 방법이 매우 신선했음. '설'은 '논'보다 문체가 유연하고 사실적이며, '논'에 비해 '설'은 우의적이며 만연적 표현을 많이 씀을 구체적인 한문구절을 통해 정확하게 설명함.

교양 교과

철학

ⓐ '고등학생이면서 청소년인 나'의 일상적 삶과 공부의 특징에 대하여 구체적인 예를 들어 설명할 수 있음. ⓑ '나는 누구인가?'에 대한 포트폴리오를 완성하여 발표하는 수행평가(2 019. 03. 18.)에서 주어진 템플릿을 이용하여 자신의 특징을 구체적인 예를 들어 발표함. "진 짜 나는 고등학생도 청소년도 아닌 그냥 '나'입니다."라고 말하며 자신이 하는 공부가 진짜공 부가 아닐 수 있다며, 진짜공부란 무엇인가라는 철학적 질문을 던지는 모습에서 사유의 깊이 가 느껴졌음.

ⓐ 사회적 효용성이나 문화적 차이로 발생하는 인간가치훼손의 구체적 사례를 분석하고, 인간 존엄성을 근거로 다양하게 논증할 수 있음. ⓑ EBS의 대표적인 어린이만화 '뽀로로'를 분석하 여 발표하는 모둠별 수업(2019. 05. 07.)에서 비판적 사고역량과 논변역량을 보여 줌. 어린이 만화의 소개와 등장인물 분석을 바탕으로 남녀 차별적 요소를 찾아내고, '차이'는 존중해야 하 지만 존엄성을 침해하는 '차별'은 철폐해야 한다는 논지를 설득력 있게 전개함.

논리학

ⓐ 일상생활에서 겉보기에 옳은 것처럼 보이지만 실제로는 옳지 않은 논증이 오류임을 알고 이 를 논박하는 논증을 구성할 수 있음. ⓑ '형식오류'와 '비형식오류' 논증을 만들어 발표하는 모 둠별 수업(2019. 05. 07.)에서 논리적이고 합리적인 의사소통능력을 보여 줌. 모둠원들이 사전 에 출제해 온 문제를 검토하여 형식오류 2문제, 비형식오류 10문제를 확정하고서, 그것이 왜 오류인지 그 이유를 정리한 뒤, 대화하는 형식으로 발표함.

ⓐ 토론과 논쟁에서 주장과 근거가 무엇인지 찾아 논증형식으로 재구성할 수 있음. ⓑ 동영상 (대법원 의료법위반사건판결 선고과정 녹화영상)을 시청하고 선고문의 구조도를 작성한 뒤, 선고문의 내용을 논증형식으로 재구성하여 발표하는 모둠별 수업(2019. 07. 08.)에서 모둠장 으로서 뛰어난 의사소통능력과 논증구성능력을 보여 줌. 선고문의 주장과 근거가 무엇인지 파 악하고 이를 토대로 논증형식을 재구성하여 상호평가에서 최우수 등급을 받음.

심리학

ⓐ 자아정체감의 발달이론에 근거하여 자신의 발달수준을 분석하고 설명할 수 있음. ⓑ 자아정체감의 차원에서 바람직한 성정체감을 형성하고 실천하고 있는지를 묻는 모둠별 수행평가(2019. 04. 08.)에서 모둠원과의 원활한 의사소통능력을 보여 줌. '누나'는 드라마를 보고 싶고, '남동생'은 격투기중계를 보고 싶어하는 상황을 생물학적 차원과 심리학적 차원에서 설명하고, 성차보다는 개인차의 시각에서 남녀의 차이를 이해하는 것이 타당하다고 발표함.

ⓐ 첨단미디어 환경과의 상호작용과정에서 경험한 긍정적, 부정적인 행동을 비교 설명할 수 있음. ⓑ 인터넷, 스마트폰, SNS 등 첨단미디어 및 활용의 영향을 조사하여 보고서를 작성하여 발표하는 모둠별 수업(2019. 07. 08.)에서 프로젝트 기획 및 보고서 작성, 발표 등의 수업활동에 주도적으로 참여함. 조사내용, 방법, 분석결과 등 과제의 요구조건을 모두 갖추었고, 보고서의 구조와 체계, 충실도가 뛰어나 상호평가에서 최우수 등급을 받음.

교육학

ⓐ 학습이 어떻게 이루어지는지에 대하여 행동주의와 구성주의를 비교하여 설명할 수 있음. ⓑ 두 교사의 대화를 듣고, 각 교사가 강조하는 수업방법을 학습이론의 원리에 근거하여 설명하는 발표수업(2019. 04. 08.)에서 교육학적 지식을 활용하여 문제를 합리적으로 해결하는 역량을 보여 줌. 4차 산업시대에는 기계적으로 반복 학습하는 것보다는 스스로 지식을 만들어 가는 능력이 필요하다며 구성주의적 입장을 지지하는 견해를 발표함.

ⓐ 미래교육의 방향에 따른 학교교육의 역할과 책임에 대해 논리적인 주장을 제시할 수 있음. ⓑ '인터넷 강의가 학교교육에 미친 영향'을 조사하여 발표하는 모둠별 수행평가(2019. 07. 08.)에서 교육문제에 대한 비판적 사유능력을 보여 줌. 인터넷 강의가 학교교육과 미래교육에 끼친 영향은 물론 미래교육의 방향, 느낀 점 등 모든 요구사항을 정교하게 담고 있음. 보고서를 발표하는 과정에서도 PPT를 활용하여 뛰어난 의사전달능력을 보여 줌.

종교학

ⓐ 종교의 자유를 학습자, 교사, 종립학교의 상황에 적용해서 서술할 수 있음. ⓑ '학습자−교사-종립학교' 사이에 벌어지는 상황을 역할극으로 보여 준 뒤, 종교의 자유권 보장에 대해 발표하는 모둠별 수행평가(2019. 05. 07.)에서 비판적 성찰능력을 보여 줌. 한국의 정교분리제도를 무비판적으로 수용하지 않고, 종교의 자유권 보장을 위해 정치와 종교 사이에 관계 설정이 변화되어야 한다는 논리적인 주장을 펼침.

ⓐ 여러 종교통념을 성찰해 자유의 위축이라는 관점에서 설명할 수 있음. ⓑ 다른 모둠이 보인 종교통념을 비판적으로 서술하는 모둠별 수업(2019. 07. 08.)에서 다양한 종교현상에 관해 다각도로 질문하고 다층적으로 사유하는 역량을 보여 줌. 어떤 단체를 '종교단체와 유사종교단체와 종교가 아닌 단체'로 구분하는 통념은 일제강점기에 시작된 것이라며, 이는 종교의 자유를 누릴 수 있는 기회를 위축시킬 수 있음을 조리 있게 설명함.

논술

ⓐ 텍스트의 핵심내용을 단순 요약하는 방법을 이해하고 이를 활용하여 단순 요약을 자신의 표현으로 바꿀 수 있음. ⓑ 요약문을 작성하여 제출하는 논술형 수행평가(2019. 04. 08.)에서 '정보처리역량'을 보여 줌. '선택', '삭제', '일반화', '재구성' 같은 요약기법을 활용하여 반드시 알려 주어야 하는 정보와 생략해도 되는 정보를 구별하고, 각 문단의 내용을 요약한 후 전체 글의 요약문을 작성하여 상호평가에서 최우수 등급을 받음.

ⓐ 논증적 글에서 현안, 주장, 근거를 찾아 정확하게 기술할 수 있음. ⓑ 논증적인 글에서 구성요소를 찾는 방법을 설명하는 발표수업(2019. 04. 08.)에서 '비판적 사고역량'을 보여 줌. '논리와 비판적 사고'(김광수)에서 인용한 자료를 바탕으로 '불고기에서 머리카락이 나온 것은 누구의 잘못인가? '라는 현안을 설정한 뒤, 요리 책임자의 입장에서 주장과 근거를 논리적으로 발표함.

기타 교과

환경

ⓐ 환경윤리가 인간중심윤리에서 생명윤리 및 생태윤리로 확대되는 과정을 파악하고, 환경 윤리적 갈등상황에서 자신의 의견을 제시할 수 있음. ⓑ 환경윤리에 대한 자신의 의견을 발표하는 수행평가(2019. 04. 08.)에서 생태위기의 치유는 과학이 아니라 윤리의 문제라고 주장함. 경제위기가 대두되면 다시 개발가치가 힘을 얻게 되는 현실을 직시하고, 기술낙관론에서 벗어나 인간-자연 관계를 근본적으로 재정립하는 윤리 확장적 접근의 필요성을 역설함.

ⓐ 지속가능발전의 다중적인 의미를 파악하고, 우리 지역에 적합한 지속가능한 사회체계를 제시할 수 있음. ⓑ '우리 도시의 지속가능성' 수준에 대한 모둠별 수행평가(2019. 06. 07.)에서 대안제시능력을 보여 줌. '제주관광의 지속가능성과 대안적 모델로서 지오투어리즘'(김범훈)을 바탕으로 기존의 대중관광중심의 관광개발에 대한 부정적 담론을 극복하는 대안으로 제주형 지오투어리즘을 설득력 있게 제시함.

보건

ⓐ 상황별 사례와 연계하여 생활 속 응급처치의 원리와 방법을 이해하고, 상황별 응급처치방법을 순서에 따라 시연할 수 있음. ⓑ 응급상황을 가정하고 응급처치의 원리에 따라 응급처치할 수 있는가를 시연하는 수행평가(2019. 04. 08.)에서 위험인식능력과 건강의사결정 능력을 보여 줌. 등산 중 낙상사고자에 대한 상황별 응급처치방법을 설명하며 정확하게 시연하는 모습이 돋보임.

ⓐ 약물오남용이 건강에 미치는 영향을 탐색하고, 의약품의 안전한 사용법을 실생활과 연계하여 제시할 수 있음. ⓑ 약물오남용의 상황에 대한 개인적 답변을 듣는 수행평가(2019. 06. 07.)에서 일상 속에서 건강과 안전을 위협하는 위험요인을 인지하고, 이에 대응하는 능력을 보여 줌. 소화제를 오렌지주스와 함께 복용하는 상황과, 남은 소화제를 옮겨 보관하는 상황이 각각 어떤 문제를 안고 있는지를 묻는 질문에 정확하게 답변하여 교사의 칭찬을 받음.

진로와 직업

ⓐ 자신의 특성을 종합적으로 이해하고, 자신의 특성을 바탕으로 자기 자신에 대해 객관적이고 긍정적인 태도와 인식을 표현할 수 있음. ⓑ '나를 상징해 보기' 시간(2019. 09. 09.)을 가졌는데 자신을 정 많은 초코파이로 표현하며 '정'이란 '일보다 사람을 중요하게 여기는 마음가짐'이라고 설명함. 아울러, '나를 채용하기' 시간(2019. 10. 07.)에는 자신을 채용하는 이유로 '첫째, 세상을 긍정적으로 바라보는 눈. 둘째, 남과 협력할 수 있는 손. 셋째, 넘어져도 다시 일어설 수 있는 발'을 가지고 있다는 점을 들어서 친구들의 박수를 받음.

ⓐ 자신이 관심을 가지고 있는 분야에서 갖추어야 할 직업윤리와 중요성을 이해하고 자신이 갖추어야 할 직업윤리를 제시할 수 있음. ⓑ '20년 후의 나에게 편지 쓰기' 시간(2019. 11. 04.)에는 방송 PD가 되어 통일된 남북의 젊은이들이 함께 나오는 예능 프로그램을 기획하고 있을 자신에게 편지를 썼는데, 공정한 방송인으로서의 꿈과 함께 우리 사회의 미래상이 그려져 있어 감동적이었음.

03-2

개인별 세부능력 및 특기사항

❶ 개인별 세부능력 및 특기사항 관련규정 파헤치기

개인별 세부능력 및 특기사항에는 무엇을 입력할 수 있나요?

과목별 세부능력 및 특기사항이 '교과'라는 틀로 바라본 학생의 학업 성장과정을 과목별 담당교사가 기술해 주는 영역이라면, 개인별 세부능력 및 특기사항은 과목별 세특에 기재할 수 없는 교과학습의 성장 정도를 기재해 주는 영역이에요. 곧, 개인별 세특은 '특정교과'로 지정할 수 없거나 '통합교과'라는 큰 틀로 이루어진 학생의 학업성장과정을 학급담임교사가 적어 주는 영역이에요.

2020학년도 『학교생활기록부 기재요령』에는 '개인별 세부능력 및 특기사항'에 입력할 수 있는 일곱 가지 사항을 제시하고 있어요. 적을 수 있는 것이 제한적인 게 아쉽지만, 개인별 세특에 기재할 수 있는 것을 명시한 것은 잘한 일이지요.

개인별 세부능력 및 특기사항에는 기재할 수 있는 일곱 가지 사항은 뭐예요?

외국에 있는 한국학교에서 전입하였으나 성적산출방식이 다른 경우, 교과과정을 이수하였으나 당해학기에 관련과목이 개설되지 않은 경우, 그리고 수업량 유연화에 따른 학교 자율적 교육활동을 실시하였으나 특정과목으로 한정하기 어려운 경우 등이 개인별 세특에 기재할 수 있어요.

그런데 일곱 가지 항목 중에 우리 눈을 확 사로잡는 게 하나 있어요. '수업량 유연화에 따른 학교 자율적 교육활동'이 그것이지요. 개인별 세특에 '세부능력과 특기사항'을 쓸 수 있는 유일한 항목이거든요.

항목	내용
한국학교	한국학교의 성적산출방식이 국내학교와 다른 경우
전입생 미이수 보충학습과정	전·입학, 귀국 등에 따라 중학교의 특정 교과목 또는 고등학교의 공통과목(2015개정교육과정에 한함)을 이수하지 못하여 온·오프라인의 방법으로 '보충학습과정'을 실시했는데 당해학기에 관련과목이 개설되지 않은 경우
방과후학교	당해학기에 관련과목이 개설되지 않은 경우 (2019학년도 1학년부터 학생부 기재 금지)
영재교육	당해학기에 관련과목이 개설되지 않은 경우 (2021학년도 1학년부터 대입에는 미반영)
발명교육	당해학기에 기술·가정, 과학 교과 모두 개설되지 않은 경우 (2021학년도 1학년부터 대입에는 미반영)
온라인 수업	교육감이 지정한 교육기관의 정보통신매체를 활용한 온라인 수업을 수강하였으나, 당해학기에 관련과목이 개설되지 않은 경우
수업량 유연화에 따른 학교 자율적 교육활동	특정과목의 세부능력 및 특기사항으로 한정하기 어려운 경우

한국학교의 성적산출방식이 국내학교와 다르면 개인별 세특에 적을 수 있네요?

그래요. 한국학교Korean school는 대한민국 국적을 가진 해외동포의 자녀들을 대상으로, 한국어를 국어로 가르치는 학교예요. 법적으로 '한국학교'는 "재외국민에게 초중등교육법의 규정에 따른 학교교육을 실시하기 위하여 교육부장관의 승인을 얻어 외국에 설립된 교육기관"「재외국민의 교육지원 등에 관한 법률」제2조 제3호으로 규정되어 있지요.

한국학교 학생이 국내학교로 전입하였는데 성적산출 방식이 서로 다르면, 개인별 세특에 해당 교과목의 '성적'을 입력할 수 있어요. 가령 어떤 국내학교의 성적산출방식이 '지필평가 60%, 수행평가 40%'를 합산하는 방식인데, 재외 한국학교의 성적산출방식이 '지필평가 30%, 에세이 30%, 발표 30%, 추가활동 10%'를 합산하는 방식이라면, 개인별 세특에 해당 교과목의 '성적'을 간략하게 입력해 주는 거지요. 이렇게 하여 한국학교에서 취득한 학업성적은 전입학교 학업성적관리위원회의 결정에 따라 국내 해당학년 해당교과 학업성적으로 반영·처리할 수 있게 되지요.

전입생 미이수 보충학습과정도 개인별 세특에 적을 수 있네요?

그래요. 전학이나 입학, 귀국 등에 따라 고등학교의 공통과목(2015개정교육과정에 한함)을 이수하지 못하여, 온·오프라인의 방법으로 '보충학습과정'을 실시했는데, 당해학기에 관련과목이 개설되지 않았으면 개인별 세특에 적어 주지요.

다시 말해, '국어, 영어, 수학, 한국사, 통합사회, 통합과학, 과학탐구실험' 등의 공통과목을 이수하지 못하면 학교 졸업이 안 되므로, 온라인이나 오프라인의 방법으로 보충학습과정을 제공하고, 이를 이수하면 개인별 세특에 '이수사실'을 간략하게 적어 주는 거예요.

방과후학교활동은 학교생활기록부의 어떤 항목에도 기재할 수 없다던데요?

그래요. 2019학년도 1학년부터 정규교육과정이 아닌 방과후학교활동은 학생부 기재 자체를 금지해 왔지요. 그런데 방과후학교활동이라도 산업수요맞춤형고등학교에서는 개인별 세특에 기록해 줄 수 있어요.

산업수요맞춤형고등학교는 특수목적고등학교의 한 종류로, 흔히들 마이스터고등학교

Meister School라고 불러요. 전문적인 직업교육의 발전을 위하여 산업계의 수요에 직접 연계된 맞춤형 교육과정의 운영을 목적으로 하는 고등학교이지요.

'학점제를 적용받는 산업수요맞춤형고등학교'에 편성된 전문교과Ⅱ 실무과목에서 최소 성취수준에 미도달하여 '보충학습 과정'을 이수하면, "(학기명) 과목명: 보충학습 과정에 참여하여 ○○시간(2020.○○.○○.-2020.○○.○○.) 이수함."의 형태로 '이수사실'을 간략하게 적어 주지요.

영재교육 이수내용을 개인별 세특에 입력해 줄 수 있네요?

그럼요. 영재교육기관에서 받은 영재교육 이수내용은 관련과목의 과목별 세특에 입력하지요. 그런데 당해학기에 관련과목이 개설되지 않았으면 개인별 세특에 입력해 주어야 해요. "영재교육원에서 1학년 과정 정보영역(120시간) 110시간을 이수함.", "영재학급에서 1학년 과정 정보영역(120시간) 120시간을 이수함." 등과 같이 영재교육의 '이수사실'만을 간단히 적어 주지요.

한편, 2021학년도 1학년부터는, 영재교육 실적을 학교생활기록부에 기재할 수는 있으나 대입에는 미반영하기로 하였어요.

발명교육 이수내용을 개인별 세특에 입력해 줄 수 있네요?

그럼요. 발명교육센터에서 받은 발명교육의 이수내용은 관련교과(기술·가정 또는 과학)의 과목별 세특에 입력하지요. 그런데 당해학기에 관련과목이 개설되지 않았으면, 개인별 세특에 그 '이수사실'만을 간단히 입력해 주어요. "발명교육센터에서 실시한 '발명·특허 기초(또는 고급)과정(20시간)'을 수료함."으로 적어 주면 돼요.

한편, 2021학년도 1학년부터는, 발명교육 실적을 학교생활기록부에 기재할 수는 있으나 대입에는 미반영하기로 하였어요.

온라인 수업도 개인별 세특에 입력할 수 있네요?

그럼요. 교육감이 지정한 교육기관의 정보통신매체를 활용한 온라인 수업을 수강하였으나, 당해학기에 관련과목이 개설되지 않았으면, 성적의 일부 또는 전부가 산출되지 않은 과목에 한하여 개인별 세특에 '이수사실'만을 간략하게 입력해 줄 수 있어요.

수업량 유연화에 따른 학교 자율적 교육활동이라는 말부터 좀 낯선데요?

그럴 거예요. 수업량 유연화란 용어 자체가 2020학년도부터 새로 도입된 개념이니까요.

수업량 유연화에 따른 학교 자율적 교육활동은 세부능력 및 특기사항에 입력할 수 있어요. 「초·중등교육과정 총론교육부고시 제2019-211호」과 「고교서열화 해소 및 일반고 교육역량 강화방안」교육부 학교혁신정책과-6170, 2019.11.25.에 따르면, '수업량 유연화에 따른 학교 자율적 교육활동'의 관련내용은 해당과목의 '과목별 세부능력 및 특기사항'이나 '개인별 세부능력 및 특기사항에 입력해 줄 수 있지요.

학교 자율적 교육활동이 교과와 연계되어 있으면 해당과목의 과목별 세특에 입력하고, 학교 자율적 교육활동이 특정과목으로 한정하기 어려우면 개인별 세특에 입력해 주어요. 이때 입력 여부는 교육적 유의미성 등을 고려하여 학교에서 판단하되, 과목별 세특과 개인별 세특 등에 중복하여 기재하지 않도록 유의해야 하지요.

수업량 유연화에 따른 학교 자율적 교육활동에 대해 알기 쉽게 설명해 주세요.

먼저 '단위 수업량 유연화'부터 설명할게요. 2019년 정부는 「초·중등교육과정 총론교육부고시 제2019-211호」을 일부 개정하면서, '1단위'에 대하여 '수업량 유연화'를 적용할 수 있게 하였어요.

고등학교에서는 1시간에 50분 수업을 하는데, 50분 수업 17회를 이수하는 수업량을 '1단위'라고 해요. 2019학년도까지는 "1단위는 50분을 기준으로 하여 17회를 이수하는 수업량이다."라고 규정하였어요. 그런데 2020학년도부터는 "1단위는 50분을 기준으로 하여 17회를 이수하는 수업량이다. 그중 1회는 학교가 자율적으로 운영할 수 있다."라고 개정한 거예요. 학교는 기존과 같이 1단위에 대해 '17회 수업'을 유지할 수도 있고, '16회(수업)+1회(재량운영)'로 운영할 수도 있게 되었지요.

'수업량 유연화'란 기존 17회 수업량으로 규정되어 있는 1단위 수업량에 '16+1'의 개념을 담아내어 17회 중 1회는 학교 재량으로 자율운영할 수 있는 방향으로 유연성을 부여한 거예요. 한 학기에 교과를 30단위를 운영한다면 학교는 최대 30시간의 재량시수를 확보할 수 있게 되어, 단위학교별 학사운영의 다양성이 커진 셈이지요.

17회 중 1회는 학교 재량으로 자율운영한다고요?

2015개정교육과정 체제에서 '16+1'로 운영할 수 있다는 지침만 제시하면, 단위학교마다 해석과 운영이 서로 달라서 학교별 편차가 크게 발생할 수 있어요. 그래서 교육부는, 1단위당 16회는 교과목 수업으로 운영하고, 1회는 시수 전체를 통합하여 하나의 프로그램을 개발하여 운영하도록 권고하였지요. 그 프로그램으로 '보충수업형, 학습몰입형, 동아리형, 진로집중형, 프로젝트형' 등을 예로 들면서요.

- **보충수업형** : 학습결손, 학습수준미흡 학생 대상 보충수업 운영

- **학습몰입형** : 교과별 심화이론, 과제탐구 등 심층적 학습시간 운영

- **동아리형** : 토론 및 학습동아리 운영, 교과에 관한 자기주도적 학습시간 운영

- **진로집중형** : 고등학교 1학년 대상 진로집중학기제 운영 보조, 진로설계·체험

- **프로젝트형** : 직업체험프로젝트 등 운영, 교과융합학습을 위한 PBL 수업

프로그램을 살펴보니 교과학습과 관련된 활동이 많은데요?

그래요. '보충수업형', '학습몰입형', '동아리형'은 주로 교과학습과 관련된 활동이에요. 〈보충수업형 교육활동〉은 학습결손이나 학습수준미흡 학생 등 최소 성취수준 미도달 학생을 중심으로 보충수업을 하는 활동이고, 〈학습몰입형 교육활동〉은 교과별 심화이론, 과제탐구 등 성적우수자 중심의 심층적 학습시간 위주의 활동이며, 〈동아리형 교육활동〉은 토론 및 학습동아리 운영이나 교과에 관한 자기주도적 학습시간을 운영하는 등 학생중심의 자율성이 더욱 강조된 활동이지요.

이에 비해 '진로집중형'과 '프로젝트형'은 특정교과와 관련이 없이 이루어지는 활동이에요. 〈진로집중형 교육활동〉은 고등학교 1학년을 대상으로 하는 진로집중학기제 운영보조 활동과 함께 진로설계와 진로체험 활동 등으로 운영하고, 〈프로젝트형 교육활동〉은 직업체험프로젝트와 함께 교과융합학습을 위한 PBLProject based learning, 프로젝트 수업을 할 수 있는 활동을 가리키는데, 이들 활동은 특정교과로 한정하기 어렵기 때문에 개인별 세특에 기록해 줄 수 있지요.

'수업량 유연화에 따른 자율적 교육활동'은 '학교'가 운영의 주체이지요?

그래요. 개인별 세특에 대한 기재항목이 제한되면서, 수업량 유연화에 따른 학교 자율적 교육활동이 차지하는 비중은 어느 때보다 커졌어요. 따라서 '학교'는 '학교 자율적 교육활동'을 면밀하게 계획하여 학생들이 자기주도적으로 참여할 수 있도록 주체적으로 나서야 해요.

과목별 세특이나 개인별 세특의 기록은 둘 다 정규교육과정인 '교실수업 안의 교육활동'을 바탕으로 이루어지지만, 개인별 세특은 과목별 세특과 달리 과목을 특정할 수 없는 경우로 한정되기 때문에, '학교'는 다양한 경우의 수를 염두에 두고 학생중심의 자율적 교육활동이 입체적으로 진행되도록 계획할 필요가 있지요.

세부능력 및 특기사항

과목별 세부능력 및 특기사항

교실수업 내
과목별 교과학습활동

과목담당교사

학업의
성장과정
기록

개인별 세부능력 및 특기사항

교실수업 내
개인별 교과학습활동

학급 담임교사

'수업량 유연화에 따른 학교 자율적 교육활동'은 친구들끼리 모여서 하는 '학생개인학습'과 학교가 큰 틀을 제시해 주는 '학교단체학습'으로 나누어 접근할 수 있어요. '학생개인학습'을 통하여 뛰어난 학업역량을 보여 주었다거나, '학교단체학습'을 통하여 범교과적이고 융합적인 역량을 보여 주었다면, 이러한 교육활동은 학급담임교사가 관찰하여 개인별 세특에 기재해 주면 돼요.

❷ 개인별 세부능력 및 특기사항 학교생활 디자인하기

학교 자율적 교육활동은 어디에 초점을 맞추어 운영하는 게 좋을까요?

학교에서 과목별 세특이 중요하다는 사실은 크게 강조하고 있는데, 개인별 세특은 그 중요성만큼 크게 강조하고 있는 것 같지 않아요. 하지만 개인별 세특은 대학에서 전공적합성을 판단하는 데 중요한 전형자료로 활용되느니만큼, '전공관련 탐구학습'을 장려하는 방향으로 초점을 맞추어 주도면밀한 지도가 이루어지면 좋겠어요.

먼저 학교에서는 진로교육 집중학기제와 함께 '진로설계, 진로체험' 활동을 연계하여 운영하면서, '전공관련 탐구학습'이 내실 있게 진행되도록 해야 해요. 아울러 '직업체험 프로젝트'나 '교과융합학습을 위한 프로젝트수업' 등 다각적인 활동으로 학생들의 체험공간을 확대해, 개인별 세특에서 눈부신 경험의 성장을 보여 줄 수 있도록 해야 하지요.

진로집중학기제는 자유학기제와 어떻게 달라요?

'자유학기제'란 중학교 교육과정 중 한 학기를 학생들이 시험부담에서 벗어나 꿈과 끼를 찾을 수 있도록 학생참여중심의 수업을 진행하고, 진로탐색활동과 같은 체험활동이 가능하도록 교육과정을 유연하게 운영하는 제도예요. 이에 비해 '진로교육 집중학기제'는 초·중·고생을 대상으로 자율적으로 한 학기 혹은 1년간 진로에 대한 소개와 학생들의 소질과 적성을 키울 수 있도록 하는 제도이지요.

… 학교에서는 단위 수업량 유연화를 어떻게 운영해야 하나요?

그럼요. 한 학기가 보통 17주인데, '수업량 유연화'를 도입하면, 17주 중 1주는 학교가 자율적 교육활동으로 운영할 수 있어요. 그런데 자율적 교육활동을 '1주'에 집중하여 배치하면, 활동다운 활동을 하기 어려워요. 따라서 매달 하루씩 나누어 운영하는 것이 좋아요.

그러니까 '3월-월, 4월-화, 5월-수, 6월-목, 7월-금' 식으로 한 달에 한 번씩 학교는 학생 참여 중심의 자율적 교육활동의 장을 마련해 주는 거예요. 물론 2학기에도 '8월-월, 9월-화, 10월-수, 11월-목, 12월-금' 식으로 활동공간을 만들어 주어야겠지요.

이렇게 한 뒤, 학년단위나 학급단위의 '학생중심의 자율적 교육활동'의 길을 학생들에게 안내해 주면 그 결과물은 의외로 풍성해요. 인문, 사회, 자연, 공학, 의학 등 진로분야별 자율적 교육활동의 방향을 알려만 주면, 아이들은 스스로 경제교실, 정치교실, 법학교실, 언론교실, 문학교실, 철학교실, 역사교실, 심리교실, 공학교실, 건축교실, 수학교실, 과학교실, 환경교실, 농업교실, 의학교실, 수의교실, 간호교실, 교대교실, 사범교실 등을 친구들과 함께 만들어, 그 내용을 알차게 채워 가니까요.

자율적 교육활동은 전공관련 학습으로 진행하는 게 좋은가요?

그럼요. 수업량 유연화에 따른 자율적 교육활동은 교실수업 안에서 이루어지는 학습을 넘어서서, 친구들과 함께 교실 밖으로 스스로 확장해 나가는 활동이에요. 교실 밖으로 나가서 만나고 싶은 사람은 당연히 '미래의 나'가 되겠지요.

예를 들어, 자신은 대학에서 인공지능을 전공하고 싶은데, 막상 학교교육과정에는 '인공지능' 과목이 개설되지 않았다면 어떻게 해야지요? 그래요. 친구들과 함께 인공지능을 공부하고 직접 도전해 보며, 다양한 학습결과물과 자기체험을 학교홈페이지나 교지 등에 있는 그대로 실으면 되는 거예요. 그러면 이들 활동은 매우 훌륭한 개인별 세특의 대상이 될 수 있지요. 물론 이때 중요한 것은, 교과담당교사의 지도와 자문을 상시적으로 받아야 하고, 학습활동의 결과물을 학급담임교사가 관찰할 수 있도록 해야 한다는 점이지요.

학교 자율적 교육활동을 알차게 채우는 데에는 '앞으로 같은 직업을 갖고자 하는 친구들'

과 지혜를 모으는 것처럼 좋은 게 없어요. 고등학교 친구들이 오래가는 것은 '같은 일'을 하는 평생 친구들이기 때문이에요. 그러니 일생을 함께할 수 있는 친구와 함께 '전공관련 심화학습'을 하면서 의미 있는 교과학습활동을 자율적으로 확장해 가는 것은 매우 의미 있는 일이지요. 더욱이, 그렇게 하면 전공과 관련하여 훌륭한 개인별 세특도 완성할 수 있으니까요.

학교가 설계하는 학생중심의 자율적 교육활동, 그 방법을 상세히 설명해 주세요.

'주제-독서-실천-보고의 체계화'라는 말, 기억하시죠? 창의적 체험활동을 설명할 때 말씀드렸지요. 교과학습활동에서 '교육과정-수업-평가-기록의 일체화'가 필요하듯이, 창의적 체험활동도 '주제-독서-실천-보고의 체계화'가 필요하다고요.

그런데 이 '주-독-실-보'가 바로 학교 자율적 교육활동을 멋지게 수행하는 방법이기도 해요. '주-독-실-보'의 각각의 단계에 맞춰 열정적으로 활동하는 것, 이게 개인별 세특을 멋지게 채워 나가는 방법이에요.

학교 자율적 교육활동을 위한 '전문교실' 운영방안

주제설정	독서활동	실천활동	기록을 위한 보고
현장밀착형 주제설정	전공적합성을 위한 독서활동	자기성장을 위한 현장체험활동	학교생활기록부 기록을 위한 영상보고서 제출

먼저, 주제主題! 개인별 세특을 위한 교실에서 가장 중요한 것은 '현장 밀착형 주제'를 발굴하는 거예요. 개인별 세특에는 전공적합성을 보여 주는 내용이 가장 돋보이니까, 전공분야의 주제를 주변에서 찾아내는 거지요.

그리고 나서 할 일이 뭘까요? 그래요. 독서讀書! 개인별 세특은 교실수업의 확장이니까 '교과서' 공부를 하는 게 필요하겠지요. 예컨대 학교에서 '경제학'을 수강할 수 없는데 경제학 분야에 관심이 있다면 교과서를 여러 권 구해 마치 독서하듯이 같이 읽어 나가는 것이 선행되어야 해요. 만약 교과서가 없다면 물론 기본적인 이해를 돕는 개론서를 찾아 읽는 것도 필요하지요. 그러면서 해당분야에 대한 책을 찾아 독서를 가지치기를 하듯 심층적으로 해나가는 거예요.

독서는 너무 수준 높은 책으로 하지 말고, '우리'가 쉽게 접근할 수 있는 책으로 출발하여 조금씩 심화해 나가는 게 좋아요. 교육방송의 영상도 적극적으로 활용하는 게 좋지요. 책이 종이로만 이루어져 있다고 생각할 필요가 없거든요.

프랑스 작가 플로베르 Gustave Flaubert 는 "몸이 음식을 필요로 하듯 정신은 읽기를 필요로 한다. 우리는 우리가 읽는 것으로 된다."라고 했는데, 『읽기의 역사』의 저자 스티븐 로저 피셔 Steven Roger Fischer 는 더욱 분명하게 "우리는 우리가 읽은 것이며, 우리가 읽은 것이 우리다."라고 인간 존재의 핵심을 간파하고 있어요. 책을 읽으면 책이 여러분이 되고 여러분이 책이 되거든요.

그다음, 실천實踐! '책 읽기, 세상읽기'라는 말 들어 보셨어요? 개인별 세특을 위한 교실에서 책을 읽는 목적은 우리가 사는 세상에서 부딪치는 문제에 대하여 예리한 시각을 갖고 나름대로 해결방안을 모색해 나가는 데 있어요.

예컨대, 매사추세츠공과대학MIT, Massachusetts Institute of Technology 젊은 과학자 네 명이 펴낸 『성장의 한계』라는 책을 읽었다 쳐요. 이 책에서는 당시의 추세대로 세계인구가 늘어나고 산업화와 그로 인한 오염, 식량생산, 자원약탈이 계속된다면, "지구는 앞으로 백 년 안에 성장의 한계에 도달할 것"이라며, "그때가 되면 인구와 산업생산력 등 여러 면에서 회복 불가능하게 될 것"이라고 경고하고 있어요. 그러면서 이 책은 예정된 미래가 있는 게 아니라 인간의 선택에 따라 세계가 달라질 수 있음을 강조하고 있지요.

이 책을 읽고 우리는 '세상읽기'를 해야 할까요? 최근에는 "3일은 한가하고 4일은 미세먼지에 휩싸인다"며 '삼한사미'라는 말이 널리 퍼져 있어요. 개인적으로 미세먼지를 막아 주는 마스크 하나 사는 것으로 끝내도 될까요? 아니죠. '내 몸을 보호하고 우리 전체의 생명을 살리기 위해 무엇을 할 것인가' 하는 생각으로 이어져야 하죠. 이렇게 생각하면서 활동하는 게

'세상읽기'의 본령인 '실천'이에요.

이제 마지막으로 보고報告! 자기활동을 남에게 알리는 방법은 여러 가지예요. 말도 되고 글도 되고, 하지만 제일 좋은 게 '영상'이에요. 활동을 그때그때 휴대전화에 담아 놓았다가 영상으로 그대로 보여 주는 것보다 효과만점인 것을 저는 보지 못했어요. 팟캐스트 시대가 가고 유튜브 시대 열리면서 영상의 힘이 얼마나 대단한가는 다들 아실 거예요. 자기의 활동을 영상으로 담아서 유튜브에 올리고, 이를 학교홈페이지에 접속해 놓으면, 이게 보통 위력적이지 않아요.

학교 자율적 교육활동의 실제 사례를 하나 보여 주세요.

그래요. 과목별 세특이 '교과'라는 틀로 바라본 학생의 학업성장과정이라면, 개인별 세특은 '통합교과'라는 큰 틀로 학생의 학업성장과정을 적는 영역이라고 그랬지요? 여기에서는 학생들이 할 수 있는 '융합형 수업' 하나를 소개해 드릴게요.

원래 교과융합수업STEAM Learning이란 과학Science, 기술Technology, 공학Engineering, 예술Arts, 수학Mathematics 중 두 가지 이상의 교과 내용과 과정을 융합하는 수업이에요. 여기에서 학생들이 자발적으로 추진한 수업은 본래적 의미의 '교과융합수업'이 아니라, '문학과 음악, 그리고 기술이 만나는 수업'으로 학생이 시도해 볼 수 있는 정도의 '융합형' 수업이지요.

국어공부를 하나 보면 문학단원에서 빠뜨리지 않고 나오는 게 '표현기법'이에요. 수사법이나 상징, 그리고 이런저런 표현기법이 꽤 많지요. 그런데 이게 의외로 어려워요. 그래서 이를 학생들의 눈높이에 맞는 재미있는 영상자료로 만들어 보급할 수 없을까 생각이 든 거예요. 하지만 교사의 시선으로 접근하면 '그 밥에 그 나물'이 되기 쉬울 것 같아서, 학생들에게 넌지시 제안을 했어요.

표현기법에 대한 기본적인 공부는 이미 했으니, 그것을 더욱 깊이 공부한 다음 '학생들의 언어'로 바꾸는 일을 해 보지 않겠느냐고. 요즘 아이돌 노래도 좋고 흘러간 옛 노래도 좋고, 그

표현기법에 해당하는 가사를 찾아 동영상 자료를 만들어 보자고. 해당가사가 나오는 부분은 노래하면서 진행하면 좋겠지만, 안 되면 능력껏 다른 방법을 찾아보라고 했어요.

그랬더니 학생들이 움직이더라고요. 아이들의 호응은 정말 뜨거웠어요. 그래서 '융합형학생중심수업추진단'이라는 조금은 거창한 이름의 모임을 발족하였고, 예술지원단과 기술지원단이 하부조직으로 꾸려졌으며, 모둠이 스무 개 정도 만들어졌지요. "자유롭되 근본에서 벗어나지 않게." 제가 주문한 것은 딱 거기까지였어요. 어떻게 되었느냐고요? 학생들은 정말 놀라운 성과물을 만들어 냈지요. 우리 학생들은 늘 '상상 그 이상'을 보여 주니까요.

수업량 유연화에 따른 학교 자율적 교육활동이 이렇게 대단한지 몰랐어요.

그래요. 1단위 수업량을 탄력적으로 운영할 수 있도록 제도를 개선한 수업량 유연화는, 준비 여하에 따라 진학지도에 커다란 변수가 될 수 있어요. 학생들의 교과학습활동의 자율역량을 보여 줄 수 있는 개인별 세특은, 교과학습영역에서 학생의 개별적 특성을 나타내 주는 매우 중요한 평가자료가 될 테니까요. 전공적합성을 위한 학생의 자기주도적 태도를 파악하는 데 이보다 좋은 영역은 없거든요. 한마디로, 개인별 세특은 '학종의 블루오션'이라고 할 수 있어요.

그런데도 개인별 세특을 '백지'로 제출하면서 원하는 대학에 합격하기를 바란다면, 이게 말이 되나요? 이제는 생각을 바꾸어야 해요. 학교에서 미처 준비해 주지 않으면, 수많은 '나'가 '나들'로 모여 뭔가를 의논해 내세요. 그러고서 학교에 정중하게 건의하세요. 고맙게도 교육부가 '수업량 유연화에 자율적 교육활동'이라는 공간을 제도적으로 마련해 주었잖아요. 이렇게 학생들이 주체적으로 나서서 학교를 변화시키는 것이 학생부종합전형이 바라는 궁극적인 인간상이에요.

❸ 개인별 세부능력 및 특기사항, 학교생활기록부 디자인하기

개인별 세부능력 및 특기사항은 어떻게 기재하면 되나요?

『학교생활기록부기재요령』교육부 에 따르면 "학교생활기록부는 언제, 어떤 역할로, 어떤 활동을, 어떻게 수행해서, 그 결과가 어떠하였는지를 가급적 구체적으로 입력한다."라고 되어 있는데, 이를 육하원칙에 대비해 보면, 누가(어떤 역할로), 언제(언제), 어디서, 무엇을(어떤 활동을), 어떻게(어떻게 수행해서), 왜(그 결과가 어떠하였는지) 하였는지 기록하는 거예요. 여기에서 가장 중요한 것은 '무엇을-어떻게'이고 그중에서 더욱 중요한 것은 '어떻게'이지요.

이를 간단하게 도식화해 보면 다음과 같아요.

개인별 세부능력 및 특기사항		
어떤 성취수준을 보여 주었는가?		
어떤 활동을 어떻게 수행했는가?	↑ 교재 안	
	↓ 교재 밖	
어떤 세부능력을 보여 주었는가?		

개인별 세부능력 및 특기사항은 학년당 500자이니, 교실수업 안 '학교 자율적 교육활동'에서 '학생의 개별적 성장과 발전'이 한눈에 들어올 수 있도록 잘 적어 주세요.

개인별 세특도 과목별 세특과 비슷한 방법으로 기재해 주나요?

그래요. 개인별 세특도 '틀'을 몇 개 만들어서 (   ) 안을 채우는 방식으로 문제를 해결하고 있어요. 개인별 세특은 그 성격상, 특정과목의 성취수준을 활용하여 '학생의 개별적 특성'을 적을 수 있는 경우도 있고, 적을 수 없는 경우도 있지요. 따라서 상황에 따라 적절하게 기재하면 돼요.

개인별 세부능력 및 특기사항		
어떤 성취수준을 보여 주었는가?		성취수준 '상, 중, 하' 중 하나를 선택하여 적절하게 바꾸어 기재
어떤 활동을 어떻게 수행했는가?	↑ 교재 안	학생들이 자율적으로 진행하는 '○○○○'에 참여하여 '(소단원 기재)'을 제재로 학습함(일시 기재). (학습방식: 학습활동방식의 특이사항 기재)하여, (학습내용 1: 교과서 등 관련 책자 내용을 중심으로 이루어진 구체적 활동을 기재).
	↓ 교재 밖	아울러, (학습내용 2: 독서활동을 넘어서는 활동에 대한 구체적 내용을 기재).
어떤 세부능력을 보여 주었는가?		('학습내용 2'에서 보여 준 세부능력을 '교사의 평가' 형식으로 기재)는 지도교사의 ('칭찬, 평가, 조언' 등의 표현으로 기재)을 들음.

작품의 형식적 요소인 표현기법을 구체적으로 이해하고, 이를 가사에 적용하여 창의적으로 발표할 수 있음. '문학이 음악을 만나다'라는 융합형학생중심수업에 예술지원단으로 참여하여 문학과 음악의 접점을 통해 뛰어난 통섭적 해석능력을 보여 줌. 특히, 김천애의 '봉선화'의 노랫말 "울밑에 선 봉선화야 네 모습이 처량하다"와 김원중의 '바위섬'의 노랫말 "파도가 부서지는 바위섬 어느 밤 폭풍우에 휘말려 모두 사라지고"를 통해 개인적 상징을 설명한 부분이 돋보임. 동영상 강의를 학교홈페이지에 접속해 놓음. "자유롭되 근본에서 벗어나지 않게"라는 지도교사의 주문을 정확하게 이해하고 반영한 영상이었다는 칭찬을 들음.

오, 이제는 학생의 '성취수준의 개별적 특성'이 들어 있네요?

　그러네요. 문학과목에 명시되어 있는 성취수준을 활용하였어요. 학생들이 자율적으로 운영한 교육활동의 결과물인데, 실제수업에 활용할 정도로 좋은 영상이 많았어요. 개인별 세특은 '교사의 문제제기'가 '학생의 활동'으로 이어지는 경우가 많으니, 깊이 한 번 생각해 보세요.

개인별 세부능력 및 특기사항

기재 예시문

정규수업 외 학생주도 학습활동 학생개인학습

개인별 세부능력 및 특기사항		
어떤 성취수준을 보여 주었는가?		자본주의의 일반적 특징 등 자본주의 전반에 관해 이해하고, 이를 바탕으로 우리나라 경제체제의 특징과 문제점을 평가할 수 있음. 공부일촌 '경제학도'를 만들어 경제 교과서를 정독하면서 기본개념을 숙지하고 이를 알림판에 꾸준하게 게시함. 이후 '부자의 경제학 빈민의 경제학'(유시민)을 읽고 우리 사회의 양극화와 소득불평등에 대한 문제의식을 가지게 됨. '장하준의 경제학 강의'(장하준)를 읽고 경제학이 단순히 돈에 대해서만 이야기하는 학문이 아니라는 점을 깨달음.
어떤 활동을 어떻게 수행했는가?	↑	
	↓	풍부한 전공관련 독서를 통해 '인간의 얼굴을 한 자본주의에 대한 단상'이라는 제목의 독후감을 교지에 발표하여 사회교사로부터 "자본주의의 대안을 모색하려는 자세가 매우 진지했다."라는 칭찬을 받음.
어떤 세부능력을 보여 주었는가?		

북한사회의 변화와 오늘날의 실상을 살펴보고, 평화통일을 위해 남북한 사이에서 전개된 화해와 협력의 노력을 탐구함. 급우들과 함께 학습해 나가는 공부일촌 '우리끼리' 촌장으로 활동하며, '10대와 통하는 평화통일 이야기'(정주진), '선생님 통일이 뭐예요?'(정경호), '국호로 보는 분단의 역사'(강응천) 등을 읽고 통일문제를 일상적 관심으로 끌어올리기 위해 애씀. 특히, '동포의 학살을 거부한다'(주철희), '불량 국민들 : 여순사건 왜곡된 19가지 시선'(주철희) 등을 읽고, '우린 너무 몰랐다'라는 영상강의(김용옥)를 들으며, 잃어버린 현대사의 복원이 얼마나 중요한 문제인지를 알게 됨.

이를 바탕으로 학습판 '이슈이슈' 코너에 일주일에 한 번씩 한반도를 둘러싼 남북미 관계를 보여 주는 쟁점뉴스를 정리하였고, 특히 '냉전에서 냉면으로'라는 꼭지에서는 남북분단의 역사를 '역사신문'의 형태로 정리하여 남북화해의 길을 통해 세계평화와 이어지는 남북통일의 꿈을 야무지게 제시하는 모습이 진지해 보임. 표나 그래프, 통계자료를 분석하는 능력이 뛰어나 담임교사의 칭찬을 들음.

정규수업 외 학생주도 학습활동 학교단체학습

개인별 세부능력 및 특기사항		
어떤 성취수준을 보여 주었는가?		학교에서 자율적 교육활동의 일환으로 개설한 '과학철학교실'에 참여하여 과학과 철학, 과학철학에 대해 기본개념을 공부함. 과학철학이 문제로 삼고 있는 '과학적 발견, 귀납법, 실증과 반증, 이론의 수용, 과학적 설명, 과학적 세계관, 과학적 인간관'에 대해 공부하면서 '과학과 철학의 만남'에 경이로워함. 이해하기 힘든 개념 때문에 힘들었지만 과학지문과 철학지문을 독해하는 능력이 크게 신장했다고 기뻐함.
어떤 활동을 어떻게 수행했는가?	↑	
	↓	이 강좌를 계기로 독서시간에 익숙한 분야의 지문이 나오면 자발적으로 친구들의 학습도우미 역할을 하기도 함. 특히 인문분야와 철학분야, 과학분야의 지문에서 매우 강점을 보임. "힘겨운 주제였는데 꾸준하게 참여하여 학습하는 모습이 매우 진지했다. 하지만 아는 것을 친구들과 나누는 모습이 더욱 좋아 보였다."라는 담임교사의 칭찬을 들음.
어떤 세부능력을 보여 주었는가?		

학교에서 운영하는 의공학전문교실에 참여하여, 자신의 진로분야인 의학이 공학과 어떻게 결합하는가에 대해 탐구함. '의료, 미래를 만나다'(김차원), '의료 인공지능'(최윤섭), '인공지능시대의 보건의료와 표준'(안선주) 등을 읽고 21세기 의료 발전과 디지털 헬스케어의 성장으로 인해 우리 사회가 어떻게 발전할 것인가를 주제로 토의함.

아울러 '아두이노 시작하기'(나상법)를 읽고 주기적으로 모여 기초코드와 회로 연결하기, LED 사용하기, 초음파 센서 사용하기 등에 대해 익힘. 이후 물리교사의 도움을 받으며 로봇팔을 만드는 실습을 진행하여 로봇팔이 작동하지 않을 때 원인을 찾기 위해 여러 시행착오를 거쳐 완성하는 끈기를 보여줌.

이러한 활동을 바탕으로 ○○의원을 방문하여 의사와 인터뷰(2019. 08. 31.)를 하며, 의료인으로서 산다는 것의 명암을 듣고, 병원에서 직접 의료기기를 관찰하며, 과거와 현재, 그리고 미래 의료기기의 변화와 발전에 대해 견문을 넓힘. 의료기기의 낙후가 의료서비스 질의 저하로 이어진다는 실상을 접하고 충격을 받음.

04

행동특성 및 종합의견,
어떻게 디자인할 것인가

학년	행동특성 및 종합의견
1	
2	
3	

❶ 행동특성 및 종합의견,
관련규정 파헤치기

행동특성 및 종합의견, 학생부에서 차지하는 위상은 어떠해요?

　학생부를 해당대학 해당학과 해당교수를 설득하는 논술로 본다면, '교과학습발달상황'과 '비교과학습발달상황'이 본론의 1, 2문단에 해당하고, '행동특성 및 종합의견'이 결론에 해당하는 문단이라고 할 수 있어요.

학생부	영역	
본론	교과학습발달상황	과목별 세부능력 및 특기사항
		개인별 세부능력 및 특기사항
	비교과학습발달상황	창의적 체험활동
		(독서활동)
결론	교과 + 비교과	행동특성 및 종합의견

학교생활기록부는 본론에서 이 학생의 교과능력은 이러하고, 비교과능력은 저러하다는 사실을 구체적으로 밝힌 뒤, '행동특성 및 종합의견'에서는 교과학습활동이나 비교과학습활동에서 관찰한 학생의 '행동특성'을 바탕으로 이 두 영역에서의 구체적인 변화와 성장 등을 체계적으로 한데 모은 '종합의견'으로 결론을 맺는 거지요.

'행동특성 및 종합의견'란에는 구체적으로 무엇을 적어야 하나요?

「학교생활기록 작성 및 관리지침」 제16조(행동특성 및 종합의견)에 따르면, "행동특성 및 종합의견은 수시로 관찰하여 누가 기록된 행동특성을 바탕으로 총체적으로 학생을 이해할 수 있는 종합의견을 담임교사가 문장으로 입력한다."라고 되어 있어요. 아울러, '행동특성 및 종합의견'란에는 학교교육활동에서 이루어진 체육 및 예술활동도 입력할 수 있다고도 하고 있고요.

> **규정** 학교생활기록 작성 및 관리지침
>
> 제16조 (행동특성 및 종합의견)
>
> ① 행동특성 및 종합의견은 수시로 관찰하여 누가 기록된 행동특성을 바탕으로 총체적으로 학생을 이해할 수 있는 종합의견을 담임교사가 문장으로 입력한다.

아울러 「학교생활기록 작성 및 관리지침 해설」 제16조(행동특성 및 종합의견)에 따르면 "'행동특성 및 종합의견'란에는 행동발달상황을 포함한 각 항목에 기록된 자료를 종합하여 학생을 총체적으로 이해할 수 있도록 학급담임교사가 문장으로 입력하여 학생에 대한 일종의 추천서 또는 지도자료가 되도록 작성한다."라고 나와 있어요.

그러니까 학교생활기록부의 마지막 영역인 '행동특성 및 종합의견'은 학생을 총체적으로 이해할 수 있도록 돕는 것으로, 해당학과 해당교수에게 제출하는 교사의 추천서라고 할 수 있어요. '어떤 자리나 조건에 적당한 대상을 소개하는 내용의 서류'를 추천서推薦書라고 하지요. 그래서 하는 말인데, '행동특성 및 종합의견'란에 이 학생은 그 전공에 '적당하다'고 해야지 '적당하지 않다'고만 얘기해서는 안 돼요.

물론 단점이 있으면 단점도 기록할 수도 있어요. 하지만 장점과 달리 단점은 기재할 때 유의할 게 있지요. 단점을 입력하는 경우에는 반드시 '변화 가능성'을 함께 입력해야 한다는 점이에요. "이랬던 아이가 이렇게 달라졌어요."라고 할 수 있는 게 교육이니까, 행동특성 및 종합의견에는 그러한 교육활동의 과정을 기록해야 한다는 사실이에요. 학교생활기록부는 '형사의 수사기록부'가 아니라 '교사의 교육기록부'라는 점을 한시도 잊지 마세요.

'종합'이란 말을 보니, 앞엣것을 모아서 간단하게 요약하면 되겠네요?

종합綜合이 개개의 것을 한데 모아 합한다는 의미를 지닌 까닭에, '행동특성 및 종합의견'을 앞엣것을 요약하는 것으로 생각하는 사람들이 많아요. 말이나 문장의 요점을 잡아서 간추리는 것을 요약要約이라고 한다면, 맞아요, '행동특성 및 종합의견'은 분명히 요약이에요.

행동특성 및 종합의견은 수시로 관찰하여 누가기록된 행동특성을 바탕으로 총체적으로 학생을 이해할 수 있는 종합의견을 담임교사가 문장으로 입력하도록 하였어요. 따라서 다른 항목(창의적 체험활동상황, 독서활동상황 등)의 내용이 기재될 수도 있지요. 그렇다고 단순하게 다른 영역에 있는 내용을 동일하게 반복하여 기재하는 것은 지양해야 해요.

요약을, 단순히 앞에서 한 말을 간추려 되풀이하는 것으로 여겨서는 안 되는 까닭이 여기에 있어요. 학생부의 행동특성 및 종합의견에서는 앞엣것을 한 번 더 반복하는 게 아니라, 앞에서 언급한 어떤 특성을 또 다른 근거로 다시 한 번 확인해 주는 영역이에요. 『학교생활기록부 기재요령』교육부 에서 "창의적 체험활동상황의 실적은 한 개 영역에 입력하고, 다른 영역에 중복하여 입력하지 않음"이라고 밝힌 것만 보아도, 이를 확실히 알 수 있지요.

그런데도 학교생활기록부의 '행동특성 및 종합의견'란을 검토해 보면 대부분 글자수를 채우지 못할 뿐만 아니라, 그 내용도 너무 평범하여서 다른 학생과 차별화되는 요소를 발견하기 힘들고, 더욱이 앞서 언급한 것을 되풀이하며 요약하는 한심스러운 수준에 머물러 있는 경우가 많아요. 다른 영역에 있는 내용을 그대로 반복하여 기재하는 것은, 그렇지 않아도 줄어든 학생부의 지면 낭비이지요.

❷ 행동특성 및 종합의견, 학교생활 디자인하기

학생부에서 '조작'이 가장 심한 영역이 '행동특성 및 종합의견'이 아닐까 싶어요.
'따다 붙이기'가 정말 많거든요.

부끄럽지만 사실이에요. 그런데 객관적 사실을 있는 그대로 기재하려면 어떻게 해야 할까요? 결론은 '팩트체크Fact check'이지요. 사실을 확인하라는 말이에요. 가짜뉴스에만 '팩트체크'가 필요한 게 아니에요. 짜깁기학생부, 조작학생부를 막기 위해서는 '교사가 학생에게 던지는 팩트체크'가 반드시 필요해요. 학교에서 담임교사는 학생 개인과의 면담을 통해 네 가지 질문, '학교생활전반에 대한 질문' → '교과 영역에 대한 질문' → '비교과 영역에 대한 질문' → '인성 영역에 대한 질문'을 던지면서 '행동특성 및 종합의견'을 기록하면 돼요. 이것이 사실을 꼼꼼히 확인하는 '팩트체크'예요.

학교생활전반에 대해 묻는 것, 이게 쉽지 않을 것 같아요.

그래요. 어떤 판단기준들을 총괄하여 어떤 대상을 전체적으로 평가하는 것을 '총평'이라고 하는데, 이게 생각보다 쉽지 않아요. "1년 동안의 학교생활에서 가장 의미 있는 것이 무엇이냐?"고 우선 물어 보세요. 교과학습활동이든 자치활동이든 동아리활동이든 영역과는 상관없이 누군가에게 자신 있게 보여 줄 수 있는 최고의 행동특성이 무엇이냐고 '팩트'를 묻는 거지요.

그러면서 심화된 질문을 던져 보세요. "교내의 다양한 활동에서 자기주도적으로 지도력을 발휘한 경험이 있는가?"라는 질문과 함께 "꿈이 무엇이며 지원전공에 관련되어 어떤 활동을 하였는가?"라는 질문을 던져 보세요. 발전가능성에서 '리더십'과 전공적합성에서 '전공관련 활동과 경험'을 묻는 질문이지요. 이 질문을 통해, "어떤 역할을 맡았는데, 한마디로 어떤 사람인가?"와 "어떤 꿈을 꾸고 있는데, 목표 지향적인가?"에 대한 답을 찾을 수 있어요.

이제 교과 영역에 대해 물을 차례예요.

그래요. 이제 "교과학습활동에서 꼭 기록하고 싶은 것이 무엇이냐?"고 물어야 해요. 예체능활동을 포함한 교과학습전반을 개괄하면서 학생의 학업역량과 전공적합성을 평가할 만한 행동특성을 스스로 찾아보게 하는 거예요. 이게 '교과에서의 팩트체크'이지요.

여기에서는 교과 영역에서 매우 중요한 평가요소인 학업역량과 전공적합성과 관련하여 심화된 질문을 던지는 게 중요해요. "교과활동을 통해 지식(전공지식)의 폭을 확장하려고 노력했는가?", "교과탐구활동을 통해 지식(전공지식)에 대한 창의적인 결과물을 산출했는가?" 이러한 질문을 통하여 "'교과'에서 언급할 행동특성은 무엇인가?"와 "이를 보여 주는 구체적 사례는 무엇인가?"에 대한 구체적인 답을 찾을 수 있을 거예요.

비교과 영역에 대해 물을 차례네요.

그러네요. 여기에서는 "비교과 체험활동에서 꼭 기록하고 싶은 게 무엇이냐?"고 물어야 해요. 자동봉진으로 일컫는 창의적 체험활동과 독서활동을 떠올리면서 자신의 전공적합성과 발전가능성을 잘 드러낼 수 있는 행동특성을 찾아보라는 거예요. 이게 '비교과에서의 팩트체크'이지요. 그러면서 "지원전공에 관련된 창의적 체험활동(자율, 동아리, 봉사, 진로)과 독서활동이 있는가?"와 "교내활동과정에서 창의적인 발상을 통해 일을 진행한 경험이 있는가?"라는 질문을 던져 보세요. 이런 심화한 질문을 던지고서 찬찬히 이야기를 나누다 보면, "'비교과'에서 언급할 행동특성은 무엇인가?"와 "이를 보여 주는 구체적 사례는 무엇인가?"라는 답이 절로 나올 거예요.

이제 인성 영역에 대해 물을 차례예요.

그래요. 여기에서는 "학교생활전반에 걸쳐 자신의 인성을 가장 잘 보여 주는 사례가 무엇이냐?"고 물어야 해요. 교과활동이든 비교과활동이든 상관없이 자신의 인성을 보여 줄 수 있는 행동특성이 무엇이냐고 묻는 거예요. 특히 봉사활동에서 의미 있는 경험이 삶을 바꾼 사례가 있다면 반드시 체크해야지요. 학생의 사람됨을 알 수 있는 행동특성은 의외로 자그마한 일에서 찾아지는 경우가 많으니, 교사와 학생이 서로 가슴을 열고 대화할 필요가 있어요. 이게 '인성에서의 팩트체크'이지요.

인성의 평가항목은 무려 다섯 가지인데, 저는 확 줄여서 둘만 물어요. '협업능력'과 '나눔과 배려'가 그것이지요. 그 항목과 관련된 "자발적인 협력을 통하여 공동의 과제를 완성한 경험이 자주 나타나는가?"라는 질문과 함께, "봉사활동 등을 통하여 나눔을 생활화하고자 하는 경험이 지속적으로 나타나는가?", 그리고 "학교생활에서 타인을 배려한 본보기로 언급되거나 모범이 된 사례가 있는가?"라는 질문을 던지지요. 그러면 "'인성'에서 언급할 행동특성은 무엇인가?"와 "이를 보여 주는 구체적 사례는 무엇인가?"라는 질문에 대한 답이 환하게 보여요.

❸ 행동특성 및 종합의견, 학교생활기록부 디자인하기

행동특성 및 종합의견에는 구체적으로 무엇을 기재해야 하나요?

행동특성 및 종합의견은 '학생에 대한 최종평가'이자 '학생부종합전형에 대한 교사추천서'로 학생부의 대미를 장식하는 부분이라고 말씀드렸지요. 그만큼 중요하다는 거지요. 따라서 학생 개개인의 특성에 맞게 개요概要, 글의 얼개를 잘 짜야 해요.

'학생의 학교생활전반'을 한눈에 보여 주는 대표적인 행동특성을 바탕으로 종합의견을 기재(❶)한 뒤, '교과'와 '비교과'에 두루 걸쳐 나타난 '학업역량'이나 '전공적합성', '발전가능성' 등에 해당하는 행동특성을 기재(❷~❸)하고서, 학생의 남다른 '인성'을 마지막 행동특성으로 기재(❹)함으로써, '행동특성 및 종합의견'을 마무리하면 돼요.

행동특성 및 종합의견		
❶ 학교생활 전반	ⓐ 어떤 역할을 맡았는데, 한마디로 어떤 사람인가?	
	ⓑ 어떤 꿈을 꾸고 있는데, 목표 지향적인가?	
❷ 교과 영역	ⓐ '교과'에서 언급할 행동특성은 무엇인가?	
	ⓑ 이를 보여 주는 구체적 사례는 무엇인가?	
❸ 비교과 영역	ⓐ '비교과'에서 언급할 행동특성은 무엇인가?	
	ⓑ 이를 보여 주는 구체적 사례는 무엇인가?	
❹ 인성 영역	ⓐ '인성'에서 언급할 행동특성은 무엇인가?	
	ⓑ 이를 보여 주는 구체적 사례는 무엇인가?	

한편, 인성 영역의 관련내용은 평소에 누가 기록한 자료를 근거로 하되, 학교별로 정한 핵심 가치·덕목·역량 등의 변화 모습을 객관적인 근거를 토대로 하여 구체적으로 기재하면 돼요. 핵심인성요소로는 '예절, 효성, 정직, 책임, 소통, 배려, 나눔, 협력, 타인존중, 갈등관리, 관계지향성, 규칙준수, 지도력, 잠재능력' 등이 있어요. 2016학년도부터 인성관련내용은 (   ) 안에 인성요소를 적는 방식으로 기재하지는 않는다는 점도 유의하세요.

행동특성 및 종합의견은 학기를 구분하여 입력할 수도 있고 학년전체로 입력할 수도 있어요. 단, 학기별로 입력하는 경우에는 교육정보시스템NEIS에 '(1학기)', '(2학기)'와 같이 직접 입력해 주어야 해요. 학생의 행동특성이 몰라보게 달라졌다는 점을 드러내기 위해서는 학기별로 입력하는 수고로움도 마다하지 않아야 하지요. 글자수는 학년당 500자가 되게 알차게 채워 주세요.

행동특성 및 종합의견

기재 예시문

학교생활전반

	ⓐ 어떤 역할을 맡았는데, 한마디로 어떤 사람인가?	학급부반장으로 활동한 학생으로 '섬기는 리더십'이 있는 매력적인 학생임.
❶ 학교생활 전반	ⓑ 어떤 꿈을 꾸고 있는데, 목표 지향적인가?	친절하고 이해심이 많아 친구들이 함께 공부하기를 좋아하며, 남을 배려하는 따뜻한 마음이 있어 사회적 약자를 대상으로 봉사하는 일을 꾸준히 함. '훌륭한 경영인'이 되려는 목표의식 또한 매우 뚜렷한 학생임.

ⓐ 학급총무부장으로 '남에 대해서는 너그럽고 자신에 대해서는 준엄한 태도'가 매우 인상적임. ⓑ 학교규칙을 잘 이행하여 단 한 번도 지각, 조퇴, 외출 등이 없었으며, 학급의 재정출납을 관리하면서 급우들의 신뢰를 한 몸에 받음. '좋은 국어교사'가 되고 싶다는 열망으로 지역 아동센터에서 꾸준하게 아이들을 가르치는 태도에서 진정성이 느껴짐.

ⓐ 2019학년도 전교학생회회장으로서 리더십이 뛰어난 학생임. ⓑ '긍정적이고 협조적인 학교문화를 조성하겠다'는 공약을 내걸고 당선되었으며, 이후 공약을 실천하기 위해 학교대의원회를 통하여 학생들이 공감할 수 있는 월별 학생회 프로그램을 계획하고 추진하는 등 자기에게 주어진 역할을 체계적으로 수행함.

ⓐ 2019학년도 학생회인권부장으로서 학업성적도 우수하고 생활태도도 매우 단정함. ⓑ 학습태도가 좋으며 교과학습 전 영역에 걸쳐 성적이 양호하고, 스스로 맡은 일을 잘 처리할 뿐만 아니라 자신의 행동에 책임질 줄 앎. '학생은 교복 입은 시민'이라는 생각으로 학생의 권리신장에 앞장서겠다는 발언이 인상적임. '오래 기억되는 정치인'이 되겠다는 꿈을 안고 성실히 살아가는 야무진 학생임.

ⓐ 학급도서부원으로서 독서습관이 잘 형성되어 있고, 작은 일에도 최선을 다하는 성실한 학생임. ⓑ 기본적인 학습태도가 좋고 목표달성을 위해 노력하는 자세가 좋아 학업성적이 많이 향상되었음. 글쓰기에 소질이 많고 좋아하는 시를 암송하는 습관이 몸에 배어 있음. "좋은 시집 한 권 내고 죽는 게 소원"이라고 할 정도로 문학에 대한 열망이 매우 강한 학생임.

ⓐ 학급의 자율학습도우미로 아침자율학습을 관리하면서 특유의 성실성과 친화력으로 정숙한 학습분위기 조성에 크게 이바지함. ⓑ 스스로 문제를 해결하려는 자기주도적 학습태도로 학업성적이 향상되었으며, 용의가 단정하고 예의가 발라 교사들로부터도 칭찬을 자주 들음. '행정공무원'의 꿈을 이루기 위해 시간을 유익하게 활용하려고 애쓰며 목표달성을 위해 노력하는 자세가 돋보임.

ⓐ 자기관리능력이 우수한 학생으로 아나운서의 꿈을 이루기 위해 실천적 노력을 기울임. ⓑ 여러 사람 앞이나 낯선 사람 앞에서 긴장하여 말을 잘 하지 못하는 두려움을 없애기 위해 방송동아리에 가입함. 학교의 뉴스거리를 찾아 취재한 후 주 1회 교내방송으로 제작하여 보도하는 활동을 꾸준히 계속하였으며, 개인적으로 당일의 시사뉴스를 스크랩하여 '오늘의 뉴스' 형식으로 재구성하여 연습하는 등 자신의 꿈을 이루기 위해 노력함.

ⓐ 2019학년도 학교체육부장으로서 어떤 상황에서도 긍정의 에너지를 발산하는 모습이 인상적임. ⓑ 학교생활을 매우 활기차게 하나, 국어, 수학 등 기초교과에서 더욱 분발할 것이 요구됨. 하지만 툭 트인 성품으로 다른 사람의 입장을 잘 이해해 주어 누구에게나 좋은 인상을 줌. '잘 나가는 모델'이 꿈이어서인지 몸 관리도 철저히 하는 매우 멋진 친구임.

ⓐ 축구에도 관심이 많아 학교스포츠클럽활동에 참여하고 각종 체육활동에서도 실력을 발휘함. ⓑ 학업성적이 전반적으로 낮은 편이었으나, 체육교사라는 꿈을 갖게 되면서부터 교과학습에서도 열정을 발휘하여 성적이 꾸준히 향상되고 있으며 앞으로 성장이 기대되는 학생임.

교과 영역

❷ 교과 영역	ⓐ '교과'에서 언급할 행동특성은 무엇인가?	학급 내 영어학습모임인 '소설읽기마을'의 촌장으로 성실한 모습을 보여 줌.
	ⓑ 이를 보여 주는 구체적 사례는 무엇인가?	학교에서 과제로 내준 '매일영어'를 협동학습하면서 회화능력이 증진됨. 영문소설을 읽어 나가면서 어려운 문장도 쉽게 설명하는 독해력을 지니고 있어서 친구들에게 자주 호출됨. 가끔 친구들 앞에서 영시를 암송하는 모습에서 미래의 영문학자가 엿보임.

ⓐ 학업 면에서는 끈질긴 자기주도적 학습태도를 보여 줌. ⓑ 모든 과목성적이 우수하고, 특히 영어와 국어과목 성취도가 뛰어남. 수학성적이 원하는 만큼 나오지 않아 고민하던 중, 과목담당교사의 권유에 따라 모든 풀이과정을 서술형으로 진술하는 답안작성의 방법을 몸에 익히면서 자신의 약점을 보완하게 되어 성적이 크게 향상됨.

ⓐ 자신의 진로목표가 뚜렷해서인지 자기주도적 학습계획에 따라 성실하게 생활하는 태도가 돋보임. ⓑ 소극적인 성격이라는 자신의 단점을 개선하기 위해서 '국어비타민'이라는 두레학습 활동에 자발적으로 참여하여 협동학습을 하면서 적극적인 성격으로 변화함.

ⓐ '나만의 시간관리' 노트를 만들어 그날의 중요한 일과를 시간배분을 통하여 수행하는 습관이 있음. ⓑ 그날 해결하지 못한 일은 다음날 시간관리에 넣어 꼭 완수하고 마는 등 자신을 제어하고 관리하는 능력이 돋보임.

ⓐ 광범위한 독서를 통해 심리학자의 꿈을 일구어 가는 모습이 돋보임. ⓑ 교육과정에 개설되지 않은 분야인 '심리학'에 각별한 관심을 갖고, 바쁜 학교생활 중에도 관련서적을 찾아 독서하고, 의문이 생기는 것은 사회교사들에게 줄기차게 질문하며, 자신의 꿈을 향해 나아가는 열정을 보여 줌. 특히, 청소년심리에 관심이 많아 또래상담자로 활동함.

ⓐ 학습동아리 경험을 바탕으로 '나도 교사' 프로그램에 참가하여 탁월한 수업진행능력을 보여 줌. ⓑ 수학과 화학시간에 학급구성원들을 대상으로 수업을 진행하였는데 유연하고 능동적인 수업이었다고 담당교사로부터 칭찬을 받음. 남들 앞에 설 때는 스스로에 대한 믿음도 필요하지만, 그 자신감은 치밀한 사전준비와 노력의 산물이라는 발언이 인상적임.

비교과 영역

❸ 비교과 영역	ⓐ '비교과'에서 언급할 행동특성은 무엇인가?	국내외 자동차의 디자인과 성능 등에 대해 해박한 지식을 가지고 있으며, 동아리 '디자이너'에 열정적임.
	ⓑ 이를 보여 주는 구체적 사례는 무엇인가?	쉬는 시간에 아이디어가 떠오르면 바로 스케치할 수 있도록 항상 미술도구를 준비하고 있음. ○○ 기업에 응시할 때 제출할 포트폴리오라며, 평소에 스케치한 자료를 정리해 둔 것을 보고 놀라웠음. "뺄 것 하나만 빼고 더할 것 하나만 더해도, 훌륭한 디자인이 된다"는 표지 글이 인상적이었음.

ⓐ 한 달에 서너 권의 책을 읽을 정도로 독서를 매우 즐겨 하는 학생으로, 책에서 배운 점을 독서활동기록장에 정리하는 습관이 있음. ⓑ 왕성한 독서력 때문인지 사회나 과학수업에서 실시한 토론학습에서 발군의 실력을 보여 줌. 자신의 생각을 상대방에게 논리적으로 전달하는 과정에서 단어의 선택수준이 높고 논리전개력이 출중함.

ⓐ 독서활동을 즐겨 하며, 독서결과를 독서감상문, 독서퀴즈 등으로 다양하게 정리하여 독서를 내면화하는 모습이 돋보임. ⓑ 관심과 호기심을 자극하는 분야에 집중적으로 몰입하여 관련도서를 찾아 깊게 읽는 등 지적 호기심이 강하고 문제해결력에서도 남다른 면모를 보여 줌.

ⓐ 농구에 관심과 소질이 있어서 농구에 빠져 삶. ⓑ 단체경기인 농구경기를 통해 협동심도 기르고 체력도 증진함. 지역에서 벌어진 '청소년길거리농구대회'를 준비하는 과정이 매우 돋보임. 농구훈련을 마치면 매일 운동시간, 운동종류, 운동량 및 그날의 문제점과 잘한 점 등을 빠짐없이 운동일지에 기록하고, 경기 전에는 상대팀의 전략을 분석하고, 자기 팀의 포지션별 전략을 수립하는 등 치밀한 활동을 전개함.

ⓐ 음악을 매우 좋아하여 교내 오케스트라 단원으로 트럼펫 연주를 담당하고 있음. ⓑ 단체연습시간 이외에도 점심시간마다 음악실에서 실력 향상을 위해 꾸준히 노력하는 모습이 돋보임. 음악회 준비과정에서 단원들 간의 연락과 준비물 안내 등을 도맡아 하는 등 협력적 자세를 보여 준 점도 인상적임.

ⓐ 그리기에 관심과 소질이 있어 동호인 친구들과 늘 함께함. ⓑ 세심한 관찰력으로 인물의 특징을 잘 잡아 인물캐릭터를 잘 그리며, 단체경기인 축구를 통해 협동심도 키우고 체력도 증진됨. 꾸준한 연습으로 정석인 면과 동적인 면을 고루 갖춘 다재다능한 학생임.

ⓐ 춤에 재능과 끼가 넘치는 학생으로 안무연출가를 자신의 진로희망으로 정함. ⓑ 교내 방송 안무동아리에 참여하면서 기초스텝부터 고급테크닉의 안무까지 무난히 소화하는 등 날로 발전하는 모습을 보임. 교내 홈베이스에서 월1회 동아리발표회를 하면서 안무구상에서부터 초대장 제작, 의상연출 등에 이르기까지 최선을 다하는 모습을 보여 줌.

ⓐ 학급회의에 회의를 진행하면서 1년 동안 학급에 많은 기여를 한 학생들에게 고마움을 표시하는 방법을 찾아보자는 의견을 제시함. ⓑ 잘 웃는 학생에게 주는 하회탈상, 솔선수범하여 궂은일을 도맡아 하는 케어상 등을 시상하자는 창의적인 제안이 급우들에 의해 채택됨.

인성 영역

❹ 인성 영역	ⓐ '인성'에서 언급할 행동특성은 무엇인가?	남녀관계에서 차이는 인정하되 차별은 배척하는 모습을 보여 주는 등 인권감수성이 뛰어남.
	ⓑ 이를 보여 주는 구체적 사례는 무엇인가?	보건실에서 '성평등교육'을 할 때 행사도우미로 참여함. 친구들과 역할극을 보여 주며, "말 한마디로 갚을 수 있는 것은 천 냥 빚만이 아니다"며 '고운 말 쓰기 운동'을 제안함. 학급자치회에서는 "친구 엄마에 대한 패드립 추방"을 제안하여 학급의 변화를 이끌어 내는 데 기여함.

1) 예절

ⓐ 사회생활의 바탕이 되는 예절이 몸에 배어 있는 학생임. ⓑ 교사를 만나면 두 손을 공손히 모으고 밝은 표정으로 "사랑합니다"라고 힘차게 말하며 인사해 "사람이 됐다"는 칭찬을 자주 들음. 아침에 처음 본 친구들에게도 항상 웃는 낯으로 먼저 인사하는 습관을 가지고 있고, 친구들과 대화할 때에도 청량음료처럼 상큼한 표정과 행동으로 상대를 즐겁게 해 주어 주위에 사람이 끊이지 않음.

ⓐ 흉허물이 없는 친구 사이에도 언제나 예절을 지켜야 한다는 주장을 온몸으로 실천한 학생임. ⓑ 험한 욕설이 섞인 거친 말들이 오고가는 교실을 고쳐 보자는 제안을 하고 스스로 '예절 지킴이'를 자임한 뒤, 말이 거칠어지면 사람도 거칠어진다면서 꾸준하게 친구들을 설득함. 특히, 친구들 사이에 '여성을 성적으로 비하하는 욕설'을 주고받는 모습을 보고, 이에 대한 개선방안을 제시하며 스스로 실천하는 모습이 인상적임.

2) 효성

ⓐ 학부모상담을 통해, "마음을 다하여 부모를 섬기는 효성이 남다르다"는 사실을 확인함. ⓑ 지역경제가 침체하면서 식자재 납품업을 하는 아버지의 사업이 어려워졌지만, 학생의 효성스러운 태도를 통해 가족 간의 화목은 더욱 단단해짐. 오전에는 아버지 일을 돕고 오후에는 또 다른 직장에서 일을 하면서도 매일 밤 자신의 귀가를 돕기 위해 오시는 어머니를 '슈퍼우먼'이라고 부르며 깊이 존경함. 주말이면 오전에 집안 대청소를 하는 것을 한 번도 거르지 않음.

ⓐ 가족을 위해서 자기를 희생할 줄 아는 미덕을 보여 준 학생임. ⓑ 어머니가 두 다리 모두 고관절 수술을 하는 바람에 오랫동안 집안 분위기가 어두워지고 결국 어머니가 가벼운 우울증을 앓는 등 어려움이 커지자, 학교 기숙사에서 집으로 돌아가 어머니를 뒷바라지하면서 학교생활을 함. 어버이날을 맞이하여 '부모님께 편지쓰기'에서 이러한 가정사를 담담하게 고백하면서 "엄마는 존재 자체가 고마움"이라고 표현하여 어머니를 크게 위로해 드림.

3) 정직

ⓐ 마음에 거짓이 없는 곧은 학생으로 친구들 사이에 '정직맨'으로 불림. ⓑ 학급비를 관리하는 책임을 맡아 투명한 입출금 관리를 통해 친구들의 신망이 두터움. 한번은 학급비를 분실하였는데 전후사정을 듣고 담임이 이를 보전해 주려고 하자, "감사하지만, 어디까지나 제가 책임져야 할 일"이라며 사양하는 태도를 보여 급우들의 신망을 한 몸에 받음.

ⓐ 학년말에는 학급특색활동인 '친구칭찬하기'를 통해 급우들로부터 '우리 학급에서 가장 정직한 사람'이라는 평가를 받음. ⓑ 기말고사 영어과목에서 예상점수보다 점수가 더 나오자 담당교사를 찾아가 서술형 답안지를 확인하여 자기 점수대로 정직하게 감점함. 그로 인해 결국 2등급에서 1등급으로 내려갔지만 '의로운 2등급'이라는 친구들의 칭찬을 받음.

4) 책임

ⓐ 맡아서 하는 임무를 끝까지 처리하는 책임감 강한 학생임. ⓑ 학급의 두레학습조직인 '수학시그마'의 책임을 맡아 뒤편에 있는 학습란을 정리하고 관리하는 모습이 여느 팀과 확연히 달랐음. 그뿐만 아니라 1년 동안 특별구역청소를 하였는데, 담당교사로부터 책임감이 있고 성실하다는 칭찬을 받기도 함. 수능시험장을 만드는 과정에서 마지막까지 남아 미진한 점을 보완하고 귀가하는 모습이 매우 인상적이었음.

ⓐ 맡은 일을 성실히 처리하는 학생으로, 자신에게 주어진 일을 처리하는 태도에서 신뢰감이 느껴짐. ⓑ '학급평화규칙 만들기' 활동에서 상벌규정에 대한 친구들의 의견수렴이 주어진 임무였는데, 친구 한 명과 팀을 이루어 아주 세세한 행동까지 규정에 담아내는 보고서를 작성하여 담임교사의 칭찬을 들음.

5) 소통

ⓐ 학교현장에서 학생과 교사 사이에 소통이 어려워 애를 먹기도 하는데, 이 학생의 의사소통 능력은 높이 사주고 싶음. ⓑ 학급에 문제가 생기면 친구들에게는 '선생님의 입장'이 되어 볼 것을 권유하고, 교사에게는 '학생의 입장'도 고려해 달라며 정중하게 건의하는 모습이 인상적이었음. 테마학습(봄소풍)을 어디에서 진행할 것인가를 논의하는 과정에서 교사는 '의미 있는 장소'를 추천하고, 학생들은 '놀 수 있는 장소'를 추천하자, 서로의 의견을 종합하여 '이순신 유적지인 선소'와 인근에 있는 '웅천해변공원'으로 장소를 결정하자고 수정 제안하는 모습이 무척 지혜로웠음.

ⓐ 자신의 이야기를 많이 하기보다는 다른 사람의 이야기에 귀를 기울일 줄 아는 경청의 자세를 지닌 학생임. ⓑ 친구의 학업문제나 교우문제 등에 대하여 잘 듣고 공감해 주는 태도를 보여 주위에 친구들이 끊이지 않음. 학급 내에 갈등이 발생했을 때 누구에게나 거부감이 없는 까닭에 중재자로서의 역할을 자주 수행함. 지치고 힘들어 포기하고 싶을 때 필요한 것은 '함께하기, 들어주기, 공감하기'라는 학생의 말이 오래 기억에 남음.

6) 배려

ⓐ 사회적 약자를 보살펴 주려고 마음 쓰는 배려가 몸에 밴 학생임. ⓑ 도움반 친구와 스스럼없이 친구로 지내면서 학급에 잘 적응하도록 도왔을 뿐만 아니라 수업시간에도 즐겁게 참여하도록 적극 도와주어서, 도움반 친구로부터 "우리 반에서 제일 좋다"는 말을 듣기도 함. 또한, 학급에서 한 친구가 은근히 따돌림을 당하자 그의 입장에 서서 적극적으로 친구를 변호하고 함께 하려는 모습은 다른 친구들이 반성하는 계기가 되었음.

ⓐ 도움이 필요한 사람에게는 도움을 주고 배려가 필요한 사람에게는 배려할 줄 아는 학생임. ⓑ 발달장애친구와 짝을 이루었을 때 수업시간에 산만한 그 친구가 말을 걸어와 수업에 집중하기 어려워 힘들기도 하였으나, 그 친구의 상태를 특수반 교사에게 문의하고 그 학생의 발달단계에 맞는 학습도우미 역할을 찾아내어 성실하게 도와줌. 또한 그 학생이 다른 학생과 불편한 일이 생기자 서로 잘 어울릴 수 있도록 적극적으로 중재에 나서는 등 많은 도움을 줌.

7) 나눔

ⓐ 학급부반장으로서 자기재능을 친구와 나눌 줄 아는 모습을 보여 친구들에게 신임을 얻음. ⓑ 주관이 뚜렷하고 명석한 두뇌를 가졌음에도 불구하고 자신의 능력을 과시하기보다 겸손함으로 스스로를 낮출 줄 알아 누구나 좋아함. 평소에도 친구들의 질문이 끊이지 않아 자연스럽게 학급에서 학습도우미 역할을 수행하고 있는데, 어려운 문제를 가르쳐 줄 때에도 상대방의 자존심을 건들지 않아 도움 받은 친구들이 무척 고마워함.

ⓐ 자기가 가진 하나를 둘 이상으로 나누려는 자세가 예뻐 보이는 학생임. ⓑ 개인적으로도 '세이브더칠드런'에서 해외결연활동을 3년째 하고 있음. 방글라데시 아동과 1:1로 결연을 맺어 아동과의 서신교환 및 다양한 교류들 통해 긴밀한 유대감을 형성하고 있을 정도로, '나눔'의 덕목이 몸에 밴 학생임.

8) 갈등 관리

ⓐ 또래중재자로서 학교생활에서 사소한 갈등을 제거하는 능력이 뛰어남. ⓑ 학급비를 사용하는 방법을 놓고 토의하는 과정에서 소수의견도 존중하여 화합하는 학급분위기를 조성함. 체육수업시간에 친구가 경기규칙을 어겨 갈등이 발생했을 때 합리적인 대화를 통해 다툼을 원만하게 해결하기도 함. 학년초에는 친구들과의 관계에서 스스로 갈등을 만들어 내는 측면도 있었으나, 자신의 부족한 면모를 깨닫고 '우리 학급의 또래중재자'를 자임하고 나서 1년 동안 육체적으로나 정신적으로 부쩍 성장한 학생임.

ⓐ 친구들과 어울려 대화하는 것을 즐거워하는 등 대인관계능력이 또래보다 뛰어난 학생임. ⓑ 그래서인지 학급에서 갈등이 생기면 친구들이 먼저 찾아와 도움을 요청하는 경우가 많음. 갈등의 실제상황을 당사자들에게 들어보고 그 원인을 파악한 뒤에도 그 해결방안을 제시하는 모습이 매우 조심스러웠음. 그 까닭을 묻자 "마음을 다치면 아무리 옳은 말을 해도 듣지 않잖아요."라고 하던 학생의 말에 갈등관리의 노하우가 담겨 있는 것 같았음.

9) 관계지향성

ⓐ 큰소리로 남을 다그치기보다는 누구에게나 따뜻하게 다가가 상대의 말을 끝까지 들으며 결국 그의 마음을 얻어 '좋은 관계'를 맺는 모습이 눈에 띄는 학생임. ⓑ 학급부반장으로서 활동할 때도 그러했고, 동아리 '만남맛남'의 대표로 활동할 때도 그러했음. 우선, 학급부반장으로서 반장의 빈자리가 생겼을 때 그 빈자리를 말없이 채워 주어 마음으로부터 '반장과 하나 되는 모습'이 아름다웠음. 그뿐만 아니라, 동아리대표로 활동할 때 자꾸 행사에 빠지는 친구를 끝까지 따뜻하게 감싸려는 태도에서 '일'보다는 '사람'을 잃지 않으려는 아름다운 마음을 확인할 수 있었음.

ⓐ 상대방을 존중하면서도 재치 있는 말과 행동으로 주변을 즐겁게 하여 친구들의 호감을 얻는 등 교우관계가 좋은 학생임. ⓑ 학급회의에서 '학급문화의 개선방향'에 대해 토의하는 과정에, 자신과 생각이 다르다고 하여 멀리하는 것이 아니라 서로의 다른 점을 인정하면서도 "그래도 우리는 친구"라고 하며 어울려 살아갈 것을 제안하여 친구들로부터 박수를 받음.

10) 지도력

ⓐ 수직적 지도력이 아니라 수평적 지도력으로 친구들을 이끌어 나가는 모습이 매우 인상적임. ⓑ 청소지도를 할 때에도 이것저것 시키기만 하는 것이 아니라 자신이 그 빈 곳을 직접 채워 주는 모습을 보이자, 청소 분위기가 매우 좋아졌음. 수련활동에서 모둠별 장기자랑을 준비하기 위해 리더로 활동할 때에도 친구들의 말을 끝까지 경청하면서 지시보다는 협력을 택하여 좋은 결과를 얻음.

ⓐ 리더로서 전반적으로 모범을 보임. ⓑ 지적 탐구심과 체계적인 기획력, 일을 추진하는 실천력 등 삼박자를 고루 갖춘 학생으로 전 교과성적이 매우 우수하고, 풍부한 독서경험을 바탕으로 비판적 사고력과 창의력을 두루 갖춤. 토론수업에서 진행자 여할을 맡아 토론시간을 적절하게 배분하고, 갈등이 일어나는 부분에서는 의견을 조정하는 등 토론의 모든 과정을 원만하게 이끌어 토론에 몰입할 수 있게 하는 등 리더로서의 자질을 잘 보여 줌.

11) 잠재능력

ⓐ 가정환경 등 여러 가지 제약조건 때문에 발휘하지 못한 잠재능력을 드러내 보인 학생임.
ⓑ 학급게시물에 친구들의 캐리커처를 그린 다음 그 학생의 좌우명을 적는 일을 꾸준히 해 왔는
데, 그림 실력에 다들 놀라워함. 그 사람만의 특징을 포착하여 재미있게 표현하는 능력이 뛰어
나 담임교사로부터 만화가가 될 생각이 없느냐는 칭찬 섞인 조언을 듣기도 함.

ⓐ 자신의 진로분야인 미술을 매우 좋아하여 평소에도 캐릭터를 자주 그리고, 교실 여기저기
깜찍한 그림을 그려 친구들에게 웃음을 선사하기도 함. ⓑ 역사수행평가로 실시한 한국사 달력
만들기에서 표지를 맡아 급우들의 특징을 살린 캐리커처를 그려 친구들의 박수를 받음. 특히,
학교신문에 '유쾌한 수경씨'라는 코너를 만들어 학교에서 벌어진 자그마한 사건을 한 컷 만화
로 그려내는 모습에서 예사롭지 않은 내공이 느껴졌음.

이제 행동특성 및 종합의견을 하나로 묶어 볼 차례인데요?

중요한 것은 일관성이에요. 이 학생은 '괜찮은 사람'인데, '그렇게 말하는 이유가 이러저러해요'라고 밝혀 주면 되니까요. 학생부의 대미를 장식하는 '행동특성 및 종합의견'을 보고, 해당대학 해당학과 해당교수가 "이 친구는 내 제자로 삼아야겠다." 라고 말할 정도로 정성을 다해 주어야 해요.

행동특성 및 종합의견		
❶ 학교생활 전반	ⓐ 어떤 역할을 맡았는데, 한마디로 어떤 사람인가?	학생회 봉사부장으로 활동한 리더십이 있는 학생임. 남을 배려하는 따뜻한 마음이 있어 주변에 친구들이 끊이지 않음. "수포자…이대로 둘 수 없습니다."란 기사를 지역신문에 게재하면서, 수학교사가 되어 '수학을 포기하여 공부를 포기하고 인생마저 포기하는 학생'이 없는 학교를 만들고 싶다고 함.
	ⓑ 어떤 꿈을 꾸고 있는데, 목표 지향적인가?	
❷ 교과 영역	ⓐ '교과'에서 언급할 행동특성은 무엇인가?	교과성적이 매우 우수한 학생으로, 독서가 생활화되어 있어 또래에 비해 생각이 깊고 논리적임. 자기주도적인 학습에 뚜렷한 의지를 보이며, 본인만의 목표를 세워 그 목표를 향해 스스로의 힘으로 나아가는 진취성이 돋보임.
	ⓑ 이를 보여 주는 구체적 사례는 무엇인가?	
❸ 비교과 영역	ⓐ '비교과'에서 언급할 행동특성은 무엇인가?	호모사피엔스 동아리 회원으로 '나눔교실'에 함께하여 2년 동안 참여아동들과 실험하고 탐구하는 활동을 통해 재능나누기를 실천함. 지역아동센터에서 아동들에게 3년 동안 지속적으로 수학도우미 역할을 한 것은 매우 돋보임.
	ⓑ 이를 보여 주는 구체적 사례는 무엇인가?	

❹ 인성 영역	ⓐ '인성'에서 언급할 행동특성은 무엇인가?	성적이 최상위권이면서 교우관계까지 좋아 시험기간이면 급우들의 질문공세가 이어짐. 내신 성적에 문제가 있을까 싶어 별도의 공간에서 공부하는 게 어떻겠느냐는 담임교사의 제안에 "친구들을 가르치면 알던 것도 더 확실히 알게 된다"며 교실에서 남아 계속 공부하겠다고 하여, 친구들에게 큰 신망을 얻음.
	ⓑ 이를 보여 주는 구체적 사례는 무엇인가?	

❶ 학생회 학생 인권부장으로서 '학생을 교복 입은 시민으로 대우해 주십시오'라는 스티커를 제작하여 교실마다 붙이는 등 학교문화를 친인권적으로 바꾸는 데 앞장섬. 특히, 남학생들에 대한 두발검사와 여학생들에 대한 화장단속을 어떻게 할 것인가를 놓고, 학급회의를 통해 의견을 수렴한 뒤 학교에 건의문을 제출하여 개선안을 마련하는 데 기여함.

학생들로부터 지도력을 인정받아 '첫째, 인간다운 학교. 둘째, 공부하는 학교.'라는 선거공약을 걸고 학생회장에 출마하여 당선됨. 공익적인 일을 좋아하는 학생의 진취적 성향은 진로종합검사결과 및 학생의 희망진로인 인권변호사와도 일치하고, 자신의 진로에 대해 명확한 목표의식을 가지고 노력하고 있어 장래가 매우 촉망됨.

❷ ~ ❸ 학업 면에서도 전 과목이 매우 우수한 학생으로 학습계획표를 활용하여 1주일 단위로 학습량을 정한 뒤 자기주도적으로 공부함. 그러면서 토요일 오전에는 ○○장애인복지 센터에 어머니와 함께 '장애인 목욕시켜 드리기 봉사활동'에 2년 동안 꾸준하게 참여하고 있고, 토요일 오후에는 학교스포츠클럽 농구반에서 다른 학교 농구반과 경기를 하면서 폭넓은 교우관계를 유지함.

❹ 학생벌점부과 자치기구로서 '자치법정'을 정착시키는 과정에서 뛰어난 지도력을 보여 줌. 판사, 검사, 변호사, 배심원, 벌점학생, 증인, 재판사무관 등으로 구성된 자치법정이 두 차례 (2019. 11. 04. , 12. 07.) 열렸는데, 수백 명의 학생들이 방청객으로 참관하는 등 뜨거운 호응을 얻음. 자신의 선거공약이기도 한 자치법정에 대해 학교당국의 허락을 얻기까지 보여 준 '겸손한 인내심'은 참으로 인상적이었음.

● **박숙희** 여수충무고등학교, 진로상담부장

교사모임을 하면서 뵌 선생님은 '세상에 대한 호기심을 품고 끊임없이 탐구하는 해맑은 소년'이었습니다. 학종에서 학교혁신의 가능성을 발견하고, 학교생활기록부를 작성하는 힘은 '기재요령'이 아니라 '학교생활 디자인'에 있다는 점을 실천적으로 보여준 모습은 대단했습니다.

한 신규교사는 자신의 노하우를 하나라도 더 나누려고 애쓰는 선생님의 열정에 크게 감동받았다고 했고, 교내 동아리에서 주최한 '마음나눔 편지쓰기 행사'에서 보낸 수많은 감사 편지들을 보면서 선생님께 대한 학생들의 신뢰가 얼마나 큰지 알 수 있었습니다.

이 책 곳곳에 선생님의 직접 경험에서 나온 지혜가 스며들어 있기에, 이 책은 교사와 학생 모두에게 큰 도움이 될 것입니다. 학종에 관심을 가지고 있지만 자녀의 고등학교 생활에 막연한 불안감을 가지고 있는 학부모님께 특별히, 이 책을 권합니다. 교사와 학생분만 아니라, 학부모님께도 이 책은 자녀 교육의 길잡이가 될 만한 뛰어난 역작입니다.

● **이현정** 여수여자고등학교, 수학교사

몇 해 전 졸업식 날이었어요. 2학년 때 반이었던 아이로부터 꽃다발을 받았습니다. 내신과 수능 모두 2등급 중반이었는데 1등급 초반이 가는 대학에 갔다며, 그것도 장학생으로 합격했다며 건넨 '마음'이었습니다. 교직에 들어와서 그런 감격은 처음이었지요.

선생님은 제게 그런 기쁨을 선물해 주셨습니다. 교사동아리를 하면서 수업은 이렇게 달라져야 한다며 학생중심수업을 직접 보여 주셨고, 학급은 또 어떻게 운영해야 하는지 세세하게 가르쳐 주셨습니다. 여러 선생님들과 힘을 합친 결과, 대입 성적은 '개교 이래 대박'이었습니다.

지금 다른 학교로 옮기고 나서도, 저는 선생님을 그대로 따라 하고 있습니다. 그러다 얼마 전 우리 반 몇과 선생님 강의를 들으러 갔습니다. 돌아오는 길에 학생들은 너무 많은 것을 배웠다고들 좋아했습니다. 바로 그러한 내용이 이 책에 수록되어 있습니다. 같은 고민을 하고 있을 선생님과 학생들을 생각하면, 이 책이 다시 나온다는 말에 제가 더 설렙니다.

● **김윤식** 제자, 연세대학교 경영학과

이 책에는 저의 고등학교 시절이 여기저기 담겨 있습니다. 친구들 앞에서 한 '우리가 하는 문학수업' 과, 전통시장을 뒤지고 다녔던 학생기자 동아리활동, 그리고 학교축제를 기획하느라 이리저리 뛰어 다녔던 자치활동 모습이 새록새록 담겨 있습니다.

힘들었습니다. 하지만 저는 원하는 대학에 합격했고, 스스로 성장했다는 부듯한 마음 또한 감출 수 없습니다. 수시가 무엇인지, 학종이 무엇인지, 학생부는 어떻게 기록하는지 갈피를 잡지 못한 채 3년을 보냈다면 절대 얻을 수 없는 수확입니다.

학생부종합전형은 어떤 인간상을 요구하고, 학교생활은 어떻게 혁신되어야 하는지, 하나부터 열까지 이 책에 고스란히 설명되어 있습니다. 스스로를 '대한민국의 교사'라고 칭하는 우리 용성 쌤의 명쾌한 지침서를 '대한민국의 학생' 모두가 읽고, 보다 쉽고 멋지게 자신의 꿈을 펼쳐 나갔으면 좋겠습니다. 늘 존경하는 마음을 담아서, 삼가 이 책을 추천합니다.

● **박인화** 제자, 서울대학교 사회학과

서정주는 "스물세 해 동안 나를 키운 건 팔 할이 바람"이라고 하였는데, "지금의 저를 만든 건 팔 할이 선생님"입니다. 선생님과 한 활동은 분명 대학입시에 큰 도움이 되었지만, 그보다 저라는 사람을 부쩍 성장시켜 주었다는 느낌이 더 크게 들거든요. 선생님의 가르침을 통해 저는 이전과 질적으로 다른 고민을 하고 질적으로 다른 삶을 살게 되었습니다. '공부'라는 의무는 학생들에게 사회문제에 무관심해도 되는 명분이 되곤 하였죠. 하지만 선생님과 활동하면서, 이제는 사회를 위해 할 일을 외면하는 비겁한 사람이 아니게 되었다고나 할까요.

이 책에는 저를 그렇게 이끌어 주신 선생님의 가르침이 그대로 녹아 있습니다. 서점에 널리고 널린 뻔한 이야기가 아니에요. 식상한 말 한 마디 없이, 풍부한 예시로 가득한 아주 친절한 책입니다. (실제로 뵈면 꽤 무서운 분이니, 책으로 만나는 게 더 좋을지도 몰라요!) 학종을 꿈꾸는데 학생부 작성에 막막함을 느끼는 학생들과, 제자들에게 보다 의미 있는 학교생활을 선물하고 싶은 선생님들께서 부디 이 책을 꼭! 읽었으면 좋겠습니다.

「학교생활기록부를 디자인하라」 학생용 버전

학생부를 알면 대학이 보인다

[부록] 나만의 학교생활기록부 워크북

1쇄 발행   2021년 3월 2일

지은이 • 박용성

펴낸이 • 백선아

펴낸곳 • 교육숲(주)

꾸민이 • 하숙경

주 소 • 경기도 안양시 동안구 엘에스로 142, B103호
(호계동, 호계금정역SK V1센터)

전 화 • 031-437-1060

메 일 • admin@edu-soup.com

ISBN • 979-11-965685-4-2 (13370)

숲 [suːp]

피터 볼레벤의 「나무수업」에서 보면
인간의 손길이 거의 닿지 않는 너도밤나무 숲의 나무들은
그 굵기와 상관없이 각 나무의 잎이 광합성으로 생산하는
당의 양이 비슷하다고 합니다.

지하의 뿌리를 통한 활발한 네트워크를 통해
모든 나무가 동일한 성과를 올리도록 원활한 분배를 이루어
서로 보폭을 맞추는 균형과 조절작용을 하는 것입니다.

우리 교육의 푸른 나무는 미래를 살아갈 주인인 학생들과
현장에서 교육의 희망을 놓지 않고
오늘을 사는 선생님들입니다.

교육숲은 교육 소외지역의 지원,
교사의 성장, 교사단체와의 상생 등
우리 교육 회복을 위한 연결의 뿌리가 되고 싶습니다.
교육의 건강한 성장과 함께 가는 숲이 되겠습니다.

우리 교육의 작은 씨앗이 튼튼하게 자라나는 곳-

교 / 육 / 숲 /

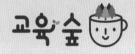

교육숲의 비전

하나님의 방법으로 바른 성장을 이루는 교육숲,
자본의 선한 영향력으로 교육의 회복을 돕는 교육숲

교육숲의 약속

하나, 하나님이 우리를 사랑하시듯 아이들을 사랑하는 마음으로 하겠습니다.

둘, 머리보다는 마음을 먼저 지식보다는 지혜를 먼저 키우는 일에 힘쓰겠습니다.

셋, 따라 하고 싶지만 따라 할 수 없는 것들을 만들겠습니다.

넷, 미래세대에게 물려줄 자연환경을 지키도록 노력하겠습니다.

교육숲이 하는 일

스쿨토리 배움중심 참여수업을 기반으로 한 다양한 컨텐츠를
개발하고 보급하는 수업교구 전문 브랜드입니다.

북토리 다양한 교수학습 자료들과 교육서적을
선생님들께 소개하고 나누는 공간입니다.

나눔토리 교육의 소외지역 지원과 교사들의
나눔과 협력을 돕는 상생의 커뮤니티 공간입니다.

교육숲은 항상 선생님의 든든한 친구가 되겠습니다.   **www.edu-soup.com** ▼

나만의
학교생활기록부
워크북

박용성 지음

교육 숲

「학교생활기록부를 디자인하라」, 학생용 버전

박용성 지음

학생부를 알면 대학이 보인다

부록
나만의 학교생활기록부 워크북

visang 티스쿨
통과원격교육연수원
티스쿨 리부변수
통과생활기록부를 디자인하라와 연계교재
www.tschool.net ▼

교육숲

박용성 지음 / 396면 / 25,000원 / 부록 : 나만의 학교생활기록부 워크북

여는 말

학교생활기록부는 학생부종합전형에 제출하는 답안지이다 ● 003

PART 01

014 학생부종합전형, 학생의 성장을 평가하는 전형

1. 학생부종합전형이란 무엇인가 ● 017
   1) 학생부종합전형의 개념 ● 017
   2) 학생부종합전형의 역사 ● 021

2. 학생부종합전형의 평가요소는 무엇인가 ● 025
   1) 학업역량 ● 028
   2) 전공적합성 ● 034
   3) 인성 ● 039
   4) 발전가능성 ● 044

3. 학생부종합전형의 전제조건은 무엇인가 ● 049
   1) 학교생활기록부 기재의 전제조건 ● 049
   2) 학교생활의 혁신방안 ● 053

PART 02

056 학교생활기록부, 학생부종합전형의 답안지

1. 학교생활기록부란 무엇인가 ● 059
   1) 학교생활기록부의 체계 ● 060
   2) 교과학습활동 기재항목 ● 062
   3) 비교과학습활동 기재항목 ● 071

2. 학교생활기록부 기재의 원칙은 무엇인가 ● 075
   1) 학교생활기록부 기재의 주체 ● 075
   2) 학교생활기록부 기재의 원칙 ● 081
   3) 학교생활기록부 기재의 유의사항 ● 087

3. 학교생활기록부의 논리적 구성방식은 무엇인가 ● 109
   1) 학생부의 논리적 구성방식 ● 109
   2) 학생부의 구체적 전개방식 ● 112
   3) 학생부의 자기성장 기재방식 ● 116
   4) 학생부의 문단 구성원리 ● 118

➡표3에 「학생부를 알면 대학이 보인다」 목차 계속됩니다.

나만의
학교생활기록부
워크북

1부 창의적 체험활동상황 • 005

1. 자율활동 특기사항 • 012

2. 동아리활동 특기사항 • 022

3. 봉사활동 특기사항 • 028

4. 진로활동 특기사항 • 034

2부 교과학습발달상황 • 045

1. 과목별 세부능력 및 특기사항 • 052

2. 개인별 세부능력 및 특기사항 • 128

3부 행동특성 및 종합의견 • 139

**"학교생활기록부는
학생부종합전형에
제출하는 답안지이다."**

나	1학년	반	번	이름	
	2학년	반	번		
	3학년	반	번		
'나'의 진로 희망	1학년				
	2학년				
	3학년				
'나'의 목표 대학	1학년	대학		학부(과)	
	2학년	대학		학부(과)	
	3학년	대학		학부(과)	

01

창의적
체험활동상황

이 책 앞에 실린 '창의적 체험활동상황'을 읽고 나서
완전하게 이해한 다음, 워크북을 보세요.

■ 창의적 체험활동(창체)은 자율활동·동아리활동·봉사활동·진로활동(자동봉진)으로 이루어져 있어요. 이 중에 자율활동·봉사활동·진로활동(자봉진)의 특기사항은 학급담임교사가 기록하고 동아리활동의 특기사항은 동아리지도교사가 기록하지요.

물론, 봉사활동은 해당 영역에 특기사항을 기록할 수는 없어요. 하지만 교육부에서는 '필요 시' 행동특성 및 종합의견에 봉사활동 내용을 기록할 수 있도록 하였지요(「2022학년도 대학입학제도 개편방안 및 고교교육 혁신방향」, 2018.8.17., 교육부). 그러니까 봉사활동 특기사항도 학급담임교사가 기록한다고 보면 돼요.

영역		작성 주체	글자 수
창의적 체험활동	자율활동	학급담임교사	학년당 500자
	동아리활동	동아리지도교사	학년당 500자
	봉사활동	학급담임교사	학년당 200자
	진로활동	학급담임교사	학년당 700자

■ 학급담임교사가 학급 학생들의 자율활동·봉사활동·진로활동의 특기사항을 완벽하게 기록할 수 있을까요? 담임교사가 분신술을 부리면서 '동에 번쩍 서에 번쩍' 하는 홍길동이라면 모를까, 그 많은 것을 제대로 기록할 수 없어요.

그래서 교육부는 교사가 학교생활기록부(학생부)를 기재할 때 다음과 같은 '학생작성자료'를 활용하도록 허용하였어요. '① 동료평가서, ② 자기평가서, ③ 수행평가 결과물, ④ 소감문, ⑤ 독후감' 등이 그것이지요. 여기에서 주목할 것이 바로 학생이 스스로의 활동을 평가하는 '자기평가서'예요.

■ 『학교생활기록부기재요령』(교육부)에 따르면, 창의적 체험활동에는 "학생의 영역별 활동에 대해 교사가 상시 관찰하고 평가한 누가기록을 바탕으로 구체적 활동사실과 학생의 활동

태도 및 노력에 의한 행동변화와 성장 등을 기재"한다고 되어 있어요.

여기에서 주목할 단어가 바로 '누가기록'이에요. 학교생활기록부를 기재하기 위해서 교사도 규정에 따라 누가기록을 하지만, 그것으로는 턱없이 부족해요. 교사가 직접 관찰할 수 없는 학생활동이 너무 많거든요. 그래서 학생이 나서서 교사의 누가기록을 보완해 드려야 해요.

■ 그렇다고 학생이 아무렇게나 누가기록을 할 수는 없는 일! 그래서 학생이 작성한 누가기록은 반드시 '교사 확인'을 받아야 해요. 객관적 자료를 근거로 하여 그때그때 담당교사의 사실 확인을 받는 것은 학생부 공정한 기록을 위해 전제되어야 할 일이지요. 학생부를 임팩트(impact) 있게 써 주기 위해서는 팩트(fact)에 기반하지 않으면 안 되거든요.

■ 학생은 이러한 '누가기록'을 바탕으로 '자기평가서'를 작성하면 돼요. 이때 객관적 사실을 바탕으로 논리적으로 기술하는 것이 핵심이에요. 『학교생활기록부기재요령』(교육부)에 제시하고 있는 방법대로 하면 되니까 너무 걱정은 하지 마세요. "학교생활기록부는 언제, 어떤 역할로, 어떤 활동을, 어떻게 수행해서, 그 결과가 어떠하였는지를 가급적 구체적으로 입력한다"라고 친절하게 제시하고 있으니까요. 한마디로, 누가(어떤 역할로), 언제(언제), 어디서, 무엇을(어떤 활동을), 어떻게(어떻게 수행해서), 왜(그 결과가 어떠하였는지) 하였는지 육하원칙에 따라 작성하면 되는 거예요.

■ 한편, '행동특성 및 종합의견'(행종)을 적을 때 빠져서는 안 되는 영역이 창의적 체험활동이에요. 그래서 행종에 사용할 '비교과 영역'의 자기평가서도 함께 작성해야 해요. 자동봉진으로 일컫는 창의적 체험활동과 독서활동을 떠올리면서, 자신의 '전공적합성'과 '발전가능성' 등의 행동특성이 어디에서 잘 드러나는지 찾아서 말이죠.

행동특성 및 종합의견은 '대학에 보내는 교사 추천서'로 학생부종합전형에서 매우 중요하니까, 비교과 활동에서도 이를 항상 염두에 두면서 활동해야 해요.

행동특성 및 종합의견 누가기록 4

비교과

'비교과'에서 언급할 행동특성은 무엇인가?	이를 보여 주는 구체적 사례는 무엇인가?	일시	교사 확인
한 달에 서너 권의 책을 읽을 정도로 독서를 생활화한 학생으로, 책을 통해 문제를 해결하려는 탐구 정신이 매우 뛰어남	왕성한 독서력 때문인지 사회나 과학 시간에 실시한 토론학습이나 탐구과제 발표에서 발군의 역량을 보여 줌	11.20.	
	각종 발표대회에서 자신의 생각을 전달하면서 선택한 단어의 수준이 높고 논리 전개력이 출중함	07.24.	

행동특성 및 종합의견 자기평가서 4

비교과

'비교과'에서 언급할 행동특성은 무엇인가?	한 달에 서너 권의 책을 읽을 정도로 독서를 생활화한 학생으로, 책을 통해 문제를 해결하려는 탐구 정신이 매우 뛰어남. 왕성한 독서력 때문인지 사회나 과학 시간에 실시한 토론학습이나 탐구과제 발표에서 발군의 역량을 보여 줌. 각종 발표대회에서 자신의 생각을 전달하면서 선택한 단어의 수준이 높고 논리 전개력이 출중함.
이를 보여 주는 구체적 사례는 무엇인가?	

● 1학년

행동특성 및 종합의견 누가기록 4

비교과

'비교과'에서 언급할 행동특성은 무엇인가?	이를 보여 주는 구체적 사례는 무엇인가?	일시	교사 확인

행동특성 및 종합의견 자기평가서 4

비교과

'비교과'에서 언급할 행동특성은 무엇인가?	
이를 보여 주는 구체적 사례는 무엇인가?	

행동특성 및 종합의견 누가기록 4

비교과

'비교과'에서 언급할 행동특성은 무엇인가?	이를 보여 주는 구체적 사례는 무엇인가?	일시	교사 확인

행동특성 및 종합의견 자기평가서 4

비교과

'비교과'에서 언급할 행동특성은 무엇인가?	
이를 보여 주는 구체적 사례는 무엇인가?	

●●● **3학년**

행동특성 및 종합의견 누가기록 4

비교과

'비교과'에서 언급할 행동특성은 무엇인가?	이를 보여 주는 구체적 사례는 무엇인가?	일시	교사 확인

행동특성 및 종합의견 자기평가서 4

비교과

'비교과'에서 언급할 행동특성은 무엇인가?	
이를 보여 주는 구체적 사례는 무엇인가?	

01

자율활동 특기사항

이 책 앞에 실린 '자율활동'을 읽고 나서
완전하게 이해한 다음, 워크북을 보세요.

■ 자율활동이 창의적 체험활동의 일환이라는 사실을 잊지 마세요. 자율활동 특기사항은
① 창의적으로 ② 체험하는 ③ 자율적인 활동 중에서 ④특기할 만한 사항을 학급담임교사
가 500자로 기록하는 영역이에요.

■ 500자 분량은 서너 개 정도의 활동내용이면 적절해요. ① 창의적으로 ② 체험하는 ③ 자
율활동 중에서 ④ 특기할 만한 것을 서너 개 고르면 된다는 말이지요.

다음 기준을 보면서 '특기할 만한 활동내용'을 적절히 선택해 보세요.

● 창의적인 활동인가?

● 의미 있는 체험인가?

● 자치 역량을 보여 주었는가?

영역	활동		활동내용
자율 활동	자치·적응 활동	자치 활동	● 협의활동 – 학급자치: 학급회 　　　　　　　학교자치: 학생회, 모의의회, 자치법정, 토론회 ● 역할분담활동 – 1인 1역, 1일담임제
		적응 활동	● 기본생활습관형성활동 – 예절: 양성평등교육, 장애이해교육 　　　　　　　　　　　　　　준법: 학교폭력예방교육, 금연교육 ● 친목활동 – 교우활동: 마니토활동, 멘토링 ● 상담활동 – 또래상담활동
		행사 활동	● 학교활동 – 축제, 체육대회 ● 학급활동 – 테마학습, 수학여행
	창의주제활동		● 음악활동 – 성악, 뮤지컬, 오페라, 오케스트라, 국악, 　사물놀이, 밴드, 난타 등 ● 미술활동 – 현대미술, 전통미술, 회화, 조각, 사진, 　애니메이션, 공예, 만화, 벽화, 디자인, 미술관 탐방 등 ● 연극·영화활동 – 연극, 영화평론, 영화제작, 방송 등 ● 체육활동 – 씨름, 태권도, 택견, 전통 무술, 구기운동, 수영, 　요가, 하이킹, 등산, 자전거, 댄스 등 ● 놀이활동 – 보드게임, 공동체놀이, 마술, 민속놀이 등

■ 자율활동은 자치·적응활동(자치활동, 적응활동, 행사활동)과 창의주제활동으로 나눌 수 있어
요. 그런데 '자치활동, 적응활동, 행사활동'은 칼로 무 자르듯 명확하게 나눌 수 있는 건 아
니니까, 너무 개념 규정에 얽매이지 마세요. 어차피 모든 활동은 자율활동이라는 하나의
항목으로 통합되어 기록되니까요.

■ 한편, 행동특성 및 종합의견을 적을 때 활용할 '자율활동 영역'의 자기평가서도 함께 준비하세요. 자율활동은 자동봉진 중에서 가장 많은 활동내용을 포함하고 있으므로, 행종에 기록할 만한 의미 있는 행동특성이 반드시 있게 마련이지요.

자율활동 누가기록

평가	근거	일시	교사 확인
어떤 역할로 어떤 평가를 받았는가?	어떤 활동을 어떻게 수행했는가?		
일일담임으로 조례와 종례를 통해 학급담임의 업무를 창의적으로 수행함	'선행탑 쌓기'를 통해 칭찬하는 학급문화 만들기를 제안함	04.08.	
	'약속과 반성'이라는 제목의 감동적인 훈화를 함	06.10.	
	PPT 자료를 준비하여 '묵수'라는 제목의 훈화를 함	09.09.	
	'섬기는 리더십'의 모습을 보여 주고 싶었다는 심정을 토로함	11.25.	
도움반 친구가 학급에서 잘 적응하도록 하는 방안을 제시하고 실천함	장애이해교육에서 "도움반 친구가 이해되지 않은 행동을 할지라도, 그것은 우리가 화장실을 가는 행위처럼 그가 살아가는 데 꼭 필요한 것"이라는 특수교사의 말이 잊히지 않는다고 소감문에 적음	04.10.	
	학급회의에서 '○○와 친구 되기 프로젝트'를 제안함	04.15.	
	아침마다 도움반 친구의 이름을 먼저 불러 주고 다정하게 인사함	매일	
	도움반 친구가 처음으로 말을 걸어와서 몹시 기쁘다고 말함	09.19.	
'놀이마당'에 적극적으로 참여하여 전통놀이 보급에 앞장섬	'친구야, 신나게 놀자'(교육연구정보원)로 전통놀이를 배우고 익힘	4월	
	새로운 비석치기 방법을 고안한 뒤 친구들과 실제로 놀아봄	05.22.	
	딱지치기와 비석치기의 놀이과정 영상을 제작하여 학교홈페이지에 탑재함	07.29.	

행동특성 및 종합의견 누가기록 1

자율활동

어떤 역할을 맡았는데, 한마디로 어떤 사람인가?	이를 보여 주는 구체적 사례는 무엇인가?		
학급 부반장으로 활동하면서 '섬기는 리더십'을 보여준 매력적인 학생임	실장에게 주어진 업무를 자발적으로 수행하면서도 항상 자기를 내세우지 않는 겸손함이 몸에 배어 있음		
	아침마다 친구들에게 건네는 "오늘은 무엇을 도와 드릴까요?"라는 말과 일치하는 행동을 보여줌		

자율활동 자기평가서

어떤 역할로 어떤 평가를 받았는가?	일일담임으로 조례와 종례를 통해 학급담임의 업무를 훌륭하게 수행하면서, '약속과 반성', '묵수' 등의 훈화를 통해 친구들의 눈높이에 맞는 교육철학을 펼치는 모습에서 '섬기는 리더십'의 모습을 보여줌. 급우들의 추천을 받아 24층으로 선행탑을 쌓은 사실이, 이 학생이 어떤 평가를 받고 있는지를 잘 말해 줌.
어떤 활동을 어떻게 수행했는가?	장애이해교육(2019.04.10., 특수교육실)을 받고 난 뒤, 학급회의에서 도움반 친구가 학급에서 잘 적응하도록 하는 방안을 제시하고 실천함. "도움반 친구들이 이해되지 않은 행동을 할지라도, 그것은 우리가 화장실을 가는 행위처럼 그들이 살아가는 데 꼭 필요한 것"이라는 특수교사의 말을 친구들에게 다시 들려줌. '○○와 친구 되기 프로젝트'를 제안하여 도움반 친구의 이름을 먼저 불러 주고 항상 다정하게 인사하는 등의 노력을 기울임. 전통놀이를 익히고 보급하는 '놀이마당'에 적극적으로 참여하여 전통놀이 보급에 앞장섬. '친구야, 신나게 놀자'(교육연구정보원)라는 놀이활동자료집을 통하여 전통놀이를 배우고, 딱지치기와 비석치기의 놀이방법에 대해 익혀 새로운 비석치기 방법을 고안함. 이후, 직접 놀이하는 과정을 영상으로 제작하여 이를 학교홈페이지에 탑재함.

행동특성 및 종합의견 자기평가서 1

자율활동

어떤 역할을 맡았는데, 한마디로 어떤 사람인가?	학급 부반장으로 활동하면서 '섬기는 리더십'을 보여준 매력적인 학생임. 실장에게 주어진 업무를 자발적으로 수행하면서도 항상 자기를 내세우지 않는 겸손함이 몸에 배어 있음. 아침마다 친구들에게 건네는 "오늘은 무엇을 도와 드릴까요?"라는 말과 일치하는 행동을 보여줌.
이를 보여 주는 구체적 사례는 무엇인가?	

● 1학년

자율활동 누가기록

평가	근거	일시	교사 확인
어떤 역할로 어떤 평가를 받았는가?	어떤 활동을 어떻게 수행했는가?		

행동특성 및 종합의견 누가기록 1

자율활동

어떤 역할을 맡았는데, 한마디로 어떤 사람인가?	이를 보여 주는 구체적 사례는 무엇인가?	일시	교사 확인

자율활동 자기평가서

어떤 역할로 어떤 평가를 받았는가?	
어떤 활동을 어떻게 수행했는가?	

행동특성 및 종합의견 자기평가서 1

자율활동

어떤 역할을 맡았는데, 한마디로 어떤 사람인가?	
이를 보여 주는 구체적 사례는 무엇인가?	

●● 2학년

자율활동 누가기록

평가	근거	일시	교사 확인
어떤 역할로 어떤 평가를 받았는가?	어떤 활동을 어떻게 수행했는가?		

행동특성 및 종합의견 누가기록 1

자율활동

어떤 역할을 맡았는데, 한마디로 어떤 사람인가?	이를 보여 주는 구체적 사례는 무엇인가?	일시	교사 확인

자율활동 자기평가서

어떤 역할로 어떤 평가를 받았는가?	
어떤 활동을 어떻게 수행했는가?	

행동특성 및 종합의견 자기평가서 1

자율활동

어떤 역할을 맡았는데, 한마디로 어떤 사람인가?	
이를 보여 주는 구체적 사례는 무엇인가?	

●●● 3학년

자율활동 누가기록

평가	근거	일시	교사 확인
어떤 역할로 어떤 평가를 받았는가?	어떤 활동을 어떻게 수행했는가?		

행동특성 및 종합의견 누가기록 1

자율활동

어떤 역할을 맡았는데, 한마디로 어떤 사람인가?	이를 보여 주는 구체적 사례는 무엇인가?	일시	교사 확인

자율활동 자기평가서

어떤 역할로 어떤 평가를 받았는가?	
어떤 활동을 어떻게 수행했는가?	

행동특성 및 종합의견 자기평가서 1

자율활동

어떤 역할을 맡았는데, 한마디로 어떤 사람인가?	
이를 보여 주는 구체적 사례는 무엇인가?	

02

동아리활동 특기사항

> 이 책 앞에 실린 '동아리활동'을 읽고 나서
> 완전하게 이해한 다음, 워크북을 보세요.

■ 동아리활동이 창의적 체험활동의 일환이라는 사실을 잊지 마세요. 동아리활동 특기사항 은 ① 창의적으로 ② 체험하는 ③ 집단활동 중에서 ④ 특기할 만한 사항을 학급담임교사가 500자로 기록하는 영역이에요.

■ 500자 분량은 서너 개 정도의 활동내용이면 적절해요. ① 창의적으로 ② 체험하는 ③ 집 단활동 중에서 ④ 특기할 만한 것을 서너 개 고르면 된다는 말이지요.

다음 기준을 보면서 '특기할 만한 활동내용'을 적절히 선택해 보세요.

- 창의적인 활동인가?
- 의미 있는 체험인가?
- 관심과 재능을 보여 주었는가?

영역	활동		특기사항 기재 방법
동아리 활동	정규교육과정 내 동아리활동	동아리 활동	● (영어회화반)(34시간) 외국인과의 의사소통에 관심이 많고 ~
		청소년단체 활동	● (RCY)(34시간) 사랑과 봉사의 적십자정신을 배우고 실천하여~
		학교 스포츠클럽 활동 (중학교)	● (발야구반 : 학교스포츠클럽)(34시간) 반장으로서 역할을 정확히 숙지하고~
	정규교육과정 외 학교교육계획에 따른 자율동아리 활동	자율 동아리 활동	● (위드유: 자율동아리) 소외계층을 위한 봉사동아리

■ 동아리활동은 '정규교육과정 내 동아리활동'만 특기사항에 기재할 수 있어요. 학교마다 특정요일에 동아리시간이 배치되어 있는데, 그 수업시간에 활동한 것만을 동아리활동의 특기사항에 기재할 수 있지요.

2019학년도 1학년부터 '정규교육과정 외 학교교육계획에 따른 자율동아리활동'은 가입제한은 두지 않되 기재가능 동아리 개수를 학년당 1개로 제한하고, 특기사항에도 객관적으로 확인할 수 있는 사항(동아리명, 동아리소개)만 한글 30자 이내(띄어쓰기 포함)로 간단하게 기재하도록 하였어요.

■ 한편, 행동특성 및 종합의견에 활용할 '동아리활동 영역'의 자기평가서는 준비할 필요가 없어요. 동아리활동은 행종을 기록하는 학급담임교사가 관장하는 영역이 아니니까요. 그렇다고 동아리활동을 행종에 적을 수 없다는 건 아니에요.

동아리활동

평가	근거	일시	교사 확인
어떤 역할로 어떤 평가를 받았는가?	어떤 활동을 어떻게 수행했는가?		
	"교정을 클래식의 향기로"를 슬로건으로 클래식동호회 동아리 반장에 당선됨	03.13.	
	방송반과 협의하여 '교과서 음악회'라는 이름으로 점심시간에 클래식 방송을 하기로 합의함	03.27.	
	초등학교 교과서에 실려 있는 '사계, 봄의 소리, 동물의 사육제, 호두까기인형, 페르귄트, 윌리엄텔 서곡' 등을 선정하여 방송을 시작함	04.10.	
	설문 조사를 통해 듣고 싶은 클래식 작곡가 20인을 선정함.	04.24.	
클래식 음악에 흠뻑 빠져 사는 마니아로서 동아리 반장을 맡으면서 클래식 음악의 대중화에 앞장섬	'스토리 클래식'(진회숙)을 바탕으로 바흐, 헨델, 모차르트, 슈베르트, 바그너, 쇼팽 등 서양 고전음악을 대표하는 작곡가 20인에 대한 인간미 물씬 풍기는 이야깃거리들을 들려줌	05.13.-	
	'청소년을 위한 관현악 입문'(브리튼)을 들려주며 오케스트라에서 악기의 음색을 구분하며 감상하는 법을 안내함	05.20.	
	격조 있는 방송 진행이라며 음악 교사에게서 칭찬을 받음	05.22.	
	'교과서 음악회'를 통해 음악평론가의 길을 꿈꾸게 되었다고 말함	12.11.	
	최우수 동아리로 선정되어 표창장을 받음	12.18.	

동아리활동 자기평가서

어떤 역할로 어떤 평가를 받았는가?	클래식음악에 흠뻑 빠져 사는 마니아로서 클래식 동호회 동아리 반장(2019.03.01.- 2020.02.28.)을 맡으면서 방송반과 연대활동을 통해 클래식 음악의 대중화에 앞장섬.
어떤 활동을 어떻게 수행했는가?	"교정을 클래식의 향기로"를 슬로건으로 정하고, 방송반과 협의하여 초등학교 교과서에 실려 있는 '사계 전 악장, 봄의 소리, 동물의 사육제, 호두까기인형, 페르귄트, 윌리엄텔 서곡' 등을 '교과서 음악회'라는 이름으로 점심시간에 방송함. 설문 조사를 통해 듣고 싶은 클래식 작곡가 20인을 선정함. '음악가를 알면 클래식이 들린다'(신동헌)를 바탕으로 바흐, 헨델, 모차르트, 슈베르트, 바그너, 쇼팽 등 서양 고전음악을 대표하는 작곡가 20인에 대한 인간미 물씬 풍기는 이야깃거리들을 들려줌. 작곡가 브리튼의 '청소년을 위한 관현악 입문'을 들려주며 오케스트라에서 악기의 음색을 구분하며 감상하는 법을 안내한 것에 대해서는 음악 교사의 칭찬이 이어졌는데, 이를 통해 음악평론가의 길을 꿈꾸게 됨. 최우수 동아리로 선정되어 표창장을 받음.

● 1학년

동아리활동

평가	근거	일시	교사 확인
어떤 역할로 어떤 평가를 받았는가?	어떤 활동을 어떻게 수행했는가?		

동아리활동 자기평가서

어떤 역할로 어떤 평가를 받았는가?	
어떤 활동을 어떻게 수행했는가?	

●● 2학년

동아리활동

평가	근거	일시	교사 확인
어떤 역할로 어떤 평가를 받았는가?	어떤 활동을 어떻게 수행했는가?		

동아리활동 자기평가서

어떤 역할로 어떤 평가를 받았는가?	
어떤 활동을 어떻게 수행했는가?	

●●● **3학년**

동아리활동

평가	근거	일시	교사 확인
어떤 역할로 어떤 평가를 받았는가?	어떤 활동을 어떻게 수행했는가?		

동아리활동 자기평가서

어떤 역할로 어떤 평가를 받았는가?	
어떤 활동을 어떻게 수행했는가?	

03

봉사활동 특기사항

이 책 앞에 실린 '봉사활동'을 읽고 나서
완전하게 이해한 다음, 워크북을 보세요.

■ 창의적 체험활동의 일환인 봉사활동은 ① 창의적으로 ② 체험하는 ③ 봉사활동 중에서
④ 인성이 잘 발현된 사항을 '학급담임교사가 200자 정도로 기록하는 영역'이에요.

■ 봉사활동 200자 분량에는 '정규수업시간 내 봉사활동'이나 '정규수업시간 이외의 학교교
육계획에 의한 교내봉사활동' 중에서 특기할 만한 활동내용을 기재하는 것이 좋아요.

다음 기문을 보면서 '특기할 만한 활동내용'을 꼼꼼히 선택해 보세요.

● 창의적인 활동인가?

● 의미 있는 체험인가?

● 자기 인성이 잘 발현되었는가?

영역	활동	특기사항 기재 방법
봉사활동	정규교육과정 내 봉사활동	● 학급봉사모임 여해농원의 텃밭지기로 참여하여 교내의 자투리땅에~
	정규교육과정 외 학교교육계획에 따른 교내봉사활동	● 교내봉사모임 SeSe에서 학년대표로 활동하면서 생태적 삶을 실천하고~

■ 2019학년도 1학년부터 봉사활동이 교사의 관찰이 어렵다는 점을 이유로 특기사항 기재를 금지하였어요. '봉사활동'의 '특기사항'란에는 봉사활동 내용을 기재할 수 없게 되었지요

그런데 교육부의 지침이 조금 달라졌어요. 교사가 필요하다고 판단할 때는 '행동특성 및 종합의견'란에 봉사활동의 특기사항을 기재할 수 있도록 한 거예요(「2022학년도 대학입학제도 개편방안 및 고교교육 혁신방향」, 2018.8.17., 교육부). 봉사활동이 드러내 보여 주는 '인성'이라는 행동특성을 가볍게 여길 수 없어서 그런 것 같아요. 그래서 봉사활동도 '학급담임교사가 200자 정도로 기록하는 영역'이라고 한 거예요.

행동특성 및 종합의견 누가기록 5

봉사활동/인성

평가	근거	일시	교사 확인
'인성'에서 언급할 행동특성은 무엇인가?	어떤 활동을 어떻게 수행했는가?		
자발적 에너지절약 및 기후위기 대응을 위해 교내봉사모임 SeSe에서 학년대표로 활동하면서 생태적 삶을 적극적으로 실천함	학교의 냉방전기료가 1달에 1천만 원이 넘음을 알고, 학급별로 냉난방기 아껴쓰기 운동원을 선정하여 함께 활동함	03.18. –	
	미세먼지의 진원지인 중국과 몽골의 사막지대에 나무를 심으러 가는 심정으로 종이를 아끼자는 운동을 전개함	04.01. –	
	복사지 이면지를 활용하자는 캠페인을 전개하며, 교실마다 재활용품수거함 설치를 건의함	04.08.	
	동사무소에서 '폐지 줍는 할머니'를 소개받아 폐지와 재활용품을 격주로 전달해 드리면서 지역신문에 미담 사례로 소개됨	09.26.	
	교과서 물려주기 운동을 전개하여, '교과서 재생 공장'이라는 이름으로 교과서 수집장을 2층 홈베이스에 마련함	11.18.	

행동특성 및 종합의견 자기평가서 5

봉사활동/인성

'인성'에서 언급할 행동특성은 무엇인가?	
이를 보여 주는 구체적 사례는 무엇인가?	교내봉사모임 SeSe(Save energy Save earth)에서 학년대표로 활동하면서 생태적 삶을 적극적으로 실천함. 복사지 이면지를 활용하자는 캠페인을 전개하며, 교실마다 재활용품수거함 설치를 건의함. 동사무소에서 '폐지 줍는 할머니'를 소개받아 폐지와 재활용품을 격주로 전달해 드리면서 지역신문에 미담 사례로 소개됨.

● 1학년

행동특성 및 종합의견 누가기록 5

봉사활동/인성

평가	근거	일시	교사 확인
'인성'에서 언급할 행동특성은 무엇인가?	이를 보여 주는 구체적 사례는 무엇인가?		

행동특성 및 종합의견 자기평가서 5

봉사활동/인성

'인성'에서 언급할 행동특성은 무엇인가?	
이를 보여 주는 구체적 사례는 무엇인가?	

●● **2학년**

행동특성 및 종합의견 누가기록 5

봉사활동/인성

평가	근거	일시	교사 확인
'인성'에서 언급할 행동특성은 무엇인가?	이를 보여 주는 구체적 사례는 무엇인가?		

행동특성 및 종합의견 자기평가서 5

봉사활동/인성

'인성'에서 언급할 행동특성은 무엇인가?	
이를 보여 주는 구체적 사례는 무엇인가?	

●●● **3학년**

행동특성 및 종합의견 누가기록 5

봉사활동/인성

평가	근거	일시	교사 확인
'인성'에서 언급할 행동특성은 무엇인가?	이를 보여 주는 구체적 사례는 무엇인가?		

행동특성 및 종합의견 자기평가서 5

봉사활동/인성

'인성'에서 언급할 행동특성은 무엇인가?	
이를 보여 주는 구체적 사례는 무엇인가?	

04
진로활동 특기사항

> 이 책 앞에 실린 '진로활동'을 읽고 나서
> 완전하게 이해한 다음, 워크북을 보세요.

■ 진로활동이 창의적 체험활동의 일환이라는 사실을 잊지 마세요. 진로활동 특기사항은 ① 창의적으로 ② 체험하는 ③ 진로활동 중에서 ④ 특기할 만한 사항을 학급담임교사가 700자로 기록하는 영역이에요.

■ 700자 분량은 네댓 개 정도의 활동내용이면 적절해요. ① 창의적으로 ② 체험하는 ③ 진로활동 중에서 ④ 특기할 만한 것을 네댓 개 고르면 된다는 말이지요.

다음 기준을 보면서 '특기할 만한 활동내용'을 적절히 선택해 보세요.

- ● 창의적인 활동인가?
- ● 의미 있는 체험인가?
- ● 진로특성(이해→탐색→설계)을 잘 보여 주었는가?

영역	활동		활동내용	
진로 활동	자기이해 활동	자기강점 증진활동	● 자아정체성 탐구 ● 자아존중감 증진	● 진진로 검사 ● 진로 프로그램 ● 진로 상담
		자기특성 이해활동	● 직업흥미 탐색 ● 직업적성 탐색	
	진로탐색 활동	직업 이해활동	● 직업의 역할과 중요성 이해 ● 직업세계의 변화 탐구	
		진로정보 탐색활동	● 직업정보 탐색 ● 진학정보 탐색	
		진로 체험활동	● 직업인 인터뷰 ● 직업인 초청 강연 ● 산업체 방문	
	진로설계 활동	진로 계획활동	● 진로상담 ● 진로 의사결정 ● 학업에 대한 진로 설계 ● 직업에 대한 진로 설계	
		진로 준비활동	● 일상생활 관리 ● 진로목표 설정 ● 진로실천계획 수립 ● 학업 관리	

■ 진로활동은 '자기이해활동→진로탐색활동→진로설계활동' 순으로 단계적으로 이루어져요. 하지만 이들 활동은 칼로 무 자르듯 명확하게 나눌 수 있는 건 아니니까, 너무 개념 규정에 얽매이지 마세요. 어차피 모든 활동은 진로활동이라는 하나의 항목으로 통합되어 기재되니까요.

■ '진로활동'의 특기사항에는 ① 진로검사 결과와 ② 각종 진로 프로그램에서의 활동, 그리고 ③ 진로상담 내용이나 진로희망 발표 등 학생의 개별적 진로특성이 드러나는 내용을 기록할 수 있어요. 진로활동은 여느 창의적 체험활동과 달리 '진로상담 내용'을 기재할 수 있는 게 특징이지요.

■ 한편, 행동특성 및 종합의견을 적을 때 활용할 '진로활동 영역'의 자기평가서도 함께 준비하세요. 진로활동은 행종에서 "어떤 꿈을 꾸는데, 목표 지향적인가?" 하는 질문에 대한 적절한 답변을 제시해 주는 영역이니까요.

진로활동 누가기록

평가	근거	일시	교사 확인
(진로검사) 어떤 진로특성을 보여 주었는가?	검사 이후, 어떤 활동을 어떻게 수행했는가?	일시	교사 확인
자신의 강점과 약점을 알고, 강점은 발전시키고 약점은 보완하는 계획을 세워 실천함.	학교에서 실시한 다중지능검사(2019.04.08.) 결과 논리지능과 언어지능이 매우 높은 것으로 나타났으나, 대인관계지능, 자기이해지능 등은 낮은 것으로 나타남.	04.08.	
	자치회의 '내가 달라졌어요'(2019.04.29.)에서 친구의 발표에 공감할 만한 점을 칭찬하면서, 자신도 좋아하는 것을 찾아 진로설계를 새롭게 하겠다면서 부족한 점에 대한 보완 의지를 피력함.	04.29.	
(진로프로그램) 어떤 진로특성을 보여 주었는가?	검사 이후, 어떤 활동을 어떻게 수행했는가?	일시	교사 확인
체험활동을 통해 관심직업 및 학과에 대한 다양하고 구체적인 정보를 얻고 자신의 진로방향을 설정함.	대학전공탐색의 날 행사(2019.04.17.)에서 정치외교학과 탐색에 나섬. 해당학과의 교육과정과 직업전망에 대한 자료를 수집하고, 이를 통해 서류기반 면접을 해보면서 진로설계를 구체화함.	04.17.	
	전문외교관과의 만남(2019.05.08.)을 통해 희망진로에 대한 신념을 더욱 굳게함.	05.08.	
	학급회의 '나의 꿈 발표하기'(2019.07.15.)에서 외국어능력 신장을 위해 쏟고 있는 자신의 노력을 말하면서, 인간과 사회에 대한 폭넓은 교양을 갖춘 외교관이 되고 싶다는 포부를 밝힘.	05.22.	
(진로희망 발표) 희망 진로는 무엇인가?	진로 희망이 구체화된 계기는 무엇인가?	일시	교사 확인
자신의 진로장벽 요인을 해결하기 위해 적절한 방안을 찾아 노력함.	학부모와 학생의 희망진로가 서로 달라 오랫동안 고민함.	03.08.	
	학부모와 학생과 두 차례의 상담을 통해, 초등교사보다는 직업외교관의 길을 걷고자 하는 학생의 의견을 존중하기로 함.	09.18.	
	역사와 철학을 깊이 있게 공부하고 영어와 중국어 구사력이 날로 향상되는 것으로 보아, 충분히 꿈을 이룰 수 있을 것이라고 격려함.	09.25.	

행동특성 및 종합의견 누가기록 2

진로활동

어떤 꿈을 꾸고 있는데, 목표 지향적인가?	이를 보여 주는 구체적 사례는 무엇인가?	일시	교사 확인
의료와 공학이 만나는 21세기 의료인을 꿈꾸고 있음.	'전문직업인과의 만남의 날'에 감정표현을 하는 로봇 코비를 개발한 로봇공학자 ○○○박사와 만나면서, 노인에게 의료서비스를 제공하는 유비쿼터스 로봇에 대한 탐구를 계속함.	05.15.	

진로활동 자기평가서

어떤 진로특성을 보여 주었는가?	자신의 강점과 약점을 알고, 강점은 발전시키고 약점은 보완하는 계획을 세워 실천함. 학교에서 실시한 다중지능검사(2019.04.08.) 결과 논리지능과 언어지능이 매우 높은 것으로 나타났으나, 대인관계지능, 자기이해지능 등은 낮은 것으로 나타남. 자치회의 '내가 달라졌어요'에 친구의 발표에서 공감할 만한 점을 칭찬하면서, 자신도 좋아하는 것을 찾아 진로설계를 새롭게 하겠다면서 부족한 점에 대한 보완 의지를 피력함.
어떤 활동을 어떻게 수행했는가?	체험활동을 통해 관심직업 및 학과에 대한 다양하고 구체적인 정보를 얻고 자신의 진로방향을 설정함. 대학전공탐색의 날 행사(2019.04.10.)에서 정치외교학과 탐색에 나섬. 해당학과의 교육과정과 직업전망에 대한 자료를 수집하고, 이를 통해 서류기반 면접을 해보면서 진로설계를 구체화함. 전문외교관과의 만남(2019.05.08.)을 통해 희망진로에 대한 신념을 더욱 굳게함. w'나의 꿈 나의 도전 발표하기'(2019.07.15.)에서 외국어능력 신장을 위해 쏟고 있는 자신의 노력을 말하면서, 인간과 사회에 대한 폭넓은 교양을 갖춘 외교관이 되고 싶다는 포부를 밝힘. 자신의 진로장벽 요인을 해결하기 위해 적절한 방안을 찾아 노력함. 학부모와 학생의 희망진로가 서로 달라 오랫동안 고민함. 학부모와 학생과 두 차례의 상담을 통해, 초등교사보다는 직업외교관의 길을 걷고자 하는 학생의 의견을 존중하기로 함. 역사와 철학을 깊이 있게 공부하고 영어와 중국어 구사력이 날로 향상되는 것으로 보아, 충분히 꿈을 이룰 수 있을 것이라고 격려함.

행동특성 및 종합의견 자기평가서 2

진로활동

어떤 꿈을 꾸고 있는데, 목표 지향적인가?	의료와 공학이 만나는 21세기 의료인을 꿈꾸고 있음. '전문직업인과의 만남의 날'에 감정표현을 하는 로봇 코비를 개발한 로봇공학자 ○○○박사를 만나면서, 노인에게 의료서비스를 제공하는 유비쿼터스 로봇에 대한 탐구를 계속함.
이를 보여 주는 구체적 사례는 무엇인가?	

● 1학년

진로활동 누가기록

평가	근거	일시	교사 확인
(진로검사) 어떤 진로특성을 보여 주었는가?	검사 이후, 어떤 활동을 어떻게 수행했는가?	일시	교사 확인
(진로프로그램) 어떤 진로특성을 보여 주었는가?	검사 이후, 어떤 활동을 어떻게 수행했는가?	일시	교사 확인
(진로희망 발표) 희망 진로는 무엇인가?	진로 희망이 구체화된 계기는 무엇인가?	일시	교사 확인

행동특성 및 종합의견 누가기록 2

진로활동

어떤 꿈을 꾸고 있는데, 목표 지향적인가?	이를 보여 주는 구체적 사례는 무엇인가?	일시	교사 확인

진로활동 자기평가서

어떤 진로특성을 보여 주었는가?	
어떤 활동을 어떻게 수행했는가?	

행동특성 및 종합의견 자기평가서 2

진로활동

어떤 꿈을 꾸고 있는데, 목표 지향적인가?	
이를 보여 주는 구체적 사례는 무엇인가?	

●● 2학년

진로활동 누가기록

평가	근거	일시	교사 확인
(진로검사) 어떤 진로특성을 보여 주었는가?	검사 이후, 어떤 활동을 어떻게 수행했는가?	일시	교사 확인
(진로프로그램) 어떤 진로특성을 보여 주었는가?	검사 이후, 어떤 활동을 어떻게 수행했는가?	일시	교사 확인
(진로희망 발표) 희망 진로는 무엇인가?	진로 희망이 구체화된 계기는 무엇인가?	일시	교사 확인

행동특성 및 종합의견 누가기록 2

진로활동

어떤 꿈을 꾸고 있는데, 목표 지향적인가?	이를 보여 주는 구체적 사례는 무엇인가?	일시	교사 확인

진로활동 자기평가서

어떤 진로특성을 보여 주었는가?	
어떤 활동을 어떻게 수행했는가?	

행동특성 및 종합의견 자기평가서 2

진로활동

어떤 꿈을 꾸고 있는데, 목표 지향적인가?	
이를 보여 주는 구체적 사례는 무엇인가?	

●●● **3학년**

진로활동 누가기록

평가	근거	일시	교사 확인
(진로검사) 어떤 진로특성을 보여 주었는가?	검사 이후, 어떤 활동을 어떻게 수행했는가?	일시	교사 확인
(진로프로그램) 어떤 진로특성을 보여 주었는가?	검사 이후, 어떤 활동을 어떻게 수행했는가?	일시	교사 확인
(진로희망 발표) 희망 진로는 무엇인가?	진로 희망이 구체화된 계기는 무엇인가?	일시	교사 확인

행동특성 및 종합의견 누가기록 2

진로활동

어떤 꿈을 꾸고 있는데, 목표 지향적인가?	이를 보여 주는 구체적 사례는 무엇인가?	일시	교사 확인

진로활동 자기평가서

어떤 진로특성을 보여 주었는가?	
어떤 활동을 어떻게 수행했는가?	

행동특성 및 종합의견 자기평가서 2

진로활동

어떤 꿈을 꾸고 있는데, 목표 지향적인가?	
이를 보여 주는 구체적 사례는 무엇인가?	

교과학습
발달상황

이 책 앞에 실린 '교과학습발달상황'을 읽고 나서
완전하게 이해한 다음, 워크북을 보세요.

■ 교과학습발달상황에는 내신성적을 기록하는 '성적기재'란과 성적으로 확인할 수 없는 학생의 성취수준이나 세부능력을 기록하는 '세부능력 및 특기사항'란이 있어요. 그런데 세부능력 및 특기사항(세특)은 다시 둘로 나눌 수 있지요. 정규교육과정으로 배치된 수업시간에 보여 준 교과학습의 성장 정도를 기재하는 '과목별 세부능력 및 특기사항'과, 과목별 세특에 기재할 수 없는 교과학습의 성장 정도를 기재하는 '개인별 세부능력 및 특기사항'이 그것이에요.

영역		작성 주체	글자 수
교과 학습 발달 상황	과목별 세부능력 및 특기사항	과목담당교사	과목당 500자
	개인별 세부능력 및 특기사항	학급담임교사	학년당 500자

■ 교과학습발달상황에서 '과목별 세부능력 및 특기사항'은 과목담당교사가 적고, '개인별 세부능력 및 특기사항'은 학급담임교사가 적어요. 그런데 불행하게도 교사는 '동에 번쩍 서에 번쩍' 할 수 있는 홍길동이 아니에요. 그래서 교육부는 교사가 학교생활기록부를 기재할 때 '① 동료평가서, ② 자기평가서, ③ (수행)평가 결과물, ④ 소감문, ⑤ 독후감' 등의 학생작성자료를 활용하도록 허용하였어요.

■ 『학교생활기록부기재요령』(교육부)에 따르면, 세부능력 및 특기사항에는 "학생중심수업 및 수업과 연계된 수행평가 등에서 관찰한 내용을 입력"한다고 명시하고 있어요. 그러면서 "학교생활기록부는 학생의 성장과 학습 과정을 상시 관찰·평가한 누가기록 중심의 종합기록이어야 한다"고 하였지요.

　여기에서 주목할 단어가 바로 '누가기록'이에요. 과목담당교사도 규정에 따라 누가기록을 하지만, 그것으로는 턱없이 부족해요. 수업 중에 학생의 역량을 칭찬하는 경우가 있는데 그때마다 수업을 멈추었다가 누가기록을 할 수도 없고, 그렇다고 수업이 끝나고 기록하려다 보면 학생에게 했던 평가가 떠오르지 않을 때도 있거든요. 그래서 수업시간에 교사의 칭찬이나 격려가 있을 때마다 학생 각자가 교사의 평가를 육하원칙에 따라 기록해 두면 이게 정말로 교사에게 큰 도움이 돼요.

■ 그렇다고 학생이 아무렇게나 누가기록을 할 수 없는 일! 학생이 작성한 누가기록에는 반드시 '교사 확인'을 받아야 해요. 수업에서 실제 이루어진 학습활동을 근거로 그때그때 담당교사의 사실 확인을 받는 것은 학생부의 공정한 기록을 위해 전제되어야 할 일이지요. 학생부를 임팩트(impact) 있게 써 주기 위해서는 팩트(fact)에 기반하지 않으면 안 되거든요.

■ 학생은 이러한 '누가기록'을 바탕으로 '자기평가서'를 작성하면 돼요. 이때 객관적 사실을 바탕으로 논리적으로 기술하는 것이 핵심이에요. 『학교생활기록부기재요령』(교육부)에 제시하고 있는 방법대로 하면 되니까 너무 걱정은 하지 마세요. "학교생활기록부는 언제, 어떤 역할로, 어떤 활동을, 어떻게 수행해서, 그 결과가 어떠하였는지를 가급적 구체적으로 입력한다"라고 친절하게 제시하고 있으니까요. 한마디로, 누가(어떤 역할로), 언제(언제), 어디서, 무엇을(어떤 활동을), 어떻게(어떻게 수행해서), 왜(그 결과가 어떠하였는지) 하였는지 육하원칙에 따라 작성하면 되는 거예요.

■ 한편, '행동특성 및 종합의견'을 적을 때 빠져서는 안 되는 영역이 '교과학습활동'이에요. 그래서 행동특성 및 종합의견을 기재할 때 활용할 '교과 영역'의 자기평가서도 함께 작성해야 해요. 교과 영역에서 매우 중요한 평가요소인 '학업역량'과 '전공적합성' 등의 행동특성이 어떤 교과학습활동에서 잘 드러나는지 찾아보면 돼요.

　행동특성 및 종합의견은 '대학에 보내는 교사 추천서'로서 학생부종합전형에서 매우 중요한 위치를 차지하므로, 교과학습활동을 할 때는 이를 항상 염두에 두면서 활동해야 해요.

행동특성 및 종합의견 누가기록 3

교과

'교과'에서 언급할 행동특성은 무엇인가?	이를 보여 주는 구체적 사례는 무엇인가?	일시	교사 확인
학습동아리 경험을 바탕으로 '나도 교사' 프로그램에 참가하여 탁월한 수업진행능력을 보여 줌	수학과 화학시간에 학급구성원들을 대상으로 수업을 진행하였는데 유연하고 능동적인 수업이었다고 담당교사로부터 칭찬을 받음	11.20.	
	남들 앞에 설 때는 스스로에 대한 믿음도 필요하지만, 그 자신감은 치밀한 사전준비와 노력의 산물이라는 자치회의 발언이 인상적임	11.18.	

행동특성 및 종합의견 자기평가서 3

교과

'교과'에서 언급할 행동특성은 무엇인가?	학습동아리 경험을 바탕으로 '나도 교사' 프로그램에 참가하여 탁월한 수업진행능력을 보여 줌. 수학과 화학시간에 학급구성원들을 대상으로 수업을 진행하였는데 유연하고 능동적인 수업이었다고 담당교사로부터 칭찬을 받음. 남들 앞에 설 때는 스스로에 대한 믿음도 필요하지만, 그 자신감은 치밀한 사전준비와 노력의 산물이라는 자치회의 발언이 인상적임.
이를 보여 주는 구체적 사례는 무엇인가?	

● 1학년

행동특성 및 종합의견 누가기록 3

교과

'교과'에서 언급할 행동특성은 무엇인가?	이를 보여 주는 구체적 사례는 무엇인가?	일시	교사 확인

행동특성 및 종합의견 자기평가서 3

교과

'교과'에서 언급할 행동특성은 무엇인가?	
이를 보여 주는 구체적 사례는 무엇인가?	

●● 2학년

행동특성 및 종합의견 누가기록 3

교과

'교과'에서 언급할 행동특성은 무엇인가?	이를 보여 주는 구체적 사례는 무엇인가?	일시	교사 확인

행동특성 및 종합의견 자기평가서 3

교과

'교과'에서 언급할 행동특성은 무엇인가?	
이를 보여 주는 구체적 사례는 무엇인가?	

●●● 3학년

행동특성 및 종합의견 누가기록 3

교과

'교과'에서 언급할 행동특성은 무엇인가?	이를 보여 주는 구체적 사례는 무엇인가?	일시	교사 확인

행동특성 및 종합의견 자기평가서 3

교과

'교과'에서 언급할 행동특성은 무엇인가?	
이를 보여 주는 구체적 사례는 무엇인가?	

01

과목별 세부능력 및 특기사항

이 책 앞에 실린 '과목별 세부능력 및 특기사항'을
읽고 나서 완전하게 이해한 다음, 워크북을 보세요.

■ 『학교생활기록부기재요령』(교육부)에 따르면, 과목별 세부능력 및 특기사항에는 '학생중심
수업' 및 '수업과 연계된 수행평가' 등에서 관찰한 내용을 과목당 500자로 입력한다고 명
시하고 있어요.

■ 과목별 세특 500자 분량은 두세 개 정도의 활동내용이면 적절해요. '학생중심수업'과 '수
업과 연계된 수행평가'에서, 다음 기준을 떠올리며 '특기할 만한 활동내용'을 적절히 선택
해 보세요.

- 학업역량이 잘 발현되었는가?
- 성취수준의 특성을 보여 주었는가?
- 세부능력을 잘 보여 주었는가?

영역	활동		활동내용
과목별 세부능력 및 특기사항	학생중심 수업	교과서 안 활동	● 협학생수준의 교육과정 재구성 　– 교과서 내용의 확장 ● 학생중심수업 모형 설계 　– 프로젝트 수업의 설계
		교과서 밖 활동	
	수업과 연계된 수행평가		● 수행평가: 교사가 수업시간에 　학생의 학습과제 수행과정 및 　결과를 직접 관찰하여 평가하는 　방법

■ 「학교생활기록 작성 및 관리지침」에 따르면, 과목별 세특은 '과목별 성취기준에 따른 성취수준의 특성' 및 '학습활동참여도' 등을 문장으로 기재하면 돼요. 그리고 학생의 활동이 '과목별 성취기준에 따른 성취수준의 특성'으로 표현하기 어려운 특출함을 보여 줄 경우, 이를 '세부능력'으로 기재해 주면 되고요.

'성취수준'이 평가규정에 명시되어 있는 성취기준에 대한 도달 수준을 가리키는 한정적 의미로 사용된다면, '세부능력'은 평가규정에 명시되어 있지 않은 학생의 신체능력과 정신능력 등을 총체적으로 가리키거든요.

■ 독서활동에서 '과목별 독서활동'은 과목담당교사가 입력하므로, 과목별로 자기평가서와 함께 제출하는 게 좋아요.

(국어)과목 누가기록

1. 학생중심수업

평가	근거		
(교과서 안) 어떤 성취수준을 보여 주었는가?	어떤 활동을 어떻게 수행했는가?	일시	교사 확인
비언어적 표현을 살펴보면서 상대방의 마음을 파악하고 대화상황을 적절히 조절할 수 있음	학생들이 직접 진행하는 발표수업 '저요저요'에 참여하여 '몸짓으로 전하는 마음'을 제재로 수업함	04.06.	
	PPT를 활용하여, 말 외에도 몸짓과 표정을 통해 상대방의 의중을 파악할 수 있고, 이러한 정보를 활용하여 대화상대를 이해할 수 있다고 설명함		
(교과서 밖) 어떤 세부능력을 보여 주었는가?	어떤 활동을 어떻게 수행했는가?	일시	교사 확인
교과서 내용을 최근의 미투운동과 연결하여 확장하는 창의적인 사고방식을 보고 "수업이 잘 짜인 한 편의 드라마와 같았다"라는 지도교사의 칭찬을 받음	상황극을 보여 주며 남자들이 여자를 빤히 쳐다보는 것이 여성에게는 '시선강간'으로 느껴질 수도 있다면서, 여성들이 남성들이 쳐다보는 것을 그렇게 말하는 까닭을 설득력 있게 제시함	04.29.	
	퀴즈를 통해 학습내용을 정리하면서 수업을 마무리함		

2. 수행평가

어떤 성취수준/세부능력을 보여 주었는가?	어떤 활동을 어떻게 수행했는가?	일시	교사 확인
자신의 진로장벽 요인을 해결하기 위해 적절한 방안을 찾아 노력함.	'사회적 문제에 대해 주장하는 글쓰기' 수행평가에서 치밀한 논리전개능력을 보여 줌	06.07.	
	'난민을 우리나라에 수용해야 한다'라는 주장의 글을 쓰면서 '세계시민으로서의 인도주의적 차원, 인구증가로 인한 경제 활성화, 국가 이미지 개선' 등을 근거로 내세워 논리구조를 세움		
	사회문제를 다양한 시각으로 보고 핵심쟁점을 추출하여 이를 해결하는 능력이 탁월함		

(국어)과목 자기평가서

어떤 성취수준을 보여 주었는가?	비언어적 표현을 살펴보면서 상대방의 마음을 파악하고 대화상황을 적절히 조절할 수 있음. 학생들이 직접 진행하는 발표수업 '저요저요'에 참여하여 '몸짓으로 전하는 마음'을 제재로 수업함(2019.04.05.). PPT를 활용하여, 말 외에도 몸짓과 표정을 통해 상대방의 의중을 파악할 수 있고, 이러한 정보를 활용하여 대화상대를 이해할 수 있다고 설명함. 상황극을 보여 주며
어떤 활동을 어떻게 수행했는가?	남자들이 여자를 빤히 쳐다보는 것이 여성에게는 '시선강간'으로 느껴질 수도 있다면서, 여성들이 남성들이 쳐다보는 것을 그렇게 말하는 까닭을 설득력 있게 제시함. 퀴즈를 통해 학습내용을 정리하면서 수업을 마무리함. 교과서 내용을 최근의 미투운동과 연결하여 확장하는 창의적인 사고방식을 보고 "수업이 잘 짜인 한 편의 드라마와 같았다."라는 지도교사의 칭찬을 받음.
어떤 세부능력을 보여 주었는가?	시사적인 현안이나 쟁점에 대해 자신의 관점을 수립하여 비평하는 글을 씀. '사회적 문제에 대해 주장하는 글쓰기' 수행평가(2019.06.07.)에서 치밀한 논리전개능력을 보여 줌. '난민을 우리나라에 수용해야 한다'라는 주장의 글을 쓰면서 '세계시민으로서의 인도주의적 차원, 인구증가로 인한 경제 활성화, 국가 이미지 개선' 등을 근거로 내세워 논리구조를 세움. 사회문제를 다양한 시각으로 보고 핵심쟁점을 추출하고 이를 해결하는 능력이 탁월함.

과목별 독서활동

도서명(저자)	하나도 괜찮지 않습니다(오찬호), 우리에겐 언어가 필요하다(이민경), 대한민국에서 난민으로 살아남기(박순용 외), 우리는 난민입니다(말랄라 유사프자이 외)

● 1학년

(   )과목 누가기록

1. 학생중심수업

평가	근거	일시	교사 확인
(교과서 안) 어떤 성취수준을 보여 주었는가?	어떤 활동을 어떻게 수행했는가?		
(교과서 밖) 어떤 세부능력을 보여 주었는가?	어떤 활동을 어떻게 수행했는가?	일시	교사 확인

2. 수행평가

평가	근거	일시	교사 확인
어떤 성취수준/세부능력을 보여 주었는가?	어떤 활동을 어떻게 수행했는가?		

(   )과목 자기평가서

어떤 성취수준을 보여 주었는가?	
어떤 활동을 어떻게 수행했는가?	
어떤 세부능력을 보여 주었는가?	

과목별 독서활동

도서명(저자)	

(   )과목 누가기록

1. 학생중심수업

평가	근거	일시	교사 확인
(교과서 안) 어떤 성취수준을 보여 주었는가?	어떤 활동을 어떻게 수행했는가?	일시	교사 확인
(교과서 밖) 어떤 세부능력을 보여 주었는가?	어떤 활동을 어떻게 수행했는가?	일시	교사 확인

2. 수행평가

평가	근거	일시	교사 확인
어떤 성취수준/세부능력을 보여 주었는가?	어떤 활동을 어떻게 수행했는가?		

(   )과목 자기평가서

어떤 성취수준을 보여 주었는가?	
어떤 활동을 어떻게 수행했는가?	
어떤 세부능력을 보여 주었는가?	

과목별 독서활동

도서명(저자)	

(   )과목 누가기록

1. 학생중심수업

평가	근거	일시	교사 확인
(교과서 안) 어떤 성취수준을 보여 주었는가?	어떤 활동을 어떻게 수행했는가?	일시	교사 확인
(교과서 밖) 어떤 세부능력을 보여 주었는가?	어떤 활동을 어떻게 수행했는가?	일시	교사 확인

2. 수행평가

평가	근거	일시	교사 확인
어떤 성취수준/세부능력을 보여 주었는가?	어떤 활동을 어떻게 수행했는가?		

(　　　　)과목 자기평가서

어떤 성취수준을 보여 주었는가?	
어떤 활동을 어떻게 수행했는가?	
어떤 세부능력을 보여 주었는가?	

과목별 독서활동

도서명(저자)	

(   )과목 누가기록

1. 학생중심수업

평가	근거	일시	교사 확인
(교과서 안) 어떤 성취수준을 보여 주었는가?	어떤 활동을 어떻게 수행했는가?	일시	교사 확인
(교과서 밖) 어떤 세부능력을 보여 주었는가?	어떤 활동을 어떻게 수행했는가?	일시	교사 확인

2. 수행평가

평가	근거	일시	교사 확인
어떤 성취수준/세부능력을 보여 주었는가?	어떤 활동을 어떻게 수행했는가?		

(　　　　)과목 자기평가서

어떤 성취수준을 보여 주었는가?	
어떤 활동을 어떻게 수행했는가?	
어떤 세부능력을 보여 주었는가?	

과목별 독서활동

도서명(저자)	

(   )과목 누가기록

1. 학생중심수업

평가	근거	일시	교사 확인
(교과서 안) 어떤 성취수준을 보여 주었는가?	어떤 활동을 어떻게 수행했는가?	일시	교사 확인
(교과서 밖) 어떤 세부능력을 보여 주었는가?	어떤 활동을 어떻게 수행했는가?	일시	교사 확인

2. 수행평가

평가	근거	일시	교사 확인
어떤 성취수준/세부능력을 보여 주었는가?	어떤 활동을 어떻게 수행했는가?		

(　　　　)과목 자기평가서

어떤 성취수준을 보여 주었는가?	
어떤 활동을 어떻게 수행했는가?	
어떤 세부능력을 보여 주었는가?	

과목별 독서활동

도서명(저자)	

(   )과목 누가기록

1. 학생중심수업

평가	근거	일시	교사 확인
(교과서 안) 어떤 성취수준을 보여 주었는가?	어떤 활동을 어떻게 수행했는가?		
(교과서 밖) 어떤 세부능력을 보여 주었는가?	어떤 활동을 어떻게 수행했는가?	일시	교사 확인

2. 수행평가

평가	근거	일시	교사 확인
어떤 성취수준/세부능력을 보여 주었는가?	어떤 활동을 어떻게 수행했는가?		

(   )과목 자기평가서

어떤 성취수준을 보여 주었는가?	
어떤 활동을 어떻게 수행했는가?	
어떤 세부능력을 보여 주었는가?	

과목별 독서활동

도서명(저자)	

(   )과목 누가기록

1. 학생중심수업

평가	근거		
(교과서 안) 어떤 성취수준을 보여 주었는가?	어떤 활동을 어떻게 수행했는가?	일시	교사 확인
(교과서 밖) 어떤 세부능력을 보여 주었는가?	어떤 활동을 어떻게 수행했는가?	일시	교사 확인

2. 수행평가

평가	근거	일시	교사 확인
어떤 성취수준/세부능력을 보여 주었는가?	어떤 활동을 어떻게 수행했는가?		

(   )과목 자기평가서

어떤 성취수준을 보여 주었는가?	
어떤 활동을 어떻게 수행했는가?	
어떤 세부능력을 보여 주었는가?	

과목별 독서활동

도서명(저자)	

(   )과목 누가기록

1. 학생중심수업

평가	근거	일시	교사 확인
(교과서 안) 어떤 성취수준을 보여 주었는가?	어떤 활동을 어떻게 수행했는가?		
(교과서 밖) 어떤 세부능력을 보여 주었는가?	어떤 활동을 어떻게 수행했는가?	일시	교사 확인

2. 수행평가

평가	근거	일시	교사 확인
어떤 성취수준/세부능력을 보여 주었는가?	어떤 활동을 어떻게 수행했는가?		

(   )과목 자기평가서

어떤 성취수준을 보여 주었는가?	
어떤 활동을 어떻게 수행했는가?	
어떤 세부능력을 보여 주었는가?	

과목별 독서활동

도서명(저자)	

(   )과목 누가기록

1. 학생중심수업

평가	근거		
(교과서 안) 어떤 성취수준을 보여 주었는가?	어떤 활동을 어떻게 수행했는가?	일시	교사 확인
(교과서 밖) 어떤 세부능력을 보여 주었는가?	어떤 활동을 어떻게 수행했는가?	일시	교사 확인

2. 수행평가

평가	근거	일시	교사 확인
어떤 성취수준/세부능력을 보여 주었는가?	어떤 활동을 어떻게 수행했는가?		

(   )과목 자기평가서

어떤 성취수준을 보여 주었는가?	
어떤 활동을 어떻게 수행했는가?	
어떤 세부능력을 보여 주었는가?	

과목별 독서활동

도서명(저자)	

(   )과목 누가기록

1. 학생중심수업

평가	근거	일시	교사 확인
(교과서 안) 어떤 성취수준을 보여 주었는가?	어떤 활동을 어떻게 수행했는가?	일시	교사 확인
(교과서 밖) 어떤 세부능력을 보여 주었는가?	어떤 활동을 어떻게 수행했는가?	일시	교사 확인

2. 수행평가

평가	근거	일시	교사 확인
어떤 성취수준/세부능력을 보여 주었는가?	어떤 활동을 어떻게 수행했는가?		

(   )과목 자기평가서

어떤 성취수준을 보여 주었는가?	
어떤 활동을 어떻게 수행했는가?	
어떤 세부능력을 보여 주었는가?	

과목별 독서활동

도서명(저자)	

(   )과목 누가기록

1. 학생중심수업

평가	근거		
(교과서 안) 어떤 성취수준을 보여 주었는가?	어떤 활동을 어떻게 수행했는가?	일시	교사 확인
(교과서 밖) 어떤 세부능력을 보여 주었는가?	어떤 활동을 어떻게 수행했는가?	일시	교사 확인

2. 수행평가

평가	근거	일시	교사 확인
어떤 성취수준/세부능력을 보여 주었는가?	어떤 활동을 어떻게 수행했는가?		

(   )과목 자기평가서

어떤 성취수준을 보여 주었는가?	
어떤 활동을 어떻게 수행했는가?	
어떤 세부능력을 보여 주었는가?	

과목별 독서활동

도서명(저자)	

(   )과목 누가기록

1. 학생중심수업

평가	근거	일시	교사 확인
(교과서 안) 어떤 성취수준을 보여 주었는가?	어떤 활동을 어떻게 수행했는가?		
(교과서 밖) 어떤 세부능력을 보여 주었는가?	어떤 활동을 어떻게 수행했는가?	일시	교사 확인

2. 수행평가

평가	근거	일시	교사 확인
어떤 성취수준/세부능력을 보여 주었는가?	어떤 활동을 어떻게 수행했는가?		

(   )과목 자기평가서

어떤 성취수준을 보여 주었는가?	
어떤 활동을 어떻게 수행했는가?	
어떤 세부능력을 보여 주었는가?	

과목별 독서활동

도서명(저자)	

●● 2학년

(   )과목 누가기록

1. 학생중심수업

평가	근거	일시	교사 확인
(교과서 안) 어떤 성취수준을 보여 주었는가?	어떤 활동을 어떻게 수행했는가?		
(교과서 밖) 어떤 세부능력을 보여 주었는가?	어떤 활동을 어떻게 수행했는가?	일시	교사 확인

2. 수행평가

평가	근거	일시	교사 확인
어떤 성취수준/세부능력을 보여 주었는가?	어떤 활동을 어떻게 수행했는가?		

(   )과목 자기평가서

어떤 성취수준을 보여 주었는가?	
어떤 활동을 어떻게 수행했는가?	
어떤 세부능력을 보여 주었는가?	

과목별 독서활동

도서명(저자)	

(   )과목 누가기록

1. 학생중심수업

평가	근거	일시	교사 확인
(교과서 안) 어떤 성취수준을 보여 주었는가?	어떤 활동을 어떻게 수행했는가?	일시	교사 확인
(교과서 밖) 어떤 세부능력을 보여 주었는가?	어떤 활동을 어떻게 수행했는가?	일시	교사 확인

2. 수행평가

평가	근거	일시	교사 확인
어떤 성취수준/세부능력을 보여 주었는가?	어떤 활동을 어떻게 수행했는가?		

(　　　　)과목 자기평가서

어떤 성취수준을 보여 주었는가?	
어떤 활동을 어떻게 수행했는가?	
어떤 세부능력을 보여 주었는가?	

과목별 독서활동

도서명(저자)	

(   )과목 누가기록

1. 학생중심수업

평가	근거	일시	교사 확인
(교과서 안) 어떤 성취수준을 보여 주었는가?	어떤 활동을 어떻게 수행했는가?	일시	교사 확인
(교과서 밖) 어떤 세부능력을 보여 주었는가?	어떤 활동을 어떻게 수행했는가?	일시	교사 확인

2. 수행평가

평가	근거	일시	교사 확인
어떤 성취수준/세부능력을 보여 주었는가?	어떤 활동을 어떻게 수행했는가?		

(   )과목 자기평가서

어떤 성취수준을 보여 주었는가?	
어떤 활동을 어떻게 수행했는가?	
어떤 세부능력을 보여 주었는가?	

과목별 독서활동

도서명(저자)	

(   )과목 누가기록

1. 학생중심수업

평가	근거	일시	교사 확인
(교과서 안) 어떤 성취수준을 보여 주었는가?	어떤 활동을 어떻게 수행했는가?		
(교과서 밖) 어떤 세부능력을 보여 주었는가?	어떤 활동을 어떻게 수행했는가?	일시	교사 확인

2. 수행평가

평가	근거	일시	교사 확인
어떤 성취수준/세부능력을 보여 주었는가?	어떤 활동을 어떻게 수행했는가?		

(   )과목 자기평가서

어떤 성취수준을 보여 주었는가?	
어떤 활동을 어떻게 수행했는가?	
어떤 세부능력을 보여 주었는가?	

과목별 독서활동

도서명(저자)	

(   )과목 누가기록

1. 학생중심수업

평가	근거	일시	교사 확인
(교과서 안) 어떤 성취수준을 보여 주었는가?	어떤 활동을 어떻게 수행했는가?	일시	교사 확인
(교과서 밖) 어떤 세부능력을 보여 주었는가?	어떤 활동을 어떻게 수행했는가?	일시	교사 확인

2. 수행평가

평가	근거	일시	교사 확인
어떤 성취수준/세부능력을 보여 주었는가?	어떤 활동을 어떻게 수행했는가?		

(   )과목 자기평가서

어떤 성취수준을 보여 주었는가?	
어떤 활동을 어떻게 수행했는가?	
어떤 세부능력을 보여 주었는가?	

과목별 독서활동

도서명(저자)	

(   )과목 누가기록

1. 학생중심수업

평가	근거	일시	교사 확인
(교과서 안) 어떤 성취수준을 보여 주었는가?	어떤 활동을 어떻게 수행했는가?		
(교과서 밖) 어떤 세부능력을 보여 주었는가?	어떤 활동을 어떻게 수행했는가?	일시	교사 확인

2. 수행평가

평가	근거	일시	교사 확인
어떤 성취수준/세부능력을 보여 주었는가?	어떤 활동을 어떻게 수행했는가?		

(   )과목 자기평가서

어떤 성취수준을 보여 주었는가?	
어떤 활동을 어떻게 수행했는가?	
어떤 세부능력을 보여 주었는가?	

과목별 독서활동

도서명(저자)	

(   )과목 누가기록

1. 학생중심수업

평가	근거	일시	교사 확인
(교과서 안) 어떤 성취수준을 보여 주었는가?	어떤 활동을 어떻게 수행했는가?		
(교과서 밖) 어떤 세부능력을 보여 주었는가?	어떤 활동을 어떻게 수행했는가?	일시	교사 확인

2. 수행평가

평가	근거	일시	교사 확인
어떤 성취수준/세부능력을 보여 주었는가?	어떤 활동을 어떻게 수행했는가?		

(   )과목 자기평가서

어떤 성취수준을 보여 주었는가?	
어떤 활동을 어떻게 수행했는가?	
어떤 세부능력을 보여 주었는가?	

과목별 독서활동

도서명(저자)	

(   )과목 누가기록

1. 학생중심수업

평가	근거	일시	교사 확인
(교과서 안) 어떤 성취수준을 보여 주었는가?	어떤 활동을 어떻게 수행했는가?		
(교과서 밖) 어떤 세부능력을 보여 주었는가?	어떤 활동을 어떻게 수행했는가?	일시	교사 확인

2. 수행평가

평가	근거	일시	교사 확인
어떤 성취수준/세부능력을 보여 주었는가?	어떤 활동을 어떻게 수행했는가?		

(   )과목 자기평가서

어떤 성취수준을 보여 주었는가?	
어떤 활동을 어떻게 수행했는가?	
어떤 세부능력을 보여 주었는가?	

과목별 독서활동

도서명(저자)	

(   )과목 누가기록

1. 학생중심수업

평가	근거	일시	교사 확인
(교과서 안) 어떤 성취수준을 보여 주었는가?	어떤 활동을 어떻게 수행했는가?		
(교과서 밖) 어떤 세부능력을 보여 주었는가?	어떤 활동을 어떻게 수행했는가?	일시	교사 확인

2. 수행평가

평가	근거	일시	교사 확인
어떤 성취수준/세부능력을 보여 주었는가?	어떤 활동을 어떻게 수행했는가?		

(   )과목 자기평가서

어떤 성취수준을 보여 주었는가?	
어떤 활동을 어떻게 수행했는가?	
어떤 세부능력을 보여 주었는가?	

과목별 독서활동

도서명(저자)	

(   )과목 누가기록

1. 학생중심수업

평가	근거	일시	교사 확인
(교과서 안) 어떤 성취수준을 보여 주었는가?	어떤 활동을 어떻게 수행했는가?	일시	교사 확인
(교과서 밖) 어떤 세부능력을 보여 주었는가?	어떤 활동을 어떻게 수행했는가?	일시	교사 확인

2. 수행평가

평가	근거	일시	교사 확인
어떤 성취수준/세부능력을 보여 주었는가?	어떤 활동을 어떻게 수행했는가?		

(   )과목 자기평가서

어떤 성취수준을 보여 주었는가?	
어떤 활동을 어떻게 수행했는가?	
어떤 세부능력을 보여 주었는가?	

과목별 독서활동

도서명(저자)	

(   )과목 누가기록

1. 학생중심수업

평가	근거		일시	교사 확인
(교과서 안) 어떤 성취수준을 보여 주었는가?	어떤 활동을 어떻게 수행했는가?		일시	교사 확인
(교과서 밖) 어떤 세부능력을 보여 주었는가?	어떤 활동을 어떻게 수행했는가?		일시	교사 확인

2. 수행평가

평가	근거	일시	교사 확인
어떤 성취수준/세부능력을 보여 주었는가?	어떤 활동을 어떻게 수행했는가?		

(   )과목 자기평가서

어떤 성취수준을 보여 주었는가?	
어떤 활동을 어떻게 수행했는가?	
어떤 세부능력을 보여 주었는가?	

과목별 독서활동

도서명(저자)	

(   )과목 누가기록

1. 학생중심수업

평가	근거	일시	교사 확인
(교과서 안) 어떤 성취수준을 보여 주었는가?	어떤 활동을 어떻게 수행했는가?	일시	교사 확인
(교과서 밖) 어떤 세부능력을 보여 주었는가?	어떤 활동을 어떻게 수행했는가?	일시	교사 확인

2. 수행평가

평가	근거	일시	교사 확인
어떤 성취수준/세부능력을 보여 주었는가?	어떤 활동을 어떻게 수행했는가?		

(   )과목 자기평가서

어떤 성취수준을 보여 주었는가?	
어떤 활동을 어떻게 수행했는가?	
어떤 세부능력을 보여 주었는가?	

과목별 독서활동

도서명(저자)	

●●● **3학년**

(   )과목 누가기록

1. 학생중심수업

평가	근거	일시	교사 확인
(교과서 안) 어떤 성취수준을 보여 주었는가?	어떤 활동을 어떻게 수행했는가?	일시	교사 확인
(교과서 밖) 어떤 세부능력을 보여 주었는가?	어떤 활동을 어떻게 수행했는가?	일시	교사 확인

2. 수행평가

평가	근거	일시	교사 확인
어떤 성취수준/세부능력을 보여 주었는가?	어떤 활동을 어떻게 수행했는가?		

(   )과목 자기평가서

어떤 성취수준을 보여 주었는가?	
어떤 활동을 어떻게 수행했는가?	
어떤 세부능력을 보여 주었는가?	

과목별 독서활동

도서명(저자)	

(   )과목 누가기록

1. 학생중심수업

평가	근거	일시	교사 확인
(교과서 안) 어떤 성취수준을 보여 주었는가?	어떤 활동을 어떻게 수행했는가?	일시	교사 확인
(교과서 밖) 어떤 세부능력을 보여 주었는가?	어떤 활동을 어떻게 수행했는가?	일시	교사 확인

2. 수행평가

평가	근거	일시	교사 확인
어떤 성취수준/세부능력을 보여 주었는가?	어떤 활동을 어떻게 수행했는가?		

(   )과목 자기평가서

어떤 성취수준을 보여 주었는가?	
어떤 활동을 어떻게 수행했는가?	
어떤 세부능력을 보여 주었는가?	

과목별 독서활동

도서명(저자)	

(   )과목 누가기록

1. 학생중심수업

평가	근거	일시	교사 확인
(교과서 안) 어떤 성취수준을 보여 주었는가?	어떤 활동을 어떻게 수행했는가?		
(교과서 밖) 어떤 세부능력을 보여 주었는가?	어떤 활동을 어떻게 수행했는가?	일시	교사 확인

2. 수행평가

평가	근거	일시	교사 확인
어떤 성취수준/세부능력을 보여 주었는가?	어떤 활동을 어떻게 수행했는가?		

(   )과목 자기평가서

어떤 성취수준을 보여 주었는가?	
어떤 활동을 어떻게 수행했는가?	
어떤 세부능력을 보여 주었는가?	

과목별 독서활동

도서명(저자)	

(   )과목 누가기록

1. 학생중심수업

평가	근거	일시	교사 확인
(교과서 안) 어떤 성취수준을 보여 주었는가?	어떤 활동을 어떻게 수행했는가?		
(교과서 밖) 어떤 세부능력을 보여 주었는가?	어떤 활동을 어떻게 수행했는가?	일시	교사 확인

2. 수행평가

평가	근거	일시	교사 확인
어떤 성취수준/세부능력을 보여 주었는가?	어떤 활동을 어떻게 수행했는가?		

(   )과목 자기평가서

어떤 성취수준을 보여 주었는가?	
어떤 활동을 어떻게 수행했는가?	
어떤 세부능력을 보여 주었는가?	

과목별 독서활동

도서명(저자)	

(   )과목 누가기록

1. 학생중심수업

평가	근거	일시	교사 확인
(교과서 안) 어떤 성취수준을 보여 주었는가?	어떤 활동을 어떻게 수행했는가?	일시	교사 확인
(교과서 밖) 어떤 세부능력을 보여 주었는가?	어떤 활동을 어떻게 수행했는가?	일시	교사 확인

2. 수행평가

평가	근거	일시	교사 확인
어떤 성취수준/세부능력을 보여 주었는가?	어떤 활동을 어떻게 수행했는가?		

(   )과목 자기평가서

어떤 성취수준을 보여 주었는가?	
어떤 활동을 어떻게 수행했는가?	
어떤 세부능력을 보여 주었는가?	

과목별 독서활동

도서명(저자)	

(   )과목 누가기록

1. 학생중심수업

평가	근거	일시	교사 확인
(교과서 안) 어떤 성취수준을 보여 주었는가?	어떤 활동을 어떻게 수행했는가?	일시	교사 확인
(교과서 밖) 어떤 세부능력을 보여 주었는가?	어떤 활동을 어떻게 수행했는가?	일시	교사 확인

2. 수행평가

평가	근거	일시	교사 확인
어떤 성취수준/세부능력을 보여 주었는가?	어떤 활동을 어떻게 수행했는가?		

(   )과목 자기평가서

어떤 성취수준을 보여 주었는가?	
어떤 활동을 어떻게 수행했는가?	
어떤 세부능력을 보여 주었는가?	

과목별 독서활동

도서명(저자)	

(   )과목 누가기록

1. 학생중심수업

평가	근거	일시	교사 확인
(교과서 안) 어떤 성취수준을 보여 주었는가?	어떤 활동을 어떻게 수행했는가?		
(교과서 밖) 어떤 세부능력을 보여 주었는가?	어떤 활동을 어떻게 수행했는가?	일시	교사 확인

2. 수행평가

평가	근거	일시	교사 확인
어떤 성취수준/세부능력을 보여 주었는가?	어떤 활동을 어떻게 수행했는가?		

<h2 align="center">(   )과목 자기평가서</h2>

어떤 성취수준을 보여 주었는가?	
어떤 활동을 어떻게 수행했는가?	
어떤 세부능력을 보여 주었는가?	

<h2 align="center">과목별 독서활동</h2>

도서명(저자)	

(   )과목 누가기록

1. 학생중심수업

평가	근거	일시	교사 확인
(교과서 안) 어떤 성취수준을 보여 주었는가?	어떤 활동을 어떻게 수행했는가?		
(교과서 밖) 어떤 세부능력을 보여 주었는가?	어떤 활동을 어떻게 수행했는가?	일시	교사 확인

2. 수행평가

평가	근거	일시	교사 확인
어떤 성취수준/세부능력을 보여 주었는가?	어떤 활동을 어떻게 수행했는가?		

(   )과목 자기평가서

어떤 성취수준을 보여 주었는가?	
어떤 활동을 어떻게 수행했는가?	
어떤 세부능력을 보여 주었는가?	

과목별 독서활동

도서명(저자)	

(   )과목 누가기록

1. 학생중심수업

평가	근거	일시	교사 확인
(교과서 안) 어떤 성취수준을 보여 주었는가?	어떤 활동을 어떻게 수행했는가?		
(교과서 밖) 어떤 세부능력을 보여 주었는가?	어떤 활동을 어떻게 수행했는가?	일시	교사 확인

2. 수행평가

평가	근거	일시	교사 확인
어떤 성취수준/세부능력을 보여 주었는가?	어떤 활동을 어떻게 수행했는가?		

(   )과목 자기평가서

어떤 성취수준을 보여 주었는가?	
어떤 활동을 어떻게 수행했는가?	
어떤 세부능력을 보여 주었는가?	

과목별 독서활동

도서명(저자)	

( )과목 누가기록

1. 학생중심수업

평가	근거	일시	교사 확인
(교과서 안) 어떤 성취수준을 보여 주었는가?	어떤 활동을 어떻게 수행했는가?		
(교과서 밖) 어떤 세부능력을 보여 주었는가?	어떤 활동을 어떻게 수행했는가?	일시	교사 확인

2. 수행평가

평가	근거	일시	교사 확인
어떤 성취수준/세부능력을 보여 주었는가?	어떤 활동을 어떻게 수행했는가?		

(   )과목 자기평가서

어떤 성취수준을 보여 주었는가?	
어떤 활동을 어떻게 수행했는가?	
어떤 세부능력을 보여 주었는가?	

과목별 독서활동

도서명(저자)	

(   )과목 누가기록

1. 학생중심수업

평가	근거	일시	교사 확인
(교과서 안) 어떤 성취수준을 보여 주었는가?	어떤 활동을 어떻게 수행했는가?		
(교과서 밖) 어떤 세부능력을 보여 주었는가?	어떤 활동을 어떻게 수행했는가?	일시	교사 확인

2. 수행평가

평가	근거	일시	교사 확인
어떤 성취수준/세부능력을 보여 주었는가?	어떤 활동을 어떻게 수행했는가?		

(   )과목 자기평가서

어떤 성취수준을 보여 주었는가?	
어떤 활동을 어떻게 수행했는가?	
어떤 세부능력을 보여 주었는가?	

과목별 독서활동

도서명(저자)	

(   )과목 누가기록

1. 학생중심수업

평가	근거	일시	교사 확인
(교과서 안) 어떤 성취수준을 보여 주었는가?	어떤 활동을 어떻게 수행했는가?		
(교과서 밖) 어떤 세부능력을 보여 주었는가?	어떤 활동을 어떻게 수행했는가?	일시	교사 확인

2. 수행평가

평가 어떤 성취수준/세부능력을 보여 주었는가?	근거 어떤 활동을 어떻게 수행했는가?	일시	교사 확인

(   )과목 자기평가서

어떤 성취수준을 보여 주었는가?	
어떤 활동을 어떻게 수행했는가?	
어떤 세부능력을 보여 주었는가?	

과목별 독서활동

도서명(저자)	

02

개인별 세부능력 및 특기사항

이 책 앞에 실린 '개인별 세부능력 및 특기사항'을 읽고 나서 완전하게 이해한 다음, 워크북을 보세요.

■ 『학교생활기록부기재요령』(교육부)에 따르면, 개인별 세부능력 및 특기사항에는 일곱 가지 항목을 기재할 수 있어요. 그런데 그중에 우리 눈을 사로잡는 게 '수업량 유연화에 따른 학교 자율적 교육활동'이에요. '수업량 유연화에 따른 학교 자율적 교육활동'은 '개인별 세특'란에 세특다운 세특을 쓸 수 있는 거의 유일한 항목이거든요.

■ 수업량 유연화에 따른 학교 자율적 교육활동이란 다른 게 아니에요. 2019년 정부는 「초·중등교육과정 총론」을 일부 개정하면서, 고등학교 수업에서 '1단위'에 대하여 '수업량 유연화'를 적용할 수 있게 하였지요. 1단위당 수업을 할 때 16회는 교과목 수업으로 운영하고, 1회는 시수 전체를 통합하여 하나의 프로그램을 개발하여 운영할 수 있도록 한 거예요.

그러면서 교육부는 '보충수업형, 학습몰입형, 동아리형, 진로집중형, 프로젝트형' 등의 프로그램을 학교에서 적극적으로 활용하도록 하였어요.

영역	프로그램 유형	활동내용
개인별 세부능력 및 특기사항	보충수업형	● 학습결손, 학습수준미흡 학생 대상 보충수업 운영
	학습몰입형	● 교과별 심화이론, 과제탐구 등 심층적 학습시간 운영
	동아리형	● 토론 및 학습동아리 운영, 교과에 관한 자기주도적 학습시간 운영
	진로집중형	● 고등학교 1학년 대상 진로집중학기제 운영 보조, 진로설계·체험
	프로젝트형	● 교과융합학습을 위한 프로젝트 수업

■ 학교마다 주어진 교육 여건이 다르기 때문에 다양한 프로그램을 운영할 수 있어요. 예를 들어, 1학기에는 '학습몰입형'으로 과제탐구를 하고, 2학기에는 '프로젝트형'으로 융합수업을 하는 식으로 말이죠.

■ 개인별 세특에는 '성취수준의 특성'과 '세부능력'으로 전공적합성이 잘 드러나도록 기록해 주어야 해요.

다음 기준을 떠올리며 '특기할 만한 활동내용'을 적절히 선택해 보세요.

- 학업역량이 잘 발현되었는가?
- 성취수준의 특성을 보여 주었는가?
- 세부능력을 잘 보여 주었는가?

■ 독서활동에서 '공통 독서활동'은 학급담임교사가 입력하므로, 개인별 세특 자기평가서와 함께 제출하는 게 좋아요.

개인별 세특 누가기록

1학기 과제탐구

평가	근거	일시	교사 확인
어떤 성취수준/세부능력을 보여 주었는가?	어떤 활동을 어떻게 수행했는가?		
의공학전문교실에 참여하여, 의학이 공학과 어떻게 결합하는가에 대한 과제를 탐구함	'의료, 미래를 만나다'(김차원), '의료 인공지능'(최윤섭)을 읽고 디지털 헬스케어의 성장으로 인한 21세기 의료 발전에 대해 토의함	03.09.	
	'아두이노 시작하기'(나상법)를 읽고 주기적으로 모여 기초코드와 회로 연결하기, LED 사용하기, 초음파 센서 사용하기 등에 대해 익힘	04.07. 05.13.	
	물리교사의 도움을 받으며 로봇팔을 만드는 실습을 진행하여 로봇팔이 작동하지 않을 때 원인을 찾기 위해 여러 시행착오를 거쳐 완성하는 끈기를 보여줌	06.18.	
	○○의원을 방문하여 의사와 인터뷰를 하며, 병원에서 직접 의료기기를 관찰한 뒤 의료기기의 낙후가 의료서비스 질의 저하로 이어진다는 사실에 충격을 받음	07.17.	

2학기 융합수업

어떤 성취수준/세부능력을 보여 주었는가?	어떤 활동을 어떻게 수행했는가?	일시	교사 확인
작품의 형식적 요소인 표현기법을 구체적으로 이해하고, 이를 가사에 적용하여 창의적으로 발표함	'문학이 음악을 만나다'라는 융합형학생중심수업에 예술지원단으로 참여함	08.24.	
	김천애의 '봉선화'의 노랫말 "울밑에 선 봉선화야 네 모습이 처량하다"와 김원중의 '바위섬'의 노랫말 "파도가 부서지는 바위섬 어느 밤 폭풍우에 휘말려 모두 사라지고"를 통해 개인적 상징을 설명한 부분이 돋보임	09.08. 10.14. 11.19.	
	동영상 강의를 학교홈페이지에 접속해 놓음	12.18.	
	"자유롭되 근본에서 벗어나지 않게"라는 지도교사의 주문을 정확하게 이해하고 반영한 영상이었다는 칭찬을 들음	12.18.	

개인별 세특 자기평가서

어떤 성취수준을 보여 주었는가?	의공학전문교실에 참여하여, 의학이 공학과 어떻게 결합하는가에 대해 탐구함.
	'의료, 미래를 만나다'(김차원), '의료 인공지능'(최윤섭)을 읽고 디지털 헬스케어의 성장으로 인한 21세기 의료 발전을 주제로 토의함. '아두이노 시작하기'(나상법)를 읽으며 기초코드와 회로 연결, LED 사용, 초음파 센서 사용 등에 대해 익힘. 이후 물리교사의 지도를 받으며 로봇팔을
어떤 활동을 어떻게 수행했는가?	만드는 실습을 진행하여 여러 시행착오를 거쳐 완성함. ○○의원을 방문하여 의사와 인터뷰 (2019.08.31.)를 하며, 병원에서 직접 의료기기를 관찰한 뒤 의료기기의 낙후가 의료서비스 질의 저하로 이어진다는 사실에 충격을 받음.
	작품의 형식적 요소인 표현기법을 구체적으로 이해하고, 이를 음악가사에 적용하여 창의적으로 발표함. '문학이 음악을 만나다'라는 융합수업에 참여함.
어떤 세부능력을 보여 주었는가?	김천애의 '봉선화'의 노랫말 "울밑에 선 봉선화야 네 모습이 처량하다"와 김원중의 '바위섬'의 노랫말 "파도가 부서지는 바위섬 어느 밤 폭풍우에 휘말려 모두 사라지고"를 통해 개인적 상징을 설명한 부분이 돋보임. 동영상 강의를 학교홈페이지에 접속해 놓음. "자유롭되 근본에서 벗어나지 않게"라는 지도교사의 주문을 정확하게 이해한 영상이었다는 칭찬을 들음.

공통 독서활동

도서명(저자)	청년의사 장기려(손홍규), 친구가 되어 주실래요?(이태석), 인공지능시대의 보건의료와 표준 (안선주), 미래혁명이 시작된다(홍순기 외), 헬스케어 이노베이션(최윤섭), 의학의 역사(재컬린 더핀), 산책로에서 만난 즐거운 생물학(위르겐 브라터), 고교생이 알아야 할 화학 스페셜 (서인호)

● **1학년**

개인별 세특 누가기록

1학기 (   )

평가	근거	일시	교사 확인
어떤 성취수준/세부능력을 보여 주었는가?	어떤 활동을 어떻게 수행했는가?		

2학기 (   )

어떤 성취수준/세부능력을 보여 주었는가?	어떤 활동을 어떻게 수행했는가?	일시	교사 확인

개인별 세특 자기평가서

어떤 성취수준을 보여 주었는가?	
어떤 활동을 어떻게 수행했는가?	
어떤 세부능력을 보여 주었는가?	

공통 독서활동

도서명(저자)	

●● 2학년

개인별 세특 누가기록

1학기 (   )

평가	근거	일시	교사 확인
어떤 성취수준/세부능력을 보여 주었는가?	어떤 활동을 어떻게 수행했는가?		

2학기 (   )

어떤 성취수준/세부능력을 보여 주었는가?	어떤 활동을 어떻게 수행했는가?	일시	교사 확인

개인별 세특 자기평가서

어떤 성취수준을 보여 주었는가?	
어떤 활동을 어떻게 수행했는가?	
어떤 세부능력을 보여 주었는가?	

공통 독서활동

도서명(저자)	

●●● 3학년

개인별 세특 누가기록

1학기 (   )

평가	근거	일시	교사 확인
어떤 성취수준/세부능력을 보여 주었는가?	어떤 활동을 어떻게 수행했는가?		

2학기 (   )

어떤 성취수준/세부능력을 보여 주었는가?	어떤 활동을 어떻게 수행했는가?	일시	교사 확인

개인별 세특 자기평가서

어떤 성취수준을 보여 주었는가?	
어떤 활동을 어떻게 수행했는가?	
어떤 세부능력을 보여 주었는가?	

공통 독서활동

도서명(저자)	

03

행동특성 및
종합의견

이 책 앞에 실린 '행동특성 및 종합의견'을 읽고 나서
완전하게 이해한 다음, 워크북을 보세요.

■ 「학교생활기록 작성 및 관리지침 해설」에는, 행동특성 및 종합의견은 '각 항목에 기록된 자료를 종합하여 기록하는 것'으로 학생을 총체적으로 이해할 수 있도록 하는 '학생에 대한 추천서'라고 그 성격을 분명히 하고 있어요.

■ 행동특성 및 종합의견은 수시로 관찰하여 누가기록한 행동특성을 바탕으로 총체적으로 학생을 이해할 수 있는 종합의견을 학급담임교사가 500자로 기록하는 영역이에요.

영역	활동		작성 주체	글자 수
행동특성 및 종합의견	1. 학교생활 전반	자율활동	학급담임교사	학년당 500자
		진로활동		
	2. 교과	교과학습활동		
	3. 비교과	창의적체험활동 독서활동		
	4. 인성	봉사활동		

■ 여기에서는 '학교생활 전반, 교과/비교과, 인성' 영역으로 구분하여 행종을 작성하는 방법을 제시하고 있어요. 오랜 진학지도의 결과, 이러한 방식이 적절하다고 판단하였기 때문이지요. 하지만 다른 방법으로 기재해도 상관은 없어요.

■ **주의할 점!**

행동특성 및 종합의견은 앞에 기록한 내용을 요약하거나 다시 한번 반복하는 게 아니에요. 『학교생활기록부기재요령』(교육부)에서 한 개 영역에 입력한 것은 "다른 영역에 중복하여 입력하지 않음"이라고 밝힌 것만 보아도, 이를 확실히 알 수 있지요.

행동특성 및 종합의견 자기평가서 1

자율활동

어떤 역할을 맡았는데, 한마디로 어떤 사람인가?	학급 부반장으로 활동하면서 '섬기는 리더십'을 보여준 매력적인 학생임. 실장에게 주어진 업무를 자발적으로 수행하면서도 항상 자기를 내세우지 않는 겸손함이 몸에 배어 있음. 아침마다 친구들에게 건네는 "오늘은 무엇을 도와 드릴까요?"라는 말과 일치하는 행동을 보여줌.
이를 보여 주는 구체적 사례는 무엇인가?	

행동특성 및 종합의견 자기평가서 2

진로활동

어떤 꿈을 꾸고 있는데, 목표 지향적인가?	의료와 공학이 만나는 21세기 의료인을 꿈꾸고 있음. '전문직업인과의 만남의 날'에 감정표현을 하는 로봇 코비를 개발한 로봇공학자 ○○○박사를 만나면서, 노인에게 의료서비스를 제공하는 유비쿼터스 로봇에 대한 탐구를 계속함.
이를 보여 주는 구체적 사례는 무엇인가?	

행동특성 및 종합의견 자기평가서 3

교과

'교과'에서 언급할 행동특성은 무엇인가?	학습동아리 경험을 바탕으로 '나도 교사' 프로그램에 참가하여 탁월한 수업진행능력을 보여줌. 수학과 화학시간에 학급구성원들을 대상으로 수업을 진행하였는데 유연하고 능동적인 수업이었다고 담당교사로부터 칭찬을 받음. 남들 앞에 설 때는 스스로에 대한 믿음도 필요하지만, 그 자신감은 치밀한 사전준비와 노력의 산물이라는 발언이 인상적임.
이를 보여 주는 구체적 사례는 무엇인가?	

행동특성 및 종합의견 자기평가서 4

비교과

'비교과'에서 언급할 행동특성은 무엇인가?	한 달에 서너 권의 책을 읽을 정도로 독서를 생활화한 학생으로, 책을 통해 문제를 해결하려는 탐구 정신이 매우 뛰어남. 왕성한 독서력 때문인지 사회나 과학 시간에 실시한 토론학습이나 탐구과제 발표에서 발군의 역량을 보여 줌. 각종 발표대회에서 자신의 생각을 전달하면서 선택된 단어의 수준이 높고 논리 전개력이 출중함.
이를 보여 주는 구체적 사례는 무엇인가?	

행동특성 및 종합의견 자기평가서 5

봉사활동/인성

'인성'에서 언급할 행동특성은 무엇인가?	교내봉사모임 SeSe(Save energy Save earth)에서 학년대표로 활동하면서 생태적 삶을 적극적으로 실천함. 복사지 이면지를 활용하자는 캠페인을 전개하며, 교실마다 재활용품수거함 설치를 건의함. 동사무소에서 '폐지 줍는 할머니'를 소개받아 폐지와 재활용품을 격주로 전달해 드리면서 지역신문에 미담 사례로 소개됨.
이를 보여 주는 구체적 사례는 무엇인가?	

행동특성 및 종합의견 자기평가서 (종합)

자율활동/진로활동	학급 부반장으로 '섬기는 리더십'을 보여준 매력적인 학생임. 아침마다 친구들에게 건네는 "오늘은 무엇을 도와 드릴까요?"라는 말과 일치하는 행동을 보여줌. '전문직업인과의 만남의 날'에 감정표현을 하는 로봇 코비를 개발한 로봇공학자를 만나면서, 의료와 공학이 만나는 21세기 의료인을 희망함.
교과/비교과	'나도 교사' 프로그램에 참가하여 탁월한 수업진행능력을 보여 줌. 특히 수학과 화학시간에 유연하고 능동적인 수업이었다고 담당교사로부터 칭찬을 받음. 또한, 한 달에 서너 권의 책을 읽을 정도로 독서를 생활화한 학생으로, 독서를 통해 문제를 해결하려는 탐구 정신이 매우 뛰어남. 왕성한 독서력 때문인지 사회나 과학수업에서 실시한 토론학습이나 탐구과제 발표에서 발군의 역량을 보여 줌.
인성	교내봉사모임 SeSe(Save energy Save earth)에서 학년대표로 활동하면서 생태적 삶을 적극적으로 실천함. 복사지 이면지를 활용하자는 캠페인을 전개하며, 교실마다 재활용품수거함 설치를 건의함. 동사무소에서 '폐지 줍는 할머니'를 소개받아 폐지와 재활용품을 격주로 전달해 드리면서 지역신문에 미담 사례로 소개됨.

● **1학년**

행동특성 및 종합의견 자기평가서 1

자율활동

어떤 역할을 맡았는데, 한마디로 어떤 사람인가?	
이를 보여 주는 구체적 사례는 무엇인가?	

행동특성 및 종합의견 자기평가서 2

진로활동

어떤 꿈을 꾸고 있는데, 목표 지향적인가?	
이를 보여 주는 구체적 사례는 무엇인가?	

행동특성 및 종합의견 자기평가서 3

교과

'교과'에서 언급할 행동특성은 무엇인가?	
이를 보여 주는 구체적 사례는 무엇인가?	

행동특성 및 종합의견 자기평가서 4

비교과

'비교과'에서 언급할 행동특성은 무엇인가?	
이를 보여 주는 구체적 사례는 무엇인가?	

행동특성 및 종합의견 자기평가서 5

봉사활동/인성

'인성'에서 언급할 행동특성은 무엇인가?	
이를 보여 주는 구체적 사례는 무엇인가?	

행동특성 및 종합의견 자기평가서 (종합)

자율활동/진로활동	
교과/비교과	
인성	

●● 2학년

행동특성 및 종합의견 자기평가서 1

자율활동

어떤 역할을 맡았는데, 한마디로 어떤 사람인가?	
이를 보여 주는 구체적 사례는 무엇인가?	

행동특성 및 종합의견 자기평가서 2

진로활동

어떤 꿈을 꾸고 있는데, 목표 지향적인가?	
이를 보여 주는 구체적 사례는 무엇인가?	

행동특성 및 종합의견 자기평가서 3

교과

'교과'에서 언급할 행동특성은 무엇인가?	
이를 보여 주는 구체적 사례는 무엇인가?	

행동특성 및 종합의견 자기평가서 4

비교과

'비교과'에서 언급할 행동특성은 무엇인가?	
이를 보여 주는 구체적 사례는 무엇인가?	

행동특성 및 종합의견 자기평가서 5

봉사활동/인성

'인성'에서 언급할 행동특성은 무엇인가?	
이를 보여 주는 구체적 사례는 무엇인가?	

행동특성 및 종합의견 자기평가서 (종합)

자율활동/진로활동	
교과/비교과	
인성	

●●● 3학년

3학년 학생부에 기록된 '행동특성 및 종합의견'은 입시에는 반영되지 않으나, 나중에 취업이나 인사청문회 등에서 활용될 수 있으므로 소홀히 하지 말기 바람.

행동특성 및 종합의견 자기평가서 1

자율활동

어떤 역할을 맡았는데, 한마디로 어떤 사람인가?	
이를 보여 주는 구체적 사례는 무엇인가?	

행동특성 및 종합의견 자기평가서 2

진로활동

어떤 꿈을 꾸고 있는데, 목표 지향적인가?	
이를 보여 주는 구체적 사례는 무엇인가?	

행동특성 및 종합의견 자기평가서 3

교과

'교과'에서 언급할 행동특성은 무엇인가?	
이를 보여 주는 구체적 사례는 무엇인가?	

행동특성 및 종합의견 자기평가서 4

비교과

'비교과'에서 언급할 행동특성은 무엇인가?	
이를 보여 주는 구체적 사례는 무엇인가?	

행동특성 및 종합의견 자기평가서 5

봉사활동/인성

'인성'에서 언급할 행동특성은 무엇인가?	
이를 보여 주는 구체적 사례는 무엇인가?	

행동특성 및 종합의견 자기평가서 (종합)

자율활동/진로활동	
교과/비교과	
인성